TO TURN INSTI
ADVANTAGES INTO
EFFICIENT GOVERNANCE
PRACTICE IN ZHEJIANG

从制度优势
到治理效能
——浙江的实践探索

吴兴智 吴畅 ◎ 编著

中国财经出版传媒集团

经济科学出版社
Economic Science Press

·北 京·

图书在版编目（CIP）数据

从制度优势到治理效能：浙江的实践探索/吴兴智，
吴畅编著．－－北京：经济科学出版社，2024.1
ISBN 978 - 7 - 5218 - 4891 - 5

Ⅰ.①从…　Ⅱ.①吴…②吴…　Ⅲ.①地方政府－行
政管理－研究－浙江　Ⅳ.①D625.55

中国国家版本馆 CIP 数据核字（2023）第 118533 号

责任编辑：王　娟　李艳红
责任校对：郑淑艳
责任印制：张佳裕

从制度优势到治理效能

——浙江的实践探索

吴兴智　吴　畅　编著

经济科学出版社出版、发行　新华书店经销

社址：北京市海淀区阜成路甲 28 号　邮编：100142

总编部电话：010 - 88191217　发行部电话：010 - 88191522

网址：www. esp. com. cn

电子邮箱：esp@ esp. com. cn

天猫网店：经济科学出版社旗舰店

网址：http：//jjkxcbs. tmall. com

北京季蜂印刷有限公司印装

710 × 1000　16 开　21.25 印张　350000 字

2024 年 1 月第 1 版　2024 年 1 月第 1 次印刷

ISBN 978 - 7 - 5218 - 4891 - 5　定价：84.00 元

（图书出现印装问题，本社负责调换。电话：010 - 88191545）

（版权所有　侵权必究　打击盗版　举报热线：010 - 88191661

QQ：2242791300　营销中心电话：010 - 88191537

电子邮箱：dbts@ esp. com. cn）

前　　言

　　"制度优势是一个国家最大的优势"。① 中国特色社会主义制度是党和人民在长期实践探索中形成的科学制度体系，是当代中国发展进步的根本保证。《中共中央关于党的百年奋斗重大成就和历史经验的决议》以"十个明确"对习近平新时代中国特色社会主义思想的核心内容进行了系统概括，其中之一就是："明确全面深化改革总目标是完善和发展中国特色社会主义制度、推进国家治理体系和治理能力现代化"。中国特色社会主义制度具有一系列显著优势，党的十九届四中全会将其系统概括为 13 个方面，这些显著优势不仅蕴含我们创造经济快速发展和社会长期稳定两大奇迹的"密码"，也是能够成为我国发展战略性有利条件的关键所在。

　　在我国新时代的现代化历史征程中，必须准确把握坚持和完善中国特色社会主义制度、推进国家治理体系和治理能力现代化这一主题主线。早在浙江工作时期，时任浙江省委书记的习近平同志基于对浙江发展全局的系统谋划，全面思考浙江发展过程中所拥有的优势尤其是制度优势以及如何发挥优势补齐短板的具体举措，从而逐步形成"八八战略"这个具有科学性、系统性、时代性的整体制度安排，不仅把我国根本政治制度、基本政治制度、基本经济制度和其他各方面体制机制有机结合起来，而且把党的领导、人民当家作主、依法治国有机结合起来，使中国特色社会主义制度在浙江迸发出强大的生命力，在省域层面对中国特色社会主义制度进行了卓有成效的实践探

<hr>

　　① 习近平. 坚持和完善中国特色社会主义制度推进国家治理体系和治理能力现代化［N］. 求是，2020 - 01 - 01.

索。浙江实践所取得的巨大成就和宝贵经验表明，中国特色社会主义制度，是建立在对人类社会发展规律、社会主义建设规律和共产党执政规律的科学把握和正确运用的基础之上，契合中国发展的具体国情，也契合时代发展的潮流。这是我们继续走好制度建设新的长征路的现实基础和宝贵的精神财富。

党的十八大以来，我国各项制度改革深入推进并不断发展完善。习近平总书记指出，从形成更加成熟更加定型的制度看，我国社会主义实践已走过前半程，后半程的主要历史任务是完善和发展中国特色社会主义制度，为党和国家事业发展、为人民幸福安康、为社会和谐稳定、为国家长治久安提供一整套更完备、更稳定、更管用的制度体系。① 推动制度优势更好转化为治理效能，就是以习近平同志为核心的党中央立足中国特色社会主义新时代，在深刻认识和把握共产党执政规律、社会主义建设规律、人类社会发展规律和中国式现代化发展实际基础上，对马克思主义国家学说的创新与发展，对我们党探索社会主义现代化理论的赓续与升华。

2020年3月29日至4月1日，习近平总书记在浙江考察时，要求浙江坚持以"八八战略"为统领，干在实处、走在前列、勇立潮头，努力成为新时代全面展示中国特色社会主义制度优越性的重要窗口。② 这是习近平在深刻洞察时代发展大势、准确把握历史发展趋势的基础上赋予浙江的全新定位，核心任务是打造新时代中国特色社会主义制度优越性的省域范例，生动展示中国共产党为什么能、马克思主义为什么行、中国特色社会主义为什么好。

把浙江打造成为新时代全面展示中国特色社会主义制度优越性的重要窗口，这既是习近平对浙江的新期望和新要求，也为浙江全面谋划新时代各项工作明确了基本方向、提供了根本遵循。浙江所取得的一系列重要历史性成就，是中国特色社会主义制度优越性的集中体现。在新的历史条件下，浙江唯有继续立足健全和完善中国特色社会主义制度，坚定不移沿着习近平主政浙江时期所谋划的"八八战略"的路子走下去，切实扛起"三个地"的使命担当，不断开拓中国特色社会主义建设事业的新天地。

---

① 习近平. 论坚持全面深化改革 [M]. 北京：中央文献出版社，2018：93 - 94.
② 习近平在浙江考察时强调 统筹推进疫情防控和经济社会发展工作 奋力实现今年经济社会发展目标任务 [J]. 党建，2020（4）：4 - 6.

　　近年来，浙江各级政府始终坚持实践导向、问题导向、未来导向，顺应时代发展的演变和社会环境的变化不断地创新探索将制度优势转化为治理成效的有效路径，注重在创新中破除各种阻碍浙江社会发展和影响社会主义制度优越性发挥的体制机制性障碍，积攒了一批有全国影响力的标志性成果，为国家治理和国家制度的完善贡献了很多浙江经验，为接下来把浙江打造为全面展示中国特色社会主义制度优越性的重要窗口提供了坚实的基础。例如，在建设高质量就业创业体系上探索突破，深入开展激发创业创新活力集成改革；在完善高质量社会保障体系上探索突破，创新完善城乡居民养老保险、商业补充医疗保险、长期护理保险等制度，逐步缩小不同群体社保待遇差距。探索构建初次分配、再分配、三次分配协调配套的制度安排，突出抓好扩中提低重点改革事项，加快构建有利于共同富裕的财税政策体系。此外，还在缩小城乡区域差距上探索突破、在推进公共服务优质共享上探索突破、在精神生活共同富裕上探索突破等。通过实践进一步创新体制机制，率先破解发展不平衡不充分问题，让人民群众真切感受到共同富裕看得见、摸得着、真实可感，努力为全国实现共同富裕先行探路。本书将近年来浙江大量的治理创新实践案例进行了梳理总结，分析这些实践案例的制度特征和实践绩效，既能为读者展现一个全景式的浙江改革创新画卷，也能通过透视这些创新实践的制度逻辑，探寻有效的制度优势向治理效能转化的路径。

目　　录

第一章
从制度优势到治理效能：
新时代的重大使命

2019 年 10 月 31 日，党的十九届四中全会审议通过了《中共中央关于坚持和完善中国特色社会主义制度、推进国家治理体系和治理能力现代化若干重大问题的决定》（以下简称《决定》）。《决定》指出："中国特色社会主义制度是党和人民在长期实践探索中形成的科学制度体系，我国国家治理一切工作和活动都依照中国特色社会主义制度展开，我国国家治理体系和治理能力是中国特色社会主义制度及其执行能力的集中体现。"《决定》概括了我国国家制度和国家治理体系 13 个方面的显著优势。实践表明，一种制度之所以具有优越性，不仅因为其体系框架和总体设计科学合理，而且因为其能得到有效运行，能给国家和人民带来实实在在的好处，能有效提升国家治理能力、维护社会秩序、应对公共事务治理难题。中国特色社会主义制度是具有巨大优越性的一套制度体系，但是制度优势并不会自动转化为治理效能，而是需要一定的条件和机制。当前，我国在一些部门、领域、地方中还存在着治理效能不高的问题，与中国特色社会主义的制度优势还不相称。因此，把制度优势转化为治理效能，是新时代经济、政治、社会、文化、生态各方面协调发展进而向第二个百年奋斗目标不断迈进的现实需要和根本要求。

第一节　制度与治理：内涵及其关联

根据《布莱克维尔政治学百科全书》的界定，制度是规范化的和定型的举止、行动或行为原则的载体。① 新制度主义学派道格拉斯·诺思认为制度是一个社会的博弈规则，是一些人设计的、型塑人们互动关系的约束，亦是一种人类在其中发生相互交往的框架，由正式的成文规则以及那些作为正式规则之基础与补充的典型的非成文行为准则所组成。②

制度的重要性不言而喻。习近平指出："制度优势是一个国家的最大优势，制度竞争是国家间最根本的竞争。制度稳则国家稳。"③ 关于政治制度的重要性，有学者提出，"通过提供替代性行为，政治制度理顺潜在的行为混乱；通过创制出诠释历史和预测未来的一个新框架，政治制度理顺了潜在的意义混乱；通过形成参与者的偏好，政治制度简化了多元群体的复杂性"④。改革开放以来，中国在政治、经济、文化、社会、生态等各方面的制度不断改革发展、健全完善，为实现国家长治久安、人民幸福安康、社会和谐稳定提供了坚强的保障。有学者认为，改革开放以来，中国最主要的进步是制度上的进步，但西方却认为中国制度建设低水平、不确定性高。这既是因为西方人对中国制度进步的认识不足，也与中国自身对制度建设成就的重要意义的认识不够有关。⑤ 这就需要我们对中国制度的进步以及由制度进步带来的经济社会发展即制度优势进行全面检视，从而在总结经验的基础上为更好地发挥中国制度的优越性提供条件。

"治理"自20世纪80年代以来成为政治学与公共管理领域的一个重要概念。英国学者格里·斯托克提出了治理的五个观点：治理指出自政府但又不限于政府的一套社会公共机构和行为者；治理明确指出在为社会和经济问题寻求解答的过程中存在的界线和责任方面的模糊之点；治理明确肯定涉及集体行为的各个社会公共机构之间存在的权力依赖；治理指行为者网络的自主

---

① 戴维·米勒，韦农·波格丹诺. 布莱克维尔政治学百科全书 [M]. 邓正来，等译. 北京：中国政法大学出版社，2002：382.

② 道格拉斯·C. 诺思. 制度、制度变迁与经济绩效 [M]. 杭行，译，韦森，译审. 上海：格致出版社，上海人民出版社，2016：3-4.

③ 习近平谈治国理政：第三卷 [M]. 北京：外文出版社，2020.

④ 詹姆斯·马奇，约翰·奥尔森. 重新发现制度——政治的组织基础 [M]. 张伟，译. 北京：生活·读书·新知三联书店，2011：172.

⑤ 郑永年. 检视中国的制度进步 [N]. 联合早报，2017-02-14.

自治；办好事情的能力并不在于政府的权力，不在于政府下命令或运用其权威，政府可以动用新的工具和技术来控制和指引，而政府的能力和责任均在于此。① 从上述界定可以看出，治理与统治有着根本的区别，统治的主体是政府而治理的主体可以是政府，也可以是民间组织，事实上，治理强调政府与非政府的合作、公共机构与私人机构的合作②。国家治理是多元治理主体运用一定的手段和方式对特定治理客体加以合理化调控，使其达到和谐状态的一种动态过程。治理效能是治理主体围绕实现治理目标所展现出来的治理能力及所取得的治理效率与效益的综合反映。③ 治理效能的内涵包括：治理效能蕴含一组复合性结果，对于治理效能的衡量是多维度的；治理效能指向一组积极性结果，它强调的是有利作用，因而是一种导向积极目标和正向价值的治理结果；治理效能是一系列治理状态组成的动态过程，它体现了积极目标的不同实现程度。④

从制度和治理的内涵可以看出，制度是相对固化的，治理是相对动态的；制度侧重于规范性，治理则强调协调性；制度是治理的前提和依据，治理是制度的运用和优化。⑤具体到中国的制度建设和治理能力上，中国的改革和发展要树立全域、系统的治理理念，把完善国家治理体系、提升国家治理能力看作一个有机整体，不能将治理体系、治理能力和治理效能割裂开来。治理体系主要是指制度与机制建设，不仅包括物理平台，更重要的是政府、市场、社会、个人等主体合作共治的体制机制。制度机制建设是手段而非目的，目的在于利用这些制度机制提高治理效能，从这个意义上讲，制度是破题之钥、治理之基，治理则是运转之效、制度之能。⑥

---

① 格里·斯托克. 作为理论的治理：五个论点 [J]. 国际社会科学杂志（中文版），1999（1）：19 – 30.

② 俞可平. 治理和善治：一种新的政治分析框架 [J]. 南京社会科学，2001（9）：40 – 44.

③⑤ 何祖坤. 论国家制度优势与国家治理效能 [J]. 云南社会科学，2020（1）：2 – 9.

④ 吕普生. 我国制度优势转化为国家治理效能的理论逻辑与有效路径分析 [J]. 新疆师范大学学报（哲学社会科学版），2020，41（3）：18 – 33.

⑥ 郁建兴，等. 从制度优势到治理效能转化之路如何走 [N]. 光明日报，2019 – 11 – 12（07）.

第二节　中国特色社会主义制度及其优势

中国特色社会主义制度是当代中国发展进步的根本保证，具有巨大优越性和强大生命力。党的十九届四中全会确立以根本制度、基本制度、重要制度为主要支撑的国家治理体系，据此，中国特色社会主义制度分为根本制度、基本制度、重要制度三个层次。

根本制度是起宏观决定性、全域覆盖性、全局指导性作用的制度。我国宪法第一条中规定，社会主义制度是中华人民共和国的根本制度。这里的"根本制度"是就整个国家的总体制度而言的，在国家的各个领域中又可以具体分为根本领导制度、根本政治制度、根本文化制度等。党的全面领导制度是国家根本领导制度，人民代表大会制度是国家根本政治制度，坚持马克思主义在意识形态领域的指导地位是国家根本文化制度。基本制度是体现国家政治生活、经济生活的基本原则，并影响国家政治经济社会发展走向的制度。基本政治制度包括中国共产党领导的多党合作和政治协商制度、民族区域自治制度、基层群众自治制度，既体现了社会主义民主政治的内在要求，又体现了社会主义民主政治在当代中国的创新发展。基本经济制度包括公有制为主体、多种所有制经济共同发展，按劳分配为主体、多种分配方式并存，社会主义市场经济体制，三者相互联系、相互支撑，是我国社会主义经济关系在制度上的表现，是社会主义经济制度在当代中国的创新发展。重要制度是由根本制度和基本制度派生而来、支撑国家治理各领域各方面各环节的具体制度，更具操作性和实践性，主要包括法治体系、政府治理体系、文化制度、民生保障制度、社会治理制度、生态文明制度、"一国两制"制度体系、党和国家监督体系等。①

"优势"泛指在某些方面超过同类的形势，政治学意义上的制度优势是指国家有关制度的设计、建构和运行环境等层面表现出来的领先态势及有利

---

① 陈金龙，魏银立. 论我国制度优势的多维功能［J］. 马克思主义理论学科研究，2020，6（1）：67 - 76.

形势。① 一个国家的制度是否具有优势有一定的衡量标准。制度优越性，首先体现在其价值性属性上，即始终鲜明标示了为了谁依靠谁的问题。是否实现人民的利益，是否得到广大人民群众的拥护，是衡量一国政治制度是否具有正当性和优越性的最高标准。对此，习近平深刻指出："衡量一个社会制度是否科学、是否先进，主要看是否符合国情、是否有效管用、是否得到人民拥护。中国特色社会主义国家制度和法律制度是一套行得通、真管用、有效率的制度体系。"② 新中国成立以来，特别是改革开放四十多年来的实践证明，中国特色社会主义制度具有显著的制度优势，主要体现在：它蕴含着"党性"与"人民性"的有机统一，在坚持人民当家作主、坚持以人民为中心中彰显着独特的制度优势；蕴含着"改革性"与"定型化"的有机统一，在勇于自我革命、逐步定型优化中彰显着独特的制度优势；蕴含着"传承性"与"时代性"的有机统一，在传承中华文明、包容世界文明中彰显着独特的制度优势。③ 有学者据此提出了"制度秉赋"的概念，即中国特色社会主义制度内含着诸多优良品质，而且能够在实践中不断自我完善和发展，从而不断提升制度的适应性、包容性、共识性、自主性、进取性、有效性。④ 总体来看，中国制度的优势可分为基源性优势、运行性优势和保障性优势三个层面。基源性优势是中国制度于生发中体现出来的本源性优势，运行性优势是中国制度于运转与执行中体现出来的过程性优势，保障性优势是中国制度于发展和落实中体现出来的维护性优势。⑤

在中国的各项制度及其优势中，党的领导制度是中国特色社会主义制度最显著的制度优势。习近平指出："中国共产党领导是中国特色社会主义最本质的特征，是中国特色社会主义制度的最大优势。党政军民学，东西南北中，党是领导一切的，是最高政治领导力量。"⑥ 在长期的革命、建设和改革

---

① ⑤ 胡洪彬. 制度优势转化为国家治理效能的政治系统分析 [J]. 政治学研究, 2021 (3): 42 – 53.

② 习近平. 坚持、完善和发展中国特色社会主义国家制度与法律制度 [J]. 求是, 2019 (23): 1 – 3.

③ 包心鉴. 中国制度的内在逻辑和独特优势 [J]. 社会科学研究, 2019 (5): 1 – 11.

④ 虞崇胜. 提升中国特色社会主义制度秉赋：超越制度优势的国家治理现代化目标 [J]. 探索, 2020 (2): 56 – 70.

⑥ 习近平. 中国共产党领导是中国特色社会主义最本质的特征 [J]. 求是, 2020 (14): 1 – 4.

过程中，中国共产党不断把各行各业的中华民族优秀分子吸纳进来，在作为中国工人阶级先锋队的同时也成为中国人民和中华民族的先锋队。中国共产党与国家机构、与中国社会的方方面面建立了紧密的联系，从国家层面一直延伸至企业、社区、村庄，这些联系使党具备强大的政治领导力、思想引领力、群众组织力、社会号召力，从而担负起领导中国人民实现社会主义现代化和中华民族伟大复兴的历史使命。① 基于此，在中国特色社会主义制度的诸多优势中，中国共产党领导居于统领各方、总揽全局的地位，是最大、最显著的优势。

在中国共产党的领导下，中国的政治制度形成了以人民代表大会制度为根本政治制度，以中国共产党领导的多党合作和政治协商制度、民族区域自治制度、基层群众自治制度为基本政治制度以及其他各项重要政治制度的基本架构，这一基本架构归根结底体现为中国特色社会主义民主政治制度。中国特色社会主义民主是中国共产党领导人民创造的适合中国国情的民主，它能够实现真正意义上的人民当家作主，体现出全过程人民民主的鲜明特点。从权力角度看，全过程人民民主呈现为政治层面的民主形态，意味着人民群众能够全方位地参与行使国家权力，实现了对国家政治生活的全覆盖；从权利角度看，全过程人民民主呈现为社会层面的民主形态，意味着人民群众能够全领域地直接行使各种法定权利，实现了在基层社会事务各环节的自我管理。② 中国特色社会主义民主制度的一大优势就在于把国家层面的民主制度建设与基层的民主实践有机地结合起来，使两者互动，以上层民主带动人民民主，以人民民主促动上层民主。③

人民代表大会制度是我国的根本政治制度，其制度优势体现在"双重委托""双重监督"上，即人民委托人大，人大委托行政、司法、监察机关；人民监督人大代表，人大监督行政、司法、监察机关。正是通过这种"双重委托""双重监督"，所有国家机关的权力都是来自人民的委托，并接受人民的监督，这恰恰体现了党的十九届四中全会提出的"坚持人民当家作主，发

---

① 胡鞍钢，杨竺松. 中国特色社会主义政治制度的比较优势 [J]. 红旗文稿，2017（21）：15 – 19.

② 张君. 全过程人民民主：新时代人民民主的新形态 [J]. 政治学研究，2021（4）：11 – 17.

③ 辛向阳. 中国特色社会主义制度的基本优势 [J]. 长白学刊，2015（1）：1 – 6.

展人民民主，密切联系群众，紧紧依靠人民推动国家发展的显著优势"。①

作为中国特色社会主义民主政治的特有形式，社会主义协商民主是中国共产党领导人民在长期的革命和建设过程中形成的基本政治制度。对此，习近平深刻阐述了社会主义协商民主的重要意义："在中国社会主义制度下，有事好商量，众人的事情由众人商量，找到全社会意愿和要求的最大公约数，是人民民主的真谛。"② 社会主义协商民主不是装饰品，而是不断在社会实践中接受检验并日益走向完善。我国社会主义协商民主的实践坚持人民民主、平等包容、多层推进、和而不同、和谐共进等基本原则，从而实现了广泛参与、决策修补、多元共治、民主监督等特有功能。③ 社会主义协商民主在纵向上呈现为一个多层次体系，既包括以各级人民政协为平台的政协协商，也包括形式多样的基层协商。一方面，人民政协是中国人民爱国统一战线的组织，是中国共产党领导的多党合作和政治协商的重要机构，是社会主义协商民主的重要渠道和专门协商机构，发挥着政治协商、民主监督、参政议政的职能。人民政协的制度优势在于它继承了马克思主义统一战线理论，在于它继承了马克思主义政党理论，还体现在中国共产党把马克思列宁主义民主政治理论同中国实际相结合。④ 另一方面，各种形式的基层协商民主是整个社会主义协商民主的基础和重要落脚点。协商民主要在基层有所体现、在社区有所实践，形成上下联动、左右互动的立体式格局，从而有效应对和协调基层社会中多元复杂的价值和利益诉求。⑤

进入 21 世纪以来，浙江省在基层协商民主方面进行了诸多探索，形成了许多宝贵经验。如在乡村的基层协商民主实践中浙江就形成了多种方式，主要包括乡规民约式的协商机制、体制中的正式商谈、通过第三部门实现对公

---

① 浦兴祖. 人大制度优势与国家治理效能［J］. 探索与争鸣，2019（12）：11 - 13.
② 习近平著作选读：第一卷［M］. 北京：人民出版社，2023：269.
③ 包心鉴. 国家治理现代化语境中的社会主义协商民主——党的十八大以来社会主义协商民主的新创造新发展［J］. 学习与探索，2017（3）：1 - 11.
④ 佟德志. 人民政协的制度优势与治理效能［J］. 人民论坛·学术前沿，2020（1）：60 - 64.
⑤ 欧阳康，曾异. 国家治理语境中的社会主义协商民主：认识历程、制度优势及其治理效能转换［J］. 西安交通大学学报（社会科学版），2020，40（2）：1 - 7.

共事务的协商式参与、对乡村监督体系的协商式改造等。① 以浙江温岭的基层协商民主实践为例，它从最初的公共事务的公开谈论和广泛参与起步，到重大公共工程项目的预算进行协商民主，最后到整个乡镇和市（县）部门公共预算的协商民意调查，20 多年来持续扩展和深化。② 近年来，浙江省政协打造了基层政协"请你来协商"平台，意在将政协协商与基层协商制度化的有机连接并实现融合发展。在这一平台下，基层政协通过议题下沉的方式更好地回归到协商的"主责主业"，并可以带动整个基层社会治理水平在理念、制度、行动、效能等多维度上的协同提升。③ 这些基层协商民主实践，扩大了公民有序的政治参与，丰富了民主的形式，促进了我国社会主义民主政治的发展。因而，基层协商民主是在人民内部充分发扬民主和集思广益的过程，协商能够统一思想和凝聚共识，发现社会意愿和要求的最大公约数。通过决策前和决策执行过程中的协商，使党和政府的决策更科学、更顺应民意、更切合实际，能够及时纠正决策执行过程中出现的偏差。④

我国的基层群众自治制度，是指城乡居民群众以相关法律法规政策为依据，在城乡基层党组织领导下，在居住地范围内，依托基层群众自治组织，直接行使民主选举、民主决策、民主管理和民主监督等权利，实行自我管理、自我服务、自我教育、自我监督的制度。基层群众自治制度与人民群众的自身利益密切相关，能够直接反映人民群众的利益诉求，从而有利于调动人民群众参与的积极性，使之成为广大人民群众学习民主、实践民主的低成本、高效益的大学校，有利于培养具有公民意识的现代公民。近年来，浙江省各级政府和人民群众不断开展基层社会治理创新，形成了一套行之有效并可推广的典型做法，这些做法中有的是传统基层社会治理实践的再提升，如"枫桥经验"，更多的则是根据新情况新问题进行的基层社会治理创新，如武义

---

① 吴兴智. 从选举民主到协商民主：近年来乡村民主建设的新发展——以浙江为个案的思考 [J]. 社会科学战线，2008（4）：198 – 201.

② 韩福国，萧莹敏. 协商民主的基层实践程序与效能检验——浙江温岭参与式公共预算的制度分析 [J]. 西安交通大学学报（社会科学版），2017，37（5）：59 – 70.

③ 董明. 新时代赋能基层治理的地方政协探索——基于浙江"请你来协商"实践的分析 [J]. 治理研究，2021，37（4）：71 – 81.

④ 王炳权，岳林琳. 基层协商民主的制度优势转化为治理效能的现实路径 [J]. 理论与改革，2020（1）：77 – 87.

县后陈村村务监督委员会建立、舟山市的"网格化管理、组团式服务"、桐乡市的"三治融合"、宁海县的村级小微权力清单 36 条，等等。这些基层社会治理实践和创新既是贯彻落实基层群众自治制度取得的成果，也推动着我国基层群众自治制度不断发展完善。

第三节　中国特色社会主义制度优势形成的治理效能

制度有好坏之分，好的制度能够促进公益事业，抑制公害事务，前者包括有效促进经济发展、有效促进学术创新、有效促进国家竞争力提升、有效保障人民权益、有效促进社会福利、有效促进信任合作、促进公民德性和社会自治发展等；后者体现为有效制约公共权力、有效应对危机事件、具有及时纠偏功能等。中国特色社会主义制度无疑是能够促进公益事业、抑制公害事务的好制度。习近平指出："在人类文明发展史上，除了中国特色社会主义制度和国家治理体系外，没有任何一种国家制度和国家治理体系能够在这样短的历史时期内创造出我国取得的经济快速发展、社会长期稳定这样的奇迹。"[①] 这两大奇迹的取得说明中国特色社会主义制度优势形成了强大的治理效能。

社会长期稳定的奇迹体现在如下几个方面：一是政治大局稳定；二是社会长期安定团结；三是在应对危险中的处变不惊。[②] 美国学者亨廷顿提出了现代化与政治稳定的悖论："现代性孕育着稳定，而现代化过程却滋生着动乱。"[③] 许多发展中国家在走向现代化的过程中出现了社会动荡甚至战乱，而中国的制度优势实现了现代化过程中的长期政治社会稳定，破解了"亨廷顿悖论"。2020 年，面对突如其来的新冠肺炎疫情的冲击，中国共产党领导中国人民始终把人民生命安全和健康保障放在第一位，统筹协调疫情防控和经

---

① 习近平著作选读：第二卷［M］. 北京：人民出版社，2023：283.
② 蔡景庆. 建党百年中国特色社会主义制度优势研究［J］. 前沿，2021（3）：5－11.
③ 亨廷顿. 变化社会中的政治秩序［M］. 王冠华，等译. 上海：上海人民出版社，2008：31.

济社会发展，维护了社会安定，探索出了一条疫情防控的中国道路，体现了中国特色社会主义制度在快速反应、领导指挥、统筹协调、组织动员等方面的强大能力。

经济快速发展的奇迹体现在，我国的综合国力和国际影响力稳步提高并实现历史性跨越。1978 年我国经济总量居世界第 11 位，自 2010 年后稳居世界第 2 位。1979～2017 年，我国经济年均增速 9.5%，远高于同期世界经济 2.9% 左右的年均增速，也高于世界各主要经济体同期平均水平。2018 年，我国国内生产总值首次突破 90 万亿元门槛，占世界经济总量的 15% 左右，比 1978 年提高 13 个百分点左右。特别是近年来，世界经济长期低迷，我国仍保持中高速增长，对世界经济增长的贡献率超过 30%，成为全球经济复苏和可持续发展不可或缺的发动机和稳定器。[①] 2020 年，我国国内生产总值突破 100 万亿元大关。

正是有了社会长期稳定与平安和经济持续快速健康发展这样的基础条件，我国的民生保障事业才取得了巨大的成就，不仅打赢了脱贫攻坚战，全面建成了小康社会，而且正在沿着共同富裕的道路阔步前进。2020 年底，我国脱贫攻坚战取得了全面胜利，现行标准下农村贫困人口全部脱贫，历史性地解决了中华民族千百年来的绝对贫困问题。2021 年 2 月 25 日，习近平在全国脱贫攻坚总结表彰大会上庄严宣告：经过全党全国各族人民共同努力，在迎来中国共产党成立一百周年的重要时刻，我国脱贫攻坚战取得了全面胜利，现行标准下 9899 万农村贫困人口全部脱贫，832 个贫困县全部摘帽，12.8 万个贫困村全部出列，区域性整体贫困得到解决，完成了消除绝对贫困的艰巨任务，创造了又一个彪炳史册的人间奇迹！[②] 按现行农村贫困标准，2013～2020 年中国农村减贫人数分别为 1650 万人、1232 万人、1442 万人、1240 万人、1289 万人、1386 万人、1109 万人、551 万人。[③] 脱贫攻坚战的胜利标志着我国已全面建成小康社会，从而进入了由小康到富裕的新发展阶段。从解决温饱到全面小康，再从全面小康到共同富裕，这是中国共产党为中国人民

---

① 李民圣. 为什么说中国特色社会主义制度具有明显制度优势 [J]. 红旗文稿，2019 (4)：14 – 18.

② 习近平. 在全国脱贫攻坚总结表彰大会上的讲话 [N]. 人民日报，2021 – 02 – 26 (002).

③ 黄承伟. 脱贫攻坚伟大成就彰显我国制度优势 [J]. 红旗文稿，2020 (8)：29 – 32.

绘制的宏伟发展蓝图，而这一宏伟蓝图现在正一步步变为现实。

浙江省的经济社会发展走在了全国前列，特别是改革开放以来民营经济的发展为浙江省的经济社会发展注入了新的活力，走出了一条富有特色、较为成功的发展道路。在这片陆域面积不大、山区居多、资源短缺、基础较弱的土地上，创造出令人瞩目的"奇迹"，经济总量、居民收入等主要指标大幅跃升并稳居全国前列。1978年，浙江省的GDP总量为124亿元，在内地各省份中排在第12位，2004年，浙江省的GDP总量突破1万亿元，2008年、2011年、2014年、2017年、2019年、2021年分别跃上2万亿元、3万亿元、4万亿元、5万亿元、6万亿元、7万亿元新台阶，2021年GDP总量达73516亿元；自1994年后浙江稳居内地各省份GDP总量第4位。① 在经济快速发展的同时，浙江省的社会民生各项事业也取得了巨大的进步。浙江是城乡区域发展最均衡、群众最富裕、社会活力最强、社会秩序最优的省份之一，为浙江共同富裕先行示范打下了坚实基础。在富裕方面，2020年，浙江人均GDP已经超过10万元，城镇、农村居民人均可支配收入分别连续20年、36年居全国各省区第一；均衡方面，浙江城乡居民收入比为1.96∶1，是全国最低的省份之一。2021年，浙江省全体及城镇、农村居民人均可支配收入分别为57541元、68487元和35247元，城乡居民人均可支配收入比值降到1.94。② 这些都是浙江推动共同富裕的独特优势，也是巨大潜力所在。

正是基于上述优势，2020年3月29日至4月1日，习近平在浙江考察时赋予了浙江"努力成为新时代全面展示中国特色社会主义制度优越性的重要窗口"的新目标新定位后，2021年6月10日，《中共中央 国务院关于支持浙江高质量发展建设共同富裕示范区的意见》正式发布。"重要窗口"目标定位和共同富裕示范区的新使命，两者是一以贯之、一脉相承的，是中央为切实推动共同富裕而作出的重大战略部署，体现了中央对浙江的信任和寄予的期望。正如该意见所指出的："支持浙江高质量发展建设共同富裕示范区，有利于通过实践进一步丰富共同富裕的思想内涵，有利于探索破解新时代社会主要矛盾的有效途径，有利于为全国推动共同富裕提供省域范例，有利于

---

① ② 浙江省统计局，国家统计局浙江调查总队. 浙江统计年鉴2022［M］. 北京：中国统计出版社，2022.

打造新时代全面展示中国特色社会主义制度优越性的重要窗口。"这是中国特色社会主义进入新时代后中央进行的重大顶层设计，是重要的改革探索，回应了党的十九大报告中对当前我国社会主要矛盾的重要论断，即"我国社会主要矛盾已经转化为人民日益增长的美好生活需要和不平衡不充分的发展之间的矛盾"。

第四节　探寻有效的化制度优势为治理效能的机制

中国特色社会主义制度具有显著制度优势，在实践中这一制度优势也转化为了强大的治理效能。需要注意的是，制度优势并不能自动也不能直接转化为治理效能，如欲将制度优势转化为治理效能，必须借助于一定的纽带或机制。① 有学者提出，中国特色社会主义制度总体上呈现出政治系统的价值性优势、行政系统的执行性优势和社会系统的参与性优势三个方面，价值性优势增加治理效能的公共性基础，执行性优势提高治理效能的有效性基础，参与性优势奠定治理效能的合法性基础。② 可以说，中国特色社会主义制度优势转化为治理效能的机制就蕴含在价值机制、效率机制、合法机制之中，当然，这三种机制又统摄于中国共产党领导这一根本机制之中。

一、中国共产党的领导：制度优势转化为治理效能的根本机制

中国共产党领导既是中国特色社会主义制度最显著的制度优势，也是实现制度优势转化为治理效能的总枢纽。在我国的政治体制中，党居于领导地位，党的领导体现为集中统一领导和全面领导。党的领导地位是在历史发展过程中形成的，是历史的选择、人民的选择。党领导中华民族实现了从站起

---

① 虞崇胜. 将制度优势转化为治理效能——国家治理现代化的关键环节 [J]. 理论探讨, 2020b (1)：5 – 11.

② 刘强强，包国宪. 制度优势如何提升治理效能：我国政府绩效管理逻辑探析 [J]. 学习与实践, 2021 (11)：47 – 58.

来、富起来到强起来的伟大飞跃。实践证明，中国共产党是为人民谋幸福、为民族谋复兴并带领中国人民走向共同富裕、实现全面发展的无产阶级政党。推动制度优势更好转化为治理效能是一项重大政治任务，只有坚持党中央的集中统一领导，才能确保其正确政治方向；推动制度优势更好转化为治理效能是一项宏大系统工程，只有坚持党中央集中统一领导，才能做好科学有效的顶层设计和总体谋划；推动制度优势更好转化为治理效能是一项重大战略任务，只有坚持党中央统一领导，才能凝聚全党力量，调动各方面积极性，形成工作合力。①

党在国家治理体系中居于核心地位、发挥主导作用，这就决定了中国的治理模式体现出"政党中心"的基本特征。中国共产党凭借其意识形态、组织网络、干部资源等工具全方位嵌入国家和社会，具有强大的价值塑造力、政治领导力、改革驱动力、组织动员力、社会整合力、制度执行力。② 意识形态方面，党的领导确保我国发展坚持以马克思主义理论作指导，为发展取向的确立、发展目标的定位、发展方式的选择提供理论支撑；确保我国发展的社会主义方向，避免出现方向性偏差和颠覆性错误；确保我国发展战略、方针政策的连贯性、稳定性，做到一张蓝图干到底，避免折腾和反复；确保将人民利益的实现放在首位，彰显人民主体地位，由此调动人民的积极性、主动性和创造性，凝聚各方面力量。③ 组织网络方面，通过职能分工的"党政双轨结构"、政党统筹"两个积极性"的中央—地方结构、党建引领的国家—社会结构以及政党在场的政治—经济结构，党的领导权在各级政权机关、基层治理和经济社会等领域得以展开和实现。④ 干部资源方面，党的各级组织和广大党员干部在国家治理中发挥组织协调与先锋模范作用，党纪党规又为制度优势转化为治理效能提供了纪律保障、加强了监督执行，因而党的领

---

① 武市红，丁开杰，徐向梅，等. 深刻认识我国国家制度和国家治理体系的显著优势，持续推动我国制度优势转化为国家治理效能 [J]. 经济社会体制比较，2020（3）：1 - 6.
② 陈文泽. 治理的中国语境："党的领导"是中国特色社会主义制度的最大优势 [J]. 河南社会科学，2020，28（12）：10 - 20.
③ 陈金龙，魏银立. 论我国制度优势的多维功能 [J]. 马克思主义理论学科研究，2020，6（1）：67 - 76.
④ 张艳娥. 中国制度"最大优势"的发生逻辑与转化机理 [J]. 社会主义研究，2021（3）：64 - 71.

导统筹机制是推动制度优势转化为治理效能的根本机制。①

在党的全面领导下，制度优势转化为治理效能的机理在于：政党的行动主义逻辑发挥举国体制优势，形成治理集成效应，矫正单纯科层治理的不足，实现行动治理与制度治理的有机统一；政党的宗旨信仰逻辑引领程序治理的运行方向，注重长远规划布局，避免短期行为，促进实质正义与程序正义的有机统一；政党的自我革命逻辑推动治理实践的革命性发展，实现制度自我完善与社会进步的有机统一。② 正是在中国共产党的坚强领导下，中国特色社会主义的制度优势可以形成一个总体效应，即团结一切可以团结的力量，调动一切积极因素，结成最广大的同心圆，向着社会主义现代化和中华民族伟大复兴的目标迈进。③

二、全国一盘棋：为制度优势转化为治理效能提供基本保障

中国制度的执行性优势提高了治理效能的有效性基础，而其中的重要机制就是"全国一盘棋"。"全国一盘棋"，可以调动各方面积极性，集中力量办大事。"全国一盘棋"机制下集中力量办大事，保证了重点领域和关键环节人力、物力、财力的投入，使得我国具备超强整合能力、强大动员能力和高效执行能力，能够迅速动员起各方面资源，同心协力执行、全力以赴完成，形成力量优势，集中力量攻克关系全局发展的短板和困难，应对重大挑战、抵御重大风险、克服重大阻力、解决重大矛盾。改革开放以来，在关系国计民生的重要基础设施建设、重大技术创新、应对自然灾害和各种突发风险等方面，"全国一盘棋"机制下集中力量办大事的优势都得到了生动体现。④

"全国一盘棋"机制促进区域均衡协调发展。从区域发展看，"全国一盘

① 丁志刚，李天云．制度优势转化为治理效能：深层逻辑与核心机制［J］．中共福建省委党校（福建行政学院）学报，2021（2）：59-70.

② 张艳娥．中国制度"最大优势"的发生逻辑与转化机理［J］．社会主义研究，2021（3）：64-71.

③ 刘晨光．社会主义制度在中国的成功实践——关于中国特色社会主义制度优势的几点认识［J］．毛泽东邓小平理论研究，2021（6）：80-90.

④ 李民圣．为什么说中国特色社会主义制度具有明显制度优势［J］．红旗文稿，2019（4）：14-18.

棋"意味着不仅东部地区要发展，中西部地区同样要发展，不仅先发地区要发展，相对落后地区也要迎头赶上，只有东部发展而没有中西部发展或者只有发达地区发展而没有落后地区发展显然都不符合区域协调发展的战略。"全国一盘棋"机制就是要保障中西部落后地区不要落伍，通过政策、资金的适当倾斜让落后地区尽快赶上。国家可以制定激活经济欠发达地区的中长期发展战略规划，充分挖掘经济欠发达地区的产业优势和发展潜能，在总体经济布局中把与之匹配的产业转移到经济欠发达地区；国家可以制定向欠发达地区倾斜的经济支持政策，将资金、资源、人才、劳动力和其他生产要素吸引到经济发展亟须的地区和行业，从而弥补经济欠发达地区的生产要素短板，为当地经济发展提供政策支持。① 改革开放以来，我国提出了西部大开发、东北老工业基地振兴等促进经济欠发达地区发展的重大战略，对促进欠发达地区的发展发挥了重要作用。此外，三峡大坝、南水北调、西气东输等大型工程以及"八纵八横"高速铁路网、四通八达的高速公路网、全球数量最多的 5G 基站等交通、通信基础设施建设将中国的不同地区紧密连接起来，很好地带动了中西部地区的经济社会发展。

"全国一盘棋"机制可以很好地协调政府与市场的关系，"看得见的手"与"看不见的手"紧密结合，促进经济持续快速健康发展。党的十八届三中全会通过的《中共中央关于全面深化改革若干重大问题的决定》指出，经济体制改革的核心问题是处理好政府和市场的关系，使市场在资源配置中起决定性作用和更好发挥政府作用。这一关于政府与市场关系的定位体现出来的制度优势是，既强调要发挥市场在资源配置中的决定性作用，也强调要更好发挥政府作用，从而实现"有效市场"与"有为政府"的有机结合。2022年 4 月 10 日，《中共中央 国务院关于加快建设全国统一大市场的意见》正式发布，该意见提出："加快建立全国统一的市场制度规则，打破地方保护和市场分割，打通制约经济循环的关键堵点，促进商品要素资源在更大范围内畅通流动，加快建设高效规范、公平竞争、充分开放的全国统一大市场，全面推动我国市场由大到强转变，为建设高标准市场体系、构建高水平社会主

① 吕普生. 制度优势转化为减贫效能——中国解决绝对贫困问题的制度逻辑［J］. 政治学研究，2021（3）：54-64.

义市场经济体制提供坚强支撑。"中央从全局和战略高度提出加快建设全国统一大市场是"全国一盘棋"机制的又一生动体现。

民主集中制的组织原则是实现"全国一盘棋"机制下集中力量办大事的组织保障。民主集中制既是中国共产党的根本组织原则，也是我国国家机构的根本组织原则，从而使党内制度体系与国家制度体系具有了同构性与协调性，能够形成强大的制度合力。① 民主集中制的组织原则保证各级党组织、各级各类国家机关在上级的领导下，合理分工、密切协作，形成了严密高效的组织体系，为进行国家治理提供了根本的组织支撑。民主集中制将自下而上的民主与自上而下的集中有机结合起来。自下而上的民主能够最大限度地反映民意、汇集民智和实现民主监督，激发人民群众的积极性和创造性；自上而下的集中能够在民主基础上制定科学合理有效的路线方针政策，并保证党和国家的各项政策能够顺利执行以实现全体人民的整体利益和长远利益。②

三、以人民为中心：夯实制度优势转化为治理效能的价值基础

中国共产党为人民而生，因人民而兴，为人民谋幸福的信念一以贯之。《中共中央关于党的百年奋斗重大成就和历史经验的决议》指出，要坚持人民至上，坚持一切为了人民、一切依靠人民，坚持为人民执政、靠人民执政，坚持发展为了人民、发展依靠人民、发展成果由人民共享，坚定不移走全体人民共同富裕道路。这充分体现了"以人民为中心"的价值取向。这一价值取向既体现在党的"全心全意为人民服务"根本宗旨上，也体现在"消灭剥削，消除两极分化，最终实现共同富裕"的社会主义根本目标上。

"以人民为中心"的价值取向要求我国的制度体系以保护和发展广大人民的根本利益为基本遵循。长期以来，党和政府坚持把实现好、维护好、发展好最广大人民根本利益作为一切工作的根本出发点和落脚点，坚持把人民拥护不拥护、赞成不赞成、高兴不高兴、答应不答应作为制定政策的依据。

① 刘红凛. 制度优势与治理效能何以实现？——论中国特色社会主义制度优势背后的政治保障、实现机制与价值归依［J］. 教学与研究，2021（5）：65－74.

② 陈建兵，郝一博. 民主集中制：制度优势转化为国家治理效能的中国逻辑［J］. 科学社会主义，2021（4）：105－112.

习近平指出："要抓住人民最关心最直接最现实的利益问题，把人民群众的小事当作我们的大事，从人民群众关心的事情做起，从让人民满意的事情抓起。"① 就此意义而言，中国特色社会主义制度顺应民心、尊重民意、关注民情、保障民生，维护最广大人民的根本利益。② 坚持"以人民为中心"能够使制度得到人民的信任，获得人民的支持和积极配合，从而有利于将制度优势更好地转化为治理效能。③ 人民是制度建构的主体，也是制度实践、制度评价的主体，人民的拥护和认同是制度优势转化为治理效能的基础。坚持"以人民为中心"，既体现了广大人民的主体地位，有利于调动人民的积极性、主动性和创造性，又有利于集中广大人民的智慧和力量，确保决策的合理性、科学性和可行性。④ "以人民为中心"的价值取向就是让全体中国人都过上更好的日子。经过长期不懈的努力，到2020年底，我国取得了脱贫攻坚战的全面胜利，全面建成了小康社会。"以人民为中心"的价值取向被贯彻和运用到贫困治理中，就转化为以人民为中心的治贫理念。这一理念要求减贫政策覆盖所有贫困人口，实现全面脱贫；要求减贫政策能够激发贫困地区内生动力；要求减贫政策逐步提升贫困标准，缩小贫富差距以至实现共同富裕。⑤ 目前，我国正处在由全面小康向共同富裕不断迈进的伟大征程中。早在改革开放初期，邓小平同志就提出，鼓励一部分人、一部分地区先富起来，通过先富带后富，最终实现共同富裕。可以看出，允许和鼓励一部分人先富起来，是实现全国人民共同富裕的手段，共同富裕才是最终目标。无论是脱贫攻坚还是向共同富裕迈进，"以人民为中心"的价值取向都贯穿其中，即发展为了人民，发展依靠人民，发展成果由人民共享。

① 习近平谈治国理政：第三卷 [M]. 北京：外文出版社，2020：135.
② 虞崇胜. 将制度优势转化为治理效能——国家治理现代化的关键环节 [J]. 理论探讨，2020 (1)：5–11.
③ 江必新，马世媛. 将制度优势转化为治理效能的若干思考 [J]. 科学社会主义，2021 (2)：129–138.
④ 陈金龙，魏银立. 论我国制度优势的多维功能 [J]. 马克思主义理论学科研究，2020，6 (1)：67–76.
⑤ 吕普生. 制度优势转化为减贫效能——中国解决绝对贫困问题的制度逻辑 [J]. 政治学研究，2021 (3)：54–64.

四、追求公平正义：制度优势转化为治理效能的合法性机制

公平正义是人类文明的重要标志，是衡量一个国家或社会文明发展的标准。一方面，一项有生命力的制度必然要符合公平正义的标准，对制度之中的权利义务分配也是公正的，这样的制度才能为广大人民群众认同。另一方面，制度的运行也需要公平正义来保障，公开、透明、公众参与等正当程序能够保障制度运行符合公众期待。① 党的十九大报告多次提到人民群众关切的社会公平正义问题，"中国特色社会主义进入新时代……不仅对物质文化生活提出了更高要求，而且在民主、法治、公平、正义、安全、环境等方面的要求日益增长""在发展中补齐民生短板、促进社会公平正义""努力让人民群众在每一个司法案件中感受到公平正义""不断促进社会公平正义，形成有效的社会治理、良好的社会秩序，使人民获得感、幸福感、安全感更加充实、更有保障、更可持续"，体现了对社会公平正义的多维度强调。

社会公平体系主要包括权利公平、机会公平、规则公平三个方面，正义包括社会正义、政治正义和法律正义等，公平与正义密不可分。营造公平正义的社会环境，让公平正义的阳光普照每一个国民，使每个社会成员都能享有平等的生存和发展权利，有实现个人理想的机会，有表达利益诉求的合法途径。② 公平正义目标还体现在依法治国基本方略中。在改革发展实践中，党和政府全面推进科学立法、严格执法、公正司法、全民守法，坚持依法治国、依法执政、依法行政共同推进，坚持法治国家、法治政府、法治社会一体建设，依法保障公民合法权利，让人民群众感受到公平正义。③ 我国社会主义的制度体系是以公平正义为目标和遵循的，因此能够最大限度地发挥出制度优势，并实现高水平的治理效能。

---

① 江必新，马世媛. 将制度优势转化为治理效能的若干思考 [J]. 科学社会主义，2021（2）：129 – 138.

② 孙熙国，陈绍辉. 以人民为中心：中国国家制度和国家治理体系显著优势的内在逻辑 [J]. 理论探讨，2021（3）：51 – 58.

③ 虞崇胜. 将制度优势转化为治理效能——国家治理现代化的关键环节 [J]. 理论探讨，2020（1）：5 – 11.

第二章
全面加强党的建设，
彰显制度最大优势

中国特色社会主义最本质的特征是中国共产党领导，中国特色社会主义制度的最大优势也是中国共产党领导。党的建设关系重大、牵动全局，必须贯穿中国特色社会主义伟大事业全过程。把党的建设新的伟大工程同中国特色社会主义伟大事业紧密联系，既是一个理论问题，更是一个实践问题。习近平总书记关于党的建设的重要思想最大的创新是首次把党的政治建设纳入党的建设总体布局，并强调"以党的政治建设为统领"，凸显党的政治建设的极端重要性。这是马克思主义政党理论的重大创新，意义重大而深远。①2003 年 7 月，时任浙江省委书记的习近平在洞悉大势、深入调研的基础上，作出了"八八战略"重大决策部署，并根据新时期党的建设需要，提出了党建版"八八战略"，对如何全面深化党的建设作出了系统谋划，并具体生动地付诸实践，为浙江经济社会全面发展提供了最坚强的组织保障。

浙江是中国革命红船起航地、改革开放先行地、习近平新时代中国特色社会主义思想重要萌发地。浙江省在全面加强党的建设，铸就坚强领导核心方面，形成了许多创新性工作经验。例如，在推进廉政文化建设方面，努力形成全社会反腐倡廉的良好氛围，②并对如何"走出一条预防和惩治腐败的

---

① 中共中央宣传部理论局. 新时代面对面 [M]. 北京：学习出版社，2018.
② 习近平. 干在实处 走在前列——推进浙江新发展的思考与实践 [M]. 北京：中共中央党校出版社，2006：394.

新路子"① 多次进行详细的阐释和部署。在加强惩防体系建设方面，坚持标本兼治、综合治理，惩防并举、注重预防，建立健全与社会主义市场经济体制相适应的教育、制度、监督并重的惩治和预防腐败体系。在党建引领基层社会治理方面，创设党建示范带、编织党建共建网、打造网格化小组、构建智慧服务圈的实践经验共同体现了"打造互联化合作，形成共享化格局"的思路特点，围绕着"互联共享"的思路特点，浙江省走出了一条富有浙江特色的基层社会治理实践之路。② 综合而言，中国共产党是中国特色社会主义事业的领导核心。适应世情、党情、国情的新变化，在新形势下，浙江省加强和改进党的领导必须改革和完善党的领导方式和执政方式，发挥党委在同级各种组织中的核心领导作用，按照党"总揽全局，协调各方"的原则，规范党委与人大、政府、政协以及人民团体的关系。

当前，在习近平总书记关于党的建设的重要思想指引下，浙江省深入学习贯彻党的十九届六中全会精神，紧扣"五大历史使命"，牢固树立"没有走在前列也是一种风险"的紧迫感和忧患意识，忠实践行"八八战略"、奋力打造"重要窗口"，争创社会主义现代化先行省，高质量发展建设共同富裕示范区。浙江省委省政府结合自身发展实际，主动扛起守好"红色根脉"的使命担当，坚定不移做"两个确立"忠诚拥护者、"两个维护"示范引领者，有力地促进了浙江"八八战略"、平安浙江、文化大省、法治浙江等重大决策部署的顺利推进，为浙江科学发展提供了坚强的政治和组织保证，同时也提高了浙江党组织的凝聚力和战斗力，加强了浙江党的建设伟大工程。本章关注的基于大数据技术的腐败精准治理、基层党建统领的网格化治理创新、权力制衡视域下地方监察委内部权力制约等议题是浙江省不断完善"大党建"工作机制，坚持"党是领导一切的"政治要求的反映。全面加强党的建设，就是要推动党的全面领导落实到浙江省高质量发展的全过程、各领域、各环节。要突出争先创优和严管厚爱，把各级干部的积极性和创造性都调动起来，把纪律挺在前面，把责任压紧压实，推动基层治理体系完善，以法治

① 习近平. 干在实处 走在前列——推进浙江新发展的思考与实践［M］. 北京：中共中央党校出版社，2006：448.

② 代玉启，刘妍. 党建+治理：党建引领基层社会治理的浙江探索［J］. 中共宁波市委党校学报，2017，39（5）：72–77.

的方式维护平安稳定、公平正义。浙江省在新发展阶段要围绕浙江经济社会
发展大局，按服务浙江高质量发展建设共同富裕示范区的目标抓党建，把浙
江各级党组织铸造成浙江各项事业的领导核心。在浙江省委省政府领导下，
积极践行"八八战略"，高举习近平新时代中国特色社会主义思想伟大旗帜，
怀揣着习近平总书记对浙江的指示和期盼，不忘初心、牢记使命，勇立潮头、
奔竞不息，奋力推进新时代中国特色社会主义在浙江的生动实践，在党的建
设方面展示出"重要窗口"的风采。

第一节　基于大数据技术的腐败精准治理研究
——以杭州市萧山区为例

一、大数据技术与腐败治理融合背景

大数据时代的到来，引发了人类社会的深刻变革，也给政府治理提供了
历史性机遇。早在 1980 年，美国未来学家托夫勒便称"大数据"为"第三
次浪潮的华彩乐章"。① 特别是物联网、云计算、移动智能终端等技术迅速发
展并相互交融，促进了数据的爆发性增长，数据的待开发价值越来越大。大
数据技术被认为是一种"颠覆性创新"，在优化政府公共管理目标、完善管
理政策等方面发挥了不可替代的作用，推动政府朝着高效创新方向发展。②
大数据作为一种新的技术手段已经成为政府治理的重要资源。2015 年，党的
十八届五中全会首次提出"国家大数据战略"，《促进大数据发展行动纲要》
也在同年发布并提出：推动改革治理与政府管理模式的改进，以大数据为支
撑，建立起政府权力清单、负面清单与责任清单，并实现透明化管理，以及

---

① 阿尔文·托夫勒. 第三次浪潮［M］. 北京：中信出版社，2006.
② Paul T. Decter. Presidential Address：False Choices Policy Framing and the Promise of Big Data［J］. Journal of Policy Analysis and Management，2014（33）：252－262.

对技术反腐与大数据监督体系进行完善，让政府依法行政、简政放权。① 大数据不仅是一种新技术、新方法、新应用，也为治理带来了新思维、新理念、新手段。

推进国家治理体系和治理能力现代化建设过程中，腐败治理的地位和作用不容忽视。我国历来重视党风廉政建设和反腐败工作，党的十八大以来，更是以腐败不治将会"亡党亡国"来警戒全党。经过这么多年的努力，我国反腐败斗争取得了压倒性胜利，全面从严治党取得了历史性、开创性成就，产生了全方位、深层次影响。但从我国目前的国情和腐败现象依然频发的情况来看，严峻形势依然没有改变，习近平在十九届中央纪委第六次全体会议上提出，腐败和反腐败较量还在激烈进行，并呈现出一些新的阶段性特征，要保持反腐败政治定力，不断实现不敢腐、不能腐、不想腐一体推进的战略目标。②

从当前来看，一些地方存在腐败体量大且集中在基层、腐败领域较为集中、腐败表现多种多样、作案手段隐蔽隐形的新特点。另外，腐败治理也存在局限，主要表现在治理主体较为单一、治理过程相对封闭、治理方式缺乏科学性、治理成效仍明显不足。传统的反腐败模式已经不能完全适应新的形势和变化，必须因时因势，对腐败的新特征、新变化有全面的把握，需要运用创新思维与新的技术去发掘与惩治腐败。

大数据技术呈现"4V"特征，即数据规模巨量（Volume）、数据类型多样（Variety）、数据流转快速（Velocity）和较低价值密度（Value）。大数据技术在规模、类型、流转、价值上的优势，与当前腐败治理需要解决的现实困境相契合。大数据技术特征与腐败治理"不敢腐、不能腐、不想腐"目标相契合，与治理主体多元、治理过程透明、治理方式科学等多重需求相契合。

大数据时代的到来深刻改变了腐败治理的大环境，大数据技术为腐败治理能力的提升提供了新的发展空间。面对当前腐败行为的新特点、新表现，

---

① 国务院. 关于印发促进大数据发展行动纲要的通知 ［EB/OL］.（2015 - 09 - 05）. http：// www. gov. cn/zhengce/content/2015 - 09/05/content_10137. htm.

② 习近平在十九届中央纪委六次全会上发表重要讲话强调 坚持严的主基调不动摇 坚持不懈把全面从严治党向纵深推进 李克强栗战书汪洋王沪宁韩正出席会议 赵乐际主持会议 ［J］. 党建，2022（2）：4 - 6.

针对当前大数据腐败治理面临的问题，深度挖掘大数据腐败治理的价值，提升腐败治理能力，为腐败治理困境提供新的解决途径，提高腐败治理成效，具有重要意义。

二、萧山区实践探索与成效

萧山区纪委监委顺应信息化、网络化、智能化的时代潮流，转变传统监督方式，探索将大数据技术运用到腐败治理中，不断提升治理的精准性、有效性。本章从精准公开信息、关联预警风险、实施智能管理、开展评估测量四个方面阐述萧山区在大数据腐败治理方面的实践，并总结成效。

（一）精准公开信息

公开被认为是权力制约和监督的最有效途径之一。萧山区在对村社党员干部纪检监察信访进行分析的过程中发现，每年反映村社党员干部的信访件占全区纪检监察类信访件50%左右，但成案率却很低。究其原因是村务公开不透明、不彻底，导致信息的严重不对称、群众对干部的极度不信任，久而久之，造成干群关系紧张。针对这一现状，2019年以来，萧山区实施清廉村社"码上工程"，依托微信、钉钉等群众接受度高的"二维码"数字平台，做到一村一码、每户一人，打造村级事务"在线公示栏"，围绕"群众想看、能看懂、方便看"全面公开信息，畅通公众监督渠道。该平台实施以来，累计公布"小微权力、小型工程、小额资金"等村级事项400余万条，预警并督促整改问题1.4万余个，在线解决群众诉求1.6万余个。①

制定公开清单。针对老百姓关注度最高、利益关系最密切和案件最易发多发的领域，梳理119个关键环节要素，绘制53张流程图，制定"二维码"公开清单，明确了党员服务管理、村级收益分配、村级财务管理、农民建房、村级工程、村级集体资产资源发包和物资服务采购等"10＋X"必公开村级事项，并细化每个事项的公开要求，有效防止该公开的不公开或选择性公开。

---

① 中共杭州市萧山区委报道组. 浙江萧山 数字化改革赋能"清廉村社"建设［N］. 人民日报，2022－11－10.

丰富内容形式。一方面，丰富公开形式。针对基层群众生活阅历丰富、熟悉村情民意但党务财务等专业知识不强的实际情况，采取"文字数据＋照片视频"等具象化形式进行公开，做到通俗易懂。如对腐败问题易发多发的村级小型工程招投标及建设事项，在"码上"依额度不同对应进行"六环节"和"八环节"公开，其中交易方式环节和工程变更环节对应公开施工单位、工程金额、工程起止时间及中标通知书、工程变更量等，让群众对"让谁施工、有没有变更、多少工程款"一目了然。另一方面，丰富服务形式，通过设立双向开放式端口，提供政策发布、政策解读、重要事项通知等各种便民服务，提高群众的参与度与获得感。如萧山区瓜沥镇对各村普遍涉及的零星务工、居家服务等事项，参考滴滴应用场景，推出以村为单位的务工抢单功能，有效解决了用工信息不对称问题。

规范流程管理。建立健全信息审查和专人发布机制，明确相应的职责和权限，细化信息上传、审核、发布操作流程，加大业务培训、在线交流等指导力度，确保村务公开严密规范、及时有效。为避免村社隐瞒漏报，在具体工作开展中，相关职能部门介入审核，留痕管理，确保了全数据、全过程海量信息的上传，让群众随时"扫码"知晓村级党务、村务和财务。

加强双向互动。注重反馈的及时性与有效性，在"码上"平台设置信息评论、诉求受理、举报平台等模块，便于群众在线反映诉求、对相关问题线索进行举报。镇街、村社按照"资讯类、建议类、问题类、廉情类"等不同类别和不同职责，分别设置办结时限和标准，对属于纪检监察的检控类诉求推送至镇街纪（工）委处置，对其他民生类诉求直接对接基层治理"四平台"处置，同时对处置结果第一时间进行在线反馈，形成了"群众码上咨询投诉、干部线上受理线下跟进、结果在线反馈公开"的闭环办理流程。同时，加强对"码上"平台群众关注和阅读情况的留痕管理，重点监测哪些群众在关注村务、关心什么村务、基本态度是什么，从而针对性地进行深化完善。

（二）关联预警风险

利用大数据的关联方法，找出不同数据变量之间的关联性，预测腐败风险，有针对性查找出腐败风险的关键因素，进而达到预防腐败、惩治腐败的目的。^① 萧山区通过开发公款支出"三色"预警平台、"清廉萧山"监测平台来前置监督端口，精准识别问题，进行风险预警。

开发公款支出"三色"预警平台。以国库集中支付系统和税控系统为平台，自主开发设置预警处置反馈模块，运用大数据信息化监控手段，在区内361家部门单位实施公款支出"三色"预警机制，推进"三公"经费管理使用更加规范、安全、高效运行。一是设定预警规则。由区纪委、区财政局对中央八项规定精神出台以来区级以上相关规范性文件的刚性标准和要求、公款支出中易发多发的问题进行了总结梳理，设置了7大类36条预警规则，将公款支出是否符合标准列支、是否存在违规烟酒纪念品等列支、是否存在高消费娱乐活动列支等作为预警内容，将是否存在拆分开具发票、混用会计科目、违规公款吃喝作为预警跟踪内容。通过预警规则的明确，为公款支出设置警戒线，极大地缩短了从制度执行到问题发现之间的时间差，让苗头性、倾向性问题"一触即发"。二是设定预警等级。针对发现问题性质不同，分类划分"红、黄、蓝"三色预警等级处置："蓝"色预警，为财务规范性问题，系统即时提醒，支付一并停止，由区财政局核查，责令即时整改后进入正常支付；"黄"色预警，为违反中央八项规定精神相关苗头性、倾向性问题或无正当理由出现2次以上同类型"蓝"色预警，短信定向告知该单位主要领导和联系纪检监察负责人，并通报区纪委，支付一并停止，由区财政局核查，责令书面整改后，视情况确定后续支付；"红"色预警，为疑似违纪问题或无正当理由出现2次以上同类型"黄"色预警，支付即刻停止，由区财政局核查属实的，移送区纪委调查处理，若同一单位一年内出现2次及以上"红"色预警且问题核查属实的，由区纪委视情启动"两个责任"问责程序。

开发"清廉萧山"廉情监测平台。"清廉萧山"廉情监测平台前身是"清廉小脑"监督平台，接入"城市大脑·萧山平台"，并与"码上工程"公开平台相连接，通过建立数据池、关联比对分析等，实时监督基层村社权力运行情况，做到实时分析、实时预警，有效化解基层风险矛盾。首先，建立数据池。横向打通公安、民政、人社、农业农村局等区级部门数据，共归集

---

① 张硕，高九江.大数据技术在腐败防治机制中的应用 [J].成都行政学院学报，2015 (6)：5.

23 个部门 62 个数据源合计 12.1 亿条；纵向打通区、镇、村三级数据，由 549 个村社录入上报、镇街职能部门审核，归集并公开村级事务数据 320 余万条，为精准监督提供强大数据支撑。① 其次，建立预警标准。实行"红黄绿"三色预警，由职能部门根据公开清单设置一套标准及变色阈值，共设置权力运行预警阈值 126 条，及时预警权力运行流程倒置、相关额度超标、资产发包超限、项目该招未招、公开审核不到位等问题。一旦触碰预警第一时间提醒联村干部和镇街纪委等。例如，萧山区 Y 镇 Y 村因疫情防控期间务工费比同等规模、同等工作量的村多 1 倍左右，触发黄色预警，镇农经总站及时止付资金，并介入调查。同时，通过定期研判将部分预警信息在各村社清廉村社二维码上公开曝光，让群众倒逼预警整改，实现全民监督。最后，建立模型分析。在平台中设置"廉情观测台"模块，建立财务管理、农民建房、资产发包、土地征收等多种数据模型库，让村社数据与区里职能部门上传数据、与城市大脑平台数据进行比对、碰撞、组合，挖掘疑似违纪违法问题。截至 2021 年底，平台已累计发现预警村级权力运行流程倒置、资产发包超限、项目该招未招等规范性问题 1.4 万余条，监测疑似问题线索 2700 余个。②

（三）实施智能管理

进行党风廉政建设和反腐败斗争，发现问题线索是"前哨"，如果没有问题线索的支撑，就无法有针对性地开展纪律审查等工作。③ 萧山区在纪检监察办信、办案领域运用和发展信息技术，特别是在信访办理、信息查询、证据锁定、线索和案件管理等方面推进信息化建设，为审查调查工作开展夯实了基础。

打造微信举报平台。开通"萧山区纪检监察检举举报平台"微信公众号，让网络多跑路群众少跑腿，推动信访举报工作规范化、高效化。一是便捷渠道。群众通过微信公众号"萧山区纪检监察检举举报平台"或"萧然清

---

① ② 根据《杭州市纪委书记调研萧山汇报材料》整理。
③ 邱珍. 大数据驱动下精准扶贫监督的实践路径分析：以湖北省为个案 [J]. 湖北文理学院学报，2019（1）：30.

风"的举报栏目进行检举举报。提交举报资料后，系统自动生成具有唯一性的受理号，仅举报人知晓，事后举报人可根据受理号查询受理情况。二是分类受理。举报平台前端分设区纪委监委、派驻（出）机构、镇街纪（工）委、监察办公室等不同受理端口，群众可根据举报对象不同自行选择受理单位，使得后台分类处置受理时对象更加明晰。根据管辖范围不同，纪检监察组织被赋予不同的受理和查阅权限，彼此隔离且不交叉，提升平台保密性。三是高效处置。各纪检监察组织通过平台受理举报后，直接跟进调查，对实名举报严格落实"双告知"、定期联系等制度；对匿名举报以召开公开答复会、党员代表大会、张贴情况通报等方式适度公开调查结果。承办单位待调查结束审批报结之后，同步将相关材料报信访室和案件监督管理室统一纳管，检举举报平台统计分析功能模块自动对相关内容进行统计，为研判分析提供详尽的分类数据。

建设全区纪检监察综合业务平台。从 2017 年开始，萧山区纪委监委开发了全区综合业务平台，同时依托移动平台在纪委机关、党校办公点及 22 个镇街纪（工）委、14 个派驻（出）机构之间铺设纪检监察专网，加装防火墙等专业防护软硬件，确保专网安全。设置了案件信息管理、公职人员监督执纪信息管理、文件资料库等子系统，其中案件信息管理系统建立涵盖问题线索登记、分办、处置、立案、查办、审理、档案等整个流程，使每一个环节都处于实时监管之中，公职人员监督执纪信息管理系统除了包含公职人员个人基本信息外，还包括本人婚姻、收入、因私出国（境）以及家庭主要成员房产、车辆、投资、移居和生活在国（境）外等情况。

运行电子数据实验室。电子数据是在信息化过程中形成的、以数字化形式存在、能够证明案件事实情况的数据，是审查调查工作中锁定违纪事实的重要支撑。运用好电子数据，对于查清外围、做实证据，印证审查调查对象的问题交代，认定违纪违法事实，具有重要意义。为更加及时有效获取电子数据，服务保障审查调查工作，2016 年，萧山区纪委监委设立了电子数据实验室，购置手机取证塔、可视化数据智能分析模块、手机画像模块，对手机数据等部分电子数据进行深度挖掘，加强对话单、账单等日志数据的线索挖掘和情报研判，全方位对手机持有人进行人物刻画，为案件调查提供最大化的信息情报支持。

探索多元信息查询渠道。审查调查中需要查询涉案人员及相关人员的多类信息，这些信息分散在多个区级机关、事业单位中，萧山区纪委监委积极协调，拓展信息查询渠道，进一步完善数据库信息。一是通过与组织部门协调，取得党员管理信息系统相关查询账号，查询党员信息，信息项主要有人员姓名、身份证、入党时间、所属党组织、住址、联系方式等，同时建立全区党员信息数据库，并定期抓取数据更新。二是对"杭州市机构编制实名制系统"中萧山辖区人员数据信息的定期导出，建立了全区在职人员信息数据库和编外人员信息数据库，补全非党公职人员信息，该数据库由案件监督管理室统一管理，并对纪检监察室提供数据查询和人员比对服务。三是依托区政府大数据中心平台，于2018年5月协调开通了该数据平台中浙江省人口、社保参保证明、行驶证、婚姻登记、低保救助、公积金缴纳、企业基本信息等36项行政公开信息查询。账号由案件监督管理室统一管理，纪检监察室经审批查询。

（四）开展评估测量

强化对治理工作的考评与监督是推进精准治理、提高治理效率的重要保障。在腐败治理过程中，利用大数据开展评估测量显得尤为重要。其主要思路是基于评估测量的目标和内容，构建设计一套科学的评价指标体系，通过数据采集与统计分析得出评估测量结果，并根据测量结果提出有针对性的建议。[①] 萧山区建立村社政治生态廉情监测评估体系，利用大数据对各村社开展实时评价，推动基层治理精细化。

开展量化监测。评价体系分为权力运行规范度、党员干部勤廉度、人民群众满意度、上级组织认可度四个方面，细化量化160项指标，由系统进行量化打分，以六个月为监测周期，综合研判各村社重大决策部署落实执行、"三小"权力规范运行、党员干部作风效能、村风民风状况，为各个村社政治生态全面精准"画像"，实现了分析研判自动化、考核评价精准化、权力运行规范化。

实施低分预警。针对每个周期监测评估结果，第一时间反馈被监测评估

---

① 杜晓燕. 应用大数据提升腐败治理的能力与成效［N］. 检察日报，2020－07－07.

村社党组织，并建立低分预警和问题整改机制。针对得分排名后 1/3 的村社，发出红色预警通知书，根据问题性质及严重程度，分别由联村领导、纪委书记、党政主要领导分类约谈；针对监测中发现的集中问题或廉政风险点，各赋分责任单位及时采取提醒谈话、责令整改、督促完善制度等措施，推动风险防控和问题整改有效落实。

实行分类管理。形成各村社政治生态廉情监测评估报告，根据综合得分排名进行分级评定，其中排名前 30% 为 A 级，后 20% 为 C 级，其余均为 B 级。评估结果纳入村社年度综合考评，其中 A 级作为村社干部评优评先重要依据，并作为区级清廉村社示范点参考；C 级取消相关评优评先资格，并由镇街党（工）委或纪（工）委对其主要负责人进行约谈。

三、大数据技术背景下的腐败治理路径——萧山案例启示

（一）思维路径：转变治理理念

思维是行动的先导，要达到"不敢腐、不能腐、不想腐"的治理目标，必须要先转变观念，治理方式与举措才能真正得到落实。

树立大数据思维。政府部门要适应新形势的发展，主动学习大数据技术，用信息化的手段和方法实时监督权力的运行。综合运用大数据思维与方法，对有腐败苗头和倾向的公职人员及时进行警示与教育，防止他们滑向腐败的深渊；对公职人员的腐败行为及时查处并惩治，防止腐败蔓延；不断发展并完善权力的运行制约和监督体系，努力构建"不敢腐、不能腐、不想腐"的长效机制。

运用数据决策模式。充分运用大数据平台，学会"用数据说话"和"用数据决策"，即在掌握大量数据信息的基础上开展分析和判断，然后再据此制定科学决策。另外，制定决策时要充分考虑民众意见，将他们的意见与建议作为论证依据，如主动邀请公民参与到决策的制定过程中，公开非机密性、敏感性信息，为民众咨询和监督提供条件。同时，转变决策角色，重新进行决策组织结构的构建，如决策必须通过严谨的论证与科学的考察，进行平等化、民主化的商讨等。

引导多元主体参与。要进一步树立"人民至上"理念，明确广大群众是腐败治理的重要"合作者"。拓宽参与渠道，完善载体为移动终端的信息发布平台，积极建立"微信""钉钉"等为主要信息发布平台的互动式参与体制，在收集公众观点、看法等第一手实际数据的同时，及时反馈公众的诉求与建议，从而达到政府与公众信息交换、双向沟通的目的，推动腐败治理更加民主、更加精准。加大对大数据平台、村级公开平台等的宣传力度，帮助公众树立数据治理意识、提升参与治理的能力。优化平台内容，要充分考虑公众的参与度、接受度、认可度。

（二）制度路径：加强顶层设计

大数据腐败精准治理，不仅是一个技术问题，根本上属于制度问题，只有将技术嵌入制度结构，才能真正有效地提升治理效能。因此，必须在制度层面上加强总体部署和顶层设计。

构建统一的大数据腐败治理平台。建立专门的纪检监察大数据反腐机构，由该机构对反腐数据进行统一规划、分享和应用，构建专门的反腐数据库，合理配置相应的人员、设备以及资金资源等。构建系统集成的大数据腐败治理平台，注重技术、功能、业务、数据等整合，如依托当前的"城市大脑"建立腐败治理平台，将大数据监督、纪检监察业务等需求嵌入其中，并实现与经济社会、政治生态、城市治理等的关联整合、协调贯通，避免重复建设、资源浪费，实现集中、高效、便利的管理。

畅通数据共享融合。建立跨地区、跨领域、跨部门的相互通融的数据共享机制，建立反腐数据库，促进各个部门之间数据的交流融合，实现各类数据最大限度地开发利用。加强大数据标准化的顶层设计，尽快出台相关建设指南，开展关键技术、行业领域标准的研制工作。进一步完善政府数据开放清单，严格划定无条件、有条件及不予开放的数据范围。

完善法规制度建设。制定反腐败大数据机构管理制度，建立制度化、规范化的管理反腐大数据机构，制定各项规范，譬如业务规范、技术规范以及个人行为规范等。健全相关法律法规，进一步完善《中华人民共和国数据安全法》实施细则等具体制度，保障反腐大数据机构的合法性，明确其他部门、单位的责任，积极配合大数据反腐机构的工作，共同打击腐败犯罪。

（三）技术路径：提升反腐机构大数据技术运用能力

大数据反腐效能能否最大化发挥出来，很大程度上取决于大数据技术是否得到了充分利用。为此，我们必须重视提高我们现有的大数据技术运用能力，为反腐机构应用大数据技术在庞大数据库中进行反腐数据收集提供更多的帮助，从而挖掘出更多更全面的反腐数据，有效打击腐败分子。

加快培养大数据反腐专业人才。加大人才引进和培养力度，提升大数据应用的关联分析、数据采集、数据激活、数据储存、数据预测等能力。深化政企合作，加强政府和企业在大数据技术和应用上的交流，实现全面、深度合作，通过长效合作机制的构建，让政府部门能够充分掌握大数据相关的先进技术并能有效运用。

加快基础设施建设。加速推进 5G 网络、物联网等基础建设并投入实际应用中，大力推进大数据技术基础设施的配套建设，充分考虑大数据反腐系统建设、维护与使用的实际需要，增加经费投入以满足新时期腐败治理的迫切需求。

保障数据安全。围绕反腐大数据的使用与管理制定相关制度并加以完善，根据保密级别对数据类型进行划分，然后结合数据调阅的人员级别、数据泄露的风险评级、系统登录人员的权限和职责、部门数据调取的职权级别、数据核查授权级别等内容制定严格的制度规范。另外，对反腐大数据的应用范围予以明确，对数据搜集使用者的监管行为进行规范，确保监管的科学合理。围绕大数据反腐技术的执行问题进行考核评估。加强技术管理，进行身份识别、漏洞监测。

第二节 基层党建统领的网格化治理创新研究
——以杭州市余杭区为例

治国安邦，重在基层；管党治党，重在基础。基层党建是执政党的永恒命题，基层社会治理是国家治理体系和治理能力现代化的重要环节。当前，在新常态新环境下，基层党建和基层社会治理面临诸多新问题、新挑战，对基层的党建和社会治理能力提出了严峻考验。如何通过基层党建统领来推进区域治理体系和治理能力现代化，是我们必须直面并作出回应的重要课题。

党的十八大、十八届三中全会分别提出，"全面推进各领域基层党建工作，扩大党组织和党的工作覆盖面，充分发挥推动发展、服务群众、凝聚人心、促进和谐的作用""全面深化改革的总目标是推进国家治理体系和治理能力现代化"。村社是人民群众生产生活的主要场所，是我们党开展群众工作的重要阵地，是我们国家进行社会治理的最基本单元。村社一级治理的现代化，有助于实现国家治理体系和治理能力的现代化。如果村社一级治理没有达到现代化，那么国家治理就没有实现现代化，实现全面深化改革的目标更是无从谈起。村社一级党组织处于村社治理中的核心地位，实现村社治理现代化的前提基础，就是要把村社一级党组织的领导核心作用有效发挥出来，从而确保党的决策部署真正落到实处、落到基层。因此，进一步加强基层党组织和基层党的建设工作，提升基层党组织服务群众、联系群众的水平，增进党同人民群众之间感情，全面强化基层治理能力，有助于实现执政能力的提升和执政基础的巩固。

2011 年起，杭州市余杭区以党建网、综治网"两网合一"为抓手，在镇街和村社层面推进网格化管理、组团式服务工作，网格化管理的工作理念和基层治理扁平化工作模式初步形成。2013 年，该区被列为全国纪念"枫桥经验"50 周年大会参观考察点，该区社会治理工作的有关做法多次在中央综治办、全省有关会议作经验介绍。2015 年，杭州市余杭区委作出了《关于全面加强基层党建完善基层治理的决定》，向社会治理大联动工作机制和基层社会治理新模式的探索构建迈出了具有里程碑意义的一步。经过一年准备，半年试点，到在全区面上全面推开，该区以"推动治理体系和治理能力的现代化"为目标方向，以构建"王"字型的治理新模式作为关键核心，以着力抓好"顶线""中线""底线""竖线"四条主线为突出重点，不断强化区域治理体系和治理能力现代化水平，基本形成了党政主导、多元参与的基层社会治理模式。

一、余杭区党建统领的网格化治理模式的主要做法

在不断深化社会治理创新的新形势下，对照中央系统治理、依法治理、

综合治理、源头治理的总要求，对照建立"三个一"机制（战略引领规划布局"一张图"、资源要素优化配置"一本账"、抓人促事凝心聚力"一盘棋"）、推进区域治理现代化的总目标，杭州市余杭区针对社会治理工作中还存在一些不适应的地方，进一步加以深化完善，逐步建立起了一种基层党建统领的网格化治理模式。

（一）围绕"党组织＋党员"，压紧压实责任，坚持将党建统领活的灵魂贯穿始终

第一，实施基层党建"三大主体工程"，做实党建责任内容。一是落实镇街主体责任。强化镇（街）党（工）委抓基层党建的"龙头"地位，建立镇（街）党（工）委抓党建工作 6 大方面、26 条细则的"责任清单"，明晰镇村责权利、优化抓镇促村和镇村联动运行机制，进一步提高镇（街）党（工）委统揽全局、书记抓人促事的能力和水平，提升镇街层面的领导力、执行力和调控力，推动镇村敢担当、能担当、善担当。二是发挥村社主体作用。强化村社党组织在村社治理中的领导核心地位，进一步凸显基层党组织的政治属性和服务功能，严明党内组织生活各项纪律，实行"堡垒指数"星级管理，层层传导压力。建立健全村社干部队伍建设十项制度，加强村社党组织、"领头雁"队伍、后备干部三支队伍建设，打造一支专业化村社骨干队伍，充分发挥村社第一道防线作用。三是激发党员群众的主体意识。全面推进"德治为基础、法治为保障、自治为目标"的社会管理"三治"建设。通过加强基层民主协商，建立健全镇街、村社、村（居）民议事小组、网格支部等层面的专题协商议事机制，保障党员群众的知情权、参与权、选择权和监督权，充分发挥党员群众在基层社会治理中自我监督管理的作用，调动群众参与基层社会治理的主动性、积极性和创造性，努力实现管理变治理、民主促民生。

第二，推进"三个全覆盖"，做实党建工作载体。一是网格支部全覆盖，促重心整体下移。为使支部设置有利于党员联系服务群众，有利于带领群众共同参与基层自治，余杭区以社会治理网格为基础单元，以 30 名党员为上限，按照"地域相近、便于管理"原则，直接在网格上建立支部，据统计全区所建网格支部共有 1890 个，党的基层组织和综合治理网格之间的覆盖率达

100%，有效形成党建治理"一张皮"。二是组团联村全覆盖，抓干部履职担当。全面深化完善组团联村（社）制度，按照"一村（社）一组团"方式组建337个联村（社）组团，下派2100余名镇街干部进驻网格担任指导员，①全程指导督促网格内重大事项，通过重心下沉、资源下移，真正做到党建工作党委不松手、党委书记不甩手、班子成员不缩手。团长喊响"我的团长我的团""条上分管一条线、块上包干一个村（社）"，实现"一岗双责、条块结合"；团员做到"党建、业务一把抓"，组团成员直接担任村社网格支部指导员，履行好联系服务群众、加强基层党建、推进重点工作、指导网格管理四大职责，不断形成"基层党建，人人有责"的良好局面。三是党员联户全覆盖，为群众提供服务。以"党员联户"作为工作切入点，全面推动党支部和党员投身基层社会治理，在为民办事、为民解忧中增强党员的身份感、认同感，提升党组织威信，唤醒党员主体意识。按照"就近就亲就熟"原则，网格支部要求每个党员联系5～10户村（居）民，在"拉拉家常、串串家门"的同时，征求群众意见建议，传达上级党委决策部署，动员群众参与网格事务。重点开展"五上门"活动，即遇到群众生病、红白喜事、矛盾纠纷、有不满情绪以及突发事件等情况时，应及时上门看望、上门帮忙、上门劝解、上门疏导和上门了解，联户情况在每月党员固定活动日上由党员向党组织进行汇报，实现党员联系服务群众具体化、常态化。

第三，运用"三大指数"，做实党建考核制度。一是"服务指数"促进党员干部落实"一岗双责"。以"周三无会日"为抓手，建立组团联村（社）干部责任清单，以联村干部走村不漏户、指导网格党建和村社中心工作、推动网格民主协商、开展志愿服务等工作作为"服务指数"考核主要内容，倒逼镇街干部在做强网格党建推进基层治理中发挥好指导监督作用。二是"堡垒指数"提升基层党组织战斗力。制定村社网格支部党员固定活动日"五个一"任务清单，即"开展一次学习、通报一些情况、汇报一块工作、认领一批任务、协商一些难题"，将网格支部能否组织党员认领网格事务、能否组织党员群众开展民主协商、能否组织党员汇报好党员联户情况、能否有效组织发动群众参与网格事务等工作，作为堡垒指数的重要考核内容，强化基层

---

① 根据杭州市余杭区着力打造"基层治理四平台"的相关汇报材料整理。

党组织战斗堡垒作用。三是"先锋指数"激发党员模范带头作用。实施党员先锋指数管理考核，推动党员考核模式由主观印象评价向科学量化评价转换。把党员履行基本义务、发挥先锋模范作用、遵纪守法等一系列情况纳入积分项目表的范畴之中，同时对照不合格党员不触碰"十条红线"的要求，严格进行细化考核，通过信息化统计得分，更加具体清晰地告知每一位党员哪些事情必须做、哪些事情带头做、哪些事情不能做，变抽象的印象为具体的事项。党员年度得分作为优秀党员和不合格党员的重要依据，通过精准考核，切实发挥党员在村社事务管理中的主体作用。

（二）围绕"党建＋治理"，创新制度供给，全力构建"王"字型治理架构

第一，做优区级整体联动"顶线"。成立大党建统领、大联动治理工作领导小组，组长由区委主要领导亲自担任，下设正局级的区大联动办公室，专兼结合、实体运作，建立区大联动中心，搭建信息集成和大联动指挥两大平台，遵循"党委领导、政府负责、统一指挥、部门联动"的要求，由区委区政府赋予领导小组任务分流指派、力量指挥调度、工作检查督办、考核奖惩建议等职权，打造区委区政府社会治理的"一线指挥部"和总值班室。大联动中心实施进驻制，进驻部门采取"统分结合、有分有合"工作模式，在突出工作理念、淡化部门利益的同时，统筹、协调、整合各方力量、资源，形成强劲合力。对没有进驻的部门，则以大联动中心为枢纽，开通一号通967999民生服务热线，逐步有序整合政务服务类热线电话，最终实现对服务管理诉求"一口受理、一体派单、一台运行、一并考核"。加强与行政服务中心、行政执法部门实时联动，实现案件督办、过程监管，有效提升分流交办、联动处置能力。

第二，做强镇街部门联动"中线"。始终贯彻"条块联动、块抓条保、属地统领、捆绑考核"的工作理念，条条抓审批执法两头、块块抓中间管理、条块共抓社会管理和服务。坚持关口前移、重心下移、资源下沉、权力下放，推进综合执法改革向镇街延伸，全区公安、综合行政执法、市场监管、规资、应急、交通、住建、卫健、生态环境、人社、民政、司法、林水、文广旅体、教育、农业等部门下沉力量2101人。整合部门下沉执法力量和镇街自有力量，成立镇街社会治理联动大队，真正实现人员统筹使用，工作统分结合，镇街统一领导，部门业务指导。建立综合执法联席会议制度，由镇街召集相关业务线基层站所负责人或联络员参加，形成高效化、制度化、常态化、长效化的综合执法机制，逐步破解"看得见的无权管、有权管的看不见"的问题，打造综合管理、综合执法、综合服务新模式。坚持属地统领、捆绑考核，改变以往"部门当裁判、镇街当球员"的局面，部门承担连带责任、实行捆绑考核，相关工作没做好不仅要扣属地的考核分，责任部门也要扣分，镇街是"主犯"，部门是"从犯"，都要"打板子"。做实镇（街）24小时值班制度，建立常态化专人值守的中心指挥室，基层站所人员视情况进驻中心，接受统一指挥调度，满足实时动态、应急指挥的需求。

第三，做实村社网格干群联动"底线"。坚持用好党建这把"金钥匙"，做实网格、深耕网格，唤醒党员、唤起群众，使全区每个网格都能在基层社会治理中发挥"战斗堡垒"的作用。进一步合理划分网格、完善网格力量，以党建网、综治网为基础，依照城市型、城郊型、农村型、专属型分类划分基础网格，配备网格力量"一长三员"19978人，并以此为骨干组建形成11万人的平安志愿者队伍。① 网格力量一长三员、四力共用：网格长原则上由村社班子成员担任，网格参与员作为基础力量，主要是村社干部、党员骨干、村（居）民代表、小组长、"两代表一委员"、志愿者以及其他社会力量；网格协管员作为专职力量，由镇街根据网格管理复杂程度、网格属性，从镇街专业力量中选择配备，协助网格长工作；网格指导员作为指导力量，由镇街组团联村干部下沉，联系指导网格工作。在此基础上，逐步叠加整合治安防控、城管执法、环境监管、安全监管、税务征收等工作，建立全区统一的基层社会治理网格体系，实现党政各项工作资源在网格叠加、力量在网格沉淀、工作在网格联动、任务在网格落实。制定网格工作职责清单，落实好思想引领、信息传递、隐患排查、矛盾调解、民生服务五项职责，努力做到"小事不出村、大事不出镇、矛盾不上交"。按照"费随事转、人随事转"原则，整体设计网格工作保障制度，严格网格事务准入。突出网格支部作用发挥，把网格党建和网格治理相结合，推进中心工作落实和网格事务解决。

---

① 根据杭州市余杭区着力打造"基层治理四平台"的相关汇报材料整理。

第四，做通上下贯通运行机制"竖线"。该区坚持网格化、信息化、扁平化"多化融合"，推动"线上"治理、"线下"治理纵向联动，通过系统联通、信息支撑、数据驱动，横向打通部门之间的信息壁垒，整合15个部门数据库，逐步做到社会治理信息统一收集、统一管理、共享共用；纵向实现区、镇街、村社（网格）三级平台各司其职、各尽其责，相互配合，协调推进。建立"人、地、事、物、组织"为核心元素的"云"基础数据库，加强信息互通数据共享，以信息化建设改善和优化基层社会治理形态，接入12853个视频监控探头和相关的监管平台，① 实现了对全区重点地段、要害位置实时监控，社会面掌控能力大幅提升。完善社会治理大联动运作机制，健全对上对下、对内对外、终端后台、线上线下的大联动运作机制：村（社）网格层面宣传上情、掌握下情、处理民情，镇街层面组织协调、先期处置、上报反馈，区级层面分流交办、实时联动、协调处置，形成村（社）网格—镇街—区级平台三级流转机制。

二、余杭区党建统领的网格化治理模式的主要特点

第一，坚持党建统领，社会治理资源下沉，带动治理链条延伸。坚持以"大党建"为统领，加强整体设计，创新工作方法，夯实党的基层基础，完善基层社会治理，推动民主促民生、管理变治理、应急变长效、治标变治本。特别是网格化治理将治理链条延伸为由镇街、村社和网格所构成的三级治理组织架构。与此同时治理资源不断沉底，镇街班子成员、中层干部等要下沉到村社、网格中，做好"包干"工作，及时"扫除"盲点。镇街一般干部下沉至三级网格，扩大了治理资源下沉"深度"。此外，有的党员、人大代表、政协委员、群众志愿者、退休干部也都积极参与其中，有的甚至兼任管理员，进一步打通了多方力量参与村社治理的新通道。

第二，坚持块抓条保，打破职能部门壁垒，资源力量有效整合。进一步厘清区级、镇街和村社（网格）三级权责，坚持块抓条保、以块为主。推进区级统筹协调联动，管理、执法、服务资源整合，实现部门职能关口前移、

---

① 根据杭州市余杭区公安信息交流材料整理。

重心下移、资源下沉、权力下放。在网格化治理中，一方面打破各部门的职能壁垒，转变原有各自分开的工作方式，进一步淡化部门利益、突出工作理念，形成强大合力；另一方面主动搭建各类平台，整合各类资源力量，引导各类治理主体参与其中。

第三，坚持系统集成，运用数字信息技术，提高精准精细能力。加大社会治理网络整合力度，推进党建网、综治网、服务网"多网合一"，建立系统集成指挥平台，打造一套归口收集、分流交办、答复反馈、监督制约、考核奖惩的完整流程，实现资源集成、信息共享、上下联动的大治理格局。特别是依托数字信息技术，使得网格治理的精准精细能力进一步提高，通过合理划分网格、科学配置资源、构建联动网络，更好地实现了问题的及时发现、有效分类、妥善处置和及时反馈。

第四，坚持全民参与，吸纳各方力量资源，满足多元利益需求。始终坚持党在基层社会治理中的领导核心地位，充分发挥基层党组织在基层治理中"领头雁"的作用和基层党员干部在广大群众中的先锋示范作用，让党员干部沉下身去，把广大群众发动起来，广泛动员社会多方主体力量参与基层社会治理，以"党建＋"的方式进一步完善基层治理，切实强化政治引领、统筹各类资源、提升服务能力和水平。

第五，坚持稳步推进，试点镇街探索先行，以点带面依次推开。坚持按照分类指导、分步实施原则，确定乔司、临东、南苑、良渚、仓前、星桥、崇贤、瓶窑8个镇（街）为试点单位，并在2015年底前完成试点任务，各镇（街）试点方案报区大联动改革领导小组批准后实施。根据试点情况，坚持共性加个性，探索建立了一批可复制、可借鉴、可推广的经验、措施，区委区政府于2016年在全区面上全面推广。

三、促进余杭区党建统领的网格化治理模式的对策建议

杭州市余杭区在推行该模式的过程中也存在着不少现实问题，同时也是大多数网格化治理模式中的通病。其中最为突出的就是体现在协调多元主体的水平上、党员干部的工作能力上、治理主体的参与程度上、网格的合理划分上、信息平台的建设上以及考核奖惩的机制健全上，等等。这些都需要我

们迫切地去解决、去完善、去优化。

（一）基层党建方面

第一，树立领导、协调、包容的组织理念。所谓领导，即指在网格化治理中必须始终坚持中国共产党在基层治理中的核心领导地位。所谓协调，即指在坚持党对基层治理的核心领导地位的同时，要充分发挥各类社会组织在基层治理中应有的作用，加强与各类社会组织的协调治理，形成齐抓共管的基层治理大格局。所谓包容，即指对各类社会组织的基层治理活动的态度上，要有巨大的包容心态，切实鼓励和支持社会组织参与基层社会治理。村社党组织作为基层党组织，既要加强政党组织的政治意识、大局意识，也要学习运用法治思维、法治方式解决社会问题。

第二，建立开放、灵活、直接的组织机制。所谓开放，即指当前中国处于社会转型阶段，社会结构呈现的开放格局。所谓灵活，即指在社会转型期，社会治理的对象和治理的力量都呈现多元化的特征。所谓直接，即指在信息经济迅猛发展、互联网社会已经逐渐成型的新情况下，党的组织建设要主动适应社会治理出现的新变化，充分运用互联网技术的迅速、快捷、开放的社会属性，进一步密切党同人民群众的联系，主动倾听群众心声，了解掌握社会动态，夯实基层治理的群众基础。村社党组织作为基层党组织，既要不断完善党代表直接联系群众制度，也要加强党对新型社会组织的领导力。

第三，提升引领、宣示、服务的组织能力。所谓引领，就是指思想引领。所谓宣示，就是指政治宣示。所谓服务，就是指社会服务。基层党组织要把服务群众的能力作为能力建设的主要内容。村社党组织作为基层党组织，既要增强解决群众实际困难的能力，也要大力开展党员志愿服务活动。

（二）网格化治理方面

第一，内部监督和外部监督相结合。突出内外双重监督主体作用，解决监督缺位、失位、不到位的问题，杜绝各政府职能部门的监督出现真空状态。对于内部监督，就是要充分发挥村社大联动联席会议的监督作用。对于外部监督，就是要加入第三方监督机构，重点对政府相关职能部门有关村社网格内部一系列的工作展开行之有效的监督。

第二，完善多元主体参与机制。要把社会治理中各类主体的积极性、能动性尽可能地发挥出来，把他们的资源、优势尽可能地挖掘出来，把村社的负担、压力尽可能地释放出来，从而实现网格化治理的共建共享、共管共治。

第三，更加科学合理划分村社网格。网格划分，应当以党建网、综治网为基础，依照城市型、城郊型、农村型、专属型分类划分基础网格，同时要综合地域面积、人口比例、治安情况、乡土人情等各种因素，按照"因地制宜、全部覆盖、规模适中、方便群众"的要求，以每个网格200～250户来划分，不能过小浪费资源，也不能过大难以管理。

第四，完善信息平台建设。一方面，制定全区层面信息平台信息筛选反馈流程机制，特别是在村社层面，要专门成立小组负责网格员上报信息的筛选工作，把好第一道关，确保真实、可信、有效的信息报至区大联动信息平台。另一方面，区大联动中心要结合区级相关部门的信息数据资源对村社一级上报的信息数据进行分析比对，进一步核实信息真实度，并将比对结果反馈至村社，如果有出入则要求其核实后再上报。如果的确属实，则告知可作相应处理。

第五，形成监督—考核—奖惩闭环。在加强网格员日常工作监督考核的同时，也有必要建立对网格员工作表现的奖惩机制，从而形成监督—考核—奖惩的回路闭环。

第六，完善分类培训机制。加大网格管理人员的培训力度，尤其要分批分层对不同网格内的网格管理员进行分类培训，制定严密细致的培训机制和方案，不仅要提高相应培训次数，还需要重视培训的现实成效。

（三）实现基层党建与基层社会治理"一张皮"

第一，完善体系创新。始终坚持大党建工作格局，突出"块抓条保、条块联动"工作理念，一方面要同执法等职能部门、群团组织、社会组织（团体）等分别形成源头协作、党群联动、区域合作机制；另一方面要进一步完善基层党组织包括网格支部、二级网格支部建设，实现纵向到底、横向到边的全覆盖。从这两方面入手推动社会治理组织体系实现全面覆盖、无缝衔接。

第二，完善机制创新。以现有的干部包片、村、组制度为基础，党员干部更要有"店小二式、上门式"的服务理念，同时要不断创新服务方式方法，针对不同群体采取针对性的服务，满足不同需求，可以将群众密切关注、急需解决的日常问题，如就学、就业、就医等，进行罗列，提供菜单式服务。

第三，完善载体创新。要多创造与社会组织联系、互动、合作的有效载体，将其自我教育、管理、监督、服务的功能尽可能地发挥出来。同时，要进一步完善"走村不漏户、户户见干部""固定日夜访夜学""蹲点调研"等制度，体民情、知民意、帮民需、解民忧，实现制度的常态长效。

第三节　权力制衡视域下地方监察委内部权力制约研究

一、权力制衡理论：对约束监察委权力的作用审视

权力的运行从来都离不开制约与监督。但制约与监督二者存在区别：制约侧重双向性，制约双方互为主客体，每一个权力主体既是权力行使者也是权力约束者，制约在权力运行机制内部起作用，刚性较强，一般与权力行为具有同时性；监督侧重单向性，由监督主体向监督客体发出，作为一种外在力量，弹性较大，往往具有滞后性。从这个意义上讲，制约比监督更有力度。

提及制约，不得不谈权力制衡思想，最早萌芽于古希腊和古罗马，被看作西方"三权分立学说"反映在政治实践中的权力运行规则。其核心就是"以权力制约权力"的理念，典型特征是"在工作流程中，给相互独立、没有隶属关系的工作部门设置制度性关卡或条件性限制，符合标准才放行"。虽然由于政体差异，权力制衡理念在我国政治体制中缺乏生存的土壤，但我们可以从中借鉴，探索回答"谁来监督监督者"的难题，避免监察委员会（以下简称"监委"）行使的监察权无限扩充，防止监察权滥用和腐败。具体而言，就是把监察权合理科学地纵横拆分，由各个相互独立的主体分别掌握，严格行使各自范畴内的职权，并保持相互牵制、均衡的关系。

二、浙江经验做法：探索"以权制权"的内部制约选择

（一）监委机构设置和领导分工

2018 年，根据监察体制改革方案，全国各地监察厅（局）、预防腐败局及人民检察院有关部门的相关职能整合至监委，监委与纪委合署办公，履行监察、纪检两项职责，探索监督与审查相互制约，执纪与执法相互衔接的路径。浙江省监委因地制宜，科学设置机构，优化调整现有内设机构，撤销纪检监察室，增设监督检查室、审查调查室。过去纪检监察室既有线索处置权，又有对管辖对象的日常监督权、发现违纪违法问题后的审查调查权，集多种权力于一身，权力滥用的风险较高。监察体制改革后，通过监督与审查部门分设，实现"前台"和"后台"分离，进一步强化监委内部制约，优化执纪执法业务衔接，确保正确规范行使监察权。

同时，进一步明确权责边界，对监委领导班子实行分权。监察体制改革前，普遍由一名副书记分管诸多核心业务部门；监察体制改革后，更注重内控机制建设，在领导体制上探索统分结合，实行既分工负责又集体决策的机制。比如，对"信访、监督（调查）、案管、审理"实行四环节分离，由四位监委副主任（纪委副书记）分别分管信访室、案管室、监督检查（审查调查）室、案件审理室。与此同时，各位委员（常委）实行交叉编配、交叉协管，实现执纪执法全过程内部分工上的相互配合、制约和监督。

（二）权力制约制度安排

随着党的纪律检查体制改革和国家监察体制改革持续深化，中央纪委国家监委主动强化自我约束，规范纪委监委权力运行，及时将有关规则、经验上升为党内法规、国家法律，先后于 2017 年 1 月出台《中国共产党纪律检查机关监督执纪工作规则（试行）》、2018 年 3 月通过《中华人民共和国监察法》、2018 年 12 月印发《中国共产党纪律检查机关监督执纪工作规则》（以下简称《规则》）、2019 年 7 月印发《监察机关监督执法工作规定》（以下简称《规定》）。《规则》作为党内加强权力制约、完善内控机制的重要举措，

提供了监督执纪问责的基本遵循和工作规范，其制定的根本目的就是规范纪委监督执纪工作，强化自我约束；《监察法》在明确监委职责，赋予权限的同时，与《规则》相衔接，严格规范监察程序，专设"对监察机关和监察人员的监督"一章，对监察机关、人员实行监督，让监察权运行有界受控，把党的十八大以来纪检监察机关自我监督的实践经验、创新成果以法律形式固定；《规定》作为《监察法》的实施办法，与《规则》相贯通，与《中华人民共和国刑法》《中华人民共和国刑事诉讼法》相衔接，进一步强化监委自我约束。地方各级监委建立健全内部既相互协调又相互制衡的工作机制，按照《规则》《监察法》和《规定》的精神和要求，建章立制，明确审批权限和办理程序，围绕权力制约，再造优化流程，进一步保障对纪检监察机关的有效制约与监督。浙江省监委相继出台包括《监察业务运行工作规程》《监察留置措施操作指南》在内的 24 项制度，编制线索处置、初步核实、立案调查等 12 个方面的流程图，先后设计与调查措施相配套的 45 类法律文书。

（三）业务运行上的制约

一是严格决策和审批程序。浙江省监委进一步具体化、规范化有关规定，认真贯彻"宽打窄用"原则，建立集体研究机制和上提一级审批机制，根据调查措施的权限大小，设置不同层级的审批程序。

所有问题线索，在处置过程中都要经过集体研究后按程序报批。对于"初步核实、立案审查调查、案件审理"等重要事项，必须经纪委常委会议、监委委务会议集体研究决定，依照流程、程序请示报告，既报告结果，也报告过程，防止出现不按规则办事甚至借机谋取私利等问题。

监察留置措施作为限制人身自由的一项措施，应稳妥慎重，浙江省监委始终把依法用好留置措施作为开展监察工作的重中之重，不仅在审批上严之又严，还先后制定出台《监察留置措施操作指南》《监察留置场所暂行规定》等制度，明确规定审批程序、留置地点、安全防范等内容，严格标准、从严把关，强化上级监委对下级监委的制约，确保留置措施使用的规范、稳妥。比如，省级监委采取留置措施，由省监委领导人员集体研究决定，省监委主任批准，涉及省管公职人员应当同时向省委主要领导报告；若市、县（市、区）监委采取留置措施，由市、县（市、区）监委领导人员集体研究决定后，报上一级监委批准，涉及同级党委管理的公职人员应向同级党委主要领导报告。对下级监委申请采取留置措施，省、市监委建立监委领导牵头、案管室筹办、对口联系的监督检查室参加的留置措施审批机制。

对于《监察法》规定的"12＋3"项措施，分为四个审批层级，并逐级层报调查措施文书统一印制并按权限下发。对谈话、询问、查询、调取等一般性调查措施文书，授权监督检查室、审查调查室负责日常管理，按程序报批后自行制作、统一编号，向案管室报备；对勘验检查、鉴定、搜查、留置、技术调查、通缉、限制出境等限制性调查措施文书，按程序审批后，由案管室集中管理、统一编号，监督检查室、审查调查室做好登记工作。案管室一方面对限制性调查措施文书直接管理，另一方面定期对一般性调查措施文书使用情况开展监督检查，防止文书使用混乱，对未批使用、不按规定审批或者其他不规范使用调查措施文书等情形，及时提出并责令整改，以此降低在使用调查措施环节发生违纪违法行为的风险。

从实践看，改变过去调查措施使用随意，一张"介绍信"走天下的局面，从严把好调查措施使用审批关，坚持"一事一请示""一事一登记"原则，依法使用调查措施，上提一级的审批机制作为上级对下级制约的有力抓手，贯彻落实上级监委对下级监委的领导与监督。通过建立健全党委领导下的决策执行机制和履行严格的审批程序，不仅确保了党对反腐败工作的统一领导，以集体研究、请示汇报、制度规定等形式把党的领导固化下来，将原来的"结果领导"转变为现在的"全过程领导"，也有效防止调查措施的乱用、滥用，减少不规范行为，维护了各项调查措施的权威性和严肃性。

二是内设机构相互配合与制约。由信访室归口受理信访举报；案管室统一管理问题线索，坚持"一个口子进，一个口子出"，对问题线索汇总核对、动态更新、跟踪督办，避免流失，同时监督管理调查处置工作全过程；监督检查室与审查调查室分设，分别开展日常监督与审查调查等工作，对于是否严格按照程序、是否合乎规范要受到案管室的监督，对于案件办理结果和质量要接受来自案件审理室的检验与约束；案件审理室作为移送检察机关前的最后一道关口，统一对案件审核把关，对事实不清、证据不足的，退回相关部门补充证据或重新调查，确保每一起案件事实清楚、证据充分、定性准确。

各部门在监督、调查、处置的相应环节各司其职、各负其责，在机构职能和内部运转上实现权力平衡，理顺部门职能，明确权责边界，建立起"信访受理、监督检查、审查调查、案件审理、案件监督管理"等各环节相互衔接配合、相互约束制衡的工作机制，将监察权层层分解，着重设计严密规范的工作流程，强化对关键环节的制约监督，最大限度把防止权力滥用的目标要求融入权力结构和运行机制之中。信访室、监督检查室、审查调查室、案件审理室等部门彼此平行、先后介入，案管室全过程监督，形成工作环环相扣、相互配合联系、彼此制约监督的业务运行链条。每一环节相对独立又相互衔接，后一环节既是对前一环节的工作衔接，又是"后对前"的制约监督。与此同时，实行全程留痕，不管是采取各项措施，还是对上请示、对下批复等，都全程留痕、存档备查。

（四）日常管理上的制约

针对打听案情、过问案件、说情干预等行为，浙江省监委以制度规定盯住人和事，逐一记录和备案，情节严重的，严肃处理，以办法、规定的形式，明确报告和登记备案的方法和责任，构建责任认定和追究机制，建立起防止违规过问干预纪检监察工作的"隔离带"，将责任压力层层传递到每一环节。严格执行回避制度，对可能影响公正监察情形的，如监察人员与监察对象有近亲属关系，监察人员与监察事项有利害关系等，监察人员必须回避。严格执行保密制度，使用加密设施、设备，严控审查调查工作事项知悉范围，严禁泄露调查工作情况。严格执行脱密期管理和辞职、退休后从业限制制度，掌握案情秘密的监察人员辞职、退休三年内，不允许从事与监察、司法工作相关联、可能发生利益冲突的职业，严格遵守脱密期管理规定，履行保密义务，不得泄露相关秘密。充分发挥监委内设监督机构的作用，对私存线索、跑风漏气、以案谋私等行为，严肃查处，绝不姑息。

此外，为进一步规范监委工作、约束和保护干部，促使监察权高效有序运行，浙江省监委还制定了涉案款物专门保管制度并严格执行，设立专用账户，固定专门场所，明确专人保管，确立监委办公厅、审查调查室、案管室相互制约的运行机制，推行"五张清单一张网"，逐级签订党风廉政建设责任书，并在全系统打造一张层层落实主体责任的自我监督网。

三、内部制约路径：构建贯通融合的权力制约监督体系

在权力制衡理论视域下，探索形成上下级间纵向制约、平行机构横向制衡、专门机构专项监督的全方位权力制约监督体系。通过"权力有限、权力分工、权力制衡、权力公开"形成完备的制约制度安排，加以贯彻落实；理顺制约机制，整合监督资源，拓宽权力制约的途径，强化监督效果；运用当代科技信息手段使得权力制约机制与时俱进，提升科技含量和制约能力。

（一）提高权力主体自我监督意识

习近平指出，一分部署还要九分落实，制定制度很重要，更重要的是抓落实，九分气力要花在这上面。① 而一项制度的执行程度，很大程度上取决于人们对制度本身合理性和必要性的认可程度。因此，在认识层面上，要强化纪检监察干部的控权意识，树立"法律至上""权在法下"观念，正确认识依规依纪依法履职尽责，就是敢担当、善作为的表现；充分认识内部制约的重要性——监督就是爱护，摒弃"不愿监督、不敢监督、抵制监督"的错误思想；清醒认识自身岗位的特殊重要性，习惯用"探照灯"照别人，也习惯用"手电筒"照自己，履行好职责的同时养成主动接受监督的自觉。从执行层面讲，每名纪检监察干部要依规依纪依法进行监督执纪执法，严格按照规定的权限和程序开展工作。防止"重实体轻程序"倾向，将自身行为始终置于法治轨道，做到程序和实体并重，程序合法、程序优先，以严格的执行释放制度威力。

（二）完善纵向权力制约模式

一是构架整体顶层规划。以移动互联网、云计算、大数据等为代表的信息技术迅速发展和广泛运用，改变了人们的思维和生活方式。运用信息技术制约权力已然成为反腐新趋向。监委应顺应时代潮流，运用互联网技术和信息化手段创造性地开展工作，为制约监督插上科技翅膀，全力推进"智慧纪

---

① 充分发挥党内法规制度优势（思想纵横）［N］. 人民日报，2021－08－31.

检监察"建设。建立健全以监督执纪执法为重点应用的大数据信息平台，以基础数据库、线索受理处置、指挥协作、数据应用等子系统为基本框架，纵向贯通中央、省、市、县、乡五级纪检监察组织，横向联通信访、监督、审查、审理各部门以及巡视派驻机构。根据纪检监察工作各部门划分，各运行环节，建立相对独立、自成体系的子系统平台作为底层数据库，依据不同需求设计不同功能模块，明确各部门的信息范围、访问权限和维护职责，通过研发不同应用软件，在底层数据之上实现信息共享、查询管理，并借助大数据功能进行梳理汇总、统计分析，提高监委内部纵向横向间的数据利用率。把线索处置、初步核实、立案审查调查、案件审理等环节的权力事项流程图植入计算机，固化到程序里，让权力按规定的程序有序运行，既无法修改，又不可逆转。通过制度固化、流程再造、无缝衔接、全程留痕，强化权力运行的线上全面监控，形成规范高效的制约监督工作机制。

二是双向制约，循序渐进。一方面，充分运用和转化党委巡视巡察经验，下沉一级对内部权力运行等方面存在的问题进行督查，综合运用专项检查、重点督查、交叉检查、协同监督等方式，全方位、多角度、全领域检查，并将检查与整改、检查与培训相结合，不断细化、深化、具体化上级监委对下级监委的领导。另一方面，强化下级监委对上级监委的反向制约力度，上级监委在重大问题的决策上，在重要工作的部署上，要做到公开透明，探索建立强制性、程序化且具体可行的制度，畅通控告、检举、报告等问题反映的渠道，贯彻"人和制度实施分权"的理念，决策权、执行权、监督权相互分开，并通过集体决策研究等程序设计，防止个人权力处于支配性地位。在对监委主要领导的制约制度选择上，要更多地以"选举制"代替"任命制"，因为前者是以公众意见决定领导干部去留，会使领导干部"讨好"公众而非"讨好"上级，进而做到权为民所用；要从"认可型选举"向"选择型选举"逐步转向，因为前者本质上体现的是上级意志，后者不仅对上负责，更对下负责，选票的压力会迫使领导干部树立起"对下负责"的意识，自然而然受到来自下级的制约。

（三）优化横向权力运行结构

一是规范权力运行边界。分权是"以权力制约权力"的前提，其实质是优化权力结构与权力配置，使权力关系明晰化、规范化，彼此分立的任何一部分权力都不可能独占优势，"科学赋权"和"合理分权"是完善权力结构的重要内容。所谓"科学赋权"，就是通过科学的权力系统和权力结构设计，界定不同职能的权力，划定权力界限，明确权力地位、职责、权限，使之赋权适当、分工明确，每个权力主体只限于行使自身职能。"合理分权"，就是不断健全合理的分权机制，分解过于集中的权力，尤其是对容易发生权钱交易、可任意使用自由裁量权的岗位权力进行适当分离，达到"分而弱之""分而治之"的目的，以实现权力间的制约。同时，运用现代信息化技术来固化权力边界，在运行环节上实现硬性控制，任何部门、个体只能按照各自岗位权限操作，不得越权或滥用。

二是构建严密制约程序。程序的意义，在于它可以通过流程设计，规范、细化工作过程和权力运行的各个环节，做到环环相扣、相互制约，还能通过流程倒查进行责任追究，消除或减少权力运行过程中的随意性和绝对性。因此，权力运行到哪里，制约就要跟进到哪里，程序就要设计到哪里。围绕权力运行全过程，将权力运行的各流程和各环节纳入内控机制设计中，建立程序严密、规范透明的权力运行机制，构建并遵守程序，实现权力结构中的权力制衡关系。

三是完善落实内部制度。从改革试点走向改革深化，我国的党风廉政建设和反腐败斗争进入新阶段，我们需要总结经验，强化创新意识，将内部制约机制的重心前移，从"被动、事后监督为主"转向"主动、事前制约为主"，由注重结果监督向注重过程监督转变，由运动式反腐向制度化建设迈进；我们需要发现案件的共性问题，分析研判案发原因，举一反三，查找体制机制制度方面的漏洞，严密制度体系，狠抓制度执行。比如，要落实教育机制，尤其是发挥警示教育的作用，要完善选人用人机制，执行干部定期轮岗、任职、办案回避制度，健全责任追究和惩戒机制，等等。在横向的平行制约上，要不断完善问题线索处置反馈、抽查审核、办结复核机制，"四种形态"转化的审查、备案机制，以及内部工作督办机制、纠偏矫正机制、廉政风险排查防控机制，等等，将内部制约制度的笼子不断扎密扎牢，做到前后衔接、上下配套。

（四）健全专门机构监督模式

将系统内部专设的从事制约监督的部门纳入权力结构设计中，也是"以权力制约权力"的作用机制之一，且从组织运行和内部管理的角度丰富和完善了权力制约机制。当下，干部监督室在人、事、财权上的不独立性，限制了其效用的发挥，可参考香港廉政公署"L"小组的典型特点：独立于监委，人事编制、人员组成、办公地点相对独立和保密，最大限度保证业务运行和权力行使方面的独立性。若无法一步到位，可切实加强领导并探索"异地办公"模式，尝试将人事权、财权、事权交由上级干部监督室或同级党委。着力增强干部监督室力量，在人员力量上提高职数，并配备到位，在人员结构上选优配强，同时给予必要的财政倾斜，避免因装备老化落后、经费捉襟见肘等情况影响综合战斗力。

第三章
推进数字化改革，
提升整体智治能力

伴随着新一轮科技革命和产业变革的加速演进，国家鼓励将人工智能、大数据、区块链等新技术作为推动经济转型、政府改革和社会治理的重要工具。党的十九大报告提出实现国家治理体系与治理能力现代化目标，需要构建"网络强国、数字中国、智慧社会"三大战略。党的十九届四中全会审议通过了推进国家治理体系和治理能力现代化的重大决定，要求必须进一步发挥数字化在推进治理体系和治理能力现代化中的作用，加快建设数字政府、法治政府。党的十九届五中全会提出了"加快数字化发展"的新要求，加快数字化发展是我国建设现代化经济体系、构建新发展格局的重要着力点和有效路径。党的十九届六中全会审议通过了《中共中央关于党的百年奋斗重大成就和历史经验的决议》，更是从党的历史经验出发分析数字化改革的本质属性，有助于进一步迭代深化对数字化改革理念、思路、方法、机制的认识。

当前在中央政府的制度引领与政策部署下，全国各省市纷纷开展数字化改革实践工作。例如，浙江、广东、湖南、江西、天津、重庆的"浙里办""粤省事""新湘事成""赣服通""津心办""渝快办"等智慧政务平台以网上办、自助办、掌上办实现不见面审批，极大地提升了政府服务的质量。习近平在浙江考察时指出："运用大数据、云计算、区块链、人工智能等前沿技术推动城市管理手段、管理模式、管理理念创新，从数字化到智能化再到智慧化，让城市更聪明一些、更智慧一些，是推动城市治理体系和治理能力现代化的必由之路，前景广阔。"① 可以说，数字化改革创新的出现顺应了社会发展的必然趋势，有效开拓和创新了政府治理新方式，及时有效地回应了愈加多样化的群众需求，显著提升了政府数字化改革的治理效能。

从浙江层面来看，数字化改革起步较早，2005 年时任浙江省委书记的习近平在正确分析国内外形势，科学判断发展阶段变化基础上，强调进一步增强加快发展信息技术、信息产业并推进信息化的紧迫感和责任感，把建设"数字浙江"作为一项战略性任务、基础性工作、主导性政策研究好。自此之后，浙江省委省政府始终坚持以"八八战略"为指引，一张蓝图绘到底，一任接着一任干，对未来工作发挥高瞻远瞩和提前布局的效果。2020 年省委十四届八次全会提出，要以数字化改革撬动各领域各方面改革，率先推进省域治理现代化，打造省域现代治理先行示范区。2021 年省委十四届九次全会提出，共同富裕的核心在于通过大力推进科技创新、数字化与绿色低碳的融合聚变，创造前所未有的新机遇新动力，推动生产力和生产关系、经济基础和上层建筑的深刻变革，形成全域一体、全面提升、全民富裕的均衡图景。2022 年浙江省第十五次党代会报告指出，高水平推进数字化改革，打造数字变革高地，一体推进全面深化改革、共同富裕示范区重大改革和数字化改革取得更大突破。可以说，浙江省在奋力打造"重要窗口"和争创社会主义现代化先行省和高质量发展建设共同富裕示范区的征程中进一步拓宽数字化改革范畴，以系统集成、协同高效为准则，坚持数字化思维，逐步以数据驱动代替主体驱动，开始对省域治理体制机制、组织架构、方式流程、手段工具进行全方位系统性重塑，致力于打造"整体智治"的现代政府。要着眼于"整体"，通过跨部门的数据共享、流程再造和业务协同，打通和整合党政机关各项职能，使群众和企业办事从"找部门"转变为"找政府"，使党政机关服务方式从"碎片化"转变为"一体化"，实现各机关部门协同高效运作。同时要力求"智治"，基于数字化的智慧化治理，更好运用云计算、大数据、物联网、人工智能等数字技术，加快形成即时感知、科学决策、主动服务、

① 统筹推进疫情防控和经济社会发展工作 奋力实现今年经济社会发展目标任务 [N]. 人民日报，2020 - 04 - 02.

高效运行、智能监管的新型治理形态、治理模式，推动决策更加科学、治理更加精准、服务更加高效。①

本章关注的机动车限制性政策变迁的路径与动力、社保系统"最多跑一次"改革实践与风险防控、智慧城管的多中心治理模式、特色小镇产业优化发展、特色小镇的治理模型构建、特色小镇建设中政府职能优化等议题正好回应了数字化改革的全过程、全领域特征，通过加快推动制度变革、系统重塑，实现多跨高效协同、工作闭环管理，从而显著提升了现代政府的治理绩效。因而，浙江省倡导的数字化改革构建"整体智治"目标，并不是简单的"整体治理"与"智慧治理"的简单叠加，而是两者的有机结合："智慧治理"为"整体治理"提供技术支持，助力治理主体的有效协调；反过来，以提升治理有效性、创造公共价值为目标的"整体治理"为"智慧治理"提供方向。② 浙江省致力于数字化改革工作是落实网络强国和数字中国战略的必然要求，是推进政府治理体系和治理能力现代化的重要途径，是提升政务服务效能、增强政府公信力、推动高质量发展、再创现代治理新优势的有力抓手和重要引擎。

第一节　机动车限制性政策变迁的路径与动力
——对杭州案例的历史制度主义分析

一、机动车限制性政策变迁：见证城市的发展

随着社会经济的不断发展，城市的迅速扩张，机动车保有量也在不断攀升，给居民出行带来便利的同时，也引发了新的问题和隐患。其中，最突出的问题包括空气污染、交通拥堵等。为此，从 20 世纪 90 年代开始，北京、

---

① 袁家军在省委党校秋季学期开学典礼上的讲话摘要［EB/OL］.（2020 – 09 – 11）. http：//old. zjsjw. gov. cn/ch112/system/2020/09/10/032717906. shtml.

② 郁建兴，黄飚.　"整体智治"：公共治理创新与信息技术革命互动融合［N］. 光明日报，2020 – 06 – 22.

上海、广州等一线城市开始逐步推出机动车"限行""限购"等系列限制性措施，从而缓解机动车与环境、交通之间的矛盾。随后，一些新一线城市（如武汉、杭州），甚至二三线城市（如宁波、贵阳）也纷纷效仿，一时间，"限行""限购"成为社会热点话题。

杭州是全国第 6 个宣布实施限行政策的城市，相较北京、上海、广州等一线城市，杭州市的机动车限制性政策起步不算早。2011 年 10 月，和其他城市一样，杭州市首先推出的是机动车"使用端"的限制管理——"限行"政策。然而，有关部门在实践中发现，"限行"政策虽能在一定程度上缓解交通拥堵，但由于"购买端"未受控制，机动车保有量仍在大幅上涨，加之不断恶化的城市环境，在实行不到 3 年后，"双限"时代正式来临。2 年时间"限牌"政策作了三次调整和完善。2017 年，向"久摇不中"的个人推出阶梯摇号方式。政策进一步向"更有需求"的个人倾斜。之后的 4 年时间，"双限"政策进入相对稳定时期。直到 2021 年，无需摇号和竞价的"浙 A 区域号牌"问世，与之配套的"错峰出行"规定也全新升级。至此，"双限"政策进入新时代。

任何一项政策的变迁都会引起人们的关注，作为一项将直接影响百姓日常生活的限制性政策，更是如此。因而，通过一个科学合理的理论分析框架，对政策的出台和变迁作出理论分析和解释，就具有重要意义。这不但能够推动政策的改进和优化，而且有利于增进政策制定者与政策目标对象、利益相关者之间的沟通，提高政策的可接受度。

本节聚焦机动车限制性政策变迁的现象，结合历史制度主义等相关理论，对杭州自 2011 年以来所实施的小客车限制性政策的变迁过程和机制进行分析，着重阐释政策变迁的路径与动力。试图通过案例研究，探寻政策推行前后的影响因素，把握主要症结，为政府相关部门进一步改进和优化机动车限制性政策提供参考，为丰富公共政策变迁的理论研究提供支持。

二、机动车限制性政策变迁的杭州探索

本节首先基于历史阶段的划分，对杭州市机动车限制性政策变迁的基本历程进行描述，然后将重点探究这种政策变迁的理论逻辑。在历史制度主义

的分析框架下，笔者尝试对杭州市机动车限制性政策变迁的路径展开分析：首先以关键节点为分析的突破口，进一步解释杭州市机动车限制性政策变迁历程中每一个阶段的特征，然后探讨路径依赖效应对机动车限制性政策变迁的影响，解释每一个政策阶段特征得以维持和强化的具体路径。

（一）基本历程

从"单限"走向"双限"：2011 年至 2014 年。高度机动化给城市带来便利的同时，也引发了一系列问题。两对矛盾开始凸显：有限的道路资源和无限增长的机动车保有量间的矛盾、机动车尾气的大量排放和城市生态环境间的矛盾，继而引发交通拥堵和空气污染问题。2011 年杭州市政府召开新闻发布会，发布了《杭州市人民政府关于工作日高峰时段区域"错峰出行"交通管理措施的通告》（以下简称《通告》），宣布从 2011 年 10 月 8 日早上 7 时开始，杭州正式采取错峰限行政策。这意味着杭州的"限行时代"正式来临。限行政策实施的开始阶段，杭州的拥堵问题在短期内得到明显缓解。但随着时间的推移，由于机动车的购买端并未受限，机动车保有量仍在快速增长，限行政策效果开始弱化。

"限行政策"推行不到 3 年，限牌政策悄然而至。2014 年 3 月 25 日晚，杭州市政府发布了《杭州市小客车总量调控管理暂行规定（意见征求稿）》（以下简称《暂行规定（意见征求稿）》），从 2014 年 3 月 26 日零时起实行机动车限牌。"一夜限牌"来了。同年 4 月 25 日，根据意见征求情况，推出《杭州市小客车总量调控管理暂行规定》（以下简称《暂行规定》）。与此同时，还调整了"错峰限行"的公告。与 2011 年的版本相比，"高峰时段"的限行时间更长，由原来的 3 小时调整为 4 小时。新版"错峰限行"政策还明确非浙 A 号牌同步纳入限行，且在限行时间和区域内实行"全号段限行"。另外，结合实际，萧山区的部分城区道路，同步实行"错峰限行"。

"差异化"需求管理逐渐显著：2015 年至 2020 年。其间，"双限"政策共经历了 4 次调整。政策整体的目标、方向和路径未发生改变，重点是对在实施过程中发现的实操问题、群众反响热烈的问题。特别是县（市）区居民、"久摇不中"人群的用车需求满足，使得政策由初始的"一刀切"向

"差异化"需求管理转变，政策有效性、科学性更加凸显出来。

2015年《杭州市小客车总量调控管理规定》（以下简称《管理规定》）正式版本出台，较《暂行规定》主要作出了"明确了个人申请指标资格必须有驾驶证""给予县（市）一定的政策倾斜，在原来基础上为县（市）配置了专项指标""放宽新投资企业申请相关限制""对竞价的底价和上线进行规范"四方面调整。《管理规定》实施两年后，由于"五证合一、一照一码"制度改革、新能源车推广应用、出租车改革相关规定的出台以及流动人口登记政策调整，2017年新版的《管理规定》对其中的技术性条款进行了修订，未做实质性的内容调整。直到2018年，经市政府同意，市调控办出台了三项优化调整政策。其中，最受关注的便是"向久摇不中个人通过阶梯摇号方式配置小客车指标"。即在原有的指标配置额度之外，每个配置周期拿出一定数量指标用于个人阶梯摇号。

在"限行"方面，为方便市外群众来杭办事需要，按照"提前报备、次数控制、急事通行"的原则，杭州实施"非浙A急事通"的便民利民措施，允许每辆非浙A号牌的小型客车在一个自然年度内，可以在工作日高峰时段通行的次数不超过12次，每个自然月不超过3次。

浙A区域号牌问世：2021年以后，为方便群众出行，拓展市民获得小客车指标的途径，2021年1月5日，杭州市就小客车"区域指标""浙A区域号牌"设置及相关配套措施调整方案公开征求意见。申领"区域指标"无需摇号或竞价，单位和个人只要符合增量指标申请条件的，可直接申领。

（二）路径分析

关键节点：机动车限制性政策变迁的三大触发事件。依据历史制度主义的观点，关键节点常常表现为某个标志性的事件或现象，是在前期各种因素碰撞和政策效应积累下的产物，常常能够引发相关因素的连锁反应，触动和加速政策议程，也往往意味着一种新的路径依赖的开端，将持续对政策或制度后期的自我强化机制和路径依赖过程产生影响。杭州市机动车限制性政策变迁的关键节点如图3-1所示。

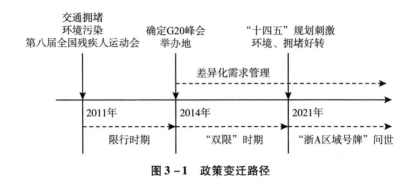

图 3－1　政策变迁路径

2011 年 10 月 11 日，由中国残联和中国国家体育总局主办，浙江省人民政府承办的第八届残疾人运动会在浙江举行，主会场设在杭州，为期 9 天。这是继 2008 年北京残奥会之后举行的一次全国综合性残疾人体育赛事，队伍浩大、影响深远。这也倒逼政府必须采取措施进行治理，成了触发杭州机动车限制性政策的关键节点。

2014 年杭州市申办 G20 峰会是第二个关键节点。值得注意的是，2014 年，大气污染防治愈加成为政府工作的一个亟待解决的问题。在 2013 年，先后有 5 次出现大范围的严重雾霾天气。特别是在 2013 年 12 月 4 日至 9 日，杭州连续 6 天持续出现严重雾霾。此外，交通拥堵趋向常态化，拥堵时长也开始延伸，不仅是上下班高峰，平峰时段的交通拥堵趋势也逐渐明显。单一的"限行"政策已然无法满足当时的治理需求。随着 2014 年杭州市着力申办 G20 峰会，更是加速了相关政策议程，"双限"政策应运而生。

2021 年 3 月，全国人大通过了关于国民经济和社会发展第十四个五年规划（以下简称"十四五"规划）的决议。宏观制度环境发生变化，中央在"十四五"规划中明确指出，小客车管理要从"购买端"向"管理端"转移，刺激疫情后国内经济发展。同时，在环境污染和拥堵治理方面，情况也有所好转。正是在上述事件影响下，2021 年，杭州推出了"浙 A 区域号牌"并调整了"错峰出行"的相关规则。

路径依赖：学习效应、协调效应和适应性预期影响下的政策自我强化。适应政策的行动者会对政策的回报率有一个预期，遵循这样的思维习惯，从而对制度或政策进行相应调整。制度存续的路径依赖期，会根据制度运行中出现的问题作出一定程度的调整，主要表现为："走小步，不停步"。从 2011 年杭州推出"限行"政策开始，到实行"双限"政策，再到推出"区域号牌"，前后共调整和修订 9 次。除了几个关键节点，可以看到两个规律：一是几乎每年都会对政策进行一次调整；二是每次都是对其中的部分章节或是操作技术层面上的修订，整体制度路径方向未发生变化。学习效应的一个重要表现形式是对此前经验的学习借鉴，进而优化、调整自身的政策路径。如在"小客车增量指标"的获取上杭州借鉴了天津"摇号＋竞价"的限牌模式。急需用车的可竞价，非急需用车的可摇号，这也是"差异化需求管理"模式的初步体现。

机动车限制性政策的制度场域包含了地方政府、机动车销售商和社会公民等利益相关者以及普通群众等行为主体，他们之间相互影响和制约着，不仅有学习效应的驱使，也有协调效应的作用。"自上而下"的协调效应催生了较强的心理诉求和相对稳定的政策环境。具体来看，政府在颁布正式政策之前，通常会先推出一稿"征求意见稿"或者"暂行条例"，征求各方意见、探索政策带来的初步效应并及时作出调整，这就是协调效应的体现。

政策确立之后，行动者对政策适应性预期会有所增加，即行动者会产生一种思维惯性，习惯于从现有的政策构成要素中寻求指导，进而会进一步强化制度的现有演进路径。杭州机动车限制性政策行动者的适应性预期主要表现在决策主体和政策对象两个方面：一是机动车限制性政策呈现出较强的政策延续性和连贯性特征。二是民众对该路径下的机动车限制性政策认同程度随着该政策演进也越来越高。

（三）动力机制

外部制度环境变化催生政策变迁。首先从国家大背景下的政治环境来看，党的十八大以来，国家对政府治理能力水平提出了新要求，特别是党的十八届三中全会将推进国家治理体系和治理能力现代化作为全面深化改革的总目标。这就要求政府在开展治理工作和建设公共政策体系时围绕以民为本、高质量发展的要求不断演进。此外，独特的地方政治环境和条件也影响了政策变迁过程。2012 年以来，杭州在全国的地位和影响力不断升高，逐渐向新一线城市靠拢。"改善空气污染""改善道路交通环境"同样被提到了一个新位置，具有重要的政策价值。

从经济环境看，近年来，杭州经济发展保持着良好势头。一方面，杭州近年来的经济发展势头迅猛，尤其是电子商务、数字经济领域，数字经济成为鲜明标识；另一方面，国家对新能源车辆的扶持政策，包括新能源汽车购置补贴、充电基础设施建设、促进二手车跨地区流通等政策，使得近年来新能源车销售走势一路向好。在经济环境良好的情况下，"双限"政策实行得相对顺畅，但2020年突如其来的新冠肺炎疫情在全球肆虐，给全球经济带了极大的挑战。为了刺激消费，杭州明确要放开机动车购买端的限制，转而引导消费者合理使用车辆。在此背景下，2021年杭州"限牌"政策松绑，浙A区域号牌问世。

从社会环境看，改革开放以来，人民的物质生活水平不断提高，社会出现转型与变革。随着人民对美好生活的向往愈发强烈，权利意识不断增强，对政策环境产生了系统性影响。社会转型对政府治理的变革起到了"倒逼"作用。政府职能不断转变，逐渐从"管理"转向"治理"，是适应新的社会环境的需要。简单粗暴的"一刀切"势必与社会发展脱节，更加科学、合理的政策引导才能适应社会变化。

在经济、政治、社会的多重环境压力下，原有的政策不断遭受冲击，也孕育了一系列新的政策理念。这些制度环境因素为关键节点和路径依赖效应的生成提供了大量的条件，而行动主体则在持续变化的环境下为了满足自身利益诉求，进行互相博弈，努力在政策议程中体现自身价值偏好，以达到新的均衡状态，形成新的政策模式，如图3-2所示。

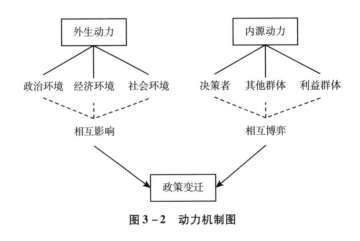

图3-2 动力机制图

行动者相互博弈推动政策变迁。在历史制度主义的观点中，行动者并非全知全能的完全理性者，扮演"决策者"角色的政府部门亦是如此。决策者自身也是具有利益偏好的主体，更倾向于选择高收益、低风险、可控的政策方式。为解决道路拥堵问题、空气污染问题，与有限的道路资源的高成本开发、清洁能源车的建设等相比，对机动车实行"限行""限牌"政策，显然是见效更快、成本更低、风险更小的选择。回观这项政策本身，虽然是一项解决具体问题的政策，但依然涉及多个政府部门，他们因自身职能定位、立场和认知的差异，可能对问题形成不同的解读和处置方式，即决策者内部也存在利益偏好和不同的行为逻辑。例如，在浙 A 区域号牌推出的过程中，在对于满足国家第五阶段机动车污染物排放标准的汽车（以下简称"国五车"）的转入问题上，前后进行了调整，最终给了"国五车"一年的过渡期。同时，在"限牌"政策松绑的基础上，"限行"政策更加严格，这也是两部门相互影响的结果。

虽然政策的制定、发布和实施是一个自上而下的过程，但随着社会发展，各利益主体的意见和声音越来越得到重视，也影响着政策的变迁路径。例如，区县市居民对浙 A 号牌的诉求能否得到响应是一个重要变量。杭州市政府在2015 年增量指标的配置上，向区县市倾斜，推出了区县市专用增量指标，并制定了相应管理办法，这在一定程度上能够缓解区县市居民的购车需求，但效果有限。2021 年"区域号牌"诞生，无需摇号和竞价即可获得，方才较彻底地解决了这一问题。另外，对于急需用车人群的政策倾斜也体现了对利益相关者差异性需求的积极回应，影响了政策变迁。再者，新版"错峰出行"政策中"意见征求稿"和"正式版本"的巨大差异进一步反映了政策制定者对民意的高效回应。

此外，其他群体包括非杭州居民、无用车需求、已有增量指标或者使用新能源车等群体，他们的关注与呼声同样受到重视。杭州的机动车限制性政策折射出的是杭州市政府部门的政策能力，是面对复杂棘手问题的应对和处置能力。比如在限行方面，很多人将"浙 A 区域号牌"比作杭州版的"沪C"，也看到了"非浙 A 急事通"背后的人性化管理。

综上，在决策者、利益群体和其他群体的三类行动者间的相互博弈，使原有的政策不断遭受冲击，也孕育了一系列新的政策理念。而行动主体则在持续变化的环境下为了满足自身利益诉求，进行反复博弈，努力在政策议程中体现自身价值偏好，以达到新的均衡状态，形成新的政策模式。在这个系统性过程中，作为外生动力的经济环境、政治环境、社会环境因素总是互相影响，三者共同塑造了制度环境体系，并一同作用于作为内源动力的行动主体所采取的行为和他们之间的互动过程，由此推动了机动车限制性政策的变迁。

三、机动车限制性政策变迁的杭州启示

（一）行动者多元化：加强公共政策的社会参与

按照历史制度主义的观点，行动者是助推政策变迁的主要内源动力，而行动者又处于复杂变化的环境之中。政府作为政策制定主体，总是将政策的科学性和合理性作为其行动目标，通过开放式的政策议程，可以吸收不同社会群体的多元利益需求，使公共政策的民主性和代表性大大增强，继而通过合法化程序，使公共政策成为化解公共问题、分配公共价值的有效工具。[①]正如在本节所探讨的案例中，当地政府对不同地区的民众（主城区、区县市以及来杭办事人员等）、汽车销售方（4S店、二手车交易市场等）等不同群体的意见建议进行了分门别类的汇总梳理，及时了解民情民意，有效地满足了多元行动者的差异化诉求。虽然机动车限制性政策的本质特征决定了其固有的局限性，但在政策实际制定和执行过程中，我们看到了民众参与的力量和政府的积极回应。而类似的做法还需要进一步固化、规范化，形成一整套更加成熟定型的民意采集、分析和反馈的制度。尤其是当前进入数字化时代，信息网络科技不断发展，在线问卷、自媒体平台空前发达，决策主体不但需要在议程设置和政策制定前后通过多渠道、多种方式获取民意信息，有效化解群众负面情绪，而且需要通过智能化手段促进之后的政策调整和创新更加科学、精准、人性化，使得社会民众的接受度不断提高。

---

① 陈水生. 中国限制性政策的运作逻辑：基于政策能力的解释框架 [J]. 社会科学，2019 (11)：3-13.

（二）把握"关键节点"：有效利用政策"窗口期"效应

关键节点的本质在于由特殊时点或事件所产生的长远性、稳定性影响及意义。这种意义不但是由政策目标对象的价值需求所赋予，而且常常是由政策所处的制度结构因素所驱动（或约束）生成。机动车限制性政策作为一项具体的政策，受到宏观、中观制度的影响。而上级制度的"小涟漪"可能掀起一股政策变迁的"狂风巨浪"。决策者必须积极应对挑战，发现和抓住政策调整、创新的"窗口期"机遇，实现治理模式的蜕变和治理能力的提升。如何把握关键节点，及时准确地调整政策，将持续考验决策者的政策能力。对于杭州而言，近期的重要节点是杭州第19届亚运会，这对杭州而言是一次新的发展机遇。为了迎接亚运会，杭州"两网"建设正在铺天盖地进行中，2022年地铁网、快速路网全面建成，形成"全国123出行交通圈"，将有效分担杭州的局部路面压力。笔者认为，这或将成为机动车限制性政策"松绑"的好时机。"浙A区域号牌"诞生后，杭州对于"非浙A号牌"以及"浙A区域号牌"的通行限制范围和时间都较长，交警部门可以适当考虑缩小范围。另外，"非浙A急事通"也可考虑将"浙A区域号牌"纳入，满足车主的紧急需求。简言之，关键节点往往意味着政策资源和要素关系的重新组合，决策者的关键任务正是要促成一种更好的组合。

（三）寻求"路径突破"：不断拓展政策创新的思路

路径依赖与路径突破是一组辩证统一的关系，路径依赖往往也孕育着路径突破的因素和条件，体现为政策实施、渐进调适和创新跃迁的历史逻辑。限制性政策往往被视作一种相对"简单粗暴"的政策类型，它更多关注的是当下的问题，聚焦的是短期的效果。决策者通常希望通过这类政策手段使问题在短期内迅速缓解或直接将问题压制下去，而缺乏对长远解决之道的考虑。而作为一项政策，过度的"路径依赖"可能引发系统性危机和全局性风险。所以说，限制性政策作为一种权宜之策，不能被固化，更不能作为长期的常态化公共政策。例如，针对环境问题，是否可以考虑在车辆排放标准上设置相应的管理标准。针对交通拥堵问题，可采用"疏堵结合"的方式，通过发展公共交通、规划快速路交通，使人们有更多的出行选择项，提高道路资源的使用率，进而逐步放开"双限"政策。

第二节　杭州社保系统"最多跑一次"改革实践与风险防控研究

中国的改革开放已经走过了40多年的光辉历程。40多年的改革开放托举起了中华民族伟大复兴的中国梦。在建设社会主义现代化强国的整体进程中，设置合理的政府结构及行政体制十分重要，是大力推行社会、经济、环境、文化等方面变革的制度基础。在党的十九大报告中，习近平指出为适应新时代中国特色社会主义现代化，要进一步深化机构和行政体制改革，统筹考虑各类机构设置，科学配置党政部门及内设机构权力、明确职责。统筹使用各类编制资源，形成科学合理的管理体制，完善国家机构组织法。这些思想理念为行政体制、政府组织的后续发展指明了方向，也为创建服务型政府绘制出了具体的行动蓝图。

在"最多跑一次"改革前，杭州市人力社保部门系统内负责行政审批、社会保险经办、退休人员管理业务的，各有不同单位；在社会保险内部，征缴、养老待遇、工伤生育待遇窗口各自独立。而如此职权过于分明的状况，也使得部门间推诿扯皮的情况时有发生，无端形成内耗，降低了经办效率。审批流程设置复杂、申报材料项目繁多的后果，不仅作用于办事单位和办事群众，还影响经办机构自身。经办机构在受理业务时，需要反复核查受理的材料是否符合要求。这对一线窗口工作人员来说，无论是在工作压力上，还是业务水平上，都是一个不小的挑战。对于前来办事的单位和办事的群众来说，经办事项区分过于琐碎，同类事项容易反复申请，申报材料项目繁多，窗口办事很难一次办结。这样的问题在以往的社保具体经办过程中可谓比比皆是，甚至闹出了不少"奇葩证明"的笑话，更有甚者，会陷入需获取的几项材料之间互为证明关系的死循环之中，还有办事指南获取困难，线上办理渠道缺失给办事单位和群众带来了极大的困扰。

伴随着改革步伐的持续向前，过去群众和企业到相关政府部门办事，常常有事难办、门难进、脸难看、跑断腿、说破嘴的现象，得到了很大改善。

在浙江省推进"最多跑一次"改革进程中，根据上级政府的统一部署，杭州社保系统整合力量，以开拓创新的精神、抓铁有痕的作风、持之以恒的韧劲、狠抓落实的态度，"最多跑一次"改革取得了阶段性成效，有力提升了办事群众和企业的满意度。从老百姓最渴望解决、最难办的事情上寻求突破，破解企业和群众办事的堵点和痛点，打通制度建设的"最后一公里"，让群众少跑腿甚至零跑腿。

对于深化"最多跑一次"改革，在让参保企业和群众真正实现最多跑一次的同时，规范社保业务经办环节，防控社保风险，确保社保基金安全是很关键的一环。这让各级社保部门面临着巨大的挑战和机遇。为了推行"最多跑一次"改革，各个社保部门和社保业务处室势必需要梳理业务事项，实现联办、网上办、简化办、就近办、移动办、个性办。但是由于社保业务经办的复杂和特殊性，再加上社保基金的福利性和共享性，又作为社会保障之基石。需要有严谨有效的风险防控机制，确保社保基金安全运行。

一、杭州社保系统"最多跑一次"改革探索实践

（一）四办提升服务效能

实行"简化办"，即事项材料再精简，业务经办规范统一。杭州市人力社保部门严格按照省"跑改办"要求，多次召集"最多跑一次"工作小组"简化办"成员进行集中办公。对照浙江省人社系统"最多跑一次"事项"八统一"梳理表，严格执行政务服务"八统一"规定，梳理"最多跑一次"权力事项，精简办事材料，规范办事指南，以标准化推动权力事项运行"业务流"的整合优化。在精简方面，进一步减事项、减层级、减材料、减环节、减时间，按照省厅"八统一"要求，做到服务项目统一、办事指南统一、办事平台统一、办事程序统一，确保办事群众和企业通过各类渠道了解所办事项信息后，能知悉所需材料并准备齐全，知悉办理地点，避免错跑，为实现一次办理打好坚实基础。实现"就近办"：将经办业务下沉到区社保系统、各个街道及社区劳动保障站；深化社银合作，部分银行网点试点社保业务"就近办"，使办事单位和群众能在家门口办理业务。加强"网上办"：

根据省厅要求和市人社局"最多跑一次"工作计划，杭州市社保系统移动办和网上办工作小组牵头信息中心，对接各业务处室和城区社保经办机构，对网上办事业务事项拓展进行调研梳理，及时提出需求，督促程序开发，打造"互联网＋政务"服务平台，业务办理更便捷。推出"个性办"：例如，"便民周末办"，满足个性需求最大化。总结推广市民之家"双休日办""节假日办""午间值班办""预约办"等经验做法，尤其社区便民服务要落实"晚上办"，延长办公时间、引导错峰办理，用政府服务的"超时指数"换取群众办事的"舒心指数"。为了进一步满足部分群众周末办事需求，协调企事业工作人员个人办事时间，深化"最多跑一次"改革。以各类事项实际办理需求为出发点，综合考虑各部门业务间衔接、各处室经办人员配置等实际情况，积极响应"最多跑一次"改革措施，对各市、区行政服务中心开展周末轮班制。根据业务办理频率高、次数多，开放周末办理的窗口。周末开放部分业务办理，延长工作时间，不仅为普通工作族带去了便利，更有效实现了办事群众的合理分流，改善部分窗口工作日业务办理量大、排队等候时间较长、简单业务等待时间远远大于办理时间等现状，让办事群众深切感受到服务至上的理念，加深社会认同感，不断提升群众满意度。

（二）强化内控意识，构建内控机制

一是建立有效的风险评估和控制机制。筑牢事前事中事后各个风险点的防火墙。梳理经办业务、经办管理岗位和业务经办管理环节之后，依据事前事中事后原则进行风险评估。通过深入评估，对高风险业务、岗位要明确其业务风险控制点，采取针对性强的风险防控措施，减少或避免损失；实时监控基金管理、运作情况，对社会保险的业务流程、相关政策及时进行了解，有效预防社会保险运营过程中出现的各类不良问题，避免出现社会保险运作失控，保障社会保险时刻处于安全、平稳、有序、可持续运作状态之中。二是构建不相容岗位剥离制度。风险业务的整个过程不能仅由一个岗位、一个处室来经手。针对各个业务经办节点要设岗设人来执行，对于特殊岗位还要配备专业技术人员，此外，设立分级审批机制，对业务办理的受理、初审、复核、办结环节等予以完善。三是建立重大事项集体讨论机制。按照民主集中制原则，重大事项、疑难问题决策、资格审批、社保基金支付等重要的业

务决策应由多部门共同讨论、磋商再予以表决，构建科学、民主公开、透明的决策程序。四是构建内部审计监督体系。设置具有独立性的内控审计部门并进行人员分工，清晰划分其具体任务与细分职权。对于十分关键的社会保险经办环节，利用计算机技术设立关键控制点，并根据业务经办的内容制订审计计划，对内部社保经办的业务合法性、及时有效性展开突击检查，对发现的问题，要限时要求被监察部门及时改善，持续优化业务运用流程，改善工作方法，将业务又快又好地落实到位。强化内部档案管控机制，使整个业务流程有根有据，促进内控机制进一步完善。

（三）内部业务经办流程重组监管

社保系统进行内部监控，业务模块升级，根据业务需求的变化增加业务操作系统的后台监控，对于反常规的操作业务流程进行提醒或者设限。让软件后台进行日常的错误数据筛查。定期进行特殊业务的抽查，并告知区县社保经办机构潜在的业务风险，并让其按照法律法规进行整改和规范。设置联办窗口，由业务部门跑取代办事群众跑。将原先需要去行政审批中心认定工龄、社保养老待遇管理处经办、医保局核定医保待遇、退休管理中心不同部门的不同业务，缩短为"一窗受理"，办事群众只需要在行政审批中心窗口申请退休办理即可，审批、待遇核定、移交街道社会化管理都已由部门间协作完成。

（四）外部监管体系再造

建立政务公开和权力阳光运行机制。根据省市政务服务和权力阳光运行要求，将各类业务经办全部纳入政务服务中心运行，对经办事项进行网上实时监控监察，对业务操作的整个环节进行全程监督，对异常情况实时进行预警。同时实行政务公开制度，相关社保政策、条规与经办的业务程序、内容、办理时长等，全部采用办事指南、人力社保网站、宣传手册的路径在社会上进行公开公示，便于社会大众进行监督。完善经办业务抽查体系和第三方会计师事务所进行风险评估体系。进行上级部门的定期抽查、稽核和同级部门的循环不定期抽查。健全社会监督平台，打通老百姓反映问题的渠道。借助原先平台12345，优化正常监督的反映渠道，按时按质地将流转过来的咨询办结办好，顺畅、高效解决办事单位和群众所面临的问题。畅通业务咨询的通道，办事大厅设置咨询窗口，安排各处室业务骨干人员进行轮流值班。各处室内部设置咨询举报电话，为办事人员提供更加权威详细的业务指导和解答。

二、"最多跑一次"改革后社保系统面临新的风险

一是政府层级间纵向协同联动的困局。顶层设计法律规范的不完善风险，自 2011 年 7 月 1 日起正式施行的《中华人民共和国社会保险法》是全面总结20 多年来社会保险制度改革的成功经验，以法律规范的形式确定社会保险的总体框架和方向。但是随着社会主义市场经济的快速发展，在一些社会保险经办的实际过程中，确实也暴露了一些业务操作时的法律冲突。缺乏数据管理标准制度和技术标准，数据共享的标准和规范滞后。业务下沉之后的风险，基础建设和专业人员尚显不足，需要健全的管理体系和业务流程来支撑。

二是政府内部职能部门间横向协同治理程度低。要管理好如此庞大的社保基金，必须要关注社保系统方方面面可能出现的风险。当前，监管机制不全面、管办不分等不良问题依旧大量存在，使监管工作的公平性、独立性严重缺失。社保经办涉及多家职能部门，如税务、司法、财政、物价、审计等部门，社保经办机构主要以事业单位居多，即依靠社保局的力量进行全面监管，实难取得较好效果。在部门的协调合作层面上，社保经办部门侦查取证的水平较为一般，缺少处理诉讼案件的专业人员，仅有很有限的行政处罚权，必然要强化各部门间的通力合作。社保各业务系统建设初期缺少总体统一的规划，建设的项目是一个个"信息孤岛"，虽一时能实现一些便捷功能，但由于开发信息化项目利用效率不高，群众满意度差，总体应用不佳，且为整合带来巨大困难。数据库信息量大，统一难度大。

三是社会协同治理效应产生偏差。"任务心态"是当前地方部门普遍存在的价值取向，没有公民和顾客导向，仅仅对上级负责，造成行政决策在价值方面产生偏差。为了将"最多跑一次"改革向纵深推进，杭州社保系统已经重新梳理业务流程，整合业务部门，精简业务所需要提供的材料和证明。对于申领待遇的方面，采取书面告知和承诺书的形式规范办事群众，最大限

度地给参保人员和参保单位提供便利。但与此同时，就会有冒领、错领和多领的风险。在追回多领待遇的时候通过劝导为主，在群众不配合退回多领待遇的时候最有效方法是发函给另一方社保暂停其退休待遇的领取。如经告知后仍拒不退还的，公安、人社部门依法实施联合惩戒。构成犯罪的，依法追究刑事责任。

四是环节协同融合的风险。改革之后，现状是参保人数增加，业务量激增，随着杭州市参保人数的不断增加，各级社保部门经办业务量也在不断增加，但是由于每年分配的编制名额是有限的，招聘的合同工流动性也比较大，所以对社保经办业务造成的压力也与日俱增。此外，监管转型滞后于审批改革，有效监管尚未破题。从思想上对加强监管重视不够，在实际监管过程中办法不多，监管力量、人员配置不充分。运动式监管、应急式监管的问题广泛存在，没有系统化、常态化的监管方式与手段作支撑。甚至有些部门仍然存在放管脱节、以批代管的问题。存在以考试培训替代监管，将资质要求等同于监管，将监管视为取消对下放项目落实衔接等误区。在基层监管中，存在不同程度的硬件配置与监管水平不足、轻监管重审批等问题。

三、全面提升风险防控机制的建立及对策建议

（一）修订完善法律法规、明晰职责、强化处理、完善诚信管理制度

为加强社保系统的风险防控，国家和地方政府应修订完善相应法律法规；加强社保工作的上下对接交流，进一步规范社保办事指南，形成标准统一、口径规范、内容完整的社保经办手册；社会保险行政部门负责责令改正处理、行政处罚和个人投诉事项，在作出行政处理的同时应抄告税务等相关部门；社会保险经办机构根据《社会保险法》配合行政部门提供真实的经办情况，加快推动社会保险个人诚信体系建设，健全诚信体系管理机制，探索制定个人诚信管理实施办法；构建社会保险个人诚信信息数据安全管理机制，做好建设网络平台的前期准备工作，积极推动建成社会保险个人诚信信息管理平台，对使用、查询、登记、审查个人信息的相关制度予以持续完善，做好相关的信息保密工作。

（二）增加社保系统风险防控的协同治理的价值认同

加快化解风险的主要障碍首先就要加大宣传力度，多平台多渠道扩大认知。加大对"最多跑一次"改革工作本身的宣传，让更多的人知晓改革的存在，了解杭州市社保系统在"最多跑一次"改革工作中的努力探索实践；增强办事单位和群众的认同，让更多人受惠于改革的成效，同时也可以起到更多的公众监督作用；要培养全能型人才，对窗口工作人员进行全方位、多技能培训，并且使培训的时间和频率常态化、固定化；构建岗位轮换制度，针对财务、业务、信息管理、结算等岗位，要采取轮岗交流的管理制度；提高工作人员的风险防控意识，具备较高层次的风险防范意识，是社会保险经办人必备的职业素质。

（三）建立风险防控多元治理主体的互动机制

建立多部门协同监管与联合惩戒机制。在进一步精简事前审批的同时，探索协同监管、智慧监管和动态监管体系，强化事中事后的监管力度，明确综合执法各部门的监管职责，完善依法依规共同查处机制。组建专业权威的执法队伍，增强法制监管力度，促进职能部门从注重审批向重视监管转移，一个具备事中事后的监管体系，也是协同监管执法体系、动态监管体系和社会信用体系的有机统一体。社保系统从参保征缴到待遇发放涉及税务、财政、司法、人力社保、医疗保障等多个部门，对于一些违法行为也必然会与这些部门有关，这就需要这些部门要建立有效的联合惩戒机制，形成综合的风险防控力量。不仅如此，还要强化日常预警和监督机制，将违法惩治与预防机制紧密联系起来。完善社保系统内部纵向信息沟通渠道和社保内部横向信息沟通渠道；完善政务服务受理平台，扩大平台监控的事项范围，让行政权力在阳光下运行；以"权责法定"原则为依托，对社保的权力事项进行全面梳理，并利用人力社保网站、公众号、办事指南、宣传手册等渠道面向社会大众进行公开；让人民群众来监督社保相关工作，规范行政权力行使，监督行政权力运用；积极联合社会，共同寻求协同治理方案；主动寻求信息化的内部控制机制。依靠信息化管理措施，提高基金监管能力，形成事前提醒、事中监管、事后审核这一新的监管形式。

（四）打造协同治理下的全国数据共享平台

继续完善硬件系统开发，用科技助推"跑一次"。以全业务统一受理平台为最终目标，使系统更加综合化、全面化、信息化、智能化。要以一流的操作平台，创造一流的服务体验。深入推进阳光政务，做优做实政务服务。按照属地原则分配操作权限，制定严密的分级审批经办流程，进一步下延业务，实现全城通办，一窗受理。实现"多个部门业务，一个平台操作"。杭州坚持以人为中心的发展理念，以业务模式创新为核心，以信息化建设为基础，充分利用互联网大数据，实现人社信息化"大服务、大数据、大平台"三大目标。按照人社部集中规划和要求，浙江省将按照"先市级后省级、先数据后应用"的思路和"成熟一个集中一个、新建系统省集中"的原则，实现省集中的业务管理和服务目标。杭州市作为浙江省的省会城市，理应在社保数据和应用的市级集中方面走得更快点、更主动点、更扎实点。对外要持续打破"信息孤岛"现状，与社保息息相关的其他数据要能实现共享。筑牢系统防护网，严保信息安全可靠。要始终做到一手抓信息系统建设，一手抓信息安全。对各项操作业务实行全程监控，做到每一项操作在系统中都自动进行备案，每一个操作权限都由系统根据流程进行设定，确保业务操作安全透明。

当然，"最多跑一次"改革，目前仍然在不断深化，许多经办政策和程序也不断因为新的需要在变更，接下来也可能会对风险的机制造成新的影响，所以还需进行持续深入的研究。

第三节　多中心治理视角下宁波智慧城管研究

智慧城管的本质是充分利用移动互联网、大数据、物联网、云计算等新兴技术手段，通过技术与管理的结合，实现城市管理理念和手段的创新，提供智能化的城市管理服务。其有效拓展了城市管理边界，提升了管理效率，降低了管理成本。2011 年，宁波首次提出构建智慧城管后，全国将近 30 个城市相继提出建设智慧城管。智慧城管的建设与发展，得到了政府部门、学术界和人民群众的高度关注。宁波是国内首个提出构建智慧城管模式的城市，经过将近 6 年时间的持续推进和发展，宁波智慧城管已初步成型，它的创新与发展，一定程度上代表了智慧城管未来的发展趋势。

宁波智慧城管的建设和发展经历了数字城管和智慧城管两个阶段。宁波数字城管的发端与其他城市略有不同，是从区级开始的，然后再推进到市级层面。而其他大部分试点城市都是由市级统筹开展然后再推进到区县级。由于筹建的时间短，在实际运行过程中，宁波数字城管暴露了诸多问题。比如，部门职责不清、管理缺位、市级指挥和监督中心未起到实际的协调和监督作用；综合效能不高、信息不对称，数字城管系统编码标准不统一，市与区之间、区与区之间未能在统一的综合平台内实现信息的共享和交流，各区之间对城市部件和事件的处理规则和编码未能有效融合。

2010 年 9 月，宁波市委市政府印发《中共宁波市委 宁波市人民政府关于建设智慧城市的决定》，正式决定把宁波建设成为智慧城市。同时将智慧城管建设纳入智慧城市框架下十大重点建设的应用体系之中。此后，宁波市政府各职能部门、各个行业均开始了各自的智慧城市建设。在宁波推进智慧城市建设的热潮下，宁波的数字城管迎来了升级为智慧城管的良好契机。

一、宁波智慧城管的主要做法

（一）制度体系

智慧城管要求将城市的各类部件和事件以数字化的形式映射到网络上和系统里，管理者通过对虚拟网络中部件和事件的管理和处置，以实现对实体的部件和事件的管理和处置。要达到这一效果，基本前提就是需要有一套计算机能够读懂的、适用于所有管辖范围的统一标准。这个标准既包括对部件和事件的分类标准、编码标准、数据接口标准，也包括运行标准、操作标准和考核监督标准。因此，标准化工作可以说是智慧城管建设的前提和基础。当然这种标准化既可以是事先确定好的标准，也可以是在实践运行中慢慢自发形成的标准。通过梳理分析宁波智慧城管在标准化建设方面的努力，可以发现，2011～2016 年的 5 年内，宁波共制定并出台涉及智慧城管的制度 80 余部，涉及的内容包括指导性规范、平台建设、硬件运维、业务运行、监督考核等内容，大致可以分为四大类别，即纲领指导类、监督考核类、业务操作类和技术标准类。其中纲领指导类一般是由市委市政府或某个市级职能部门制定的用于指导智慧城管建设的意见或规划；监督考核类制度的对象主要有三个，一是市级对各区县级的监督考核，二是市级对市级协同部门的监督，三是对服务外包商的监督；业务操作类是针对处理某个较为具体问题或操作某个系统的操作性说明；技术标准类则是对智慧城管建设涉及的技术规范作出统一规定。

（二）组织体系

建设宁波智慧城管是一项由城市管理的最高决策者决定的自上而下发起的系统性工程，因此在开展具体工作前就搭建了功能和职责较为健全的组织体系。从机构设置来看，纵向上，成立了宁波智慧城管工作领导小组，由分管城管工作的副市长任组长，市政府直属部门和市辖六区政府共47家政府单位为主要成员，组建了副局级的宁波市智慧城管中心和副处级的各区级智慧城管中心，向下延伸至各街道和社区；横向上，基于构建"大城管"的工作理念，2011年10月，明确了59家市级机关及企事业单位作为市级智慧城管中心的协同单位，各区比照市级明确区级智慧城管中心协同单位250余家。同时，以制度的形式建立了协同处置机制，规定了协同处置流程和监督考核办法，避免使协同职责流于形式。从机构职能分工来看，宁波智慧城管工作领导小组主要是代表宁波市政府全面行使智慧城管指挥、监督、协调、考核、评价、奖惩等职能。市级智慧城管中心负责督促、检查、考评信息处置结果等，区级智慧城管中心负责信息采集、受理、确认、移交处置、派遣、校核处置结果等。市区两级协同单位主要是负责配合同级的智慧城管中心处置超过目前城管处置能力的但是又可以通过智慧城管系统发现并受理的或者与城管工作密切相关的问题。在搭建的组织体系中，市级智慧城管中心处于纵向和横向上的中心枢纽位置，承担着承上启下、居中协调的关键性作用。

（三）系统体系

智慧城管是一项系统性工程，需要构建一个运行稳定、功能全面、流程设计合理、可扩展性强的系统，保障智慧城管各项功能的实现。宁波智慧城管在搭建系统时考虑到系统的兼容性、可拓展性、可复用性以及后续开发的需求，采用了面向服务体系架构（SOA）和具有较强灵活性的 J2EE 的 DNA 式技术架构。按照市级统一平台，市区两级部署应用的模式进行开发设计。从实际使用情况来看，宁波智慧城管系统体系基本能够满足智慧城管各项功能的实现，系统的兼容性、延展性较好，管理和运维比使用 Java 技术开发的系统要简便有效。按照功能层次分，宁波智慧城管系统框架体系可以分为基础设施层、数据层、平台层、应用层和用户界面层五个系统层。基础设施层主要以硬件设施设备为主，包括电子政务网络、4G 无线专网、视频监控网络、计算机服务器、物联网设备、云平台等，主要作用是为上层的系统运行、数据获取、数据储存、数据计算提供硬件支撑。

（四）运行体系

宁波智慧城管的运行体系可以分为宏观、中观和微观三个运行体系。宏观上，宁波智慧城管构建的是"一级监督、两级指挥、三级政府、四级网络"的运行体系。其中，一级监督是指由宁波市智慧城管中心履行对全市范围内所有层级智慧城管工作的考评监督；两级指挥是指市级智慧城管中心和区级智慧城管中心依据各自的分工，分别负责对城管问题的处置；三级政府是指市级、区级、街道三级城管职能部门；四级网络是指市级、区级、街道和社区四级城管协同工作网络。中观也可以称为横向上的运行体系，主要是建立在市级层面，由市政府以发文形式指定各个相关的职能部门作为智慧城管协同处置部门。微观上的运行体系主要是指针对单个问题的运行处置流程。运行处置流程可以划分为五个阶段，分别是信息采集阶段、问题受理阶段、派遣处置阶段、复核结案阶段、监督考评阶段。

（五）考核体系

宁波智慧城管的考核对象可以分为四类，市辖区、县（市）园区、涉及城市管理的 28 家市直单位和 12 家主要企事业单位、96310 呼叫热线座席员和信息采集员。在实际工作中，市级智慧城管中心负责监督考核的是前三类单位。96310 呼叫热线座席员和信息采集员采取的是外包形式组建的，由政府通过购买服务的形式交给第三方市场机构来做，因此这类考核是由外包公司负责的。

宁波智慧城管的考核指标可以分为两大类 11 项。两大类是基础工作类和工作成效类。基础工作类下设平台设备、人员配备、督查督办、组织保障、工作机制、队伍建设 6 项指标；工作成效类下设主动发现率、及时解决率、解决率、服务满意率、有效信息量 5 项指标。同时，考虑到被考核对象的区别，不同类机构所需考核的指标量是不同。市辖六区被考核的指标有 7 项，县（市）园区被考核的指标有 7 项，市直单位和主要企事业单位被考核的指标仅有 2 项。

（六）技术体系

在智慧城管的建设过程中，对先进技术手段的使用情况，从一定程度上体现了该地智慧城管建设的智慧化水平。宁波智慧城管的技术体系既包括诸如计算机网络技术、移动通信技术、地理信息系统、遥感技术、全球定位技术、单元网格技术、数据库技术、数据共享技术、webservice 等相对成熟的信息技术，其中在全球定位、遥感和单元网格的技术中兼容使用了我国自主研发的北斗卫星遥感和导航，也包括物联网、移动互联网、云计算和大数据等现代先进信息技术，这些先进信息技术成为确保智慧城管足够智慧的关键性因素。（1）智慧城管涉及的城市部件数量巨大、种类多且杂，对这些部件的管理目前借助的是人工手段，而且部件与部件之间没有关联性。在物联网技术的使用下，可以实现对城市部件的智能化监控和管理。（2）宁波智慧城管开发了各种应用于移动通信设备上的"甬城管＋"等与城市管理相关的 App，提供车位和公厕引导、城市部件损坏举报等服务，为市民共享智慧城管成果和参与城市管理提供了便利渠道。（3）2016 年 12 月，宁波智慧城管核心平台启动了云架构改造，即将智慧城管核心平台搭建在云服务器上，改造完成后宁波智慧城管系统将是建立在云端的，其对数据的处理和响应将更加迅速、及时。（4）城市部件的物联网和侧重于 App 应用的城市管理移动互联网时时刻刻在生成海量的、种类庞杂的数据，智慧城管建设必须考虑对这些大数据进行有效的储存、检索、挖掘和应用，并通过大数据分析使其辅助决策，甚至可以通过对大数据的应用和人工智能的结合替代人工决策，直接依据分析结果向具有人工智能的机器人下达指令，人类在这一过程中可以进行监控，在正常运转下不予以干预。

二、多中心治理下智慧城管的创新路径

（一）由单中心管理到多中心治理理念的创新

现有的宁波智慧城管建设主要是在单中心管理的指导下构建的，实现的是政府职能部门城市管理职责，其主体和功能都是单一的，难以发挥智慧城管应有的作用和成效，而且这一理念显然不符合当前公共服务型政府治理的大趋势。因此，需要将主导智慧城管建设的理念由单中心管理升级到多中心治理，运用多中心治理理念改造升级当前智慧城管的顶层设计。政府需要树立开放、合作、分享、帮助别人成就自己的具有多中心治理特点的创新理念，而不是固守旧的线性的管制思维。即使智慧城管是在政府主导下推进的，政府也应该更加重视其他多元主体所能发挥的职能，采取措施提高其参与度，尽可能地在政府之外培育市场和社会的智慧城管中心，实现城市多元主体之间的竞争和合作，共同构建在智慧城管领域的多中心治理格局。这是顶层设计理念的创新，只有政府自身自觉接受这一理念，并据此推进智慧城管建设才有可能最终实现符合多中心治理的智慧城管模式。

（二）职能创新的路径选择

按照多中心治理理念的指导，政府应该转变职能，科学合理地划分政府与市场、社会的职能边界，按照各个主体的功能，发挥不同的作用。结合智慧城管来说，作为政府智慧城管中心的职能应由单一地履行城市管理职能，升级丰富为提供服务、赋能、监管三大职能。

（三）组织创新的路径选择

多中心治理的智慧城管模式，在理念创新和职能创新的基础上，需要搭建符合多中心治理特点的组织架构，作为实际载体去实现其理念和职能。即在政府单一中心的情况下，再培育发展出市场（企业）和社会（市民）的中心，形成政府、企业和市民三个相互合作竞争的管理中心。但是，考虑到当

前宁波智慧城管的实际情况，企业和市民不具有政府的组织力和聚合力，而是一种极为松散的组织结构，自发形成企业和市民中心具有相当的难度，需要政府主动进行大力的培育，才有可能形成。同时，政府部门的智慧城管中心应该依据更为精细化的职能分工形成多个分中心，分别承担不同的职能。基于上述考虑，笔者认为应在原有智慧城管中心的基础上，再设立智慧城管服务外包企业中心和智慧城管市民参与培育中心。将政府的智慧城管中心依据专业职能划分为应急指挥中心、信息服务中心、协同调度中心、考评监督中心。

（四）工具创新的路径选择

服务平台工具创新，利用云计算技术，对宁波智慧城管平台进行改造升级，将其整体迁移到云端，实现计算资源、存储资源的优化与自动化调度管理。信息采集工具创新，通过在城市部件中嵌入传感器，可以自动、实时感知城市部件的状态、性能。可优先对市中心区井盖、古树名木、消防等设施安装 RFID 等部件传感器，实现信息自动采集。利用无人机高分辨 CCD 相机系统和地面控制系统，实现城市地面遥感影像的自动拍摄和获取，再从影像中自动获取事件部件信息。在城市突发事件发生区，将无人机遥感应用于城市地面积水、道路结冰、桥梁灾害等突发事件部件的信息自动采集，以及制作电子地图。利用车载移动测量系统自动获取信息。通过车载移动测量系统快速对城市部件进行普查、采集，快速获取城市可量测实景影像。可以将车载移动测量系统应用于市中心区道路两旁的路灯、消防栓、行道树、报刊亭等城市部件以及流动摊贩、街面秩序等城市事件的信息自动普查、采集、更新。在未来，甚至可以通过无人驾驶汽车来搭载移动测量系统，让车辆自动行驶在路上，让系统自动获取信息。利用智能视频监控自动获取信息。在不需要人为干预的情况下，通过自动分析序列图像，对监控场景中的城市部件事件进行自动定位、识别和跟踪，并在此基础上分析和判断目标的行为。运用大视场视频拼接技术和智能监控识别软件，提高视频监控图像的覆盖率和识别率。通过上述技术，实现对视频摄像头覆盖范围内各类城市部件事件信息的自动采集，并将上述技术应用于市中心区窨井盖、路面积水、建筑工地、道路秩序、沿街商户、车辆轨迹与视频智能关联、渣土车倾洒检测等城市部件事件信息自动采集。通过网络爬虫等手段，对互联网信息进行智能采集，实现与智慧城管相对应数据的精准采集。通过微博、微信等采集手段，对智慧城市民生服务和公众热点信息等非结构化的文本数据进行采集分析。

（五）数据分析管理工具创新

利用数据库技术，建立与智慧城管相关的视频监控、环境监测、交通运行、供水供气供电、防洪防涝等城市管理数据库。利用大数据技术，以问题为导向，对不同的城市管理主题进行大数据分析，形成辅助决策建议。对历史数据和看似无用的废弃数据进行大数据挖掘，最大程度地利用数据，发现数据价值。

（六）问题流转及处置工具创新

利用人工智能技术，全面改进智慧城管案件人机交互的流转功能，实现案件上报、受理、立案、派遣、结案等环节的自动化管控和流转。人在这个过程中只负责监控出现的异常情况。定向开发用于智慧城管的机器人等人工智能设备，尽可能实现案件处置环节的自动化。

（七）应用工具创新

（1）充分利用"移动互联网＋"技术，打破原有多种移动终端层级局限，打造统一的智慧城管移动平台，将城市管理工作流程由传统"桌面办公"向随时随地的"移动办公"模式转变。基于智慧城管平台现有的"城管通、处置通、执法通、考评通、监督通、指挥通、调度通"等移动终端，打造统一的"城管通"移动办公平台，实现城市管理过程的"扁平化"。（2）建立宁波智慧城管数据开放网站，最大限度地分层次向社会开放数据，举办数据应用设计比赛，鼓励更多的企业和市民利用数据，挖掘数据价值，参与智慧城管。（3）吸收借鉴开源电子平台 Arduino 的经验，开发宁波智慧城管的硬件开源平台，对于有开发需求的企业和个人，可以免费向智慧城管中心领取，促使更多的技术企业和公民开发出具有实际使用价值的智慧城管硬件设备和软件应用。

第四节　特色小镇产业优化发展研究

——以德清地理信息小镇为例

习近平在党的十九大报告中提出，我国已经从高速增长阶段转向高质量发展阶段。在我国现阶段的战略性新兴产业中，新一代信息技术位居第一，数字经济也作为新兴产业列入了国家的战略产业规划。而地理信息产业作为新一代信息技术和数字经济深度融合的产业业态，其发展与壮大，在促进我国经济高质量发展方面，有着重要的推动作用。

浙江省德清县于2018年11月成功举办了首届联合国世界地理信息大会，位于湖州莫干山国家高新区的德清地理信息小镇成为会议的焦点之一。大会以"同绘空间蓝图，共建美好世界"为主题，交流和展示了世界地理信息领域的最新进展，并共同探讨了地理信息该如何最大程度服务于社会、经济和环境发展的议题。大会的召开，推动了德清县地理信息产业发展进入快车道。然而，经过一年多的快速发展，德清地理信息小镇在发展方向、发展模式以及经济推动作用等方面也陆续出现一些新情况，如地理信息小镇产业结构是否均衡，上下游产业链完善度不足以及引进产业企业的经济效益评价等问题。这些新问题的出现，开始对莫干山国家高新区的发展起着各种正面或负面的作用。在此背景下，本节对德清地理信息产业特色小镇的发展进行研究，并探讨与思考地理信息产业的发展路径，具有现实意义。

随着中央"去产能""调结构"思路的提出，全国推动新兴产业发展，创建特色小镇的政策层出不穷，依托特色小镇推动经济高质量发展以及促进经济结构转型，已经成为当下各地政府发力全面建成小康社会的主要思路之一。但作为技术密集型以及资金密集型的新兴产业，要推动其有序健康地持续发展，仅靠各地政府进行特色小镇区域划分、企业招商引资等措施是远远不够的。那么研究特色小镇的发展规律，则有利于发挥区域经济的规模效应，为推动经济高质量发展以及促进经济结构转型，提供了一定的参考。与此同时，通过对地理信息进行产业链分析，得出地理信息小镇能够发挥聚集效应，对于推动技术创新以及经济高质量发展等方面有着重要的推动作用。

一、德清地理信息小镇产业发展的优势

德清地理信息小镇位于浙江省湖州莫干山高新区地理信息产业园区块，是浙江省首批 37 个特色小镇创建单位之一。德清地理信息小镇在政府政策支持下，2011 年 5 月，德清县人民政府与浙江省测绘与地理信息局签订合作建设德清地理信息产业园的框架协议。2012 年 5 月 24 日，浙江省地理信息产业园落户德清科技新城，自此拉开了特色小镇建设的大幕。德清地理信息小镇总规划面积 3.68 平方公里，核心区 1.31 平方公里。地理信息小镇以地理信息产业为核心，引导地理信息及相关企业集聚发展，全力打造国际一流的地理信息产业基地。小镇于 2015 年奠基开始建设，截至 2019 年底，小镇累计完成固定资产投资 82.8 亿元。2017 年，实现税收 4.63 亿元，2018 年税收7.78 亿元，同比增长 68%，2019 年税收 11.84 亿元，同比增长 52%，如表 3 - 1 所示。

表 3 - 1　　　　　　　　2017 ~ 2019 年德清地理信息小镇税收情况

年份	税收收入（亿元）	增速（%）
2017	4.63	53.5
2018	7.78	68
2019	11.84	52

资料来源：莫干山高新区管理委员会。

截至 2019 年底，德清地理信息小镇云集了多家地理信息产业巨头，如千寻位置、超图软件、长光卫星、中科微电子等龙头企业，累计集聚地理信息企业 295 家①，小镇于 2018 年投入运行全国首个由民营企业投资的雷达卫星地面接收站，并在 2018 年 1 月委托发射了全国首颗以县域命名的"德清一号"商业遥感卫星，围绕测绘、交通、水利、环保、农业、统计等多个行业提供遥感应用服务，推动大数据背景下的地理信息产业的发展。德清地理信

① 资料来源于莫干山高新区管理委员会。

息小镇还成立了地理信息人才培训中心，建成并投入使用的创业服务项目有：国内首家国家级地理信息众创空间、国家级孵化器——"地信梦工场"、入围省内首批产业创新服务综合体创建名单的地理信息产业创新服务综合体、亚洲唯一的微波特性测量实验室，国际一流的地理信息科技馆（小镇客厅）。

（一）地理信息产业优势突出

地理信息产业是德清地理信息小镇的特色优势产业。在整个小镇价值链中，无论从地理信息产业的研发方向，又或者是新技术的产业化应用，德清地理信息小镇的地理信息产业在国内乃至国际具有较大的影响力。

在研发方面，德清地理信息小镇与中国科学院合作，成立中科卫星应用德清研究院，并创立了我国首个、亚洲唯一的微波特性测量实验室。该实验室的设立目的，除了扩充德清地理信息小镇的研究领域以外，更为重要的是满足应用层面的需求。微波特性测量实验室，是一个巨大的微波特性测量与仿真成像科学实验平台，实验室的科研人员将通过该实验平台的实验数据，来验证和发展电磁散射理论，同时探索论证我国航天微波遥感技术的方法体系。微波特性测量技术的成熟，能够更加便捷准确地对研究国土、农业、海洋、减灾的微波观测及所观测到的信息进行定量提取，提高各种数据的精确性。比如，在农业领域，微波特性测量可与遥感卫星传来的微波波长、频率、驻波比等微波特征，测算出土壤的温度、含水量、酸碱度以及 pH 值等诸多要素，为农作物的生长提供科学及时的大数据，推动农业的精准化和科学化生产。微波特征量的研究与测量，是目前国际上地理信息产业研究的最前沿领域之一。该技术除了在经济上具有重要的价值以外，还具有重要的军事意义。随着各国军事技术的进步，伪装、隐形等技术的推广为国家安全带来了重要威胁，而微波特征量测量技术，则提供了看穿伪装和隐性的千里眼，通过微波特征测量与分析，可以轻松看穿伪装布下的坦克，隐形涂层下的战斗机。这些优势使得微波特征量测量近年来成为包括美国国防部高级研究计划局、美国海军学院、欧洲防务局等各国各大研究机构争相研究的重要领域。由此可见，德清地理信息小镇地理信息产业的研究方向，代表着国际研究的重要方向。

在地理信息产业新技术的产业化应用方面，德清地理信息小镇同样具备突出的优势。早在 2016 年，德清地理信息小镇便与千寻位置签订合作协议，推动自动驾驶技术的推广和产业化应用。随后，德清地理信息小镇在德清县政府的领导下，发挥自身产业优势，联合相关地信产业企业，先后主导或编制德清自动驾驶和智慧出行示范区建设实施方案、5G 网络建设方案、高精度地图编制和更新等，牵头相关企业，建设覆盖德清县全县域的北斗地面差分基站，建成支持自动驾驶的全县域位置网。在德清地理信息小镇以及德清县政府的推动下，自动驾驶技术初步在德清形成一定的产业规模，许多项目都取得重要进展，如 2020 年底打造成全国首个全域城市级自动驾驶与智慧出行示范区；2019 年底，市道路、乡村道路和山路等，已经实现不同等级智能化改造。2020 年 6 月，也实现了已公示开放道路的 LTE－V 网络全覆盖；另外，德清地理信息小镇智能汽车零部件产业园也在如火如荼地建设中。由此可见，德清地理信息小镇地理信息产业在国内乃至国际都具有较大的影响力，优势较为突出。

（二）创新驱动持续发展

德清地理信息小镇地理信息产业发展过程中体现了创新驱动持续发展的特点。地理信息小镇在发展其特色产业过程中，尤其注重提升创新对地理信息产业的驱动作用。小镇在建设初期，便与中国科学院合作，建立中科卫星应用德清研究院，专门从事地理信息行业相关的研究创新工作。除了前述的遥感地球项目，中科卫星应用德清研究院还与浙江工业大学签订《中科卫星应用德清研究院——浙江工业大学信息工程学院全面战略合作协议》，在学科建设、项目研究、人才输送等方面开展全面合作。另外，地理信息小镇还牵头小镇内的企业，与国内高校开展在地理信息产业领域的创新研究合作，这些高校包括武汉大学、浙江大学等诸多研发创新实力雄厚的高校。

截至 2019 年底，地理信息小镇辖内的企业，共集聚以地理信息为主的各类创业团队 95 个、创业创新人才 4000 余人，引进院士专家 14 人、国千省千人才 37 人，小镇专利技术保有量 879 项，如表 3－2 所示。获得国家重大专项一项、省科技进步奖两项。从创立至 2019 年底，德清地理信息小镇辖区内已培育高新技术企业 9 家、省级科技型中小企业 22 家。企业共投入研发资金

7.35 亿元，相关产品的平均长期研发投入比达到 11.35%。[①]

表 3 - 2   德清地理信息小镇与德清地区 2015 ~ 2019 年累积创新对比

项目	发明专利申请	授权专利	发明专利授权	万人发明专利
德清地理信息小镇（项）	879	910	775	50
德清地区（项）	2847	2653	1938	28.6
占比（%）	30.87	34.30	39.99	174.83

资料来源：笔者根据德清县统计局、莫干山高新区管理委员会相关数据整理。

（三）产城融合不断推进

德清地理信息小镇自入围首批特色小镇创建名单以来，持续不断地推进地理信息小镇的产城融合。地理信息小镇按照《浙江省人民政府关于加快特色小镇规划建设的指导意见》，坚持以打造"产、城、人、文"四位一体有机融合的重要功能平台为目标，集中精力推动产城融合的特色平台打造。在此过程中，地理信息小镇紧密结合小镇创建与产业园建设，推行完善 EPC 工程总承包模式，全力推进小镇配套设施建设。截至 2019 年底，已累计完成投资超 50 亿元，70 幢产业大楼启动建设，其中 46 幢产业大楼已投入使用，新建道路 15.2 公里，近 2000 套住房的人才公寓结顶。[②] 同时，地理信息小镇积极推进小镇企业技术、产品在"五水共治"、土地测绘等政府性工程的示范应用，打造"德清籍"智慧城市示范项目 27 项，并借助世界地理信息大会召开的契机，开展了涉及智慧会务、无人驾驶体验、智慧旅游、智慧交通、智慧城管等方面的集成示范应用，着力在小镇打造国家测绘地理信息科技与产业示范区。在小镇产业配套方面，小镇紧紧围绕产城融合做文章，开展了小镇客厅工程建设。小镇客厅位于小镇核心区块，于 2016 年 10 月建成投入使用。客厅总面积约 3000 平方米，主要包含地理信息小镇展馆、地理信息小镇党群服务中心两大功能区，拥有咖啡吧、会议室、休息区等配套设施。在

---

①② 根据莫干山高新区管理委员会公布的数据整理。

小镇生活居住配套方面，地理信息小镇也体现了产城融合的思路。小镇围绕小镇特色产业发展，注重融入文化、旅游和社区功能，提升美化小镇"三生"环境，成功创建国家3A级景区，总面积3000平方米的小镇客厅成为科普基地。

二、德清地理信息小镇特色产业发展的启示

德清地理信息小镇特色产业发展的过程中也存在地理信息产业链条缺失、地理信息产业研发瓶颈突出、专业人才不足、龙头企业带动不足、干部执行力仍需提升、外围互动关系不强等问题，德清地理信息小镇特色产业发展也给特色小镇发展带来了一定启示。

（一）以创新引领特色小镇发展

创新是推动特色小镇产业发展永恒的动力。德清地理信息小镇在建设初期，便与中国科学院合作，建立中科卫星应用德清研究院，专门从事地理信息行业相关的研究创新工作，在学科建设、项目研究、人才输送等方面与诸多国内外一流高校开展全面合作，极大地提升了德清地理信息小镇的创新能力。地理信息小镇这种崇尚创新的干劲，推动了小镇的创新不断，也驱动着小镇持续的发展。因此，对于国内其他特色小镇而言，一定要借鉴德清地理信息小镇注重创新的做法，以创新引领特色小镇的发展。

（二）注重特色小镇的产城融合

特色小镇发展的最终目标是通过提升小镇的经济发展水平，来提升人们在特色小镇居住的舒适度。因此，特色小镇产业发展过程中尤其要注重产城融合。德清地理信息小镇在产城融合方面具有较大的优势，值得国内其他特色小镇借鉴。产城融合对推动特色产业发展以及引进优秀人才都有着重要的促进作用。筑巢引凤，其前提是筑巢，而特色小镇的产城融合，其本质就是筑"好巢"，这种"好巢"，不光是为了引进高端专业人才，更为重要的是优化特色小镇的人居环境，造福小镇，让特色小镇建设的所有参与者安居乐业。

（三）提升龙头企业的带动作用

本节论述了德清地理信息小镇龙头企业带动效应不足的问题，同时也针对这一问题提出了相应的应对措施。因此，对于国内其他特色小镇产业发展而言，应该提高警惕，避免陷入与德清地理信息小镇同样的问题，同时还应该注重龙头企业的带动作用。具体而言，应该根据特色小镇自身产业的特点，因势利导，采用与德清地理信息小镇相类似的措施，如发挥特色产业的集群效应、加强龙头企业与供应链上下游企业的合作以及试点龙头企业资源共享等措施。

第五节　经济治理理论视角下的特色小镇治理分析
——以梦想小镇为例

一、特色小镇治理的背景剖析

特色小镇这一概念最早在浙江省提出且付诸实践，并逐渐在全国范围内掀起建设热潮。近年来，因为特色小镇在区域经济发展、新型城镇化、产业转型升级等方面发挥的积极作用，受到了学术界的广泛关注，众多专家学者从区域发展模式、创新平台、产业空间组织、新型城镇化等视角对特色小镇进行了研究分析，取得了较为丰硕的研究成果。加之体量小、功能全、创新强等特点，特色小镇也成为比较理想的社会治理创新的"试验田"，催生了许多治理方面的新做法。比如，有的小镇成立了专门的特色小镇管委会负责小镇的建设运营，有的小镇以购买服务的方式聘请专门的运营机构负责小镇日常运营，有的小镇通过引入企业家作为小镇的名誉镇长参与小镇决策等。特色小镇在治理方面的大胆探索，也吸引了众多学者从不同的视角对特色小镇的治理进行研究。为了更好地理解不同特色小镇在治理上的差异，本节通过采用以威廉姆森为代表的交易费用经济学和经济治理理论，对特色小镇的治理进行分析，探寻特色小镇治理结构的选择逻辑，以期为特色小镇治理研究提供一些新的思路。

二、梦想小镇治理现状分析

（一）梦想小镇介绍

梦想小镇位于杭州市余杭区仓前街道，处于杭州未来科技城腹地，于2014 年 8 月正式启动建设。梦想小镇属于信息经济产业小镇，作为浙江省最早的一批特色小镇之一，主要定位于大学生、准大学生（毕业十年以内的大学生）互联网类项目的孵化，是一个为"有梦想、有激情、有知识、有创意"，但"无资本、无经验、无市场、无支撑"的"四有四无"青年量身打造的互联网类创业项目孵化平台。小镇核心区块总面积约 3 平方公里，由一期的互联网村、天使村、创业集市和二期的创业大街组成（如图 3 - 3 所示）。其中，互联网村重点鼓励和支持"泛大学生"群体创办电子商务、信息服务、软件设计、云计算、大数据、网络安全、集成电路、动漫设计等互联网相关领域产品研发、生产、经营和技术（工程）服务的企业；天使村则重点培育和发展互联网金融、科技金融，集聚天使投资、股权投资和财富管理等多种机构，着力构建覆盖企业不同发展阶段的金融服务体系。小镇的二期则侧重于智能硬件和软件、移动医疗等科技创新领域。梦想小镇内的入驻对象主要为从零开始的创业项目，覆盖种子期、孵化期和加速期，直到企业成功孵化；项目人数少的只有三五人的核心创始人，多的可以达到上百人。截至 2022 年 3 月底，梦想小镇已集聚起 2879 个创业项目，23324 名创业人才，254 个项目获得百万元以上融资，融资总额达 135.97 亿元；① 累计引进了深圳紫金港创客、良仓孵化器等知名孵化器，为企业提供资本、人才、科技等全方位服务；赛伯乐投资、普华资本、华睿投资、元璟资本、海邦投资、天使湾创投等一大批 PE、VC、天使投资机构快速集聚，"双创"生态环境不断完善和优化。

---

① 杭州梦想小镇七周年：双创梦生根鱼米之乡 花开科技新城 [EB/OL]. (2022 - 03 - 28). http：//www. zj. chinanews. cn/jzkzj/2022 - 03 - 28/detail-ihawzavp3865122. shtml.

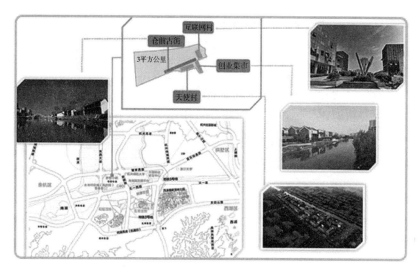

图 3 - 3　梦想小镇布局图

资料来源：梦想小镇官方网站。

（二）梦想小镇治理情况

根据威廉姆森的经济治理理论，任何类型的交易形式要使交易费用最小化，需根据资产专用性、交易的不确定性以及交易频率这些交易维度的变量而定。其中，最重要的变量还是资产专用性。经过观察分析，发现不同产业类型的特色小镇在资产专用性上存在巨大差异。梦想小镇作为信息经济产业类的创业创新小镇，小镇内的不动产和配套设施基本上都是通用资产，任何创业团队和企业都可以使用，资产专用性非常弱，其治理结构也就相应较为复杂。

1. 治理主体。

目前，梦想小镇没有成立专门的机构负责小镇的治理，其治理主体主要由管委会、运营商、孵化器和中介服务机构等构成（如图 3 - 4 所示）。其中，管委会指的是杭州未来科技城管委会，作为梦想小镇的管理和运营单位，主要负责杭州未来科技城包括梦想小镇的规划建设、引入相关机构、建设服务平台和提供配套政策等。运营商指的是管委会通过购买服务方式引入的浙江菜根科技产业发展有限公司，主要负责梦想小镇内创业企业的入驻服务、政策服务、创业创新服务、金融服务、媒体宣传等。孵化器也被称为创新中心，指的是通过为新创办的中小企业提供物理空间和基础设施，提供一系列的服务支持，进而降低创业者的创业风险和创业成本，提高创业成功率，促进科技成果转化的企业或机构。梦想小镇内的孵化器主要负责进行优质项目的筛选、引入和孵化、加速。中介服务机构指的是以市场化方式选择的梦想小镇内的各类第三方服务企业或机构，主要负责为梦想小镇内的创业项目提供财务、法务、人力资源、知识产权、商标代理等各类中介服务。

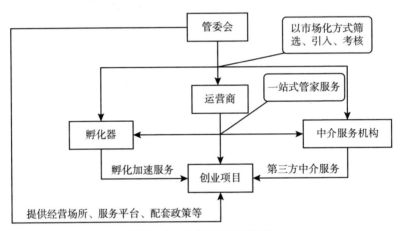

图 3-4　梦想小镇治理结构

2. 各治理主体间的交易关系。

一是管委会与运营商。由于梦想小镇内的创业项目众多，需要服务的事项也涵盖企业发展各方面的需求，为了解决行政主体直接抓小镇运营服务过程中容易出现的人员编制不足、能力不足、激励不足等多重问题，未来科技城管委会引入浙江菜根科技产业发展有限公司作为梦想小镇的日常运营服务机构，双方主要围绕小镇日常运营服务形成了交易关系。其中，管委会主要负责提供经营场所、服务平台和相关配套支持政策，确定小镇日常运营服务的范围和内容，并以市场化的方式招引运营商，运营商根据管委会的要求为梦想小镇提供日常运营服务。双方通过政府购买服务的方式达成契约，管委会按照小镇日常运营服务情况对运营商进行考核并支付相关费用。

　　具体来看，在搭建服务平台方面，管委会主动适应互联网创业企业的各方面需求，转变过去"面对面""点对点"的传统服务方式探索运用线上线下结合的服务方式，当好为创业者服务的"店小二"。线上，引进世界专利信息服务平台和科技文献查询系统，通过购买云服务、集中购买服务器和基础软件，免费向小镇内的创业者开放；搭建梦想小镇云服务平台，为创业者提供政府事务、办公事务、生活配套事务等全链条的创业服务。线下，组建创业服务中心，由工商、税务、物业等相关人员进行集中办公，与引进的专业财务、税务、法务、人力资源、知识产权等各类中介服务机构一起，以"政务大厅＋服务超市"的形式提供全方位服务。同时，管委会还为小镇内的创业企业提供市场监管、降低成本和融资支持等方面的配套政策。

　　浙江菜根科技产业发展有限公司作为梦想小镇的日常运营服务机构，主要为小镇内的各类企业和机构提供入驻服务、政策服务、创业创新服务、金融服务、媒体宣传等涵盖创业企业生命周期各阶段发展需求的一站式管家服务。运营商经常为创业企业举办经验交流、资本对接、人才服务、政策解读、项目对接、心理辅导等活动。截至2022年3月底，梦想小镇成功举办全国双创周主会场主场馆活动、中国青年互联网创业大赛、中国互联网品牌盛典、中国（杭州）数字健康大会等活动2289场、参与人数26.82万人次。①

　　二是管委会与孵化器。为了给梦想小镇内的创业企业提供更加专业、全面的孵化和加速服务，管委会通过市场化的方式筛选引入了500Startups、Plug&Play等美国硅谷平台以及深圳紫金港创客、良仓孵化器等众多知名孵化器，双方主要围绕创业企业的孵化加速形成了交易关系。其中，管委会主要负责为创业项目提供经营场所和优惠政策，并对孵化器的项目孵化情况进行考核奖励；孵化器主要负责根据管委会对孵化项目的相关要求和自身实际引入孵化项目，并为项目提供孵化、加速等方面的服务。

　　具体来看，管委会作为梦想小镇建设运营的主体，全面负责小镇办公、商业、生活设施等物理空间的建设打造。对于引入的孵化器，管委会给予3年内免费获得一定面积孵化空间的优惠政策。管委会对孵化器进行考核时，

---

① 杭州梦想小镇七周年：双创梦生根鱼米之乡 花开科技新城［EB/OL］．（2022－03－28）. http：//www. zj. chinanews. com. cn/jzkzj/2022－03－28/detail-ihawzavp3865122. shtml.

不是重点考核其产值，而是紧紧围绕创业孵化这一梦想小镇的核心定位，对孵化器在项目导向、项目数量、孵化质量、融资情况和人才招引等方面制定了明确的考核指标，制定孵化器评比淘汰机制和奖励机制，根据考核指标完成情况，给予排名靠前的孵化器100万元以内不等的奖励，对排名末尾的孵化器进行淘汰清退。

孵化器主要通过线上和线下相结合的方式，开展优质项目的筛选、引入和孵化、加速。孵化器会将向管委会承租的几百平方米到几千平方米面积不等的空间按单间或工位的形式分租给创业企业和团队，一般不采取收租金的方式，而是把以服务换股权作为主要的盈利模式。在项目孵化过程中，孵化器运营方给创业项目提供"一揽子"服务，以弥补孵化团队的短板，集中精力发挥其优势。在提供"一揽子"基础孵化服务的同时，不同的孵化器也会根据自身在融资、知识产权等方面的孵化优势，有针对性地为有需要的创业企业提供专业指导和帮助。

三是管委会与中介服务机构。根据小镇内创业企业数量众多、规模偏小、人员机构不健全的特点，管委会积极整合利用市场资源，经过严格筛选，引进财务、法务、人力资源、知识产权、商标代理等各类中介服务机构，双方主要围绕创业企业第三方中介服务形成了交易关系。管委会主要负责提供经营场所和资金支持，中介服务机构主要负责提供专业的第三方中介服务。

具体来看，管委会通过市场化式筛选财务服务、税务服务、法务服务、人力资源服务、知识产权服务、商标代理服务、品牌传播服务、展厅展架服务等各种类型的中介服务机构，组成"服务超市"，为创业企业提供政策补贴、法务财务、知识产权和商标代理等全方位的创业服务，帮助创业企业解决非核心业务需求，集中精力进行创业。梦想小镇内的大多数中介服务机构都支持使用梦想小镇统一发放的创新券支付服务所需费用，创业企业只需使用小镇免费发放的每年2万元的创新券，就可以找到专业的中介服务机构购买自身所需要的服务。

第三方中介服务机构主要就是根据创业企业的需要，为他们提供相应的服务，并根据管委会、运营商和创业企业的需要，为创业企业提供专业的培训或讲座。为保证中介服务的质量，管委会每年都会根据中介服务机构提供服务的情况，对中介服务机构进行动态筛选，以保证创业企业获得更优质的服务。

（三）经济治理理论视角下的梦想小镇治理

1. 项目引进方式。

由于梦想小镇招引的项目主要是数量众多的互联网类创业项目，在实际项目招引过程中，梦想小镇的项目招引主要采取孵化器招引、创业先锋营选拔赛、优质项目评审等市场化的方式，小镇管委会基本上不直接参与项目的招引，而是通过对孵化器孵化项目的结果进行考核来实现小镇在产业方向、孵化质量等方面的要求。虽然梦想小镇针对项目招引专门设计了多种机制，在治理结构上比直接招引更复杂，总的交易费用也相对更高，但较高的交易频率会大大降低相对交易费用，使得梦想小镇目前项目招引的实际效果会比小镇管委会直接招引更好。

2. 项目投资主体。

在项目投资方面，如果将特色小镇的项目投资视为一项交易，由于公共基础设施投资的资产专用性、交易的不确定性和交易频率都比较弱，所以小镇公共基础设施投资由小镇管委会主导。产业相关的投资与新能源等其他产业小镇相比，由于梦想小镇的企业大多为初创型企业，其资产专用性相对较弱、交易的不确定性相对较强，而企业对这些资产的依赖度相对较低，因此企业不愿承担因为不确定性较大而带来的产业投资风险，从而导致只能由小镇管委会来负责。

3. 治理架构。

如果将特色小镇看作政府和企业围绕特定的产业、为了实现各自利益目标而达成的一系列以项目投资为主要内容的资源组合配置交易。与新能源等其他产业的特色小镇相比，梦想小镇在产业投资方面的资产专用性相对较弱、交易的不确定性相对较强、交易频率相对较高。因此，根据威廉姆森的经济治理理论，梦想小镇内的交易形式更接近于重复进行的非专用性交易，其治理应该采取类似于市场治理的结构。在梦想小镇实际运作过程中，其治理偏向于类资本市场的市场治理模式，主要通过引入专业运营商、中介服务机构、孵化器等多种类型的市场化治理主体，采取市场化的方式开展治理，其治理架构相对比较复杂。

4. 治理边界。

在治理边界方面，除了上述因产业定位不同而导致的差异，由于梦想小镇内的企业主要以创业项目为主，涵盖种子期、孵化期、加速期等不同的阶段，小镇需要为企业提供从项目入驻、孵化、加速到产业化，涵盖企业生命周期各阶段发展需求的服务，其涉及的企业服务链条与其他特色小镇相比要长很多，从而也导致了梦想小镇的治理边界要更加广泛。

三、梦想小镇治理的案例启示

经济治理理论视角下，特色小镇可以看作一个政府主导并提供公共服务和产业服务，多元主体参与并投入资金、技术、专业技能等有形和无形资产，但最终目标是经济产出的复杂经济组织。由于有限理性和机会主义的存在，交易的双方，即政府和多元主体，都面临着投入行为的不确定性和投入的专用性，所以双方都有必要选择合理的契约来维护自身的利益。为了更好地节约交易费用、实现交易双方共同利益，就需要采取一种与交易形式相匹配的治理结构来维护契约长期正常履行，这种与交易形式相匹配的治理结构最终就表现为特色小镇特定的治理结构。

根据威廉姆森的相关理论，最优的治理结构就是能最大程度地节约交易费用的治理结构，为达到节约交易费用的目的，不同类型的交易形式应该与不同的治理结构相匹配。梦想小镇产业定位，决定了其较弱的资产专用性和较强的交易不确定性和交易频率，导致其治理主要通过引入专业运营商、中介服务机构、孵化器等多种类型的市场化治理主体，采取市场化的方式开展治理，偏向于类资本市场的市场治理模式，其治理结构相对比较复杂，使得梦想小镇与其他特色小镇在项目引进、项目投资、治理架构和治理边界等方面存在较大差异。

特色小镇作为一种复杂的经济组织形式，其存在的主要意义就是通过构建一种与之相匹配的治理结构，使得特色小镇能连续、正常地进行运作，从而起到节约交易费用的作用，进而实现政府和企业在特定产业中各自的利益目标。不同产业类型的特色小镇在产业定位上的差别决定了其在资产专用性和交易的不确定性等方面的差异，从而导致了它们在交易形式上的差异。而为了达到节约交易费用的目的，不同类型的交易形式需要与不同的治理结构相匹配，所以才会最终导致不同产业类型的特色小镇在治理结构方面的差异。因此，对于特色小镇来说，需要根据其自身产业定位和在产业生命周期中处的位置，构建一种与自身交易形式相匹配的治理结构，来实现交易费用和经济产出之间的权衡，获得更多直接或间接的公共收益。

第六节　浙江特色小镇建设中政府职能研究
——以建德航空小镇为例

一、特色小镇：区域经济发展的一种新模式

改革开放以来，我国区域经济发展基本形成了两种主导模式：一是以市场力量为主的产业集群发展模式，即按照"个体—块状经济—产业集群"的演化脉络；二是以政府力量为主的开发区发展模式，即按照"开发区—高新技术开发区"的发展脉络。[1] 2014 年底，浙江涌现了第三种区域经济发展模式——特色小镇[2]。时任浙江省省长李强指出，特色小镇是浙江省为破解空间资源瓶颈、推进新型城镇化和供给侧结构性改革所做出的战略选择。[3] 2015 年，浙江出台《浙江省人民政府关于加快特色小镇规划建设的指导意见》，明确了特色小镇建设的总体要求、创建程序和相关政策措施。此后，浙江全省掀起了一股特色小镇建设热潮。

建德航空小镇是国内唯一聚焦通航全产业链发展的省级特色小镇，同时也是老工业区转型升级的典型案例。建德航空小镇坐落于浙江省建德经济开发区，规划面积 3.57 平方公里，实际控制区域 10 平方公里。小镇坚持以打

---

① 章国标. 对比与借鉴——国内外特色小镇发展路径及影响因素 ［M］. 杭州：浙江大学出版社，2021.

② 郑健壮. 从产业集群、开发区到特色小镇：演化与选择 ［J］. 浙江树人大学学报（人文社会科学），2019，19（1）：43-49.

③ 李强. 特色小镇是浙江创新发展的战略选择 ［J］. 今日浙江，2015（24）：22-23.

造"通航产业浙江样板、国家级通航产业综合示范区、国际知名通航休闲旅游目的地"为发展定位，按照"三生融合"的发展思路，逐步构筑了全省最完备的通航服务体系，基本形成通航全产业链。自设立以来，建德航空小镇先后获评国家第一批低空旅游示范区、国家第二批特色小镇、国家首批青年信用小镇、国家 AAAA 级旅游景区等荣誉，奠定了在全国通航类特色小镇的引领及示范地位。2016 年 1 月，建德航空小镇被列入浙江省第二批特色小镇创建名单，小镇按照"产业特而强、功能聚而合、形态小而美、体制新而活"的创建要求，实现了"从无到有"再到"风生水起"的华丽蝶变。2019年 9 月，建德航空小镇被正式命名为第三批省级特色小镇。2020 年浙江省命名特色小镇考核中，建德航空小镇获评优秀等级。

二、从老工业区到航空小镇："有形之手"助力横钢蝶变

建德航空小镇的核心区块是原部属国营企业——浙江省横山钢铁厂的旧址。1960 年，横山钢铁厂正式成立。改革开放以后，在计划经济与社会主义市场经济的磨合过程中，横钢暴露出诸多弊端。1992 年，横钢被迫停产。2003 年，横钢正式破产并进入清算程序。横钢倒闭后，老工业区转型问题一度陷入困境。2013 年，建德市全面启动横钢区块改造，坚决关停高污染、高能耗的低、小、散企业。2015 年，建德市委市政府审时度势，谋划建设航空小镇。经过多年建设，横钢老工业区已嬗变成为全省通航产业的高地，走出了一条从"从无到有"再到"风生水起"的发展路子，实现了横钢蝶变。回顾航空小镇的开发建设历程，政府"有形之手"发挥了重要作用，主要体现在以下五个方面。

（一）聚焦产业导入，科学谋划主导产业

航空小镇的核心区块原来是一家铬铁合金专业生产企业，横钢关停后，几乎没有任何的产业基础。位于这一区块的建德千岛湖通用机场于 2006 年取得民用机场许可证，是浙江省首家取得民用机场许可证的 A 类通用机场。2015 年，浙江发布了《浙江省通用机场发展规划》，要求大力发展通用航空产业和建设通用机场。为充分利用横钢闲置空间资源，紧紧抓住特色小镇建

设和通用机场发展的重大历史机遇，建德市委市政府建立航空小镇指挥部，科学谋划将通航产业作为小镇培育发展新动能的主攻方向。在确立了通航产业作为主导产业后，积极招引项目，进行产业导入，形成产业集聚。

龙头企业是特色小镇产业集聚的核心和关键，是特色小镇内部企业和外部企业建立知识联系的桥梁和枢纽，是整个特色产业核心竞争力的持有者，很大程度上决定了特色产业发展的方向、速度和绩效。2018 年，浙江省机场集团通航总部项目落户建德航空小镇，对小镇通航产业的集聚起到了关键作用。该项目计划投资 20 亿元，全力打造全省通航总部平台。此后，多个与航空航天相关的项目相继落地投产，加快带动了通航产业集聚。截至 2020 年，航空小镇已累计引进投资 5000 万元以上的项目 30 余个，总投资超过 300 亿元。①

（二）实施精准招商，打造通航全产业链

政府不仅科学谋划、精准布局通航产业，而且积极打造通航全产业链，整合全市招商资源、政策和力量进行统筹谋划。为了提升精准招商成效，航空小镇不断创新招商引资政策。2018 年，建德市出台《关于加快通用航空业发展的扶持意见》，着力培育通航产业，打造通航全产业链。同时，与投资机构、双创服务平台合作，开展专业化招商。从浙江省机场集团通航总部项目，到华奕无人直升机等制造项目，再到航空研学及科普馆综合体项目等文旅项目，航空小镇的通航全产业链初步形成。当下我国的通航产业处于起步阶段，市场仍未完全打开，未来将是一个万亿级的朝阳产业。面对这样一个产业，自航空小镇成立至 2020 年，航空小镇管委会五年来拒绝了 30 多个非通航类优质产业项目，将宝贵的土地、空间资源"闲置"，同时加快该区块内传统企业的征迁，实现腾笼换鸟，为通航企业腾出发展空间，其主要目的在于培育航空小镇的核心竞争优势。

与国内其他航空小镇的发展相比，建德航空小镇的全产业链发展模式有一定的借鉴意义。浙江横店航空小镇的航空体验还有待提高，其单单只围绕机场进行航空活动，缺乏丰富性；荆门市漳河镇除了目前的漳河水库和爱飞

---

① 根据建德市航空小镇管委会公布的数据整理。

客航空产业园外，缺乏丰富的景点和体验项目；衡水航空小镇则是以赛事为依托进而吸引游客的航空小镇，缺乏其他产业；河南航空小镇主要问题在于产业大多处在产业链前端和价值链底端，第三产业发展不足。

（三）推进环境综合治理，完善基础设施建设

在航空小镇建设启动之前，老横钢工业区块是一片杂乱、低效工业用地。2013 年，建德市全面启动横钢区块改造，坚决关停近 90 家高污染小企业，收回了大量低效用地，为新区规划开辟了道路，为航空小镇的建设发展打下了基础。自航空小镇成立以来至 2020 年，累计完成固定资产投资 45.49亿元。①

与此同时，航空小镇管委会充分发挥土地效益，积极开展土地平整，完善周边配套设施，建设标准化厂房、机库、孵化中心大楼，建设移民航空产业园、飞行社区等配套。投入 4.6 亿元用于机场二期改扩建工程，跑道延伸至 1200 米，新增航站楼、候机楼、塔台和机坪机库等配套设施投入，提高机场在通航保障、航油供应、停机维修、综合托管等各方面的服务水平。

建德航空小镇自设立起，就针对核心产业布局、两创集聚提升、重大基础设施项目建设等重点进行调整完善，促进新老空间和产业融合。在对老横钢区块的改造过程中，政府非常注重对历史文化的保护，将老横山钢铁厂的"工业风"和未来"航空风"有机结合。

（四）克服区位劣势，招引集聚高端人才要素

高端人才是特色小镇发展的关键要素。建德航空小镇围绕发展通航产业，积极引进高层次专业人才，不断提高要素集聚度。截至 2020 年，航空小镇引进的"国千"等高层次人才共有 19 名。为克服区位上的劣势，航空小镇积极实施"走出去"的人才发展战略。为招引高端人才，航空小镇与中国民航管理干部学院、浙江省机场集团等单位共同设立了省级通航产业重点实验室，打造通航产业科研设备共享平台。同时，与高校、科研院所合作，增强了航空小镇在技术创新领域的核心竞争力。此外，航空小镇还在北京、上海、杭

---

① 根据建德市航空小镇管委会公布的数据整理。

州设立了飞地项目。

高端人才的引进给航空小镇带来了巨大的创新动力。近年来，航空小镇在无人机运行管理、航空网络风险评估等专业领域取得了一定成果，获得发明专利 7 项、软件著作权 11 项。

（五）深化管理体制改革，不断降低制度成本

根据浙江省创建特色小镇的具体要求，航空小镇从建设之初就积极推进管理体制改革，推动政策、服务创新，不断降低制度成本，提高政府工作效率。

第一，全面深化"最多跑一次"改革。小镇管委会全面深化"最多跑一次"改革，推行企业办事"一次不用跑"的全程代办服务制度。同时，建立"企业服务专员"制度，落实"一专三限"制度，加大对企业的服务保障，切实破解企业服务痛点问题。

第二，不断推进小镇管理体制的改革与创新。在航空小镇的管理体制上，2017 年，实现区镇分离，成立建德市航空小镇管委会，和建德经济开发区合署办公，以航空小镇的打造推动整个开发区的转型升级。同年实行"区镇分离"，实现了开发区与航空小镇从"物理整合"到"化学融合"的转变。此外，政府不是大包大揽，而是把专业的事交给专业的企业去干，对机场、景区都进行了委托运营。

三、"有形之手"如何更好发挥作用：建德航空小镇的启示

横钢蝶变、建德航空小镇的"从无到有"再到"风生水起"，是政府"有形之手"与市场"无形之手"形成合力的作用下达到的，这对于推动浙江特色小镇建设具有重要的借鉴意义和启示。

（一）尊重市场主体地位是"无形之手"发挥作用的前提

尊重企业的市场主体地位，是"无形之手"发挥作用的前提。在这方面，航空小镇进行了初步探索，通航产业集聚效应已经初显成效。如前所述，从老工业区转向航空小镇，是政府在充分尊重市场规律与客观分析市场前景

的基础上，结合自身优势作出的理性判断。航空小镇设立以来集聚许多通用航空企业，这是市场主体基于小镇自身初始条件的理性选择，主要源自市场的内生动力。与之形成鲜明对比的是，一些地方政府在规划特色产业时忽视了企业的主体意识，往往导致事与愿违的结果。

因此，特色小镇要充分尊重企业的市场主体地位，进一步发挥市场这只"无形之手"的作用，促进企业的进一步集聚和产业链的完善，集中调配资源降低交易成本，深化管理体制改革降低制度成本。政府应鼓励社会力量参与特色小镇建设和运营，培育与引进特色小镇投资运营商，形成多元化的资金投入格局。将符合市场规律和产业集聚的部分全推向市场，撬动社会资本积极参与特色小镇建设，形成特色小镇市场化运作机制，严防政府债务风险，实现可持续发展。当然，特色小镇建设除了特色产业的集聚发展外，还兼具软环境建设，具有一定的经济外部性。地方政府应合理区分市场化发展和公共物品供给，打造政府部门和市场主体的有效合作模式。

（二）科学编制规划体系是"有形之手"发挥作用的基础

规划设计对特色小镇建设具有统领发展的作用，科学规划主要体现在以下两个方面。

第一，明确总体规划。特色小镇在建设过程中应注重不同功能区块的规划与融合。政府要充分调动发挥总体规划的引领作用，坚持"多规合一"理念，增强规划的落地性，在此基础上循序渐进制定长期发展规划。

第二，完善产业规划。特色产业是特色小镇的灵魂，这需要地方政府对特色产业进行科学谋划和定位。当前有一些地区对特色小镇的产业选择缺乏充分的论证，将特色小镇等同于传统意义上的产业园甚至是景点开发，从而出现"新瓶装旧酒"的现象。从实践看，浙江比较成功的特色小镇往往有着主导产业的支撑。比如，代表现代新兴产业的梦想小镇和云栖小镇，代表传统产业升级的诸暨袜艺小镇和桐乡毛衫时尚小镇，均具有较强的产业支撑能力，都是围绕主导产业而发展起来的。

在产业规划上，"有形之手"的作用主要体现在以下三个方面：一是要突出市场力量和市场机制在小镇主导产业选择上的作用，必须选择符合新时代发展要求和具有高成长性的产业；二是要把特色小镇的产业、文化、社区、旅游等功能有机聚合起来；三是要注重产业链上下游协同发展，加快形成更高附加值的产业链。这样既能降低交易成本，突出小镇的比较优势，又能产生规模效益。

（三）持续增强要素保障是"有形之手"发挥作用的重点

特色小镇建设中政府的主要职能是公共政策的制定者和公共服务的提供者。特色小镇要从以下三方面来强化要素保障，提高公共服务水平。

第一，创新人才引进模式，提升核心竞争力。特色小镇要制定专项人才政策，要加大与高等院校、科研机构的合作。同时，积极探索符合特色小镇的人才管理机制，满足人才在住房、交通、落户、教育等方面的需求。对处于边远地区的特色小镇，要加大"飞地"建设力度，形成跨区域合作发展新模式。

第二，完善软硬件设施，提升创新创业环境。一是完善基础设施，特色小镇的绝大多数基础设施都具有投资大、回报周期长的特点，需要地方政府承担建设主体的责任。二是完善招商引资政策，政府应给予发展特色产业的初创企业相关政策扶持，为企业低成本融资提供桥梁。三是强化政策支撑，特色小镇要利用好税收、补贴和可交易许可证等基于市场的政策工具，提高公共政策的有效性。

第三，推进体制机制创新，打造最优营商环境。特色小镇能否成功，关键在于体制创新，投融资体制要创新，运营体制要创新，形成一个共建共享的机制。首先，建议引入专业化的小镇运营商。其次，以数字化改革为契机，进一步深化"放管服"改革。再次，着力营造创新开放的人文环境，避免走"产业园区模式"的老路。最后，可以考虑建立小镇治理委员会，吸纳小镇的利益相关者共同参与小镇公共事务管理。

（四）"有形之手"与"无形之手"有机结合是特色小镇建设的关键

政府所有决策和举措都建立在客观市场规律之上，建立在科学分析产业发展趋势的基础之上，充分体现了"有形之手"与"无形之手"的有机结合。离开其中的任何一方，都不可能实现特色小镇的可持续发展。"有形之手"能否发挥作用始终离不开"无形之手"，只有尊重经济发展的客观规律、立足已有的产业基础,"有形之手"才能更好地发挥作用。

特色小镇是浙江破解发展瓶颈和实现转型升级的重要途径。各地基层政府应结合本地实际,在尊重市场对资源配置起决定性作用的基础上,科学谋划产业定位,加快提升基础设施建设,实现人才的集聚,为特色小镇建设提供高效的公共服务和政策支持。政府不应作为主体参与小镇整体建设,而是要扮演一个引导和服务者的角色,为各个行为主体参与到特色小镇建设中来提供有效的保障。政府应当着力通过打造高能级产业集群,打造高水准创新产业平台,打造高能级辐射带动平台,提升"三生融合"水平,推进精准高效服务,来提升特色小镇高质量建设水平。政府角色应当从管制型政府向服务型政府转变,从市场参与者向市场秩序的维护者转变,从全能政府向有限政府转变。

第四章

坚持创新驱动，推进高质量发展

我国经济已经进入高质量发展阶段。高质量发展是创新驱动的发展，是改革推动的发展，更是高效率、高效益的发展。习近平强调，"实施创新驱动发展战略，是加快转变经济发展方式、提高我国综合国力和国际竞争力的必然要求和战略举措。"① 浙江山多地少、资源要素相对匮乏，在快速经济发展阶段，不断遭遇资源要素、生态环境的双重制约，使以要素投入为主拉动经济增长的模式难以为继。在高质量发展中奋力推进中国特色社会主义共同富裕先行和省域现代化先行，必须大力实施创新驱动发展战略，使创新驱动发展成为经济高质量发展的主引擎，高水平建设现代化经济体系，打造高质量发展高地。

近年来，我国各地坚持创新驱动、改革引领经济高质量发展，在产业结构升级、城市空间优化、都市圈发展、跨境电商发展和国家高新区等方面的实践探索不断涌现。自 2012 年我国在上海率先进行"营改增"试点改革后，2016 年 5 月全行业实现的"营改增"为全国各地的产业结构升级提供宏观调控工具。在全球化的机遇挑战下，中国一些大都市开始将城市核心区的 CBD 改造为中央活动区（Central Activity Zone，CAZ）或者重新打造 CAZ，弥补城市发展进程中传统 CBD 的不足。都市圈经济日益成为城市经济区域空间发展的高级形态，以公共交通为导向的开发模式（Transit Oriented Development，TOD）为发展理念的规划、建设模式成为有效建设工具。产业园区被看作是

---

① 中共中央宣传部，国家发展和改革委员会编. 习近平经济思想学习纲要 [M]. 北京：人民出版社，学习出版社，2022：104.

中国经济增长的强大动力，为摆脱传统劳动密集型产业园区的不可持续发展，产城融合的发展方式应运而生。跨境电商作为我国一种外贸新业态蓬勃发展，成为中央到地方积极履行经济管理职能的新方式，相应的政策试点也是不断出台推广，至2020年全国跨境电商综试区总数达到了105个，覆盖了30个省（区、市），形成陆海内外联动、东西双向互济的发展格局。国家高新区在培育高新技术企业、促进成果转化、推动产业升级等方面发挥了重要作用，成为一种国家发展战略引导下的政策性工具，因此，新时期下国家高新区政策机制制定意义重大。

浙江是民营经济大省、强省，是创新驱动经济高质量发展的排头兵。围绕经济高质量发展，浙江推动税费支持政策精准落地激发市场主体活力，推动自贸试验区制度创新带动高水平对外开放，深化科技创新推进制造业发展，优化城市空间布局、建设城市群、提升城市能级等，成效显著。为此，本章着重从惠企助企激发市场主体活力、稳外贸推动高水平对外开放、科技创新打造全球先进制造业基地、优化城市空间布局提升城市综合能级四个层面展开。其中，在惠企助企激发市场主体活力方面，选择了杭州市萧山区以"营改增"促进产业结构升级的个案；在稳外贸推动高水平对外开放方面，选择了宁波跨境综试区的制度推动跨境电商发展的案例；在科技创新打造全球先进制造业基地方面，选择了中意宁波生态园区开发以及国家高新区政策两个案例；在优化城市空间布局提升城市综合能级方面，着重从杭州钱江新城和杭州都市圈发展两个案例，探讨提升城市综合能级推进国家中心城市建设。

浙江探索为经济高质量发展先行探路。全国经济由高速增长阶段转向高质量发展的新阶段，面对2020年以来世界变局和世纪疫情的叠加冲击，浙江省适应经济社会发展新阶段新要求，全省各地持续开展经济发展新举措，充分体现了"五位一体"的总体布局、以人民为中心的发展思想，深入实施"八八战略"、落实科学发展观、坚持新发展理念、深化数字化改革，把高质量发展要求贯穿到高水平全面建设社会主义现代化的中国特色社会主义浙江实践中。结合疫情防控工作，浙江扎实做好"六稳""六保"工作，突出"三个争先"、奋力打造"重要窗口"，为推进高质量发展建设共同富裕示范区育新机、开新局，开拓创新、攻坚克难。在"八八战略"指引下，浙江改革从经济体制改革一马当先，向政治、社会、生态、文化等各领域全面推开。浙江遵循思想理论指引、坚持文化改革创新与塑造、牢记社会主义核心价值观，在传承优秀传统的基础上发扬地区特色，尤其在经济高质量发展、共同富裕等方面进行了矢志探索与实践，致力于进一步提高人民的生活水平，实现人民的精神富裕。本章从浙江省各市区的经典案例出发，分析及展示浙江探索在产业结构调整和升级、城市空间优化、都市圈经济崛起、跨境电商发展、产城融合以及国家高新区政策演进等方面的进展与成效。研究表明，在我国经济高速发展、城市化进程不断深化的过程中，在产业转型困难、土地资源紧张、环境恶化加剧、公共空间缺失、产城分离明显等城市新危机愈演愈烈的情况下，想要进一步推动经济在新时期中高质量发展，需要我们挖掘新一轮经济增长点，针对产业结构、城市化和进出口等领域中出现的诸多问题提出切实可行的解决经验与方案。

第一节 推进"营改增"促进产业结构升级的萧山探索

近年来，我国加快了产业结构调整和升级的步伐，经济获得了稳步健康的发展。然而，由于历史、体制、政策等方面的原因，我国的产业结构仍然存在着诸多问题。税收作为政府宏观调控的一种工具，也是市场高效配置的手段，影响着经济发展的各个方面。2012 年，我国在上海率先进行"营改增"试点改革，随后根据试点情况，把改革的区域及涉及的行业逐步扩大，到 2016 年 5 月，全行业实现"营改增"，在我国实行 66 年之久的营业税正式取消。这场围绕减税降负、产业结构优化升级的财税改革，推动我国产业结构向合理化、高级化发展的同时，也带来了一些问题，这些问题对"营改增"政策的推行以及推动产业结构转型升级的政策效果产生了影响。因此，深入分析"营改增"的影响效应，对于充分发挥税收改革利器作用，促进产业结构升级发展具有重要的意义。

有着"亚洲制造业示范基地"之称的浙江萧山，传统工业实力雄厚，2012 年萧山全区实现地区生产总值（GDP）1611.72 亿元，三次产业结构比例为 3.5：61.4：35.1。① 2017 年萧山全区（含大江东）实现地区生产总值 2150 亿元；其中区本级 1860 亿元，增长 8.5%；三次产业结构优化为 2.8：39.2：58，服务业增加值首次突破千亿元，其中也产生了不少新兴产业的代表企业。② 短短的几年时间，萧山经济从第二产业占据主导到 2017 年服务业对经济增长贡献率达到 94.7%，本节选取杭州市萧山区的相关数据样本分析"营改增"对相关产业结构的影响，并对如何更好地发挥税收政策作用提出建议。

一、萧山"营改增"做法

萧山区于 2012 年 12 月 1 日正式开始"营改增"，改征增值税税款政策实施首季，为全区 3041 户试点企业减税 1.51 亿元。2013 年，萧山区共有"营改增"纳税人 5280 户，共计征收增值税 3.43 亿元，减税总额达到 3.17 亿元，此外原有一般纳税人通过购买应税服务，2013 年全年进项抵扣税金 3.38 亿元。2014 年，在政府的引导与调整下，萧山的"营改增"试点两次扩大范围，从运输、邮政至电信行业，都迎来了新的税制管理。全年，萧山共有"营改增"试点纳税人 8935 户，征收改征增值税 5.1 亿元，整体减税 3.54 亿元，合计减轻企业税收负担 7.34 亿元。2015 年为"营改增"平稳实施的一年，改革行业未发生改变，萧山区新增"营改增"纳税人 1.1 万户，改征增值税收入 5.4 亿元，整体减税 3.7 亿元。2016 年 5 月 1 日，全面税改启动，萧山区 18280 户纳税者纳入范围，让新政策得以稳定地落实下来，缴纳的税款突破了 20.26 亿元人民币的大关，为纳税人减负 2.96 亿元人民币，尤其是工商业，在政策的优惠下，税款负担减少了 2.78 亿元。③

2017 年，再次扩围至金融业、建筑业、房地产业、生活服务业。截至 2017 年底，萧山区"营改增"涉及纳税人 83823 户，改征增值税税款 87.82 亿元，减税总额达到 17.37 亿元。从图 4-1 可以看出，2013~2017 年萧山区

---

① 根据《2012 年杭州市萧山区国民经济和社会发展统计公报》整理。

② 根据《关于杭州市萧山区 2017 年国民经济和社会发展计划执行情况与 2018 年国民经济和社会发展计划草案的报告》整理。

③ 根据 2012~2016 年《萧山区国税统计年鉴》整理。

改征增值税收入逐年增加，比重越来越高。①

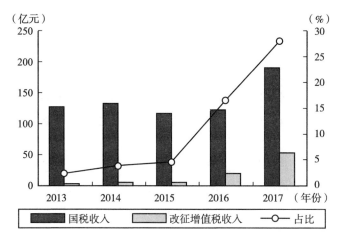

图 4 - 1　萧山区 2013 ~ 2017 年国税总收入、改征增值税收入及占比

二、"营改增"推动产业结构转型升级

"营改增"消除了营业税的重复征税，形成了完整的税收抵扣链，做到为行业减税，企业减负，这项改革的重点是消除商品和服务的重复税收，并改善增值税扣减链。在合理引导产业分工，深化合作的基础上，产生了结构优化、层次升级、国际贸易结构优化等效应。相应的影响路径可以通过图 4 - 2 展示。②

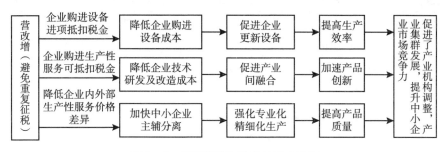

图 4 - 2　增值税抵扣链条的影响路径

———————————

① 根据《2017 年萧山区国税统计年鉴》整理。

② 刘思彤，刘莉. 营改增对中小企业的影响及对策研究——以吉林零担物流公司为例［J］. 企业改革与管理，2018（3）：47 - 48.

下面将通过萧山区产业结构和代表企业相关数据对"营改增"对产业结构的影响效应进行实证分析。

（一）结构优化效应

萧山区从2012年12月实施"营改增"以来，尤其是对服务业实施"营改增"，减轻了服务业的税收负担，消除了服务业发展的税收制度性障碍，对于打破原先萧山以制造业为主的产业结构，转为以服务经济为主体的产业结构起到重要作用，经济结构的不断优化印证了这一点。从表4－1中可以看出，虽然2012～2017年面临经济下行，经济增长率呈下降趋势，但经济结构却在调整中优化。2012～2017年，第一产业占比从3.5%降为2.9%，第二产业占比从61.4%降为37.7%，第三产业占比却从35.1%提高为59.4%，提高了24.3个百分点。

表4－1　　　　　　　　萧山区2012～2017年产业增长和结构　　　　单位：%

年份	GDP		第一产业		第二产业		第三产业	
	增长	占比	增长	占比	增长	占比	增长	占比
2012	10.01	100	2.6	3.5	11.4	61.4	8.5	35.1
2013	8.3	100	2.9	3.5	7.9	58.1	9.5	38.4
2014	8.1	100	1.9	3.5	8.3	54.1	8.2	42.4
2015	8.3	100	1.3	3.5	5.4	49.9	13.7	46.6
2016	8.6	100	2.9	3.5	5.9	47.2	12.1	49.3
2017	8.5	100	1.4	2.9	0.9	37.7	15.3	59.4

资料来源：根据历年《萧山区统计年鉴》整理。

萧山产业结构比重不断优化，第三产业明显上升，产业层次也发生深刻变化，尤其是高新技术产业、信息经济产业发展较快。2016年和2017年，当地高新技术产业增加值分别为158.14亿元和175.36亿元，同比增长11.3%和3.2%；装备制造业增加值分别为156.56亿元和184.59亿元，同比增长10.5%和5.8%。重点新兴产业、高新技术产业、装备制造业增加值都有明显提高，见表4－2。

表 4－2　　　　萧山区 2016～2017 年战略性新兴产业及其增长率

指标	2016 年		2017 年	
	绝对值（亿元）	增长率（%）	绝对值（亿元）	增长率（%）
规模以上战略性新兴产业增加值	81.72	8.9	89.46	0.3
高新技术产业增加值	158.14	11.3	175.36	3.2
装备制造业增加值	156.56	10.5	184.59	5.8

资料来源：根据《萧山区统计年鉴》整理。

同时，我们也看到萧山区信息经济、高端装备制造、健康、节能环保、时尚等八大朝阳行业，堪称一片蓝海，展现出了广阔的市场潜力，截至 2017 年底，萧山区八大重点产业小微企业达 2.1 万户，同比增长 2.10%，见表 4－3。

表 4－3　　　　　　萧山区八大产业小微企业发展对比情况

八大产业	2016 年户数	2017 年户数	增长率（%）	2016 年注册资金（万元）	2017 年注册资金（万元）	增长率（%）
信息经济产业	2654	3723	40.30	176.2	193.1	9.60
高端装备制造产业	1196	1286	7.50	54.2	55.7	2.80
健康产业	1301	1452	11.60	35.3	37.4	5.90
节能环保产业	404	470	16.30	31	32.7	5.50
时尚产业	4324	4588	6.10	192.41	195.9	1.80
金融产业	2984	3475	16.50	857.9	861.4	0.40
旅游产业	234	270	15.40	9.6	10	4.20
文化创意产业	4405	5748	30.50	162.5	183.1	12.70
总计	17502	21012	2.10	151.1	1569.3	3.3

资料来源：浙江省小微企业云平台。

（二）产业转型效应

全行业实行"营改增"，让物质与服务部门有全新的抵扣链条，促进了企业体制的完善，优化了企业的资源配置和产业结构的调整。

曾参与世界最大 500 米口径国家天文台射电望远镜 FAST 项目建设的浙江东南网架股份有限公司是一家大型建筑钢结构企业。"营改增"之前，公司主要采用"专业分包"经营模式，集设计、制作、安装于一身，一些设计研发方面的经营优势体现不明显。"营改增"之后，增值税抵扣链条的全环节打通为公司经营架构调整提供了良机。公司将加工制造产业逐步转移给全资子公司东南新材料（杭州）有限公司，主业则轻装上阵，专心做好建筑安装、工程设计等高端化、国际化服务业务。按照建筑服务业对外开具税率11% 的增值税发票，外购的钢结构产品能够取得 17% 税率的进项发票，主业的建筑服务得到充分抵扣，具体业务结构见图 4 - 3。2017 年 1 ~ 8 月，企业共减税 1204.84 万元，税负率同比下降 1.66%。与之对应的是，同期公司研发投入却达到了 6479 万元，同比增长 11.67%。

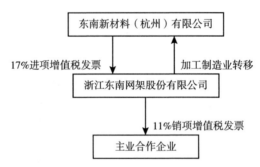

图 4 - 3　浙江东南网架股份有限公司主辅分离结构

另外坐落于萧山信息港小镇的龙头企业微医平台，提供包含互联网医院、医联体、家庭医生签约、云药房、医疗 AI 辅助诊断等在内的数十种云化解决方案。由于涉及经验范围庞大，微医集团将公司经营范围进行划分，成立多家经营主体。清晰的业务分类带来的是更低的税收负担，使得微医在平台建设、医疗资源共享、投资管理方面更具有专业性并形成产业链条，集团规模不断壮大。

（三）国际易化效应

由于"营改增"可以避免对服务的重复征税，打通、延伸和拉长了增值税的抵扣链条，促进社会分工和研发效率的提高。大量企业将技术研发等服务业外包，促使国外各类投资和生产要素向现代服务业加速集聚，促进现代服务业的发展。同时由于"营改增"之后，总部与子公司之间提供服务取得的收入不再缴纳营业税，而是可以相互抵扣，从而消除了跨国公司与研发中心提供服务的税收障碍，正是由于国内税收政策给予了更多的优惠，以至于很多跨国企业原本将总部安置在国外，都愿意搬回国内，相关的人事、技术等也一应回国，从而带动我国现代产业的发展。

2015～2017年，萧山外资市场主体呈上升趋势见表4－4。2017年萧山实有外资企业1357户，与去年同期相比增长8.47%，注册资本（金）超过128亿美元，相对于去年增长超过了35%。

表4－4　　　　　　　萧山区2015～2017年外资市场主体情况对比

项目		2015 年	2016 年	2017 年
内资企业	数量（户）	48702	57019	69440
	同比增幅（%）	17.53	17.08	21.80
	注册资本（亿元）	2284.5	3231.4	6109.7
	同比增幅（%）	22.79	41.45	89.07
外资企业	数量（户）	1192	1251	1357
	同比增幅（%）	−3.01	4.95	8.47
	注册资本（亿元）	78.66	94.6	128.13
	同比增幅（%）	13.98	20.26	35.44

资料来源：根据《2017年萧山区市场主体登记情况分析报告》整理。

2017年萧山区新设的195家各类外资市场主体中（见图4－4），第一产业企业0家，第二产业企业16家，第三产业179家，一二三产业占比分别为0、8.21%、91.79%。与2016年相比，第二产业比例有所下降，第三产业比例逐渐上升并牢牢占据主导地位。第三产业成为外商投资者的首选，也是萧山外资经济发展的基本支撑和重要驱动力量。值得注意的是，2017年萧山区新增融资租赁企业55家，作为一种新的金融模式，融资租赁企业可以更好地服务本地实体经济，也逐渐成为萧山外资发展的一个有力的增长点。

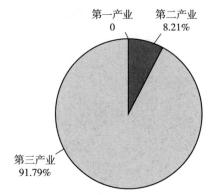

图 4 - 4 萧山 2017 年新增外资市场主体占比

资料来源：根据《2017 年萧山区外资市场主体分析报告》整理。

（四）完善税制改革，促进产业结构优化相关对策

完善法律体系。税收合法性原则的存在，使得政府税收行为更加规范，成为保护纳税人权利的关键。[①] 增值税基本制度大多是以"规定"与"试点"相结合的方式呈现，存在法律层次较低、稳定性差、权威性不够等缺点。因此，完善税收政策的法律体系，将更好地保证增值税改革顺利进行和贯彻实施。只有尽快颁布专门的法律，才能在执行层面上有法可依，尤其是支持高新技术产业的税收政策，为"营改增"的产业结构效应发挥提供保障，形成"良法善治"的发展新局面。可以借鉴国外先进经验，在税法中赋予税务机关更多的权力。以法律的形式保证税收政策的执行，税务部门应在实际操作过程中对税款征收、发票的领购、减免政策的申请、相关资格的认定、税务评估及稽查等方面进行细化及完善，确保改革政策落实到位。

强化税收职能。2015 年，中共中央办公厅、国务院办公厅颁布《深化国税、地税征管体制改革方案》，国地税机构改革不仅仅是部门人员的合并，更重要的是带来征管水平的提升。搭建全网络的治税信息平台同时也是共享平台，对税务机关开展工作来说至关重要，各个部门实现了信息的共享，简化了部分之间相互沟通的过程，节约了大量成本，避免了因税务机关信息不

---

① 岳树民，肖春明. 完善增值税制度 推动经济持续全面发展 [J]. 税务研究，2016（11）：10 - 12.

完全导致的征管成本上升，提高了税收管理效率，使得税收优惠扶持政策达到更好的效果，加速了企业的转型升级及结构的优化。同时要加强"营改增"改革的宣传和咨询，多渠道开展税收宣传，使纳税人和社会认识和接受"营改增"的概念，对于降低企业成本和提高税收的遵从度有着积极的促进作用。

优化税收制度。税率是增值税制度的核心要素之一，税率的高低直接决定了企业的税收负担。我国税收改革应当适当简化税收档次，合理确定税率，根据实际调整税率水平，适当缩小优惠税率及免税范围。一方面基于税收中性原则，低税率不能保证各环节之间的抵扣公平，免税更是切断了增值税抵扣链条；另一方面基于税收简便原则，取消低税率、缩小减免税的优惠范围可以节约税收管理成本，确保税收公平。除此之外，平衡产业间的税收优惠，充分发挥税收政策的调节作用也十分重要。可以适当加大对我国目前航空航天器制造业、医疗设备及仪器仪表制造业等薄弱环节的相关优惠政策，对高新技术人才予以政策倾斜，调整当前产业发展中存在的不平衡，大力发展第三产业，优化产业结构。

健全财务制度。增值税的税制特点决定着企业财务做账的复杂化，尤其是一般纳税人，包括税额的计算、申报表的填写、发票的规范开具与取得、相关成本费用的核算，都会更加复杂，这就会导致一些财务风险。面对"营改增"税制改革，企业加强财务管理，监督和管理现金流的运转，减轻"营改增"后企业出现的现金支付压力。企业要高度重视经济合作伙伴的选择，加强合同管理，完善合同约定，明确将相关票证纳入合同之中，认真做好增值税专用发票的获取、抵扣。企业应加大对财务人员的培训力度，完善原有的核算方法，提高核算水平，并要求会计人员掌握增值税会计核算流程，能准确核算出相关税额，及时了解"营改增"税收新政，及时享受税收红利。

第二节　跨境电子商务综合试验区制度赋能外贸新发展的宁波探索

21 世纪以来，跨境电商作为一种外贸新业态蓬勃发展，越来越受到政府的重视。近年来，各级政府积极履行经济管理职能，支持跨境电商发展，为外贸转型升级提供了强大支撑。2012 年起，"跨境电商"一词频繁出现在政府文件中，政策试点不断推出。2015 年 3 月 7 日，国务院批复同意设立全国首个跨境电商综试区。到 2020 年 4 月 7 日，全国跨境电商综试区总数达到 105 个，覆盖 30 个省（区、市），形成陆海内外联动、东西双向互济的发展格局。

一、外贸转型中的跨境电商

宁波是国务院批复确定的中国东南沿海重要的港口城市、长江三角洲南翼经济中心，对外开放程度高，是浙江重要的开放前沿和传统外贸大市。21 世纪以来，随着互联网的普及，不少宁波外贸企业开始试水早期的跨境电商业务。2012 年 12 月，宁波被列为全国首批跨境贸易电子商务服务试点城市；2013 年跨境贸易电子商务进口试点业务运行；2016 年成为全国第二批跨境电商综合试验区城市。依托海关特殊监管区以及试点城市的政策优势，宁波跨境电商快速发展。总的来看，宁波跨境电商发展起步早、底子好、有基础，也有不少好经验、好做法、好成绩。但是从全国范围看，宁波跨境电商"政策输出""经验推广"还不够，特别是上升到国家层面的还不够，谈起跨境电商，更多的人想到的是杭州、郑州等明星城市，特别是国家层面以"六体系两平台"为核心的政策体系和管理制度，主要就来自杭州跨境电商综试区的经验。

如何让宁波跨境电商更加出彩，发挥好政府职能走出一条符合宁波产业特点、具有宁波自身特色的发展道路，是一个值得研究的问题。2020 年伊始，突如其来的新冠肺炎疫情直接影响了全球商品与服务的流动，国际贸易和经贸往来全线受挫。2020 年一季度，我国货物贸易进出口总值 6.57 万亿元人民币，比上年同期下降 6.4%[①]，宁波外贸数据也不容乐观。疫情所带来的巨大经济代价和社会成本，以及对全社会造成的心理冲击，某种程度上成

---

① 海关总署：一季度中国进出口总值同比降 6.4% 贸易顺差减少 80.6% ［EB/OL］.（2020 - 04 - 14）. http://news.cctv.com/2020/04/14/ARTIqZ9dEHIVLSk8Nwf01YpY200414.shtml.

为经济结构和社会治理创新变革的催化剂。在后疫情时代，同时叠加数字化、信息化浪潮，政府如何创新经济管理职能，发展跨境电商推动经济复苏，值得思考和研究。

二、宁波跨境电商综试区做法

近年来，宁波积极探索跨境电商发展模式和路径。2020 年 1～7 月，全市实现跨境电商进出口额 849.3 亿元，同比增长 11.5%，高于外贸整体增速 10.6 个百分点，跨境电商占全市外贸比重达 16.1%。依托"口岸""开放""产业""物流"的优势，宁波已经发展成为网购保税进口仓储规模最大、电商平台最全、商品品类丰富的龙头城市。2019 年，宁波海关累计验放宁波保税区跨境电商网购保税进口申报清单 8261.2 万票，货值达 161.2 亿元，分别比 2018 年增长 45.1% 和 63.7%，申报单量和货值分别占宁波关区的 76% 和 79%，占全国的 19% 和 20%，在所有开展跨境电商网购保税业务的 94 个口岸中稳居第一。[①] 也就是说，全国差不多每 4 单跨境电商网购保税进口订单就有 1 单是通过宁波口岸放行的。可以说，宁波在跨境电商发展中的一些做法值得借鉴参考。

（一）加强组织建设，协同工作落实有进度

成立中国（宁波）跨境电商综合试验区建设领导小组，海关、税务、商务、口岸、外汇等多部门单位协同，成立市跨境电子商务促进中心。2019 年，根据《宁波市机构改革方案》，宁波跨境电商综试区建设管理职能由市口岸办调整至市商务局，在市商务局增设跨境电商处，实现传统外贸、服务贸易、国内电商与跨境电商管理归口管理于一家部门，实现沟通协调成本内部化。建立由综试区办公室牵头抓、监管部门协调抓、各区域主体抓、多方合力抓的统筹协调机制，先后制定《中国（宁波）跨境电商综合试验区实施方案》《中国（宁波）跨境电子商务综合试验区建设任务分解方案（2016～

---

① 全国第一！去年宁波保税区跨境电商进口量破 8000 万票［EB/OL］.（2020 – 01 – 08）. https：//baijiahao. baidu. com/s? id = 1655127954870268699&wfr = spider&for = pc.

2018）》以及年度《重点任务分工方案》。全市各地各有关部门均建立了跨境电商工作"一把手"负责制；2018年、2019年跨境电商纳入宁波"一带一路"综试区建设全市年度目标管理考核体系，做到目标、责任、进度三落实。

（二）落实监管服务，创新突破瓶颈有力度

联合海关、税务、外汇等监管部门按照"进得来、管得住、放得快"原则，探索突破监管瓶颈，创新服务举措，释放制度红利。在监管通关方面，一是优化监管措施，实施"集中查验、分散仓储、多点放行"监管模式，实现监管全程电子化、信息化，方便货物区内流转。对跨境进口商品实施差异监控和重点监控，对低风险单证实行快速放行，降低包裹抽查比例。二是简化准入许可，对部分跨境进口商品按照"个人物品"进行监管，对部分商品免于提交许可证，设立跨境电商准入审核专门科室，统一口径，简化流程，提升商品备案准入时效，促进品类拓展。三是创新溯源管理，围绕母婴用品、奶粉等高风险商品，建立具有宁波特色的公共防伪溯源平台，允许企业经海关备案自建溯源体系。在减税降费方面，实施分类管理，允许部分类别跨境电商企业可先办理出口退（免）税，后稽核比对复核，在全市范围推广出口退（免）税无纸化申报。在外汇管理方面，简化企业收结汇流程，支持企业建设海外仓，指导金融机构定制特色化融资产品，解决轻资产电商企业融资难问题。

（三）深化平台建设，丰富平台载体有广度

宁波跨境电商综试区线上综合服务平台于2016年9月正式上线，涵盖6种进出口模式，通过与海关、检验检疫、市场监管局等部门的数据对接，为企业提供包括"B2B/B2C出口申报""商品备案""可信服务"等在内的10方面服务，150多项具体功能，实现"一点接入、三单汇流、集中查验、联合放行"。依托"跨境购"服务平台，打通信息渠道，提供通关、物流、数据协同等综合服务，实现数据透明化、阳光化、规范化。发挥好企业平台作用，中基汇通、世贸通等外贸综合服务平台不断延伸完善B2B、海外仓、境外分销等服务功能，为中小企业拓展海外市场提供支撑。发展线下产业特色园区

平台。坚持"多极布局、多区联动、多模式发展"战略，基本形成以宁波保税区为核心，以梅山保税港区、宁波临空经济示范区等 5 个区域为支撑的"一点多极"跨境电商零售进口发展格局。整合物流综合服务平台。以宁波—舟山港、宁波栎社国际机场和宁波国际邮件互换局等物流枢纽为支撑，集聚跨境电商物流企业和物流服务资源，构建海、陆、空、邮全方位、立体化的跨境电商物流综合服务平台。宁波国际邮件互换局累计进出境邮件突破 4000 万单，单日峰值近 12 万单，覆盖 127 个国家和地区，宁波国际邮件互换中心正式启用。在宁波机场上线运营空港跨境电商一般出口，开通至杭州的跨境出口转关业务，业务量稳步攀升。

（四）优化环境营造，拓展为企服务有温度

优化政策保障体系，打造制度高地，出台《关于加快推进宁波市跨境电子商务发展的指导意见》《宁波市跨境电子商务发展专项资金使用管理实施细则》《宁波市电子商务发展"十三五"规划》等助推传统外贸企业转型，有效运作市电子商务发展产业基金，鼓励区（县、市）加大投入，宁波保税区创建全国首个"跨境电商产业知名品牌创建示范区"和首个跨境电商商品质量检测"无费区"。拓展海外服务体系，成立宁波市海外仓物流协会、宁波市跨境电商协会，研究制定公共海外仓建设与运营标准规范，完善布局海外仓体系，降低供应链成本、提升服务质量，增强海外竞争力。营造政企联动体系，将跨境电商推介引入国际会议论坛等，借助中国—中东欧博览会、甬港经济合作论坛、中国跨境电商国际名品博览会等开放合作平台，帮助企业拓宽渠道、拓展市场，努力实现生产端与市场端的匹配。开展跨境电商沙龙系列活动，帮助企业拓展发展思路，引导鼓励小微主体开展跨境电商业务。

（五）加快人才培养，畅通产教融合有深度

共建人才培养体系，联合在甬高校和平台企业，成立全国首家跨境电商学院和首个跨境电商产教联盟，建立"产训结合、产学结合"的培训机构和产业孵化园，eBay 联合市跨境电商学院成立了实训基地，亚马逊设立了全国第三个"全球开店"跨境电商产业园。提升相关专业学科建设水平，组建中国（宁波）"小语种"跨境电商产教融合联盟，引进一批既有专业理论基础

又有相关从业经历的行业导师，浙江万里学院等 3 所院校被评为首批全国跨境电商专业人才培养示范院校，浙江万里学院的电子商务专业被评为浙江省"十三五"特色专业。提升学生跨境电商创业创新能力，鼓励学生参加国家级、省级大学生创新创业大赛，开展创业孵化。

三、跨境综试区制度创新强势赋能跨境电商发展

宁波跨境综试区建设取得较好成效，很重要的一条经验就是市场主导，政府支持，"有形手"和"无形手"协同合作。政府能较好地履行职能，创新管理方式，依托较好的外贸基础，引导跨境电商发展，调动跨境电商企业及平台企业积极性，形成合力推进的局面，对其他地区发展跨境电商也有积极启示。

（一）加强基础性建设，优化特色园区和海外仓建设

"错位"发展，规避"同质化"竞争。要优化管理机制，统筹谋划综试区与自贸试验区、综保区等的融合发展，推动形成产业集聚的特色园区。优化公共海外仓总体布局，积极拓展市场，出台公共海外仓建设指导意见，打造增量和激发存量潜力并重，"精准管理＋标准化"规范公共海外仓建设，增强服务功能。鼓励企业办理境外机构证书或境外投资证书，推动跨境电商海外仓合规有序"走出去"。借助现有仓储物流基础设施和相对成熟市场布局，引导符合条件的跨境电商企业建设一批公共海外仓。要集聚资源优势，完善海外仓数据库，建立市级公共海外仓名录，依托有条件的公共海外仓，打造海外公共服务中心（国际贸易服务枢纽），实现海外资源共享共用。强化政策扶持，研究储备政策，支持公共海外仓企业做大做强。引导金融机构对海外仓企业提供长期低息政策性贷款支持，扩大海外仓企业银行贷款抵押物授信额度。

（二）打造可复制推广的消费者权益保护模式

创新溯源管理，围绕跨境进口奶粉、母婴用品等高风险商品，深化特色公共防伪溯源平台建设。加强对跨境电商行业的风险分析和稽查核查，引导

企业开展自查和主动披露，持续监测、分析并严厉打击违法违规行为，营造公正公平透明的市场竞争环境。支持跨境电商企业自主备案，精简备案流程，对于管理规范的跨境电商平台企业优先开展认证培育。加强进口商品抽检核验力度，采用跨境电商监管仓库备货区域线下抽检和从电商平台购买线上抽检的方式，提高抽检覆盖面，开展专业检测。落实跨境电商企业、电商平台企业质量安全管理主体责任，建立风险防控机制，保证商品质量可靠、来源渠道可追溯。

（三）创新多层次跨境电商人才培养方式

构建校政企协同的跨境电商人才培育模式，引企入校的同时，建设校外实习基地，共建实践教学体系，探索"2.5＋1.5"订单式培养、"3＋1"就业实训等模式。推动产教融合，内部培养和外部聘任相结合，不断加强师资建设，鼓励相关专业教师到企业学习、调研，组织行业协会、跨境电商平台企业的专业人员定期到学校交流；以合作的企业为依托，借助企业的技术力量，聘请企业的专业人员作为师资力量的补充。构建对接岗位能力需求的跨境电商课程体系，对接行业标准，加大课程与教材建设力度，在教学中将电子商务、国际贸易、物流、信息技术等专业资源整合重组，打造具有竞争力的跨境电商专业课程体系。推进创业教育与专业教育结合。开展跨境电商创业孵化，加强跨境电商创业实战。引入社会机构参与跨境电商人才培养。

（四）探索建立跨境电商统计规则，构建发布综合指数

跨境电商统计仍是个难题。目前，国内部分综试区确立了B2B出口的订单、支付单和物流单的认证标准，形成了以样本抽取、企业调查为主的统计方法。这些标准是否能被国际社会广泛认同，需要从综试区层面先行探索，在成熟之后向全国乃至世界推广。海关实施"9810""9710"监管代码后，已成为相关业务板块数据统计的新抓手，能够有效获取相关数据。但总的来看，对于跨境电商发展仍缺少一个全面的具有可比性的综合评价体系，探索设计具有宁波特色的跨境电商统计体系，从一个跨境电商综试区的角度度量区域跨境电商发展水平，是一次有意义的尝试。总结形成经验，有利于推进全国性的跨境电商综合指数的形成或引领全国性跨境电商综合指数的制定。

虽然，跨境电商到目前仍被视为一种新型贸易模式，但随着跨境电商综试区覆盖面不断扩大、时间不断推移、数字贸易不断崛起，可以预见跨境电商也将逐步成为日常经济管理的一般对象，政府不仅要重视跨境电商的发展，更要聚焦长远，积极拥抱数字时代，思考谋划数字贸易时代的经济管理模式。

第三节　生态园推动产城一体化的宁波探索

自 1979 年我国第一个产业园区蛇口工业园成立至今，已经走过了 40 余年。40 余年来，产业园区一直伴随着国内经济建设稳健快速发展，截至 2019 年，我国有各类产业园区 15000 多个，对整个中国经济的贡献达到 30% 以上，① 通过以上数据可以看出，产业园区能够有效带动区域和城市经济的发展，是中国经济增长强大的动力引擎。然而随着城镇化步伐的加快以及工业化程度的加深，产业园区的发展也面临着一些问题，如产业结构不均衡、不注重上下游产业链发展、配套缺失、忽视产业人口的导入问题等。

一、产业园区的产城融合

要解决产业园区的发展问题首先就要研究我国的产业园区发展历程，我国早期的产业园区开发建设本质上是一种产业集聚区的建设，仅通过廉价的土地、劳动力成本和国家优惠政策吸引产业入驻产业园区，成为发展劳动密集型产业的特定区域，只有产业功能，基础配套、商业服务等城市功能配套不完善。某种程度上来说，这样的园区只能算是生产聚集地，产城分离明显。随着经济全球化发展，产业之间融合度越来越高，产业园区不断转型升级，积极引进高新技术企业，引进各类人才资本，园区规模不断扩大，人口不断集聚。此时，如果产业园区只重视产业发展，而商业和居住配套设施滞后，就容易出现园区内生活居住环境不佳，就业人群潮汐现象严重等问题，从而使企业对人才吸引力有限，不利于园区产业可持续发展。而产业园区产城融

① 根据《2023－2028 年中国产业园区规划布局与运营管理分析报告》整理。

合的发展方式能够有效解决上述问题。

中意宁波生态园于 2015 年 12 月挂牌成立，是在中意两国总理见证下签约成立的国际合作产业园区，也是浙江省唯一的全国八个国家级生态园之一，成立之初即将园区建设目标定位为集生产、生活、生态融为一体的独立的产业新城。园区这一发展定位的确立主要是由以下几个方面因素决定的，从政治需求看，园区是中意两国总理见证下签约成立的，高起点意味着高要求，园区建设为产业新城符合政治定位；从经济角度看，园区远离余姚市主城区，位于余姚市域最北部，距离余姚主城区 30 余公里，车程约 1 个小时，且园区生活配套设施还很不完善，若将园区统筹纳入余姚城市建设规划范围，从经济成本上考虑是极度不划算的，园区的发展不可能过度依赖余姚市，只能自成体系建设成为独立的产业新城。因此，中意园区如何通过产城融合发展方式最终实现产业新城这一目标显得尤为重要。

二、中意宁波生态园产城融合做法

中意宁波生态园想要实现产城融合、宜居宜业的生态产业新城这一目标，应该重点关注产业的培育，对主导产业、支柱产业、优势产业给予明确的划分，并结合产业扶持政策，实现对园区产业体系的搭建，借助产业发展实现对整个城市功能的不断完善与优化。园区城市功能的不断完善也能够进一步推动产业的发展，因此园区需要提供完备的基础设施，同时也要规划好住宅区、商业区、服务区，让园区的承载能力达到最大化。此外园区人文环境的构建也相当重要，引进良好的医疗、教育、娱乐场所等资源。

（一）统筹产业布局，加强园区的产业推动力

优势产业的打造不能仅仅只是将之做大做强，还需平衡产业间的关系，实现统筹兼备，对产业布局给予合理的布控，这样才能够优化产业结构，使得园区城市功能与产业功能联系更加紧密。第一，要培育主导产业，在产城融合过程中，由产业集聚所形成的集聚经济以及规模经济无疑助推了园区的发展，对于产业园区来说，培育主导产业，形成产业聚集至关重要。中意宁波生态园在主导产业的选择上应该尽量往"微笑曲线"两端的产业发展，如

新能源汽车、电子信息、生物医药等，结合中意宁波生态园产业基础，围绕宁波"246"万千亿级产业集群建设，探索构建以新能源汽车及核心零部件、节能环保与新能源、高端装备、生命健康四大产业为主导产业的产业结构。推动汽车及零部件产业向智能制造转型升级，加快新能源汽车产业布局，以吉利领克汽车整车等项目为基础，积极引入新能源汽车等相关企业，在提升核心技术的同时，尽快抢占新能源汽车、智能网联汽车发展的先机。在高端装备制造产业领域，重点围绕高端工业装备、工业机器人、激光装备、精密铸件及机械等领域，构建"产、学、研、用"集于一体的智能创新中心。节能环保产业方面，围绕节能环保装备、环保工程技术、清洁能源装备等技术，打造国内领先国际一流的先进绿色技术产品制造中心和智慧能源基地。在生命健康产业方面，继续推进生物医疗产业向高精尖方向发展，聚焦生物医药、医疗器械、先进治疗技术及保健食品的研发制造。第二，推进战略性新兴产业建设，在半导体芯片领域，以甬矽电子、华远电子等行业领先企业为基础，大力发展先进芯片封测产业，推进芯片产业园中园的建设，围绕龙头企业，积极引进行业相关芯片制造前沿企业，促进芯片产业的技术、结构以及应用的革新，加大对产品性能的提升，增加产品品类，致力于服务平台的研发。在航空航天产业领域，立足航空复合材料、航电系统、航空发动机等产业方向，对接中国航天科技集团有限公司、中意电推进联合实验室、中英空间科学与技术联合实验室、北航宁波创新研究院等国内资源，意大利、波兰、捷克等国际资源，合作打造集测试、应用研究和产品研发为一体的空天一体化装备国际创新实验室。第三，重点调整传统制造业，传统制造业的调整是减量制造产品，增量服务，是向着高端制造业、绿色制造业转变的一个过程，这一过程具有跨行业性，且时间漫长，作为企业决策人，首先需要有着长远的规划，并为之持续地坚持下去。作为产业园区，应对国家推出的系列相关政策给予全力的支持和充分的利用，对政府所提供的平台、政策、资金需要给予统筹规划和积极运用，进而为企业创新搭建所需环境，实现对制造业改革提供引导方向，帮助传统制造业向高端产业的有序过渡。

（二）完善园区公共服务供给

产城融合公共服务设施的配置重点面对的对象应为园区内高端人才和企

业，重点要解决餐饮、商业服务、生产和消费性服务业等与日常生活紧密相关的公共服务设施的配置。园区应全面提升道路、绿化、供电、供水、供气、供热等基础设施配套水平，积极引进国内外相关优质资源，提高教育、医疗、商业、文化、居住的供给水平，布局无差别的优质配套项目，打造高品质的公共服务供给体系，满足欧美等国家企业高管及员工的城市生活需求，营造归属感。第一，加强教育医疗基础配套，完善高品质、国际化中小学教育体系，引进国际化学校、双语学校、幼儿园、托儿所等。支持引进欧美各国以楼宇大学形式为主的新工科大学；支持重点产业领域龙头企业设立的以人才培训为目的、产教融合的企业大学；创办职业教育机构及公共培训机构，借鉴德国"双元制"职教体系，探索股东合作式、企业订单式、企业参与式、学校参与式等创新人才培养模式。支持产业园内及周边引进数家高端国际化综合诊疗医院、专科诊疗医院、康复医院、医养服务机构；引导医疗机构为中东欧地区高层次人才就医开辟绿色通道，提供预约诊疗、外语接待等诊疗服务。第二，加强商业文化服务配套，以中意风情小镇建设为起点，建设一批国际化、特色化、品质化、创新型的商业街区与综合体，及特色餐饮、咖啡厅、酒吧等载体，丰富服务供给。推进中意文化交流中心等国际性文化配套建设；布局社区图书馆、书店、画廊及具有国别特色的小型歌剧院、剧场；举办具有国别特色的啤酒节、美食节、圣诞集市等主题节日活动。搭建生态步道、骑行车道、游泳健身场馆、室内多用途运动场馆，及足球场、篮球场、排球场、网球场和相应的夜间灯光球场等。第三，加强居住环境品质提升，布局口袋公园、滨水绿地、多功能草坪、生态步道等生态休闲空间，在景观风格等方面营造中东欧城市氛围。重点规划建设"中意友谊园"等具有国别特色的生态花园，融入中东欧国家的历史文化理念，如意大利园布局文艺复兴元素的雕塑及壁画作品，古罗马建筑元素的小型广场、露天剧场等。租售并举，提供别墅、人才公寓、专家楼、安居型商品房和公共租赁住房等多元化的品质住宅，打造具有中东欧风情、贴近各国城市氛围的居住区，营造归属感。

（三）优化园区管理功能，加大人才培养力度

实行管委会为主的协同管理模式。集团公司和管委会的联合对园区整体发展效率的提升有着积极的促进作用，由管委会负责监管集团国有资产，同时对其提供一定的业务指导，以实现政策效果图、战略设想的充分贯彻；在服务园区发展战略的过程中，集团公司可以园区发展平台为依托，在进行招商、建设期间，加大对自身核心竞争力的提升，打造为更具特色、更具影响力、更具品牌效应以及多元发展的优质企业。同时创新财政资金支持模式，强化产业基金、创投基金等科创金融赋能，采取"基金创投＋孵化"的发展模式，引导社会资本投入产业发展。面向宁波"246"万千亿级产业集群及园区"4＋1＋1"产业体系，聚焦重点领域、关键环节、共性平台、专有技术、特色项目，以资本为纽带支持园区企业发展、技术引进与产业培育。具体来看，要激活中意宁波生态园军民融合产业基金，联动上海军民融合产业投资基金、上海市军民融合技术成果交易中心等资源，聚焦具备核心技术实力的商用飞行器生产企业，及拥有空天一体化军转民技术的企业或科研机构，投资技术产业化项目。

组建节能环保与新能源产业并购基金，聚焦节能环保与新能源领域具备研发实力的创新型中小企业、隐形冠军企业，参与企业并购、投资技术产业化项目，争取国家绿色发展基金、中国—欧亚经济合作基金等成为基金的战略投资者。组建双向创新创业投资基金，采取"基金创投＋孵化"发展模式，遴选、锁定、风投重点产业领域具有应用前景的海内外创新、创业项目，通过优惠政策、资金支持吸引其在国际产业园内孵化、二次研发。

创新人才引培力度，以"前湾硅谷"建设为核心，对接宁波2020年"3315系列计划"，围绕"1＋X"人才引进方向，聚焦领军型、科技型和专业服务领域人才引进，着力打造创新能力强大、高端人才集中、创新环境优越的人才洼地。"1"即市场化园区运营人才。优先引进具备产业视野和招商经验、一专多能的园区运营管理人才及技术转移转化、知识产权、创业孵化等科技服务人才，作为后续园区人才引进的"发动机"。"X"包括宁波籍、余姚籍乡贤、高端创新人才、青年创新创业人才。宁波籍、余姚籍乡贤方面，重点对接宁波及余姚统战部门及欧洲宁波总商会、宁波市归国华侨联合会等民间渠道网络，借助"宁波帮、帮宁波"平台资源，梳理旅欧的浙江籍企业、乡贤、侨商，动员其发挥联络、引荐等作用，支持将产业项目"带回来"在园区落地。高端创新人才方面，重点引进中东欧国家的科学院院士、高校重点实验室负责人、中东欧国家科学院/工程院青年科学家分部委员会成员等人才、拥有自主知识产权且具备行业和技术引领性的领军人才、高层次创新创业团队及创新型企业家。青年创新创业人才方面，依托中意启迪科技城、中东欧离岸科创服务平台及宁波大学国际学院等资源，鼓励吸引有真才实学和发展潜力的优秀中东欧国家毕业生到园区开展创新创业。

三、宁波产业园区产城融合经验启示

中意宁波生态园就产城融合方面还不是十分充分，产业转型升级及功能完善是其重中之重。因此，园区需结合自身的不足，加大对产业链的拓展，通过高新技术产业、物流业等产业的积极引入，实现对多元化、高素质人才的吸引，与此同时，园区公共服务配套设施、生产配套设施的完善同样需要给予高度的重视。唯有如此，园区社区化方可成形，整个发展才能更具持续性。中意宁波生态园的发展虽然有其自身的独特性，但是通过对其产城融合的分析还是可以找到能够推广和值得借鉴的核心经验。归纳起来有以下三个方面。

第一，产业发展是产城融合的重要物质基础。产业可谓是社会任何一种形态发展的原动力，这一规律自古以来从未改变，所以，对于产城融合来说，其物质基础同样是产业的高速发展。从任何一个层面分析来看，产业的高速发展无论对区域经济，抑或是国家层面的产城融合无疑都是最为强劲的助推剂。

第二，产城融合的关键前提是城建水平。城建水平可以用来判断任何一个城市的整体发展水平，所以，由此也可以看出，产城融合程度以及质量的高低同样可以通过城建水平给予体现。通常情况下，当地居民享受服务水平、城市内产业水平与城建水平有着密切的内在联系，产业水平的不断提升和不断优化对整个区域城市建设、当地居民服务才能起到积极的促进作用。

第三，城市、产业和人的良性互动保证产城的有效融合。城市、产业、人三要素是相互依赖、相互影响的，且密不可分的一个整体。面对城市的快速发展，当发展到相当程度的时候，这三要素也将形成一种良性的互动，同时这也是确保人类社会得以持续的一个必然趋势。中国在历经一个又一个阶段后，其每发展到一个时期均会形成城市、产业、人三个要素的良性互动，与单方面发展相比，三者相对互动以及相对融合发展的速度要明显较低。

第四节　国家高新区政策演进与创新发展

一、高质量发展国家高新区

国家高新区是我国政府发挥职能作用的重要平台，是我国"发展高科技、实现产业化"的重要载体，承载集聚高新技术企业、发展高新技术产业集群、促进成果转化和产业升级、提升国际竞争力、深化体制机制改革等重要使命。[1] 国家高新区经过三十多年的发展，在培育高新技术企业、促进成果转化、推动产业升级等方面发挥了重要作用，持续引领、示范我国产业转型升级和高质量发展。国家高新区的产生，本质上也是一种国家发展战略引导下的政策性工具。

高新区在不同的历史阶段有不同的含义，现在的高新区更多的是"高技术＋新经济"。而针对高技术和新经济，对应着我们在管理体制方面就是"高效率＋新体制"。如果把这两个"高＋新"对应起来，可以更好地服务高新技术产业的发展。[2] 新时期，进一步推动国家高新区高质量发展，需要挖掘高新区新一轮经济增长，总结和梳理国家高新区政策演进历程、演进特点、演进规律，进一步指导新时期国家高新区政策机制的制定。

---

① 冯记春. 促进国家高新区发展 提高我国高新技术产业自主创新能力［J］. 中国科技产业，2006（6）：17 - 19.

② 陈文丰，张越. 国家高新区管理体制创新——记第十期"创新双谈"［J］. 中关村，2018（5）：39 - 45.

二、国家高新区政策演进

（一）国家高新区政策机制"D – A – T – P"四维分析模型

国家高新区的布局是政府干预及治理创新经济的一种特殊制度安排。本节通过梳理挖掘国家高新区政策制定过程理论中的过程要素，在公共政策研究和政策过程研究的基础上，从政策需求（policy demond）、政策目标（policy aim）、政策工具（policy tools）、政策绩效（policy performance）四个维度，分别建立需求触发机制、目标导向机制、工具实现机制、绩效跟踪机制，进而建构国家高新区政策机制"D – A – T – P"四维分析模型（如图 4 – 5 所示）。

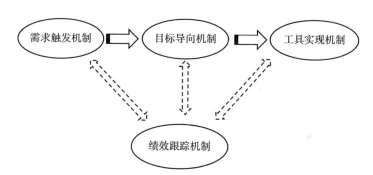

图 4 – 5 国家高新区政策机制分析模型

需求触发机制（D）。制度经济学理论认为，当资源配置的边际成本与边际收益均衡，形成"帕累托最优"时，制度就趋于稳定或者缓慢迭代状态；当收益大于成本时，就将发生"帕累托改进"的空间。[①] 国家高新区政策机制的演进，很大程度上是基于"成本—收益"考量的需求触发推动的，从发展实践看，国家高新区政策需求具体可分为国家战略需求、区域发展需求、企业创新需求（如图 4 – 6 所示），三者从某种程度上都是对外部利润的追逐。如何合理地导入国家战略需求、区域发展需求、企业创新需求，兼顾中

---

① 安宇宏. 帕累托改进与帕累托最优 [J]. 宏观经济管理，2013 (3)：76.

央政府、地方政府、企业等主体的利益取向，是国家高新区所要面临的首要问题。

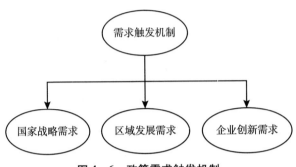

图4-6 政策需求触发机制

目标导向机制（A）。根据国家先后发布的高新区相关文件，可将国家高新区政策目标归纳为三个方面：示范、引领和辐射带动（如图4-7所示）。①其中，"示范"是指高新区要承担科技体制改革的试验区和示范田功能，在挣脱体制束缚、破解体制难题、达成社会活力等方面起到先行先试作用；"引领"是指国家高新区要引领我国高新技术产业的发展，通过科技要素注入、培育高科技企业，实现创新驱动经济发展，引领高新技术产业增长；"辐射带动"是国家高新区要辐射周边地区发展、辐射传统产业改造升级，带动地方经济发展，成为地方经济的增长点和主动力。

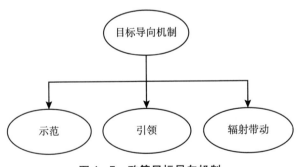

图4-7 政策目标导向机制

---

① 王胜光，朱常海. 中国国家高新区的30年建设与新时代发展——纪念国家高新区建设30周年 [J]. 中国科学院院刊，2018（7）：39-52.

工具实现机制（T）。政策工具研究的核心是"如何将政策意图转变为管理行为，将政策理想转变为政策现实"。① 在公共管理及政策执行中，选择何种政策工具、工具的优化组合方式、用哪一种标准来评价该政策工具的效果，这些问题影响了政策能否达成既定目标。借鉴罗思韦尔和泽维尔德（Rothwell and Zegveld）两位学者对政策工具的分类②，将国家高新区政策工具分类为供给型、需求型和环境型（如图 4-8 所示）。其中，需求型工具主要是通过引导刺激需求、减少市场不确定性而实施的政府采购、用户补贴、贸易激励、组织应用示范工程、支持市场拓展和商业模式创新等手段；供给型工具主要从加大要素资源供给入手，包括土地、资金、人才、技术、数据等要素资源；环境型工具主要是营造有利于经济运行的法制环境、营商环境、产业环境所采取的目标规划、金融支持、法规规范、产权保护、税收优惠等手段。

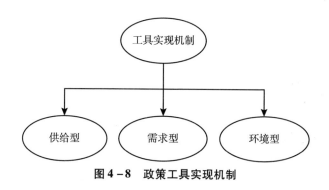

图 4-8 政策工具实现机制

绩效跟踪机制（P）。政策绩效，是政策制定、执行的结果，是对政策需求的贴合性、政策目标的合理性、政策工具的适配性进行的检验。③ 科技部火炬中心每年根据既定的评价指标体系，对各个国家高新区相关数据指标进行采集、加权计算，得出国家高新区整体绩效及排名位次，这是我国各个领

① 詹姆斯·E. 安德森. 公共决策 [M]. 北京：华夏出版社，1990.

② Hanson，E. C.，Rothwell，R.，Zegveld，W. Industrial Innovation and Public Policy：Preparing for the 1980s and the 1990s [J]. American Political Science Review，1981，76（3）：699.

③ 李兴开，李宇辉，卢东宁. 国家高新区管理政策创新研究综述 [J]. 经济研究导刊，2019（36）：174-179.

域特别是政府常用的评估手段。将评价指标体系政策绩效纳入分析框架，可以起到三个方面作用：第一，评估。通过绩效分析，评估各个国家高新区的发展状况。第二，检验。检验政策目标、政策工具在建设实践中的合理性。第三，反馈。主要根据实际绩效，对政策目标、工具的反馈和校正（如图4-9所示）。

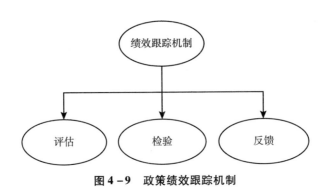

图4-9　政策绩效跟踪机制

高新区政策机制演进分析。国家高新区发展阶段主要划分为"创业发展""二次创业""创新驱动、战略提升"三个阶段。通过"D-A-T-P"四维分析模型，归纳提炼国家高新区各个阶段的重点和特征，解析国家高新区政策机制演进规律。

基于对国家高新区政策三个发展阶段、四大机制分析，可以归纳国家高新区政策机制演进规律（如图4-10所示）：政策需求触发机制，呈现"国家战略需求为主—地方经济转型需求为主—创新创业需求为主"的演变机制和规律；政策目标导向机制，呈现"改革示范为主—产业引领为主—辐射带动为主"的演变机制和规律；政策工具实现机制方面，呈现"供给型、环境型为主—需求型、环境型为主—供给型、环境型为主"的演变机制和规律；政策绩效跟踪机制，呈现"评价经济总量发展—评价技术创新发展—评价高质量发展"的演变机制和规律。

总的来看，国家高新区政策正在从分散性、单一化向体系化、综合性演变，从个别部门单打独斗向多个部门协同合作演变，从体制内外分离向政府与市场互动、创新链与产业链融合演变，政策绩效也从点上的、量变的追求

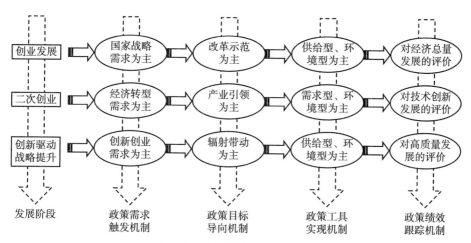

图 4 – 10　国家高新区政策机制演进

向面上的、质变的追求演变。可以看出，国家高新区政策机制演进与高新区建设发展、创新转型呈现正相关性，政策机制演进的过程，就是国家高新区新旧动能转换的过程。

（二）政策机制演进存在的问题

需求"供求性偏差"。现实中，政策供需信息不对称、势位不均衡，政策制定部门对需求问题的采集和识别的全面性、精准度不高，问题梳理水平参差不齐，容易导致政策需求问题无法精准识别、精准靶向，以至于发生源头性偏差，进而影响政策目标的制定。企业需求比较碎片化、个性化，有些需求和当前的国家政策方向有所背离，很难上升到政策层面来解决，况且由于高新区普遍存在人少事多的矛盾，深入、系统、全面摸排各类主体的需求，精力上往往捉襟见肘。

目标"主体性博弈"。在高新区发展目标的取向上，国家与地方之间、部门与部门之间往往存在主体性的博弈。国家层面更加注重引导高新区以强化科技自立自强战略支撑，增强产业核心竞争力为主线，地方层面受制于区域竞争的压力和短期政绩需求的追求，更多将精力放在产能和经济规模增长，一定程度上存在过度追求短期 GDP 规模的增长，而对改革示范、创新示范、辐射示范等长远性目标以及投入大、周期长、见效慢的各类数据指标依然不够重视。对高新区内部来说，政策目标碎片化、分散化，聚焦不够，高新区"高"和"新"的属性有所弱化，难以做到一心一意抓产业、抓创新、抓营商环境，管理人员容易被安全稳定、维稳上访、民生纠纷等社会性事务牵扯。

工具"结构性不足"。供给型政策工具方面，部分高新区产业发展空间不足，基础创新条件供给有限，全链条支撑创新的重大服务平台较少；需求型政策工具方面，在探索运用政府采购、贸易政策、组织实施重大应用示范工程、支持市场拓展与商业模式创新，完善标准体系和市场准入制度等政策措施来引导市场需求等方面还比较缺乏；环境型政策工具方面，目标规划类政策工具、税收优惠政策工具、营商环境政策工具、金融支持工具、法规规范政策工具等方面做得比较出色，但是在知识产权保护、科技服务业等方面还不能满足多数企业需求，特别是知识产权融资、知识产权保险、技术产权交易还未有实质性开展。

绩效"阻滞性传导"。高新区政策目标具有多重性和模糊性，很难进行具体精确量化，政策实施的影响涉及多个方面，影响因素一时较难评估。而且高新区政策多是组合重叠的，评估中很难分清具体某项政策的实际效果和影响力，从而增加了政策评估难度。此外，高新区政策评估缺乏足够的重视。决策者往往将自己任期内制定颁发的政策措施作为政绩，容易忽略政策后续的跟踪问效，导致政策收效甚微，甚至有些政策没有退出机制，阻碍了工作的开展。

三、持续推进国家高新区政策演进的启示

第一，促进政策供求匹配。国家高新区发展过程中，为推动政策需求与时代背景、形势任务、主体诉求进行精准匹配对接，克服"供求性偏差"的问题。一是政策供给与科技自立自强的需求相匹配。结合新时期国家战略需求，国家高新区要在加快实现前瞻性基础研究、引领性原创成果重大突破，培育若干世界级先进制造业集群等方面，进一步探索一批突破性的创新政策，支撑经济发展质量变革、效率变革、动力变革。二是政策供给与技术经济范式转变的需求相匹配。结合新一轮科技革命与产业变革深度演进趋势，国家高新区应进一步夯实自主创新能力，攻克产业关键核心技术破解瓶颈制约，

抢占科技前沿孵化原创高价值产业。三是政策供给与产城人高度融合的需求相匹配。结合人才对人居、教育、医疗等社会配套设施、公共服务以及新型基础设施建设需求，国家高新区要强化宜居宜业宜创城市功能，打造低碳生态宜居高新区；推动城市更新，提升城市空间科技含量和治理水平；加强科创资源集聚，积极布局产、学、研、生活、消费一体化的产业社区和创新社区。四是政策供给与资源要素自由流动的需求相匹配。结合要素资源的自由流动和市场化配置趋势，国家高新区要健全多元化政策参与机制，使各类主体的需求得以充分有效的表达，真正推动自下而上的基层探索和改革。

第二，凝聚政策目标共识。未来高新区发展应更加强化"发展高科技、实现产业化"定位，加强政策主体的协同互动，形成政策目标合力。一是持续推进改革示范突破。突出科技体制改革，健全政策协调联动机制。优先开展职务科技成果赋权试点和单列管理试点改革，激发人员干事创业积极性。针对新技术、新产业、新业态、新模式，建立以负面清单为主的产业准入制度，推行"非禁即入"，放宽准入门槛，允许试错、宽容失败。二是持续推进产业结构转型。打造特色主导产业和地标产业，提升特色主导产业的首位度，打造一批产业特色鲜明、科技水平领先、品牌企业集聚的创新型特色产业集群。提升产业链供应链现代化水平，形成具有更强创造力、更高附加值、更安全可靠的产业链供应链。推动跨区域优势产业协作，探索打破行政边界聚焦优势产业链打造产业共同体，跨区域统筹整合产业链创新链资源，培育若干创新型产业集群。三是持续发挥辐射带动作用。充分发挥区域创新高地引领示范作用，辐射带动全域打造具有自主创新能力的高技术高价值的产业集群。探索设立异地孵化器、异地孵化平台，利用异地创新创业资源和要素，弥补欠发达地区双创资源不足的短板。推进"飞地经济"、伙伴园区等跨区域合作机制建设，有效利用"飞出地"创新创业资源。

第三，优化政策工具结构。针对国家高新区政策工具存在"结构性不足"的问题，政策发展应当结合具体形势任务和政策环境，分别对环境型、需求型、供给型三个方面的政策工具进行优化迭代，以推动政策工具更好地服从目标、服务需求。一是环境型政策工具更加注重新改革。在创新驱动经济迈向高质量发展的拐点上，国家高新区要进一步完善科技创新与产业、经济衔接，科技体制改革重大决策落实形成合力。充分挖掘瞪羚、独角兽等企业的制度变革需求，提供以市场、机会、场景创新为核心的制度环境。探索运用"沙盒监管"（对一定范围边界内的创新活动进行全过程监管，完善包容审慎的监管措施和容错纠错机制）和"包容期"管理制度，构建"创新友好型"监管制度环境，促进新业态发展。二是需求型政策工具更加注重新场景。围绕科技创新、高成长企业培育，进一步打造示范场景。构建场景需求方、技术方案供给方、政府、智库等多方参与场景组织方式，建立"场景需求分析—场景资源征集—城市场景机会设计—机会清单发布、企业对接与甄选—场景项目签约落地—项目支持与跟踪"机制。三是供给型政策工具更加注重新服务。围绕科技创新、人才集聚、产业促进等重点领域，探索建立匹配科技攻关"揭榜挂帅"的评价与激励政策，探索更加开放和便利的签证、工作许可、长期居留和永久居留等人才引进政策试点。加强科技型中小企业，瞪羚、独角兽等企业的成长机制研究，精准服务新经济企业成长。加快新一代信息技术部署，搭建起园区数字平台，打造高新区大脑。

第四，畅通政策绩效链路。推动国家高新区政策需求、政策目标、政策工具的有机统一和落地执行，需要建立绩效反馈跟踪机制，以结果导向来调整政策内容。一是提升绩效执行能力。充分发挥市场作用进行资源配置，在治理结构上，优化"管委会＋平台公司"模式。按照市场化导向，剥离管委会融资、开发建设等专业化职能，交由平台公司负责，将管委会的工作重点转移到行政管理上，建立起以"管资本"为主的市场化结算关系，推进从传统的投融资平台向实体化公司转型。在内部运行上，引入推行企业化管理方式。二是完善绩效评估机制。国家高新区要建立一个科学的评估机制，针对不同地区的高新区实行分类分层指导，突出精准评价，更多通过设置"亩均"产出和"亩均"效益指标评价高新区发展的质量。注重在人才密度、创新条件、成果转化、研发投入、资本活跃度、数据能力、企业梯队建设、经济运行效率、产业竞争力等维度开展综合评价。三是形成绩效反馈闭环。国家高新区要建立政策绩效的反馈和传导机制，形成政策过程的闭环。通过科技部门发通报、白皮书等办法，让政策绩效传导到管理决策者帮助其进行分析评估。

第五节 优化空间布局构建城市
中央活动区的杭州探索

一、城市空间布局

20 世纪 60 年代，随着全球国际大都市中心城市的空间规模和产业结构难以满足发展的需要，纷纷掀起了建设中央商务区（CBD）的热潮。到 20 世纪后半叶，在经济发达国家，中央商务区的建设已经相对成熟，出现了如芝加哥拉塞尔街（LaSalle Street）、伦敦金融城（City of London）、纽约华尔街（Wall Street）等典型代表。后工业时代的到来以及经济全球化的影响，城市发展不断加速，金融、商务等单一功能的大量聚集，已经无法适应人口、资本、财富快速集中的多元化空间需求，这些矛盾迫使在建设中央商务区的思路上发生了重大转变。20 世纪末到 21 世纪初，全球的国际大都市纷纷在新一轮的发展战略中加入新理念，以此来保持竞争力，CBD 的建设从以企业为出发点转向以人的需求为出发点，将空间整合和功能重塑作为重点，建设全新意义上的多元化中心，于是出现了中央活动区——"CAZ"（Central Activity Zone）的概念。2004 年，《伦敦规划》（The London Plan）正式公布，首次提出了 CAZ 的发展理念，该规划打破了行政边界，旨在弥补城市发展进程中传统 CBD 的不足。在全球化的机遇和挑战下，中国的大都市，尤其像京沪广深这样的一线城市在新趋势和中央商务区发展的众多困扰中，应运而生了CAZ 这一新理念。2016 年，《上海市城市总体规划（2017—2035）》在规划建设层面上将外滩—陆家嘴改造为高品质的中央活动区。随后，重庆、深圳等城市也开始在"十三五"规划中明确提出，要将城市核心区的 CBD 改造为CAZ 或者重新打造 CAZ。2018 年 1 月，根据杭州市规划局发布的规划调整图，在钱江世纪城北单元用地规划文件中添加了"钱江世纪城从 CBD 向 CAZ转型"的发展目标，作为杭州首个 CAZ 规划，不禁让人们想到与其并称为"CBD 双核"的钱江新城，通过对钱江新城的建设打造，使得杭州的城市空间格局从以旅游经济为主的"西湖时代"迈向了以商务金融为主的"钱塘江时代",杭州城市空间得以拓展、功能进而升级,城市释放更大能级。

二、杭州钱江新城从 CBD 向 CAZ 转变的做法

(一) 物理空间建设期的做法 (2001~2010)

2000 年,杭州市委八届五中全会提出,杭州要实施"旅游西进、城市东扩"的发展战略,在保老城的基础上,寻找新的发展空间。2001 年,杭州市委市政府提出"以钱江新城建设引领钱塘江时代发展"的实施战略。作为杭州城市从"西湖时代"迈向"钱塘江时代"最典型的地标,2001 年 7 月,杭州大剧院作为钱江新城区域内首座建筑破土施工,标志着钱江新城的基础建设全面开启,并逐步培育现代商务功能。2003 年,首批国内民营企业入驻,标志着钱江新城从基础设施建设进入招商引资阶段,并由政府投资为主开始转向社会资本投资为主的大规模建设期。2008 年,历经 7 年的全力开发,钱江新城核心区建设取得了显著的成效:完成了新城一期 15.8 平方公里、扩容区块 5.16 平方公里及核心区地下空间控规、城市公共空间规划等 20 余项规划设计编制;解放东路、钱江路、庆春东路等"三横十一纵"主干道路和 25 条城市支路开工建设,与新城隧道、之江路、钱江路、富春路 4 条下穿城市隧道,共同实现了新、老城区间的无缝衔接;完成了 200 多平方米的绿化建设,包括市民广场、沿江 CBD 公园、森林公园及城市绿带等;同时位于中轴线上的五大标志性建筑——市民中心、杭州国际会议中心、城市阳台、杭州大剧院、波浪文化城完成建设。①

(二) 经济主体丰富期的做法 (2011~2015)

出行难、停车难、就餐难是钱江新城经济主体丰富期呈现出来的三大难题。2011 年开始,通过向市民征求意见,根据其需求,在区域内设计了接驳

---

① 徐建春. 更新公共管理理念,优化城市发展战略——以杭州市钱江新城建设为例 [J]. 杭州师范大学学报 (社会科学版), 2010, 32 (6): 103 - 107.

地铁站的环形"定制公交路线"，开出了钱江新城首条免费环线巴士，实现如有需求、招手即停。挖潜城市阳台 1 号、2 号停车位、砂之船地下停车库等缓解停车难。通过万象城、来福士等商业综合体，在楼宇开设员工食堂，招引全家、罗森、7 – 11 等便利店和星巴克等配套解决吃饭难这个最大的民生问题。2012 年成立钱江新城企业发展服务中心，设立企业部、产业部、综管部、党群部四个服务部门。2014 年，钱江新城投资集团注册成立，钱江新城区域内的建设体制实现了"建管分设、管办分离"。2016 年，随着核心区域的建设基本完成，全社会固定资产投资额逐渐下降。同时，依托中国国际动漫节平台，推出全市首款地域动漫吉祥物泰德，开展趣味线下活动，丰富白领、居民的业余生活。

（三）网络要素拓展期的做法（2016 年至今）

2016 年钱江新城作为 G20 峰会主会场之一，其关注度大幅度提升，开启了崭新的国际化发展进程。顺应城市发展的规律和节奏，2016 年杭州修订的总规中明确将钱江新城定义为城市新中心，并升级为战略目标。

行政中心的新定位。2016 年杭州市委市政府以及所属部委办局逐步搬迁至市民中心，加之先前入驻的 28 家部委办局和行政服务中心，钱江新城正式确立为杭州新的行政中心。市民之家作为杭州服务型政府的缩影，大部分市民日常生活和企业审批办证都可以在市民之家一站式办理。除此之外，还有海关现场业务处，便捷办理通关通检业务等，行政配套逐渐完善。

金融新中心新定位。2016 年，根据浙江省政府出台的《钱塘江金融港湾规划》，未来将以钱江新城、钱江世纪城为核心区块，打造钱塘江金融港湾的全新空间布局。该阶段金融资本源源不断地加速涌入钱江新城核心区，金融业成为区域内发展最快的行业，金融机构数量呈现"井喷式"发展，2016 年区域拥有 399 家金融业法人单位。

总部中心的新定位。2019 年，"辉煌 70 年·江干区经济社会发展成就暨政府数字化转型成果新闻发布会"上指出，以国际化视野推进"湾区之芯"建设，打造立足杭州、辐射长三角、覆盖全国的世界级企业总部中心，实现钱江新城 2.0 版。外企德科、微软、美亚财险、欧洲十国签证中心等外资总部先后落户，区域内集聚省级以上持牌金融机构总部 59 家，位居全省首位。

商业中心的新定位。2016 年，《杭州市商务发展"十三五"规划》中提到钱江新城—钱江世纪城将建成杭州市级商业中心，确立了钱江新城商业中心的地位。江河汇综合体开工，来福士、高德置地广场等商贸综合体先后开业，盒马鲜生、万家 MART 等新零售业态引领消费新时尚，吸引落地全国首店 1 家和浙江首店 18 家，首店经济脱颖而出。

2017 年，世界最大非政府性标准化专门机构——国际标准化组织（ISO）落户杭州平安金融中心，全球首个标准化的专业会议基地正式运营。同年，杭州市政府发布了《中共杭州市委 杭州市人民政府关于实施"拥江发展"战略的意见》，该文件指出要通过实施"拥江发展"战略，围绕钱塘江沿线，打造别样精彩的高品质世界级滨水区域，践行"两山"理论的生态文明建设示范区、创新驱动发展的经济转型升级示范区、宜业宜居宜游的区域协调发展示范区。2018 年，钱江新城二期开建，"钱新城 2.0"建设全面启动。2021年，杭州对标建设国际消费中心城市，围绕钱江新城及钱江世纪城的建设，上城区委"十四五"规划明确未来五年"一轴引领、双核驱动、五星辉映"的空间布局，将钱江新城放在两大核心板块中，是 CBD 向 CAZ 转变的轴心所在。

三、CBD 向 CAZ 转型实现路径：钱江新城案例的启示

（一）以提升战略高度审视区域未来发展

钱江新城着眼杭州"亚运会、大都市、国际化"的发展大背景，瞄准"长三角""大湾区"，对标北上广等一线城市乃至全球国际大都市，营造开放的环境，以此来保障各类要素的持续涌入。G20 峰会加速了杭州跨入"世界城市"行列的进程，着重利用好峰会效应，在核心区的规划中突出"规模适当、高端要素集聚、内外协同、格局高品位"等特点。着重选取钱江新城核心区域以及一期、二期，协同钱江世纪城作为主要的规划区域范围，集中各类优势资源打造杭州城市主城区的核心板块，成为推动钱江新城 2.0 区域从 CBD 向 CAZ 迭代升级的动力引擎；再选取艮北新城、城东新城、钱江新城二期和钱江世纪城两者的拓展区域，大约 50 平方公里的面积，作为发展的

协同区，承接核心区内多元化优质功能的外溢。

（二）以"以人为本"理念改善空间布局

第一，耦合步行与公共交通，完善智能化交通网络建设。构筑以"步行生活圈"和"密路网、小街区"等为主的空间布局，实行人车分流，最大可能地拓展地下空间，通过地下人行系统，实现地下一层全域的相互连通；从智能化的角度，通过提供实时交通出行信息，提高交通系统的效率，服务领域包括城市交通信号控制系统、轨道交通系统、隧道交通等；从一站式的角度，设置区域内环形公交路线，形成公交、地铁、公共自行车一体化的公交系统，零距离换乘。

第二，优化公共空间与环境，打造特色城市文化旅游。钱江新城品质化提升应该更加注重公共空间的设计和生态绿化等功能的打造，有机融合公共空间、环境、办公商务空间。同时高水平推动地上空间和地下空间的复合开发，将空间达到最大化的利用，因此要倡导地上空间的紧凑集约布局，对建筑进行高密度和大强度的开发；将主题灯光秀与城市新闻及时事相结合，打造具有城市特色的新旅游风景点及城市文化新的体现和输出。

（三）以升级特色产业提升辐射带动能力

引入"五大行"中旗下金融科技机构、各大银行旗下金融科技公司，加强与国内其他高校互联网金融研究，集中资源孵化、创新金融科技小微企业。明确从零售端围绕人的衣食住行构建一个生态场景，从产业端则是围绕医疗、汽车、教育等产业链完整、体量庞大、具有巨大金融服务潜力的产业发现发力，注重推动区块链等技术创新及与金融创新的融合发展。此外，钱江新城及二期也可引入和培育数字货币等特色数字金融产业的相关企业和机构，争夺发展先机，形成一个完备齐全的金融生态链。

推动产业融合发展，形成"会议＋奖励旅游＋酒店集群＋直航"的新模式，整合现有的酒店、旅游、休闲等资源做大做长会展链。比如，引进会展行业知名公司及行业领军型企业，启动政府与企业的联动合作，充分发挥两者在信息收集、沟通协调、行业自律管理、规范制定、咨询服务等方面的作用；不断谋划、加大加快会展场馆的建设、会展用地的挖掘，同时持续引进、合作或者独自承办，进一步形成一大批具有国际化、现代化水平的会展业项目，借此推介钱江新城产业、科技、人文等新气象，展示一流营商环境。

将总部经济作为区域经济发展引擎。围绕中小企业孵化、上市企业培育、行业企业并购等加速浙商资本回归，引进优质的企业总部，以"全球浙商总部中心"为重要打造目标。排摸高成长性企业总部名单，成立攻坚小组跟进招引落地；制定相应的总部企业进驻优惠政策和措施，提供"一条龙"代办，努力降低总部经济集聚区的公共服务、市场经营、生活服务等成本。

加大数字经济企业的扶持培育招引，立足北京字节跳动科技有限公司（今日头条）、新浪浙江、中国移动浙江分公司等数字经济企业基础，激发企业主体活力，积极支持其做大做强，增强其引领带动集聚效应。更多地招引以5G、物联网、人工智能等为代表的成长潜力产业，着力培育构建数字经济发展的产业生态圈。

（四）以人才引育提供创新驱动有力支撑

钱江新城在《浙江省金融业发展"十四五"规则》中指出要铸就创新型创业高地，大力引进创新研发团队及人才，柔性引进"高精尖"人才和领军人才。钱江新城区域内数字经济产业的人才缺口较大，因此，政府层面要全面构建有助于高端人才"引得进、留得住、用得好"的政策支持环境，整合政策资源、服务资源、配套资源等，在人才政策层面给予高强度支持。建议引入未来社区理念，找准企业及高端人才需求，通过舒适便利的生产、生活环境，将城市服务、休闲娱乐、人际交往、居住生活等从属功能嵌入整体空间规划中，营造国际化文化和生活氛围，着力构建年轻人喜闻乐见的生活场景，满足高品质个性化需求。持续提升新城驾驶舱建设，以国际人才社区挂牌为起点，挖掘辖区服务资源，联动科技、民政等职能部门，优化人才配套综合服务，打造外事服务"一站式"窗口，为海外人才创业解决后顾之忧。

（五）以理顺管理体制促进各类政策实施

钱江新城CBD向CAZ的转型升级是一项重大的系统工程，需要建立省、市、区三级联动机制。通过政府的"有形之手"，加强与钱江世纪城、未来科技城等杭州周边区块的联系沟通，积极搭建多种多样的协调平台。与此同时也要防止政府大包大揽过度干预，必须坚持市场主导。在招商政策方面，创新促进一流企业和项目落地，如邀请境外客商前来考察、访问，引导投资意向，通过专业化的中介机构，导入优质企业客群。在产业扶持方面，分类制定短期和长期的发展规划，在专业服务领域探索功能性政策的创新和试点。在土地政策方面，要注重空间集聚、利用集约，土地的使用要配合不同的产业分工，以此来满足各类投资主体、使用者的需求，同时在土地规划中要加大对文化教育、宜居环境、便利交通等人性化需求的关照。

第六节　构建现代综合立体交通新格局
推动杭州都市圈发展

一、TOD 开发模式与都市圈

随着城市化进程的不断深化，以"紧密联系、合理分工、一体化发展"为特征的都市圈经济迅速崛起，都市圈经济是城市经济区域空间发展的高级形态，都市圈内中心城市、核心城市高度集聚，快速发展也带来土地资源紧张、交通拥堵严重、环境恶化加剧、公共空间缺失等城市新危机，这些问题从城市中心逐步延伸到了次中心，并且还随着城市扩张而不断外溢，进而影响周边地区。而轨道交通的多维化建设使都市圈的空间布局和功能结构不断优化，公共交通为导向的开发模式（Transit Oriented Development，TOD）对发展理念的规划、建设模式使之成为有效工具和重要手段，TOD 规划理念强调了高密度土地混合开发、公共交通引导、环境友好开发，这些优势和特点正好对缓解城市新危机产生积极作用。

TOD 是以公共交通为导向的城市规划、建设与开发模式，TOD 概念是美国学者彼得·卡尔索普（Peter Calthorpe，1993）在其出版的《下一代的美国大都市地区：生态、社区和美国梦》一书中首次提出，他认为：应该最大限度地使用公共交通，遏制小汽车出行，并围绕公共交通站点进行高密度土地利用开发和建设。卡尔索普所界定的 TOD 开发模式，是以公共交通站点为中心圆点，社区边界距离中心的公交站点和商业设施大约 1/4 英里（约 400 米），以此步行半径为通行距离，强调的是建设一个步行友好的环境社区，并将 TOD 类型简单分为城市 TOD 和邻里 TOD（如图 4 – 11 所示）。

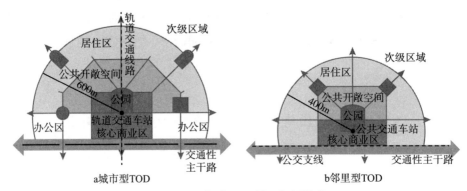

图 4 – 11　典型 TOD 社区规划模式

资料来源：王有为. 适于中国城市的 TOD 规划理论研究 [J]. 城市交通，2016，14（6）：40 – 48.

　　TOD 作为一种城市开发建设模式，已经被越来越广泛地认可和效仿，其研究内容也随着城市化发展而不断深化。TOD 开发理念为我们观察都市圈的形成机理和发展规律提供了一个新的分析视角。以 TOD 开发模式为特征的都市圈建设更加注重的是差异互补、资源共享、分工合作与协调发展。从世界著名的纽约、东京、伦敦、巴黎等大都市及其形成的都市圈来看，其发展历程与 TOD 开发理念有着相一致的态势，按照城市触媒理论原理①，TOD 开发模式应用使得都市圈中心城市发生变化，引发一系列"链式反应"。

　　通过对 TOD 在都市圈发展中功能和作用的案例研究，可以发现 TOD 对于城市及都市圈发展遵循以下几个原则：（1）产业经济、土地利用和交通规划建设必须融合发展。（2）政府和市场必须共同作用，两者之间的关系为市场主导，政府引导。（3）要处理好局部和整体的关系，要用好 TOD 开发模式的城市设计规则。（4）要大力发展轨道交通，使之成为都市圈主要交通骨架。（5）要正确分析和把握 TOD 与都市圈发展不同阶段的特征。

---

　　① 荣玥芳，徐振明，郭思维. 城市事件触媒理论解读 [J]. 华中建筑，2009，27（9）：79 – 81 +95.

国内学者对于杭州都市圈范围的学术界定普遍认可的是以 2016 年 5 月国务院批准的《长江三角洲城市群发展规划（2015～2030）》中明确的范围，以及 2018 年 10 月扩容增加的范围为依据，按照 TOD 在都市圈发展中的作用机理，从产业经济、土地利用、交通方式和城市设计四个方面对杭州都市圈进行发展分析。

二、杭州都市圈发展的研究和做法

（一）产业发展

杭州都市圈的发展历程遵循国际上各大都市圈"由中心城市集聚沿交通节点辐射扩散"的形成机理。20 世纪 50 年代末是工业化快速发展期，杭州在近郊区（旧城、半山、祥符桥等）大规模建设若干集聚工业区，主要以公路出行为主。60 年代先后将化工、建材、冶金、机械等产业逐步转移至周边郊县，中心城区和郊区工业功能区连片发展。80 年代至 90 年代，工业企业从市中心向近郊区全面扩散，工业企业有序搬迁至国家级开发区以及江东、临江、钱江、临平等省级开发区。从以上发展历程来看，可以将 70 年代到 80 年代看作是杭州都市圈的雏形期，80 年代至今则是杭州都市圈的发展期。

在快速发展的过程中，我们也应看到产业经济发展过程中的两个问题：第一，都市圈城市间的经济联系比较弱，产业分工不明显，产业同构及竞争现象依然存在。第二，跨行政区域协调机制力度不够，产业布局受行政区域经济的影响较大，相对封闭发展，导致基础设施不健全、交通资费不能结算等，轨道交通与产业集聚的关联度不够高。

（二）土地利用情况

在都市圈雏形期，以产造城、以产带城是主要发展战略，20 世纪 50 年代至 70 年代在政府投资决策下，5 个各具特色的工业区在近郊建设，城市中心区空间面积明显扩张。80 年代以来，杭州土地扩张随着工业化进一步加快，其中 80 年代初的杭州总体规划将市区人口和工业进一步扩散到瓶窑、余杭、临平、闲林埠、乔司、城厢、富阳 7 个卫星镇。大量工业企业搬迁至地价相对低廉、用地空间较大的城郊，中心城区的用地则以经济密集、决策集中和信息灵敏的第三产业用地为主。① 随着钱塘江大桥的建设，杭州土地利用向南继续扩张，2005～2021 年全市建成区面积增加 113.14%。②

近几年杭州都市圈的土地利用扩张速度很快，结构也逐步完善和调整，但也存在一些问题：第一，都市圈各城市核心区土地资源紧张，特别是城市道路用地已经明显满足不了小汽车增长所需的空间。通过对统计数据的分析，近几年杭州都市圈内各城市市区市政道路人均面积逐年增长，市政道路建设速度已经比人口增长速度要快；道路用地面积已经成为城市建设用地主要组成部分。第二，存在城市蔓延问题，部分区域土地集约利用程度不高，土地利用结构不尽合理。由于历史遗留问题，各城市中心城区依然存在着部分工业企业、行政机关等划拨土地问题，土地开发强度与所在区域严重不符，集约利用程度不高，开发问题突出。

（三）交通发展

杭州都市圈土地利用形态决定交通规划建设的形态，20 世纪 50 年代末至 80 年代，随着杭州城环城东路、环城西路和环城北路建成，中心城区的范围基本确定，呈现出"东扩、北拓"的道路建设和空间发展形态。80 年代至今，随着杭州绕城公路建成，杭州中心城市基本形成"环状多射"的道路交通网络。经过十多年的发展，杭州都市圈已经实现"高铁半小时交通圈""高速一小时交通圈"，都市圈高铁实现杭州市区至湖、嘉、绍三地市区"半小时高铁圈"，德清、桐乡等地可 15 分钟进入杭州市区。各中心城市公路里程日益增加。

通过对杭州都市圈交通发展情况的分析，可以发现存在一些问题：第一，截至 2022 年，杭州都市圈内在建地铁项目的城市只有杭州、绍兴和湖州，有轨电车建设的只有嘉兴，其余城市尚在规划研究中，轨道交通建设依然不够快，建设主体单一，政府负担大。轨道交通建设的成本非常高，如杭州地铁 1 号线总投资为 236.42 亿元，每公里造价接近 6 亿元。第二，公共交通出行

---

① 冯健. 杭州城市工业的空间扩散与郊区化研究［J］. 城市规划学刊, 2002（2）: 42 – 47.
② 根据 2006～2022 年《杭州统计年鉴》整理。

比例仍然不高，与轨道交通的接驳方式单一、低效。第三，公路出行依旧是都市圈内城市沟通的主要方式，与圈内城市间日益密切的要素流动需求不符。

杭州都市圈内 TOD 开发存在以下问题：第一，TOD 项目与轨道交通无法统筹开发，制约因素较多。与国外轨道交通开发的多元化投融资模式不同，杭州的轨道交通多由国有资本投资建设，并承担地铁线路的建设和运营工作，其对轨道交通沿线土地的开发则缺乏统筹能力。根据 2018 年《杭州市城市轨道交通管理条例》第十二条规定①，轨道交通建设单位对线路两侧的开发，只有建议权，无法统一开发。第二，TOD 开发模式的应用缺乏应有的制度、法律等保障，TOD 开发不能真正实现最优配置，特别是当前建设中对容积率的限制不利于 TOD 开发模式对资源的有效配置。第三，TOD 开发项目对"以人为本"理念的贯彻依然欠缺，主要表现在步行系统的不完善和公共空间的缺失等方面。

三、基于 TOD 开发模式下的优化策略：杭州案例的启示

杭州都市圈发展问题究其原因，关键在于市场和政府作用的有机融合。因此，根据上述分析，对策研究以 TOD 开发模式为主要发展思路，从加快轨道交通发展、高起点规划布局、加强公共交通一体化建设和制定出台 TOD 开发设计标准四方面进行建议。

（一）加快轨道交通发展，推进都市圈产业合理分工

优化都市圈铁路线路，推进多制式轨道交通。要优化提升现有铁路站点，因地制宜推行市郊铁路，加快各城市之间的要素流动，实现合理分工。适时探索发展环绕线路，多节点打通城际轨道和城市地铁，满足都市圈内部通勤需求，完善产业布局。应用多制式轨道交通，推行有轨电车带动新城建设，加快优势产业合理集聚。根据《关于进一步加强城市轨道交通规划建设管理

① 市城乡规划主管部门应当依法划定城市轨道交通规划控制区。控制区内新建、改建、扩建建筑物、构筑物的，城乡规划主管部门在作出许可决定前，应当征求城市轨道交通建设单位或者运营单位意见。

的意见》，争取先申请轻轨规划项目；考虑到有轨电车的特点，鼓励在新城区域以及交通拥堵和通勤需求大的区域实施"有轨电车＋TOD小镇"项目。

鼓励多元主体投资，促使都市圈均衡发展。允许轨道交通（主要指地铁、轻轨和有轨电车）建设和经营多元化。要发挥政府的宏观调控能力，鼓励多种资本融资方式和运营方式，实现多样化的轨道交通运营。制定并完善政府干预的相关政策和制度。通过制定施工、评估、经营等各阶段的税收减免政策，鼓励市场主体参与以上过程。试点组建杭州都市圈发展建设银行，破解地方行政壁垒。

以轨道交通建设为依托的产业经济集聚策略。研究其他制式的轨道交通线路，并与现有轨道交通进行衔接，对现有轨道交通站点进行更新设计并实施。

（二）高起点规划布局，集约化利用土地资源

坚持多规融合，推动TOD开发有据可依。重新修订《杭州都市圈发展规划》，编制出台轨道交通沿线控制性详细规划，确定轨道交通沿线发展用地规模和范围，强调TOD布局模式的规划优先植入。高规格编制站点及地下空间综合规划，按照每个站点的客流预测对站点进行等级划分，合理确定用地需求，高规格编制轨道交通站点综合体和地下空间综合规划。

构建TOD评估体系，更新现有站点用地。围绕轨道交通站点做土地利用评价及优化，构建适合杭州都市圈的评价指标，找寻发展现状中的问题，并逐步指导其转变为TOD社区的形态。围绕其他公共交通站点做土地利用评价，合理评估不同站点用地及发展趋势。

基于高起点规划的土地利用策略。立法明确轨道交通沿线土地利用形式，专题编制轨道交通和沿线土地利用详细规划，按时序同步进行开发建设，参照东京都市圈和中国香港的轨道交通沿线站点项目的容积率标准，提出高于城市其他区域建设的轨道交通沿线容积率指导标准。

（三）加强公共交通一体化建设，促进都市圈紧密联系

强化科学接驳，实施站点和设施一体化。要实现站点出入口衔接和公交设施建设的一体化。公交站、公共自行车等公共交通设施要设置在轨道交通

出入口 200 米范围内的核心区；对于地铁出入口 500 米以外的辐射区要强调公交系统、慢行系统和城市轨道系统的一体化。按照快速引流的目标，做好交通引导标志标识的一体化设置，在立体化换乘空间、地下混合区域以及轨道交通上物业与地面连接区域科学设置指示牌。

出台相关政策，鼓励公共交通出行。实施"一张卡"多元使用，通过建立和完善财政结算制度，在杭州都市圈范围内实现市民卡"一卡通行、通存通兑"。限制小汽车出行政策，参照新加坡、中国香港等的城市经验，对小汽车增量实施强有力的控制。优化现有公交线路，完善轨道交通"最后一公里"接驳体系，避免与轨道交通的平行线路，确保常规公交与城市轨道交通重合不超过 4 千米，加密轨道交通到居住区的公交线路网，实施轨道交通和公交车换乘优惠价。

基于公共交通一体化的策略。通过限制小汽车出行和优化公交线路，使核心区公共交通出行比例不断提高，同时对核心区道路网络进行改造，以加密街区网络和增加步行空间区域为主。

（四）制定出台 TOD 开发设计标准，推动 TOD 都市圈可持续发展

明确 TOD 开发设计原则内容。明确 TOD 影响范围的划定，按照卡尔索普 TOD 设计原则中的 10 分钟步行距离，可以将中心城区的轨道交通 TOD 影响范围框定为步行 500~800 米；新区、工业园区等地考虑其他出行方式，影响范围可以扩大至 2~4 千米；铁路站点、重要换乘枢纽站点等地 TOD 影响范围则可以考虑扩大至 5~10 千米。TOD 轨道交通站点周边用地呈现 200 米、200~500 米、500~800 米三个圈层布局规律。通过开展 TOD 基本功能的设计，将 TOD 开发模式典型功能中的核心层商业商贸区、第二圈层办公就业区、第三圈层居住区以及 TOD 社区以外的次级区域，以及公共开敞空间作为融入不同圈层内的特色功能进行开发建设。明确 TOD 等级划分规定，按照轨道交通等级分类进行分析和建议，对土地混合利用的类型、用地功能占比、主要交通方式特征以及区域通达性进行归类建议。同时，完善 TOD 开发具体操作流程及细则。编制轨道交通 TOD 综合开发规划和轨道交通一体化城市设计导则、实施细则等制度，建立完整的 TOD 项目成效评价体系。

第五章
优化治理体系，提高治理效能

在中国特色社会主义建设进程中，政府发挥了主导性作用，被认为是引领社会进步的"火车头"。在新时代，面对社会发展的内外"变局"，政府治理需要回应市场、社会乃至国际环境的变化诉求，从理念、职能和运行方式方面进行变革。理念上，政府要从单一主体的治理走向多中心治理，与市场、社会协同发力，共同实现公共秩序和公共利益。职能上，政府需要厘清与市场和社会的行为边界，发挥对市场和社会的引领和整合作用。运行方式上，传统自上而下的指令与管制需要逐步让位于上下互动、双向沟通的协商议事与集体行动。

作为新时代全面展示中国特色社会主义优越性的重要窗口和高质量建设共同富裕示范区，浙江的经济社会全面进步，离不开政府治理的保驾护航。事实也正是如此，浙江的政府改革和治理创新长期走在前列，成绩有目共睹。浙江的政府治理创新，是地方治理体系和治理能力现代化的生动实践。既包括"民主促民生""开放式决策""亲情政府"等治理理念、公共决策模式的现代化转型，也包括"效能革命""最多跑一次"等政府自身改革和能力建设的数字化转型。前者更多针对的是政府责任和职能使命，涉及政府与市场、政府与社会关系的优化与重塑；后者，则强调政府内部的体系整合和效能提升，即政府自身的改革，政府治理体系和治理能力的显著提升。概而言之，政府治理聚焦内外两个方面：一为作为主体的政府充分发挥职能，引领经济和社会发展；二为政府通过自身改革，增强治理能力，提升治理效能。

土地属于核心资源之一，土地政策是公共政策极为重要的方面。中国是社会主义国家，土地属于国家或者集体所有。在土地公有制的基本前提下，地方政府出台具体土地政策细则，以服务于共同富裕的社会主义目标。农村土地的集体所有和以户为单位的分散占有与经营，不利于充分发挥土地资源的效率。土地流转是解决此问题的有效方式。土地从众多农户手中流转聚集到专业经营者手中，不仅能够有效配置资源、发挥土地规模效益，而且在承包权和使用权分离的基础上能够释放农业劳动力、发挥人力资源的潜能。本章第一节通过安吉县的案例，分析了土地流转的影响因素，突出了政府的作用。在土地流转的影响因素中，政府的政策宣传和引导，以及配套制度建设，有助于更好地实现农户承包经营权，促进土地流转。同时，政府通过加强社会保障体制建设、农业产业发展规划、优化土地监管服务、开展农村人才培训教育等措施，能够进一步优化土地资源配置，实现"三农"高质量发展。

如果说土地政策是政府职能优化进程中政府与社会关系的一个聚焦点，那么，政府监管则是政府与市场关系的一个缩影。传统的政府监管模式需要变革，尤其是新经济、新业态以及新行为的出现，政府职能需要转变，政府监管需要放权，监管权力向社会和市场转移。在市场监管模式变革的大背景下，政府的质量管理职能向市场转移的趋势明显加快，市场中介需要承接政府监管职能。本章第二节通过剖析个案，结合数据和实例，分析中国检验认证集团（CCIC）所遇到的质量管理职能承接困境，进行深入理论研究，并对比其他市场化国家中同行的成功经验，提出后续发展的"组织趋同"路径。

对新业态的监管是新时代政府职能的重要方面。PPP是政府与私人部门合作提供公共物品的一种形式。PPP这种新的治理工具，一方面可以看作政府与市场的合作与联盟，另一方面也可以看作政府对社会资本的吸纳，或者是扩大了政府传统的提供公共物品尤其是基础设施的能力，是一项治理创新。但是，正如治理中可能存在的责任摊薄一样，公私合作中政府与私人部门的责任分摊如果缺乏监管，会带来"政府失责"和"市场失灵"的叠加效应。本章第三节通过分析杭州湾跨海大桥的PPP实践，探讨了其监管存在的问题，提出健全法律法规体系、设置独立监管机构、完善社会监督制度、构建监管绩效评价标准、实行全流程动态监管等举措，构建科学完善的政府PPP监管模式。

政府治理的对内方面，即对自身的治理或者改革，指的是运用先进理念和治理工具提升政府效率和能力的实践和创新过程。政府效能建设是浙江治理创新的一个重要方面，从二十年前温州的"效能革命"到后来杭州的政府考评模式创新，反映了政府对自身效率和能力的持续追求，这也是后来的治理能力和有为政府建设的前期探索。尤其是近年来的"最多跑一次"改革，显著地提升了各级政府的绩效和服务能力，推动了有效、有为政府的建设。本章第四节介绍了港航部门的管理体制与运行方式，对传统的体制机制进行绩效分析，探讨分析了"最多跑一次"改革过程中的制度安排、绩效分析和部门协同的现实困境，提出了相应政策建议：优化政府流程再造，加强部门间的沟通，重构部门间权责关系；运用数字技术提高部门协同效能，以部门协同提升效率、促进效能政府建设，等等。

浙江"最多跑一次"改革到数字化改革，运用互联网等数字技术提升政府治理能力和治理现代化水平。对公共危机的应对和管理检验着政府的治理能力，而危机过后对于公共问题的解决和社会情绪的修复，更能反映出政府的社会治理能力和成效。本章第五节以杭州中泰垃圾场建设引发的群体事件为例，具体分析了危机过后社会治理面临的实践挑战及其影响因素，主要有群众抵触反感、政府公信力下降、垃圾焚烧厂项目能否重启等，介绍政府开展的包括调整认知偏差，健全机遇环境，完善对话机制以及建立保障机制等在内的工作，最终转危为机，中泰垃圾焚烧项目原址重建。第五节从三个方面探寻"后危机"治理的有效之道：一是转变决策观念，由被动应对到主动作为；二是拓展多样化沟通渠道，强化协商治理的有效性和针对性；三是构建制度保障体系，夯实协商的实践基础。

第一节　农户流出土地承包经营权影响因素
——以安吉县为例

一、农村土地承包经营权与土地流转

自 1978 年农村基本经营制度改革开始，农村"人与地"关系逐步重构，随着家庭联产承包责任制在全国范围确立并推开，农户开始拥有自己的土地

使用权。在这之后，国家通过制定出台和修订完善《中华人民共和国土地管理法》，从立法的高度肯定了农村土地流转。2005 年，农业部颁布《农村土地承包经营权流转管理办法》，为进一步规范承包经营权流转提供了政策依据。2008 年，党的十七届三中全会通过《中共中央关于推进农村改革发展若干重大问题的决定》，允许农民依据依法自愿有偿的原则，对其土地承包经营权进行流转。2016 年中央一号文件《中共中央、国务院关于落实发展新理念加快农业现代化 实现全面小康目标的若干意见》明确指出，稳定农村土地承包关系，落实集体所有权，稳定农户承包权，放活土地经营权，完善"三权分置"办法。2017 年，党的十九大报告中明提出"要保持土地承包关系稳定并长久不变，第二轮土地承包到期后再延长三十年"，进一步巩固稳定了当前承包农户所拥有的土地权利。2018 年的中央一号文件再一次强调要完善农村承包地"三权分置"制度。这些重大决策和改革部署都体现出党和国家对保证农户土地权利的高度重视，以及推动土地承包经营权流转的发展思路，为推进农村土地健康有序流转，提供了必要条件。

在农村土地流转方面，浙江也取得值得肯定的成绩，特别是"十二五"规划以来，浙江省农村土地流转速度明显加快，2015 年制定出台《关于引导农村土地经营权有序流转促进农业现代化建设的若干意见》《浙江省农村流转土地经营权登记管理办法（试行）》等政策文件，进一步规范农村土地承包经营权流转行为，推进土地承包经营权的权能实现。截至 2021 年底，浙江省土地流转率达到 61.4%，位居全国各省区第一，农民和村集体土地租金收入近 90 亿元。① 但是，浙江的农村土地流转过程仍然面临着流转率不高、租地期限过短影响规模化经营等问题，与推动农业现代化发展、保障粮食安全稳定、提高农业生产效益、促进农民增收致富的要求相比，还有较大的提升完善空间。与此同时，社会各界也越来越关注农村土地流转问题，以期从各个角度入手，推动农村土地健康有序流转。一个相对健全的土地流转市场当中，宏观层面、微观层面的各类因素都会对土地流转造成影响。因此，分析哪些因素会对承包农户产生影响，以及产生多大程度的影响，对于推进土地流转具有十分重要的意义。

---

① 祝梅，唐豪. 强村富民，浙江打出四套组合拳［N］. 浙江日报，2022 – 02 – 23.

二、安吉农村土地流转及农民承包经营权影响因素

（一）安吉县农村土地流转情况

近年来，安吉县坚持"依法、自愿、有偿"原则，通过政府引导、政策扶持、机制创新，加快推进农村土地承包经营权流转。2018 年，全县土地流转面积 15.3 万亩，占总承包耕地面积的 53.4%。涉及土地流转农户 3.7 万余户。自发流转为农村土地流转的主要形式，农户自发流转的面积占土地流转面积的 61.5%，委托流转的面积占总流转面积的 38.5%，出租（转包）面积达到 14.24 万亩，占总流转面积的 93%。[①]

流转的对象具有多元性，随着农业结构调整和效益农业的发展，一些原来的农业专业大户扩大了经营规模，新的专业大户不断涌现。同时，还产生了一批新的农业生产经营主体，其中农业企业、合作社和科技人员等成了租赁农村土地承包权、投资经营农业的一股新生力量。2018 年，全县农户承包耕地流转中，5 亩以上专业大户的面积达 9.59 万亩，占总流转面积的 64.8%。[②]全县家庭承包耕地的流转时间以中短期为主，流转时间 1 年以下的面积为 0.91 万亩，1~5 年的面积为 7.27 万亩，5~10 年的面积为 3.20 万亩，10~20 年的面积为 2.32 万亩，20 年以上的面积为 1.61 万亩。[③]

根据 2018 年安吉县农业统计年报，耕地流转规模和生产规模逐步扩大。全县农业生产面积 10~30 亩的农户有 1137 户，面积 1.68 万亩；30~50 亩的农户有 210 户，面积 0.80 万亩；50~100 亩的农户有 217 户，面积 1.58 万亩；100~200 亩的农户有 168 户，面积 2.36 万亩，200 亩以上的农户有 184 户，面积 7.62 万亩。[④]

（二）流转过程中存在的主要问题

承包农户惜土因素呈多元化。一方面，随着粮食定购任务、村提留、农业税的取消，农民种田已无任何负担，效益明显提高，使农户不肯轻易放弃

---

① ② ③ ④　浙江省湖州市安吉县统计局.安吉农业统计年报 [R].2018.

土地承包权。另一方面，随着经济发展，农田征用增加，被征农田得到各种补偿，农户可获得现实利益。有的农田处于交通线或开发区边沿，虽然还未征用，但这些农田迟早会被征用，潜在利益就在眼前，因而承包户不愿流转，即使流转也对流转费要价过高，超过了承租方的承受能力，双方难以达成共识。此外，由于乡土情结、安土重迁等伦理道德、群体情感的影响，土地成为农户重要的情感维系和承载，部分农户因而不愿意离开土地。

自发土地流转行为不够规范。部分农户在土地流转上还缺乏法律意识，仅有口头协议，没有书面证明。一些土地流转虽有合同，但权利和义务规定不明或者有失公允，也未告知村集体组织或开展相关备案工作，埋下了纠纷隐患。2018 年，全县土地流转环节发生纠纷 89 起，其中农户之间 34 起，农户与村组集体之间 41 起，农户与其他主体之间 14 起。①

集中流转土地难度加大。随着土地权益物权化的发展，农民对自己的承包地拥有了更大的决定权，当前农民的流转意愿开始出现分化，不少农户出于经济因素以外的其他因素，如乡土情结、农产品安全等原因选择保留土地，导致土地流转相对分散，无法集中连片流转，全县实现整村土地流转的村只有 12 个，面积 2.34 万亩，仅为全县流转总面积的 16%。由于土地流转不集中造成"插花田"现象发生，不利于规模化、机械化生产，加大了农业生产主体的生产经营成本，不少种田大户因此放弃了土地流转和规模经营。②

土地流转后土地使用监管乏力。少数乡镇出现工商资本长时间、大面积租赁农地，挤占农民就业空间。有的农户在利益驱使下，不经发包方同意私下转让、出租土地经营权，甚至改变土地的用途，导致耕地"非农化""非粮化"倾向加剧，严重违反了《中华人民共和国农村土地承包法》中"土地流转后不能改变农业用途"的规定。个别经营主体存在"流而不用"的现象，以期土地用途调整后获利。

农户利益保障机制不健全。缺乏土地流转评估机制，在正式流转之前缺乏对流入土地的种植大户和农业企业等农业生产主体的资格审查，对其经营能力的评估不够到位，不能有效减少因农业生产主体经营失误，或遇到严重灾害导致无法履约的风险，给流出承包地的农户造成较大经济损失。同时，

---

① ② 浙江省湖州市安吉县统计局．安吉农业统计年报［R］．2018．

在出现违约情况时，缺少必要的补偿救济措施，农户的合法权益难以得到有效保障。

土地流转网络平台的服务作用不明显。虽然已经搭建起了土地流转平台，但是土地流转平台的功能不够健全、服务不够完善、管理不够规范、信息更新不够及时，农户和农业生产主体应用土地流转平台的意愿和积极性不高，存在形式大于实质的问题，相较于全县的土地流转量而言，现有的土地流转网络平台对促进土地流转的作用十分有限。

（三）农户流转土地的主要影响因素

通过实证研究发现，影响农户流转土地过程的影响因素有很多，主要包括以下六个。一是承包地的流转价格，如果农户自己开展农业生产的效益没有流出土地获得租金的效益高，农户在利益最大化的驱动下会转出土地获得更高收益。二是农业劳动力情况，农户离开农村在城市居住的时间越长，意味着有更多的时间不再直接从事农业生产，因缺乏劳动力而导致流出土地。三是农村医保等各类医疗保险的参保情况，有更多保障的农户不再将土地作为唯一的依靠，对土地的依赖度会下降。四是土地的区划性质，有农业产业发展规划的地区有利于农户流出土地。五是土地流转宣贯工作开展情况，宣传引导对土地流出起到正向作用，开展宣传引导工作地区的农户有更大的概率流出土地。六是土地权益保障情况，基层干部保障农户的土地权益，对农户流出土地起到正向促进作用。

三、通过政策引导深化土地流转改革

（一）深化流转政策宣贯引导，提高农户认识程度

加强基层干部队伍学法用法培训，重点围绕新修订的《农村土地承包法》《农村土地经营权流转管理办法》《浙江省农村流转土地经营权登记管理办法》等内容，提升乡镇和村干部的素质和本领。通过各种形式开展土地流转宣传教育工作，认真贯彻落实党和政府关于土地流转的相关政策制度，编写并发放"土地流转政策汇编""土地流转100问""土地流转实例与模式"

等实用手册，提高农户关于土地权属、权益保障等土地流转关键内容的理解和认识，引导农户在依法、平等、协商、自愿的前提下，有序开展土地流转。通过互联网、电视、广播等渠道，宣传报道土地流转的典型事例和成功经验，消除农民心理负担和思想顾虑，营造促进土地流转的良好氛围。

（二）完善土地流转制度机制，健全土地流转市场

加强土地流转制度设计，针对前期实际工作中存在的主要问题和难点，对症下药、精准发力，建立健全面向广大农民群众、贴近农村生产生活的土地流转价格评估制度、土地流转合同管理制度、土地流转档案管理制度等，在土地流转形式种类、土地流转权利义务、土地流转法律地位、土地流转救济保障等问题上作出明确规定，为土地流转实际操作提供依据和遵循，有效减少纠纷和化解矛盾。要以"放管服"改革为契机，进一步调节和完善流转机制，提高行政服务效率，减少不当行政干预，充分发挥市场在配置资源中的决定性作用，推动土地流转的健康有序运行。培育发展土地市场中介组织和第三方评价机构，促进透明、规范、高效的农村土地流转市场形成，增强市场信息流通，降低土地流转成本，加快盘活闲置土地。加强对市场行情预测、风险抵御、应急处理机制的深入研究，大力推行农业政策性保险，增强农业生产主体抵御风险、正常履约的能力，保障流出承包地农户的合法权益。

（三）加强社会保障体制建设，减少农户流转顾虑

由于浙江总体上仍处于经济社会发展的转型阶段，城乡发展水平不平衡不充分的矛盾依然存在，特别是农村地区社会保障水平不够高、保障范围不够全、保障力度不够大、保障措施不够多的问题较为突出。因此，各级党委政府要以社会保险、社会福利、社会救助、社会慈善等作为重点领域，继续加大对农村社会保障的投入力度，在政策、资金、项目、人才等方面向农村地区倾斜，统筹城乡社会保障改革，提高农村地区保障标准。配套开展土地流转后农民的"土地换保障"试点，对土地已全部流转的农户，落实相关政策确保农户能够参加社保，保障基本生活，解除农民的后顾之忧，让农民放心走出去，为土地流转创造良好的条件。

（四）注重农业产业发展谋划，增加土地流转收益

坚持"规划先行、招商同步"，加强粮食生产功能区、现代农业园区、农业科技示范园等重点区的高标准农田以及配套设施建设，做好与生态、交通、国土等规划的衔接，增强产业招商的吸引力和竞争力。在条件成熟的地区，加快集中连片土地规模化流转，积极消除"插花田"现象，保障优质高效农业产业发展的土地供给，为现代农业产业规模化、机械化产业化发展提供条件。深入开展主要农作物和主导产业提升行动，推广应用"稻鱼共生"等生态种养模式，实现亩产"千斤粮、万元钱"。加快一二三产业深度融合，实施休闲农业和乡村旅游精品工程，大力发展观光农业、体验农业、休闲农业、康养农业等新业态。挖掘、保护、传承农业农村非物质文化遗产，振兴历史经典产业，不断提高土地流转效益。同时，农业产业化发展的红利要更多地惠及广大农户，鼓励发展"企业＋合作社＋农户"等新型农业经营模式，引导社会资本进入农业农村带动农村人口共同致富。加快推进农村剩余劳动力尤其是流出土地农户的转移安置，通过开办农业企业、家庭农场、农业合作社实现创业，或者进入农业生产经营单位实现再就业。

（五）提升土地监管服务能力，创新土地流转模式

加强对土地流转工作的监管和服务，各级政府和有关部门要坚持"农地农用"的基本原则，理顺职责分工，强化配合协作，切实开展土地流转前置审核，严防承包地流转"非农化"现象发生。推动土地流转可持续发展，加强对耕地质量的保护，避免流转后过度耕种和破坏土地耕作层。搭建"信息共联、数据共享、市场共通"的土地流转管理服务平台，特别是要建好、用好县、乡、村三级土地流转服务平台，补齐基层土地管理平台的短板，通过线上信息化管理和线下网格化管理推动土地流转管理服务平台长效运行。村级收集上报，乡镇整理审核，县级梳理汇总并发布，做到信息、资源、服务"三个共享"，拓宽土地流转市场。完善土地规模化流转机制，鼓励整村整乡流转土地。从产业化、规模化发展的角度出发，因地制宜出台鼓励土地整村整乡镇流转的政策意见，对有产业支撑、流转意愿、民意基础的村庄，先把土地集中到村、到乡，再及时跟进产业。

（六）开展农村人才培训教育，增强农民就业能力

一方面，要继续加大面向农村、服务农民的教育培训力度，通过制定出台高素质农民队伍培训实施方案，举办素质提升培训班，开展农技团队指导服务，培育农业领军人、农创客等一批新型农业主体，提高农业从业者专业素质、职业技能和经营能力，建立一支与现代农业发展相匹配的高素质农民队伍。另一方面，要为农业适度规模化生产经营创造条件，深入推进农村实用人才建设，加快推进农村剩余劳动力再就业，有序推动一部分农村劳动力向二三产业转移，增加农民的工资性收入和经营性收入。深化高等院校、乡镇企业、农业经营主体、社会培训机构以及农业教育培训中心等单位之间的沟通协作，充分发挥人才、制度、资金、场地等方面的资源效用。搭建农村实用型人才培养平台，在继续办好农村实用人才实体班次的基础上，依托互联网技术开办远程培训课程，拓展农民参与培训的渠道。创新农村实用人才培训方式，定期举办各类实用人才技能竞赛，以赛代训加强切磋、增进沟通，提高农村人才的业务水平和操作技能，营造尊重知识、尊重人才的良好氛围。充实壮大农村实用人才培训师资力量，探索建立促进关键要素流通的机制和制度，引导鼓励优秀的人才、优质的资源流向农村、留在农村。

第二节　基础设施建设中 PPP 模式政府监管机制研究

一、我国 PPP 模式的发展及政府监管现状

近年来，我国城市化进程不断加快，新型城镇化必然需要完善的基础设施予以支持，而基础设施建设资金一般都来自政府财政拨款，紧张的财政收支情况与快速增长的公共需求之间的矛盾逐渐加剧。特别是 2016 年"营改增"税制改革以后，国家财政收入的增长逐渐放缓，而这与基础设施需求的迅猛增长以及政府偿还地方债务的压力形成强烈对比，即赤字压力愈发加剧。

因此，以往传统的单纯依靠政府自身力量提供基础设施供给的模式已无法满足社会公众的需求。此外，传统模式下单纯依靠政府投资进行基建的模式存在许多不足，如成本不可控易超支、工期易拖延、工程质量安全难保证、环境负面作用大等现象时有发生。因此，必须改变公共产品和服务的提供路径和方式。根据有关专家学者的研究测算，政府每增加1%的投资，GDP增长0.13%，而私人投资每增加1%，GDP即可增长0.56%，[①] 可见私人部门投资的效率远高于政府部门投资效率。由此可见，通过引入社会资本的途径可以为社会总产出带来更积极的正面作用，是转变公共产品和服务提供方式的最优选择。

针对上述情况，中央政府进行了顶层设计，并在党的十八届三中全会提出"允许社会资本通过特许经营等方式参与城市基础设施投资和运营"的重要精神，随后财政部下发《关于推广运用政府和社会资本合作模式有关问题的通知》这一类似推广"公私合营"模式的总动员令的重要文件，标志着我国政府在公用事业领域又一次开始重视运用PPP模式解决公共管理领域中的重大问题。

PPP模式又称公私合作模式，在20世纪末就被西方发达国家广泛推广和适用。从20世纪末开始，我国也逐步引入PPP模式，在发电厂、重大桥梁隧道工程、地铁等重要工程项目方面发挥了突出的作用。PPP模式通过向私营企业开放公共事业领域，吸引其与政府合作进行投资，盘活民间社会资本，激发市场竞争力和活力，进一步推动私营企业稳步发展，促进地方经济繁荣。同时由于PPP模式利用投资乘数效应的特点，便于政府通过对PPP项目的选择和规划对经济进行有效的宏观调控。因此，该模式的推广能有效缓解地方政府债务压力，激发社会资本活力，进而提高政府公共服务水平，完善政府公共服务职能。

然而，PPP模式在国内推广发展中对地方政府的治理能力提出严峻的挑战，政府对于该模式监管缺位的问题逐步浮现出来，暴露出政府监管角色不清晰、组织机构不完善或重叠、监管机制及法律缺乏等各种缺陷，导致部分

---

① 刘晶，方华. 关于我国政府和社会资本合作（PPP）模式的研究［J］. 改革与开放，2016（1）：3-5.

PPP 项目的实际效果降低，甚至成为寻租行为的高发领域。由于公私两部门之间存在的天然矛盾和冲突，导致发生政府失灵、市场失灵、政府监管过度及"伪 PPP 项目"等问题，导致私人部门的逐利性被无限放大进而损害公共利益，进一步引发社会矛盾和加重地方政府债务危机。因此，各级政府必须要对 PPP 模式运行的监管体系或机制进行修正完善，探索一套符合客观基础的监管机制对 PPP 模式进行有效监管，否则 PPP 模式的效用不但无法得到最大化，反而可能降低政府提供公共服务效率，增加政府风险。

二、杭州湾跨海大桥 PPP 项目建设中的监管

（一）项目建设情况

浙江作为我国现代化建设的先行区和探路者，在重大基础设施建设领域始终走在全国前列，是国内最早引入 PPP 模式开展基础设施建设的地区。其中，杭州湾跨海大桥 PPP 项目是浙江省第一个采用 PPP 模式建设的国家级重大基础设施项目，该项目至今已运营多年，仅从 PPP 模式政府监管的角度，仍暴露出较多监管缺失、效率低下的问题。因此，对杭州湾跨海大桥 PPP 项目进行全面复盘，深入分析经验教训，则可以得出政府对完善 PPP 模式监管机制的一些启示。

杭州湾跨海大桥全长 36 公里左右，大桥北岸为嘉兴市海盐县，南岸为宁波市慈溪市，大桥双向共六车道，在设计时按高速公路的标准进行规划，预计最高时速 100 公里/小时，使用年限 100 年，总投资逾 61 亿元人民币。其中大桥桥梁主体部分约 118 亿元，北岸连接线部分约 17 亿元，南岸连接线部分约 34 亿元。[①] 该项目于 2002 年获得国家立项批文，当时国内 PPP 模式尚属新事物，但该项目创新性地引入该模式，成为社会资本首次大规模参与的国家级基础设施项目，在工程前期，积极引入社会资本进行工程融资，在工程完成后，由私人部门进行运营管理，并向实际使用者收取一定的费用，待

---

① 刘宝平. 杭州湾跨海大桥 PPP 项目分析与研究 [J]. 建筑工程技术与设计，2017（27）：1071.

协议约定期限满后，私人部门将大桥所有权转让给政府部门。这一模式的运用，极大缓解了政府财政压力，也解决了公共事业领域存在融资困难、运营效果不佳等问题。工程主要投资来自浙江省地方政府和浙江民营企业，其中来自民间社会的投资占全部投资总额的50%以上，参与投资的社会资本包括雅戈尔集团、方太厨具、海通集团等实力较强的浙江民企。该项目公共部门的参与者为嘉兴和宁波政府。根据项目规划，嘉兴和宁波政府共投入财政资金38.5亿元（约占建设总投资的35%）与社会资本共同组建具有独立法人资格的项目公司，[①] 该项目公司作为工程执行主体，代表公私双方直接参与建设管理运营等一系列工作，并承担工程全过程的债务和风险。

根据项目规划最初的预测，2010年全年跨海大桥交通流程在1867万辆左右，2015年全年交通流量约为2300万辆，至2027年全年交通流量可以达到3000万辆，项目总体投资回报率达到12.58%（含建设期），投资回收期约为14.2年。[②] 由于预期评估结果较为乐观，对提高社会资本参与该工程项目的意愿起到积极作用，前后共有17户私营企业参与该项目。然而从2013年开始至2017年，投资入股的社会资本纷纷以各种方式转让股权，陆续退出跨海大桥项目，导致宁波、嘉兴两地的地方政府迫不得已通过国有企业回购的方式赎回了项目80%的股权。社会资本争相退出该项目的主要原因在于真实投资回报率远低于预期投资回报率。自2008年全线通车后，项目公司始终面临着巨大的债务压力，资金紧缺的问题迟迟不能得到缓解，跨海大桥通行费的收入难以满足项目公司每年的运营支出，更无力偿还巨额的贷款本息，按照合同约定的30年特许经营期限，期满后是无法回收投资成本的。

（二）项目监管中的问题

从项目的投资回报率及后期运营效果的角度来看，虽然PPP模式解决了项目融资问题，顺利完成了工程建设阶段，但在中期运营管理方面的实际效果是差强人意的，诸多社会资本的撤离即从侧面反映出这一问题。究其原因，

---

① 王金萍. 我国城市基础设施PPP项目的政府监管问题研究 [D]. 徐州：中国矿业大学，2016.

② 王守清，刘婷. PPP项目监管：国内外经验和政策建议 [J]. 地方财政研究，2014（9）：7－12.

具体包括以下几点。

第一，根据《杭州湾跨海大桥工程可行性研究》的初始预估，预计 2010年全年大桥的交通流量将达 1800 万辆左右，但 2010 年实际车流量仅有 1100万辆左右，比预期少了 30% 以上，预计 2015 年全年跨海大桥的交通流量将达到 2300 万辆左右，但实际车流量不足 2000 万辆。严重的预期收益误判导致社会资本在投资初期产生决策失误，更为重要的一点是政府部门在该研究报告审查方面未充分履行监管职能，未能对该报告所预测的预期收益进行客观审慎的复审查验，最终导致预期回报率偏差较大。

第二，项目从立项规划到建设完工近十年的时间里，社会资本多次盲目追加投资，从最初的 64 亿元到建设后期的 136 亿元，累计追加投资超 100%，而政府未对项目投资主体资格、投资比例、投资期限等要素进行严格限制，在项目运营阶段，未能有效履行监管职责，监管机制浮于形式，导致项目投资太过随意性，无规可循。由于参与项目的社会资本已经在前期投入大量资金，沉淀资本的机会成本太高，因此只能继续追加，最终投入资金被"套牢"，既无法获取较高收益率，又不能转移投资以降低机会成本。

第三，政府部门缺乏统筹规划，在杭州湾跨海大桥建设之时，杭州湾地区又陆续开工建设数条跨海桥梁或隧道工程，明显违背了政府对该项目的监管原则。2013 年，嘉绍大桥的通车对杭州湾跨海大桥的经营更是沉重的打击，一部分往返于杭州湾南北岸的车流被分流，杭州湾跨海大桥全年交通流量呈下降趋势，导致项目公司盈利骤减，资金压力愈发紧张。另外，在国家和浙江省的未来发展规划中，杭州湾地区将陆续建造杭州湾铁路大桥、宁波杭州湾大桥、舟山—上海跨海高速等重大工程项目，导致车流量进一步分流，区域长期规划与立项协议的严重冲突令项目前景更加黯淡，政府将运营收益风险过多转嫁给社会资本，可谓是对项目规划缺乏整体性监管，在项目重复性的监管方面严重缺失，最终导致私人部门的利益无法得到保障。

第四，在标准 PPP 项目中，政府应给予项目公司（SPV）完整的建设权和经营权，在对产品价格和服务质量进行监管的同时，最大程度地保证项目公司的独立性，确保公共部门与社会资本权益平等。但在该项目中由公私双方共同出资组建的项目公司，其主要负责人由政府官员担任，工程指挥部的管理层大多数也由政府人员兼任，导致项目极易受到政府意志的干扰，监管机制极度缺乏独立性，因此，该项目社会资本的话语权十分有限。

第五，在 PPP 模式中，政府必须与社会资本签订项目协议或合同，明确规定社会资本的权利和义务，并依据项目合同严格执行，对不遵守条款的行为采取制裁惩罚措施。但在该项目中，政府和社会资本主要依靠"传统政商关系"进行合作，社会资本投资方之间并无相互约束机制，政府也未对社会资本的前期投资和后期资本运作作出有效监管，导致运营期间社会资本大量撤资，这种随意性较强的撤资行为引发"蝴蝶效应"，给整个项目带来极大的负面影响。

三、PPP 项目政府监管原则

上述失败案例足以证明在 PPP 模式下的政府和私人资本的合作能否最终取得成功，与政府是否实施了监管或是政府监管是否有效有极其紧密的关联。同时，梳理剖析北京地铁 4 号线项目、法国—西班牙跨国铁路项目等国内外成功的 PPP 项目经验，总结得出政府在实施监管行为时必须符合相关监管原则，以此保证政府的监管最终能实现监管目标，监管行为和效率能达到监管实施的预期。

第一，合规性。政府对 PPP 模式进行监管必须坚持依法监管，无论是政府监管机构的权力和义务，还是监管机构的设置，监管范围和程序的规范，都必须有明确的法律法规予以规定和解释，做到以法治为监管的基本要素，减少人为或政治因素干扰正当监管的情况发生概率，只有依法实施监管，才能确保政府监管的合法性和有效性，减少监管行为发生时的法律风险。

第二，专业性。地方政府在 PPP 模式监管方面，仍然存在大量的人才缺口。由于 PPP 模式的专业性较强，一个 PPP 项目会涉及财务管理、建设规划、项目审计等多个领域。因此，对 PPP 模式进行监管也需要有相关专业人才进行匹配，只有专业性人才参与到监管之中，政府的监管效果才会更加显著，具体的监管行为才能做到有的放矢。

第三，独立性。政府部门在对 PPP 项目实施监管时，务必要保证监管的独立性。该独立性不仅指监管机构的独立性，而且要保证监管方式、途径、内容的独立性。在实施监管行为时，始终保持自身独立性，使监管不成为政府部门和社会资本拉拢腐蚀的对象，不受公共部门和私人部门的任何干预和影响，才能使监管措施落到实处，保持监管的公正和公平。

第四，公平性。PPP模式涉及代表社会公众公共利益的公共部门和代表社会资本利益的私人部门。政府在监管时，必须统筹兼顾两部门的权利和义务，使公私两部门的利益达到均衡点，既要确保公共利益，也要维护私人部门利益。同时，对私人部门的监管方式和内容适用同一标准，有利于营造公平竞争的环境，对资本开展公平竞争以获得PPP项目具有积极的作用。

第五，效率性。对于PPP模式中私人部门的正当市场行为，政府切不可过度监管，过多的监管干预会导致项目效率降低，最终无法提供可以满足社会总需求的公共供给。相反，在一定条件下，为了利于发挥PPP模式的优势和特长，政府监管应当采取正向引导措施，激励私人部门将自身的优势最大程度地发挥体现出来，激发社会资本潜在的生产力，促进私人部门采取措施完善并提高供给效率，从而进一步保障公共利益。

第六，制衡性。政府应当注重监管的层次性，即政府在对具体PPP项目进行监管的同时，也应注重对政府监管机构的再监管。在市场经济体制下，私人部门谋求利润最大化的特性极易诱发政府部门的腐败现象。这种腐败行为不仅存在政府合作部门中，也可能存在政府监管机构中，导致监管缺位或效率低下。因此，必须加强对独立监管机构的再监管，积极发挥再监管措施的制衡作用，以此确保监管机构能够正当履行职责。

四、对PPP模式政府完善监管机制的启示

通过失败案例的分析，可以得出的经验启示是地方政府应当建立一套更加完善的PPP模式的政府监管机制，既应当遵循客观发展规律，又符合现实监管要求，具体构建的框架应包含完善的监管方面的法律法规、审慎独立的监管机构、客观公正的社会监督体制以及严格有效的监管绩效评价标准，大致框架如图5-1所示。

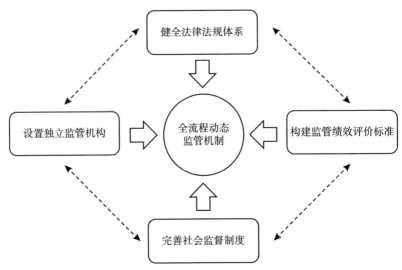

图5-1　一套更加完善的 PPP 模式政府监管机制

第一，健全法律法规体系。一个健全的法律法规体系将有利于监管机构对任何 PPP 项目进行高效监管。在该体系中，行政机构在结合监管实际情况的基础上，制定相关的监管方面的规章制度，作为法律立法草案的基础性预备法规，在立法机构征求人大代表意见后进行完善和修订，最终通过各级人民代表大会进行表决通过，赋予政府监管的法律效力。与此同时，也可授权相关职能部委结合行业特点在秉持下位法不得逾越上位法的原则之下制定相关监管法律。在经济形势发展变化时，各级政府可以通过完善的补充修订监管法律机制将有关法律进行补充调整，使之符合最新监管要求和现实要求。总而言之，形成健全的、动态的、符合实情的法律法规体系将对 PPP 模式的监管提供强有力的保障作用。

第二，设置独立监管机构。传统的政府行政管理机构显然无法适应满足经济新常态下 PPP 模式快速发展的监管需求。因此，地方政府应建立专门的 PPP 项目监管部门，发挥监督机构应有的职能。该专门的监管机构可以采用垂直管理模式，即下级监管机构受制于上级监管机构的领导和管理。同时，地方监管机构接受所在地人民政府的领导和管理，其优点有二：一是可以形成系统性的监管网络，并接受上级监管机构的业务指导；二是可以充分考量地方政府在 PPP 项目方面的监管需求，做到因地制宜。值得强调的是，监管机构必须保证独立性、权威性和自主性。独立的监管机构必须要有权威的话语权，以避免出现政府部门之间存在的互相推诿、互相牵制的传统问题。同时，在适用相关法律法规的基础上，实现职权划分明确、部门间沟通协调通畅、监管专业高效的监管要求。

第三，完善社会监督制度。社会监督是任何监督机制中必备的一环。由于 PPP 项目与生俱来的公共产品和公共利益属性，其提供的最终产品将直接作用于大众的需求和效用。因此，加强社会性质的监督力量，完善社会监督制度是建立政府监管机制的重要组成部分。一个完善的社会监督制度必须建立在信息披露的基础之上，只有当 PPP 项目的信息公开披露，消除信息不对称的消极因素，社会公众才能切实履行监督职责，并对监管机构是否尽职进行监督。同时，还应当建立专门的申诉渠道，以便大众在自身利益受到侵害时，可以进行申诉和维权，从而保障公共利益。此外，在较为专业的领域，应设立由专业人士供职的监管公共组织，以机构或行业的名义与政府监管机构协调，共同对公私合营双方进行监督。

第四，构建监管绩效评价标准。如何对政府对 PPP 模式进行监管的效率、效果、质量等进行评价亦是强化监管的重要课题。因此，引入监管绩效评价标准是具有价值和意义的。监管绩效评价标准是衡量监管机构工作目标、实现结果和工作努力程度的量化性指标体系，对监管执行过程和结果进行综合性评价的评估方法。通过该套绩效评价标准对监管机构的监管绩效进行考核，对积极监管的监管机构给予奖励，激励其保持监管的积极性，对存在监管缺位的监管机构给予惩罚，督促其改进监管方式方法，提高监管力度，完善监管职能。同时，发挥监管绩效评价标准"指挥棒"的作用，引导监管机构对 PPP 模式中风险高发环节进行定向监管，进一步提高监管效率。

第五，全流程动态监管机制。全流程动态监管机制是政府监管 PPP 模式的核心。每一个 PPP 项目都需要经历市场准入、项目建设、项目运营、项目移交等多个阶段和流程。在每一个流程环节，监管机构的监管重点均有所侧重，监管机构中具体实施监管的主体部门也有所不同，因此，在划分监管职责时，必须针对各阶段的不同特征来进行分类，以便进一步厘清监管内容和主要方向。尤其是关于城市基础设施建设领域的 PPP 项目，由于其牵扯的政府职能部门较多、涉及的社会公众群体范围较广、项目的总投资金额较大、项目的建设运营周期较长等特点，往往面临着政府换届、重大方针政策调整、国内经济形势波动等不稳定的因素，从而降低 PPP 项目的成功率。因此，必须构建贯穿于 PPP 项目各流程的动态监管机制，保持监管的连续性和稳定性，确保项目能够落地并取得预期的成功。

第三节　协同治理视角下的效能政府建设研究

——以杭州市港航管理服务中心为例

一、效能政府建设的历程

20 世纪 70 年代末，发端于英国的"新公共管理"运动拉开了西方国家政府改革的序幕。虽然西方各国的具体改革措施不一样，但是其真实目的都是一致的——为了提高政府效能。在这一国际形势影响下，我国自改革开放以来，在大力发展经济的同时，同样重视政府效能建设。2002 年 11 月，江泽民同志在党的十六大报告中提出要"进一步转变政府职能，改进管理方式，推行电子政务，提高行政效率，降低行政成本，形成行为规范、运转协调、公正透明、廉洁高效的行政管理体制。"① 由此，我国的效能政府建设进入了一个新的发展阶段。

过去在老百姓的印象中，去政府机构办事情就是"一直在路上"，不是这里要去开证明，就是那里少个材料，不仅跑断腿、磨破嘴，而且还存在"门难进、脸难看"。2016 年，李克强在《政府工作报告》中提出，深入推进简政放权、放管结合、优化服务改革。自此，"放管服"改革进入了我们的视野。浙江提出的"最多跑一次"改革则是"放管服"改革的创新实践，也是效能政府建设的一项重大突破。"最多跑一次"改革是站在人民利益的立场上进行的一次政府自我革命，要求各级政府职能部门优化提升公共服务

---

① 中共中央文献研究室编著. 为全面建设小康社会、开创中国特色社会主义事业新局面而奋斗：党的十六大以来大事记 [M]. 北京：中央文献出版社，2007：5.

效能，真正做到为民服务、优质服务，让前来办事的企业和群众在资料齐全的情况下能一次办结，少跑腿，节约办事时间。

2019 年 10 月，中国共产党十九届四中全会明确提出要坚持和完善中国特色社会主义行政体制，构建职责明确、依法行政的政府治理体系，创新行政方式，提高行政效能，建设人民满意的服务型政府。在"放管服"改革前，我国的行政体制强调层级管理，有利于上级部门对下级部门的管理，对部门间的协同问题有所忽略，使得政府"碎片化"问题日益突出。目前我国正处于社会转型期和矛盾凸显期，这对政府部门处理公共事务的能力是个极大的挑战。公共治理问题通常涉及多个部门，各个部门之间相互推诿是常态，存在办事部门多、办事流程长、数据不共享等问题。"最多跑一次"改革通过业务整合、流程再造、信息共享等措施打通了部门协同的堵点，促进了各部门间的有效协同合作。

效能政府建设是社会各界一直关注的问题，本节以杭州市公路与港航管理服务中心为考察对象，发现"最多跑一次"改革之前的政府部门各司其职、分工有余、协同不足，导致相关事项无法合并，相关业务无法整合，严重影响办事效率。[①] 并且逐渐暴露出以下几个问题：一是政府机构设置不合理，职能安排不均。传统体制机制分工详细，层级过多，显得机构臃肿。二是行政管理环节繁多，增加办事成本。层层审批不管对经办人员还是行政相对人而言，都拉长了办事时间，增加了办事成本。三是办事效率偏低，公众满意度不高。跑的次数多了，跑的部门多了，公众对政府办事的满意度就会普遍不高。在此背景下，改革势在必行！需要以协同的视角，推动效能政府建设。

二、"最多跑一次"改革促进协同治理

2016 年 12 月，浙江省委经济工作会提出了"最多跑一次"改革的倡议，倒逼政府自身改革。自此，"最多跑一次"改革在浙江拉开序幕。2017 年 5 月 24 日，杭州市港航管理服务中心下发《关于印发加快推进办事"最多跑一次"改革实施方案的通知》，全线启动"最多跑一次"改革。杭州市港航

---

① 陈宏彩．"最多跑一次"改革：新时代的政府效能革命［J］. 治理研究，2018（3）：39 – 44.

管理服务中心通过业务整合、流程再造和信息共享等举措持续深化改革，推进水上交通运输部门建设，有效提升了政府效率，打通了部门间协同的堵点，弥合了部门间合作的"断点"，[①] 增加了人民群众的满意度。

（一）通过业务整合促进部门协同

在"最多跑一次"改革前，部门协同向来是难题，遇事推诿是常态，最后一个简单的事项，会落到无人管。为了明确责任，杭州市港航管理服务中心主要采取了三项举措：一是推动部门资源整合，实现许可审批"一窗受理"。行政许可服务中心受理 60 项行政许可、行政确认和其他权力事项。大厅窗口是"3＋1"模式，即 3 个业务窗口受理海事、船检、港政、航政、运政等 60 项办事项目，实行 AB 岗工作责任制；1 个电子政务窗口，可供企业和行政相对人自主在浙江政务网进行网上申报，同时有需要时窗口人员也会协助其完成申报。通过"一窗受理"，企业和行政相对人办事平均少跑 2 个部门，大大提高了办事效率。二是统一办事内容标准，实现许可服务规范化。杭州市港航管理服务中心梳理出 60 项办事项目，通过对办事内容进行整合，能实现"跑零次"的有 14 项，"最多跑一次"的有 46 项。在此基础上制定了《"最多跑一次"项目办事指南》，明确了办事项目的申请材料目录、办理基本流程和办公地址等，并且公布在浙江政务服务网，纸质文书下发至行政许可服务中心，为行政相对人办事提供了明确的指引。三是梳理整合特色服务，杭州市港航管理服务中心结合工作实际，实行首问责任制、一次性告知制、限时办结制和节假日办证预约制。

（二）通过流程再造促进部门协同

政府流程再造，以公众需求为核心，对政府部门原有组织机构、服务流程进行全面、彻底的重组，形成政府组织内部的有效联系和互动，以谋求政府绩效的显著提高和增加社会公众的认可。[②] 根据"最多跑一次"改革精神，

---

① 中共浙江省委党校，浙江行政学院．"最多跑一次"改革［M］．杭州：浙江人民出版社，2018：144．

② 姜晓萍．地方政府流程再造［M］．北京：中国人民大学出版社，2012：1．

杭州市港航管理服务中心对许可业务的流程进行了再造。

一是精简船舶许可事项，实现船舶证书"多证合一"。杭州市港航管理服务中心围绕"最多跑一次"改革总体目标和要求，根据浙江省"八统一"部署，对权力服务事项办事指南进行了更新和流程再造，创造了水上许可"多证合一"的全国首创，创新了行业监管新模式。在浙江省通航水域内航行的船舶，将六本证书合一，统一发放《内河船舶证书信息簿》，每一艘船舶对应唯一的二维码，通过微信或海事通扫码，就能了解船舶法定检验证书核发、船舶登记、船舶国籍证书签发、船舶最低安全配员证书签发、水路运输业务经营许可、船舶营业运输证配发等所有信息。"多证合一"推行"三个一"：一簿记载，一码查验，一档归集。相当于船舶有了一张自己专属的电子身份证。现在，船员携带证书从 6 本减为 1 本，纸张从 22 张减为 2 张，不仅大大节约了人力物力，还降低了证书丢失、污损的可能性。按照杭州航区 3700 艘营运船舶来计算，将减少发放证书 18500 余本，节约行政开支 84 万余元；每艘船新增、换证、延续办理的时间平均减少 20 个工作日；预计为航区内企业（船户）节约管理成本、交通费、船舶燃油费、停运损失等费用共约 1070 万元。2018 年全局办结"多证合一"762 件，2019 年办结 1059 件，同比增长 38.98%，2020 年办结 1436 件，同比增长 35.60%。[①]

二是优化船舶登记流程，实现船舶证书"多证联办"。为方便群众和企业办事，杭州市港航管理服务中心推行辖区内客货船"多证联办"改革，建立了多部门联办机制，由各管理处行政许可服务中心办事窗口统一受理，局处两级相关业务部门协同办理，材料统一送达。在改革前，船户来办理船舶所有权转让，海事、船检、运政有三套证书要办，需要跑三个部门，海事、船检证书都需要工作人员拿到局业务科室审核盖章，一套办好再办另一套，在资料齐全的情况下，就需要跑三趟，办理时限超 1 个月。船户对此怨声载道，实行多证联办后，三套证书一起办，资料通过内部流转以及共享，船户不需要重复提供资料，只需要跑一趟，办理时限也缩短至 15 个工作日。经计算，通过"多证联办"，船员办事少跑 2 个窗口部门，提交材料份数减少 8 份，办理时限缩短了至少半个月，这确实破解了船员办事多头跑、资料重复

---

① 根据 2018～2020 年杭州市公路与港航管理服务中心"最多跑一次"政务报表整理。

交、办理时限长等难题。2018 年全局办结"多证联办"513 件，2019 年办结745 件，同比增长 45.22%，2020 年办结 1027 件，同比增长 37.85%。①

三是深化部门联动机制，实现船舶检验"多检合一"。通过"最多跑一次"改革，杭州市港航管理服务中心对部门业务进行了规划整合，明确了各权力事项的负责部门，对涉及多部门的"多检合一"，确立了牵头部门，打破部门间的合作壁垒，以部门联动代替按部门顺序操作，促进了效能政府建设中的部门间合作。一般船舶一年要接受船舶年度检验、运政经营资质年度核查、两次海事安全检查共 4 次检查。根据"最多跑一次"改革精神，杭州市港航管理服务中心加强内部联动，打破了时间和地域限制，率先推出了内河船舶"多检合一"创新项目，在一定程度上突破了行业惯例。改革推行后，变"一年多检、分别检查"为"多检合一、联合检查"。统一由海事船检室牵头，行业管理办公室和基层站所派人去集中验船点检查，检查时间也统一以船检证书有效期为准。原本一艘船舶每年进行 4 次检查，需要停靠多个码头，花费 4~5 天。现在对船员来说只需要停靠一次，花费半天时间，大大缩短了船员的办事成本，减少了船舶的碳排放，预计每年为船户节约交通费、船舶燃油费、停运损失费等费用共计 750 万余元。2018 年全局办结"多检合一"851 件，2019 年办结 1269 件，同比增长 49.11%，2020 年办结 1712件，同比增长 34.91%。②

（三）通过信息共享促进部门协同

近年来，互联网迅猛发展，各行各业的发展都深受其影响。随着互联网的深度运用，互联网的创新成果与经济社会各领域进行深度融合，我们已进入"互联网＋"时代。传统的政府管理是以部门分工为基础的组织化体系，这种体系在实现政府管理专业化的同时，也带来了严重的部门鸿沟、数据壁垒和政府职能碎片化问题。③ 在此背景下，信息共享能让地方政府利用大数据对社会资源进行有效配置，从而提升政府效能。杭州市港航管理服务中心

①② 根据 2018~2020 年杭州市公路与港航管理服务中心"最多跑一次"政务报表整理。
③ 汪锦军. "最多跑一次"改革与地方治理现代化的新发展 [J]. 中共浙江省委党校学报，2017（6）：62-69.

通过三项措施来促进部门协同。

首先是推进"互联网＋政务服务"工作，实现电子政务全覆盖。杭州市港航管理服务中心要求所有水上行政许可、行政确认和其他权力事项通过浙江政务服务网实行网上申报。除此之外对接浙江政务服务网与港航业务平台，行政许可服务中心依托浙江数字港航综合管理与服务平台和中国海事协同管理平台对办事事项进行申报、流转和制证。2019 年全局办结行政许可类共 3192 件，其他权力事项共 6781 件，网上申报率是 92％。① 网上办公流程与纸质文书流程同步进行，有助于实现电子化监管，让办事事项有据可查，也让事中事后监督有迹可循。

其次是打通信息孤岛壁垒，实现数据共享"一网通"。为了深入推进"最多跑一次"改革，杭州市正式成立数据资源局，将政府部门的数据全部接入杭州市公共数据共享平台，对杭州市港航管理服务中心的行政许可服务中心开通了身份证信息以及企业信息的查询权限。以前企业和行政相对人来窗口办事，需要提供身份证和企业工商营业执照原件，因为忘记带原件而跑多次的现象频频发生。现在窗口工作人员按照浙江省"八统一"规定的材料清单收取资料，对身份证件以及工商营业执照通过杭州市公共数据共享平台获取，不再收取复印件。同时对于船舶转港的档案问题，中华人民共和国海事局也出了新规定，在"最多跑一次"改革前，转港档案都需要整理装订成册再邮寄至下一登记机关。现在只需要将船舶海事档案的件内目录、卷内目录、备考表等其他资料上传至中国海事协同管理平台，下一登记机关自行获取。大数据的共享应用简化了行政相对人所需提供的材料，也为跨部门协同办事搭建了数据桥梁，有利于效能政府的信息化建设。

最后是突破审批盖章限制，实现电子印章一体化。杭州市港航管理服务中心所属辖区包含淳安、建德、桐庐、富阳等地区，属于大杭州范围，但是行政章只有一个，以往都是地方办事人员集中统一某一天去局里给证书盖章，路上至少需要 1～3 个小时，费时又费力，遇到紧急情况，也不能及时处理。"最多跑一次"实行后，杭州市港航管理服务中心推行了电子印章，企业和行政相对人在浙江政务服务网上申报许可事项，行政许可服务中心窗口工作

---

① 根据 2018～2020 年杭州市公路与港航管理服务中心"最多跑一次"政务报表整理。

人员在浙江数字港航综合管理与服务平台受理，待处局业务科室流转完成后制证，告知局行政许可服务中心负责人，由其通过云盖章即可。2019 年全局电子印章使用 5974 次，2020 年使用 7034 次，同比增长 17.74%。[①] 电子印章的运用不仅打破了传统印章的束缚，缩短了办证时间，也提高了部门办事效率。

三、协同治理视角下的效能政府建设：杭州市港航管理服务中心案例的启示

（一）优化政府流程再造，提高部门协同效能

20 世纪中后期，西方国家将"流程再造"引入政府管理，成为"政府再造"的核心战略。[②]"最多跑一次"改革的关键是政府流程再造，从现有的改革措施来看，还需要在规范事项清单和部门沟通这两个方面进行突破。一方面是进一步明确规范事项清单和审查要点，政府部门加强统筹协作，统一办事项目的审批依据、申请条件和申请材料目录等标准，窗口工作人员严格按照审查要点收取办事资料，对于涉及多部门联合审查的事项，应该明确牵头部门和各部门间流转的办结时间等。另一方面是加强部门沟通，实现业务受理"一窗化"。通过加强部门间的沟通，定期召开经验交流会，如遇特殊情况，可采用视频会议，实现无缝隙沟通。同时加强前台受理与后台审批的相互协调，明确办理流程和审批机制，形成一套过程科学和权责清晰的受理审批模式，真正实现业务受理"一窗化"。

（二）深化"互联网＋"应用，全面推进线上协同

一是统一业务系统，实现"一网通办"。在深化"最多跑一次"改革过程中，需要完善政务服务平台，大力普及"掌上办事"，基于"互联网＋政务服务"的体系基础，建立由电子政务外网和涉密内网组成的统一电子政务

---

① 根据 2019～2020 年杭州市公路与港航管理服务中心"最多跑一次"政务报表整理。

② 姜晓萍 . 地方政府流程再造［M］. 北京：中国人民大学出版社，2012：4.

网络，实现一网一平台通办，精简手续，便利群众。二是加强省际交流，共建跨省数据大平台。目前杭州市公共数据共享平台可以获取除浙江省内人员外长三角地区试点的 26 个城市人员身份信息和企业工商营业执照的信息。在今后的发展方向中，加强省际交流，成立专门的数据管理部门，强化数据整合共享统筹能力，建立并完善能够统一接入的跨省数据大平台，加快推进跨部门、跨地域、跨系统之间的数据、信息和业务的联通共享。三是健全问责机制，保障即时协同办理。在办理业务的每一个环节中，特别是多部门、多环节的联合审查许可业务，问责机制将精准落实责任人，追究没有及时办理的部门和工作人员的责任，确保各项权力事项即时协同办理，办理时限与对外公开的承诺时间相一致。

（三）突破体制机制障碍，重构协同治理的权责关系

随着"最多跑一次"改革的深入推进，必然会遇到传统体制机制带来的重重障碍，重构协同治理的权责关系将重塑政府各部门间的关系，势必会推动政府的自我革命。首先是进一步简政放权，增强部门自主性。上级政府部门需要加大简政放权的力度，减少一些不必要的审批权限，统一下放权力，增强部门自主性，让基层政府部门能有效协同处理业务，最大限度地为民服务。其次是健全激励机制，激发协同创新意识。地方政府应鼓励一线窗口和职能部门结合经验进行创新，特别是部门协同方面，让办事流程顺利且流畅，理顺部门协同的合作模式。最后是完善绩效评估体系，健全多元监督体制。一是政府内部建立监督机制，上级部门随时抽查，确保权责一致。二是倡导社会主体发挥监督功能。例如，社会组织、公益团体和新闻媒体等非政府组织监督政府行为，为群众发声，发挥社会的力量。三是完善群众监督方式，除了日常线下的意见簿意见箱之外，办事人员还可以通过官方投诉电话、政府政务网意见栏等方式提意见，拓宽群众和企业的线上监督渠道。

（四）深化政府机构改革，构建协同治理的组织体系

深化政府机构改革，离不开职能、权力和机构这三个关键抓手。一是优化组织结构，建立相互信任关系。要有一个统一的协调部门，确立其权威性，领导负责各部门的工作。合并职能有交叉重叠的部门，改善审批权不统一和

过于碎片化的问题，加快部门间的有效协同与联动，以此来提升部门工作人员的获得感，强化相互信任的关系。二是重构部门权力，理顺部门职能。明确划分职责，上级政府部门侧重宏观规划、监督问责等职能，基层部门侧重执行管理等，以此来规范垂直管理机构与地方管理机构的关系。三是推进大部制改革，减少部门壁垒。部门间的协调和协作是政府机构生存和发展的关键①，这意味着部门间是否协同决定着政府是否能够有效运行。大部制改革是促进部门协同的深层次举措，它的核心是对政府机构统筹规划、合理布局，以此实现政府部门的有效配置。"最多跑一次"改革所推行的"前台受理、后台审批"的模式，对后台涉及的部门协同提出了很高的要求。想要真正实现部门之间有效的协同与联动，必须将职能相同或者相近的部门整合为一个部门，整合前台受理与后台审批的人员编制，调整各部门之间的职责权限，最大限度地实现多部门协同办理，构建协同治理的组织体系。

第四节　后危机治理的现实困境与应对策略研究
——以杭州中泰事件为例

一、"后危机治理"：一个新课题

　　一个国家、一个政权稳定发展的首要前提是整个社会的稳定，这也是各国政府努力追求的目标。危机事件会影响社会稳定，甚至会对国家、政权的稳定构成威胁。因此，进一步提高危机事件的处置应对和管理能力是政府在执政过程中需要面对的一个重大课题。

　　随着社会经济的不断发展，公众对环境问题越来越关注。近年来，由环境问题引发的群体性危机事件需要重点关注，诸如宁波、厦门等地的 PX 项目事件、四川什邡钼铜事件、江苏启东达标水排海事件以及北京昌平垃圾焚

---

① Agranoff Robert. Managing within Networks：Adding Value to Public Organizations ［M］. Washington, D. C.：Georgetown University Press，2007：213.

烧事件等。然而，目前针对这类具有邻避性的环境群体性事件的处理模式，往往是以政府立即承诺停止建设来结束。这不仅阻碍国家重大政策战略的实施，更是对政府危机管理能力提出了严峻的挑战。

虽然此类危机事件在政府承诺停止建设后暂时平息了，但是在这之后，这些带有邻避性的风险项目如何实施，国家的重大战略如何推进，都对政府的有效治理提出了严峻挑战。因此，后危机治理在如何保障群众利益的基础上，确保项目顺利落地，显得尤为重要。

后危机治理的最终目的是在危机事件发生后，且暂时平息的状态下，通过有效的处置手段，确保国家重大政策战略顺利落地，做好群众基本利益诉求的保障工作，争取将事态恢复甚至是优于危机事件发生前。

经过几十年的努力，尤其是近年来随着中国经济的持续健康发展和政府改革的日益深入，我国政府危机管理的理论水平和实践水平都有了质的飞跃，也成功处理了很多危机事件。但是随着诸如群体性事件、风险型事件的多发，如何妥善地处理好危机后的恢复和重建，越来越成为考验政府部门的一个十分严峻的问题。政府部门对于危机事件的预防和平息已有极大的研究，但对于后危机治理的意识依然较为淡薄，尚未形成有效的后危机治理意识。

本节就如何通过有效的风险沟通和民主协商，破解后危机的逆境，从体制上建立健全后危机治理系统进行探讨。结合已有文献资料和相关数据资料，通过研究杭州各级政府在中泰垃圾焚烧项目群体性事件发生后所做的各项工作，尤其是面对群情激愤的当地百姓，中外各种社会舆论压力以及后续社会经济发展压力等困境，政府有关部门是如何通过有效手段克服"邻避"项目中政府面临的一般性困境，突破以政府承诺停工的简单解决路径，在不到一年的时间内再次重启项目，总结问题和经验，提出相应的对策建议。

二、逆境中的协商：杭州中泰后危机治理案例分析

（一）邻避运动：杭州中泰垃圾焚烧厂的实践挑战

杭州中泰垃圾焚烧厂项目经历了重大群体性危机事件，一年后顺利在原址开工重启，直至成功运行，杭州市各级政府的后危机治理及应对策略值得

研究和分析。当地政府在遭遇群体性事件后，突破"塔西佗陷阱"，让这个风险性邻避项目顺利开工建设，为本类型的后危机治理提供了现实参考。

2014 年 3 月，杭州市政府决定在余杭区中泰街道建设号称亚洲最大的垃圾焚烧场，规划选址在中泰街道九峰矿区，并在市规划局网站公示。项目选址公示后，当地及周边的部分居民由于担心垃圾焚烧所产生的烟尘，排放的二噁英等有害物质影响当地的空气、水源和土壤等，会对方圆范围内群众的身体健康产生较大影响，同时担心垃圾焚烧厂的进驻会影响当地的经济和社会发展等，于是在 2014 年 4 月 24 日，选址周边群众向市政府相关部门提交了反对中泰垃圾焚烧发电厂的申请，该申请共有 2 万余人签名。同时还有群众要求对《杭州市环境卫生专业规划修编（2008 - 2020 年）修改完善稿》公示提出听证的申请。虽然杭州市规划局当日答复称，将承办和回复这些申请。但直至当月月底，相关部门也未给出让群众满意的答复。因此，当地居民的不安、焦虑情绪不断上升，从而采取了各种方式表达利益诉求。2014 年 5 月，余杭区中泰街道以及周边一带的群众开始发生规模性聚集，表达反对垃圾焚烧厂项目选址的诉求，但各级政府尚未引起相当的重视。

2014 年 5 月 10 日，在小部分人员的撺掇下，大量群众封堵了杭徽高速公路及 02 省道，造成大面积交通瘫痪，爆发了影响极其恶劣的群体性事件，甚至出现打砸车辆、围攻执法管理人员等违法情况。在事件发生后，杭州市政府明确了：在没有履行完法定程序和征得大家理解支持的情况下一定不开工，九峰矿区立即停止一切与项目有关的作业活动。在 5 月 12 日，本次事件中的犯罪嫌疑人被依法刑拘。至此，本次群体性危机暂告一段落，群体性事件基本平息。

但真正的危机尚未完全解除，当地仍有很大一部分群众对于垃圾焚烧厂的建设持不支持态度，如何破解这个"邻避"难题，成了摆在当地政府面前的一个烫手山芋：建——群众不支持，政府也已承诺群众不支持不建；不建——垃圾围城如何解决，邻避难题如何解决。因此，要妥善解决这个问题，不重蹈"什邡""启东"等事件的覆辙，政府的后危机治理显得尤为重要和关键。

本次危机事件的发生，对中泰、余杭甚至是整个杭州都产生了很大的影响，主要包括：一是群众对当地干部存在抵触反感情绪，社会发展和稳定受到影响，同时仍有部分群众集聚在村委、街道办事处等地要求项目撤出中泰。二是中泰群众对项目极度反感抵制和恐慌疑虑，由于前期政府的信息公开不及时、不全面，又有所谓的"环保人士"对垃圾焚烧项目的妖魔化宣传，更是加大了群众的抵制和恐慌情绪。三是造成中泰经济社会环境混乱，"5·10事件"的发生在全省乃至全国都引起巨大反响，中泰因此有了较高的负面知名度，一度出现已签订意向的招商企业不入驻、已确定的投资项目不再投资等产业停滞不前的情况。

综上所述，中泰垃圾焚烧项目导致辖区群众对于政府的信任度的下降、对于"5·10事件"带来的负面效应所产生的抱怨，该项目还对来之不易的良好经济社会环境和发展造成了极大的干扰和冲击。

（二）协商何以有效：中泰的后危机治理

本次后危机治理的首要目标是控制和化解群体性事件危机，确保群体性冲突不再发生，维护稳定的社会秩序，保障人民群众的生命和财产安全，使得危机造成的损失降到最低。本次后危机治理的终极目标则是通过风险沟通、民主协商，在复杂的逆境中，化解邻避危机，破解"认知—机遇—行动"的不一致性，取得群众支持，重新开始建设垃圾焚烧厂。

第一，准确把握认知偏好，重建危机治理价值基础。风险型环境群体性事件的冲突基础，主要在于群众与政府对环境项目的风险认知存在严重不一致。在中泰事件中，民众对于垃圾焚烧项目的环境风险认知无疑是导致事件冲突的根本原因所在。如果能消除群众对环境风险认知的不一致性，则可以避免由于认知冲突导致的群体性事件发生，因此了解群众的认知偏好，对症下药，做好风险沟通，就能有效消除风险认知冲突。

中泰"5·10"事件之所以发生的很大原因是因为群众和政府、专家对垃圾焚烧这一风险认知的不一致，民众对垃圾焚烧厂的认知偏好严重影响垃圾焚烧厂是否能够重建。周边的老百姓认为：垃圾焚烧产生的二噁英会污染环境、影响身体健康，还有群众担心垃圾焚烧厂的建设会在无形中阻碍优质项目的进驻，严重影响当地经济社会发展。

自2009年有选址意向起就遭到周边部分群众的反对。2013年9月，该项目取得省发改委项目服务联系单后，项目选址周边村民曾组织零星抵制活动，但由于项目无实质性启动，故未出现明显抵制行为。由于专家对项目的风险性评估为较低且可控，2014 年 3 月，杭州市政府工作报告明确将于当年开工建设垃圾焚烧厂，并在杭州市规划局网站公示。2014 年 4 月中旬，随着项目规划选址公示，多个环保"维权"QQ 群成员数量在短时间内迅速飙升，部分媒体刊登负面报道或有正面发声却出现疏漏等，相继诱发了一系列"维权"活动，并一步步蔓延扩散。

在危机发生前，政府未能严格履行重大决策的五大必经程序，决策程序不透明、不合法剥夺了当地居民基本的知情权、参与权、决策权和监督权。群众认为垃圾焚烧厂的建设将对当地环境和居民身体健康造成严重影响，群众对于自身权益被侵害的认定和当地政府未及时公开本项目将会造成的影响之间，形成了严重的认知偏差。

第二，健全机遇环境，疏堵结合防止事件反弹。在"5·10"事件发生后，当地政府对于垃圾焚烧项目该如何推进陷入沉思：这个带有负外部性的民生项目是不是也要陷入"一上就闹，一闹就下"的窘境，危机发生后，又要如何破解和处置，让该项目从"邻避效应"到"迎臂效应"。杭州市各级政府从以下几点出发：一是积极搭建沟通渠道，重点发挥村社组织的作用，依靠村社干部打开沟通渠道。"5·10 事件"后，全体村社干部顶住压力，主动配合群众工作组做好入户走访宣传工作，率先外出参观考察，打开了群众工作的突破口。在外出考察、环评公示、大气检测、推进实事工程等重点环节，做好正面宣传引导。二是做好舆情引导，利用电视、广播、报纸等传统媒体和微博、微信等新兴媒体做好正面宣传和引导，进行垃圾焚烧项目的科学普及。三是通过情况通报、专家答疑，进一步统一群众和政府对垃圾焚烧项目的风险认知。

中泰"5·10"危机发生后，由于政府对于部分煽动滋事者予以打击，导致当地群众对政府尤其是警方有了更大的敌对情绪，如何化解这种敌对情绪，让群众愿意对话，愿意进行风险沟通，显得尤为重要。为此，当地政府根据实际情况，在全区选调了 1000 余名或是中泰当地人，或是曾在中泰工作过的机关事业干部，由于这些干部有着良好的群众基础，打破了僵局。在他们的带领下，工作组进村走访了 25000 余人次，收集了很多有用的意见或建议。这些都是当地群众对于垃圾焚烧厂进驻的要求或建议，较为有效地体现了民意。在上门进行沟通后，当地群众对垃圾焚烧项目有了较大的改观，其中总体上持赞成态度的占66%；消除了一些误解的占29%；坚定反对态度和没变化的只占5%。因此，中泰垃圾焚烧厂后续项目落地推进的全过程中都选择了让群众深度参与，只有群众参与了，建立了彼此间的信任感，才能真正化解矛盾，项目才能切实推进。

第三，完善对话机制，强化民主协商效度。民主协商是一种双向交流和多方互动的过程，民众通过协商参与表达意见，政府通过协商进行意见综合，是一种互动对话的过程，其核心是通过协商达成共识。中泰"5·10"危机发生后，当地政府承诺："项目没有征得群众充分理解支持的情况下一定不开工！没有履行完法定程序一定不开工！"中泰垃圾焚烧项目落地推进的全过程，当地政府都选择了让群众深度参与，通过民主协商达成共识，积极采取主动、及时、双向、平等和积极回应等原则，构建和完善有效的沟通机制。

一是情感融于理性，熟人走访，让理性回归。当地政府对余杭区内中泰籍体制内人员（行政、教师、医生等）进行全面梳理摸排，先后选调1000余人协助开展走访沟通工作，充分利用他们熟人熟地的优势，率先做好亲朋好友的思想和宣传动员工作，通过亲友之间的信任感，相互影响，消除沟通障碍，切实取得实效。同时，发挥工作组成员的部门优势，帮助当地居民解决上学、就业、困难帮扶、医疗救助等实际困难，让群众享受到实实在在的利益，消除对政府的抵触反感情绪。

二是创新工作方式，贴心走访。工作组成员通过走访进行宣传和意见建议搜集，并对搜集的意见建议及时反馈和办理。2014年5月至11月期间，累计结亲2000余户，走访25000余次，搜集汇总后的意见建议500余条，并在走访过程中为群众解难事、办实事近百件。为了建立群众的信任基础，当地政府积极践行"公众参与、专家论证、风险评估、合法性审查和集体讨论"这五大决策法定程序，邀请群众参与到项目监督中来。在做水文和大气检测时，检测点就设在南峰村村民的家中，所有监测得到的数据和细节即时公布，通过群众参与和公开透明让群众消除顾虑和减少不必要的担心等。

在此基础上，政府还专门成立了群众监督小组，其成员可以不定期地进入项目工地实地察看，实行阳光下的监督，进一步夯实信任的基础。同时根据群众的要求，不断调整完善项目建设内容。在着力解决现实问题的基础上，当地政府还通过工作组认真摸排了群众担心的问题。

为了使中泰的干部群众切实了解国内垃圾处理项目，发挥基层组织的正面宣传引导作用，进一步增强做好群众工作的底气与信心，也为了使村民能够彻底消除对于垃圾焚烧项目的恐慌、抵触心理，扭转对于项目"妖魔化"的印象，积极开展外出考察。2014 年 7 月至 9 月，街道动员组织群众密集外出考察，共组织安排各村社组长、代表、党员、部分思想不通的老年人、教师、医生等 80 余批 4000 余人次赴江苏苏州、常州等地考察。垃圾焚烧项目周边的 4 个核心村，80% 的农户参加了考察，这对群众转变项目"妖魔化"认识发挥了重要作用。

第四，建立有效的保障机制，助力"邻避"到"迎臂"。为了补偿当地的环境制约，当地政府积极谋划区域发展规划，树立发展信心。为破解当地群众对于垃圾焚烧项目落地后将影响中泰未来发展的担忧，当地政府按照"环境改造、品质提升、区域发展、民生改善"的总体目标和要求，开展实事工程、成立相关公司、推进产业发展。

杭州市政府为推进中泰整体发展，下达 1000 亩土地空间指标、75 元每吨的专项资金，为产业发展提供保障；为消除群众对于垃圾车跑冒滴漏情况的疑虑，设置专用匝道；同时积极物色相关产业，谋划中泰整体产业发展。产业发展的谋划，不仅突出项目的推进与中泰当地发展同步，更是树立村社干部和民众对当地发展的信心，让群众特别是村社干部相信垃圾焚烧项目的落地不但不会影响当地的发展，反而会让当地的干部群众因垃圾焚烧项目得益。

为进一步完善各村社的基础设施、道路交通等现状，改善群众生态、生产、生活环境，区街村三级全力推进 71 项实事工程，共投资 4.4 亿元。实事工程的推进，在群众中取得非常好的反响，进一步强化了政府的公信力，改善了各村社的生产生活环境，为群众工作的开展起到了较好的正面促进效果。

在认真践行群众路线的同时，把发展当作硬道理，中泰垃圾焚烧发电项目成了"惠民工程"，打破了"邻避效应"，转变成了"迎臂效应"。以群众利益为出发点，听取群众的意见建议，在后中泰事件的处理上，卓有成效。对具有邻避效应的环境项目，通过经济补偿、社会保障等补偿措施达成利益平衡，上级政府运用杠杆原理，通过加收垃圾产出较多地区的处理费用来补偿承担垃圾处理区域，主要用于该区域的生活环境改善，民生项目建设和当地发展等。中泰垃圾焚烧厂的重启工作，迈出了"破冰"的步子。

三、探寻有效的后危机治理之道

2014 年 9 月 12 日顺利进行了"两公示一检测"工作，11 月 25 日圆满完成了环评、稳评公众调查工作，为项目落地打下了坚实基础。2015 年 4 月 14 日，项目在完成了前期所需所有审批手续后，实现了平稳开工。2017 年 9 月 15 日，杭州中泰垃圾焚烧发电项目试运营，2018 年 5 月正式商业运营，项目每天可分流处置生活垃圾 3300 吨，有效缓解了杭州市"垃圾围城"的困境，也为将来杭州乃至全省、全国的垃圾处置提供了新的思路。

杭州中泰垃圾焚烧发电项目在遭遇危机事件后，在短短不到半年的时间内，重新开工建设，群众反应平稳，当地经济发展也得到进一步提升，这一系列的成果得益于政府科学的后危机治理。中泰的实践也为探寻有效的后危机治理之道提供了现实参考。

第一，转变理念，寻求多方共识的价值基础。政府与民众认知差异导致双方对立与冲突，是后危机治理的最主要阻碍。在风险型环境危机事件中，政府与民众的认知差异主要体现在对风险认知的不一致，政府一方认为风险较小，所以决定项目上马建设；民众认为风险较大，所以决定通过群体性事件维权，从而导致了危机事件的爆发，因此政府需要转变理念，寻求共识。

第二，拓展多样化沟通渠道，强化协商治理的有效性与针对性。政府的后危机治理能力，是检验政府行政能力的重要标志，如何在后危机时代，拓展多样化沟通渠道，将危机化解，并做到恢复和重建，是对政府危机决策和处理能力提出的新要求。

第三，构建制度化保障体系，夯实协商的实践基础。在杭州中泰事件中，垃圾焚烧厂选址是公共利益选择行为，但此类带有"邻避"效应的风险性环境问题，需要政府完善利益集团间的利益分配。为了防止出现利益的明显倾斜，实现有效的后危机治理，必然需要制度的保障。后危机治理的终极目标是为了保障广大人民群众的人身财产安全，所以后危机治理的制度保障尤为重要。制度保障是基于成本与收益综合考量的结果，此类带有不可替代性的"邻避"项目要落地，为了消除群众的顾虑，保障群众的生活环境和质量，政府需要制定有针对性的倾斜政策。

第六章
创新生态治理机制，
满足美好生活需要

加快实现生态环境治理体系和治理能力现代化是满足人民群众日益增长的优美生态环境需要的重大战略。21 世纪以来，随着工业化、城市化、信息化的纵深、叠加推进，我国人与自然、环境与经济、人与社会的关系持续紧张，甚至恶化。为此，党中央提出大力加强生态文明建设，构建以资源环境承载力为基础、以自然规律为准则、以可持续发展为目标的资源节约型、环境友好型社会。① 学界对此也极为关注，分别对新发展观与生态文明建设②、生态文明建设的科学内涵与基本路径③、基于生态文明的新型城镇化④和美丽乡村建设⑤、特大城市生态文明建设⑥、生态文明建设的法治保障⑦和习近平

---

① 胡锦涛. 高举中国特色社会主义伟大旗帜 为夺取全面建设小康社会新胜利而奋斗——中国共产党第十七次全国代表大会上的报告 [M]. 北京：人民出版社，2007.

② 俞可平. 科学发展观与生态文明 [J]. 马克思主义与现实，2005 (4)：4 – 5.

③ 谷树忠，胡咏君，周洪. 生态文明建设的科学内涵与基本路径 [J]. 资源科学，2013，35 (1)：2 – 13.

④ 沈清基. 论基于生态文明的新型城镇化 [J]. 城市规划学刊，2013 (1)：29 – 36.

⑤ 王卫星. 美丽乡村建设：现状与对策 [J]. 华中师范大学学报（人文社会科学版），2014，53 (1)：1 – 6；吴理财，吴孔凡. 美丽乡村建设四种模式及比较 [J]. 华中农业大学学报（社会科学版），2014 (1)：15 – 22.

⑥ 张欢，成金华，冯银，等. 特大型城市生态文明建设评价指标体系及应用 [J]. 生态学报，2015，35 (2)：547 – 556.

⑦ 王树义. 论生态文明建设与环境司法改革 [J]. 中国法学，2014 (3)：54 – 71.

同志关于生态文明建设的重要论述①开展了较为系统的研究。② 党的十八以来，以习近平同志为核心的党中央更是把生态文明建设作为关乎党的使命宗旨的重大治理议题，提出践行"绿水青山就是金山银山""保护生态环境就是保护生产力，改善生态环境就是发展生产力"等绿色发展理念③，全面推动"美丽中国"建设，努力满足人民群众日益增长的优美生态环境需要。

浙江是习近平生态文明思想的重要萌发地、绿水青山就是金山银山理念的发源地和实践地。浙江省委省政府历来重视生态文明建设，坚持一张蓝图绘到底、一任接着一任干，率先开展"千村示范、万村整治"工程，先行推行"五水共治"，大力实施美丽乡村和"无废城市"建设，并建成全国首个生态省。党的十八大以来，在习近平生态文明思想的指引下，浙江勇于展现使命担当，全力打造生态文明建设高地。在全省推进生态文明建设的诸多创新实践中，涌现出许多具有典型性和可复制推广的先进经验做法。例如，建德市梅城镇全面推进小城镇综合整治和美丽城镇建设、萧山区针对广大居民强烈关切的餐饮行业油烟污染问题实施重点治理、湖州市在落实"美丽乡村"建设中扎实推进农村生活垃圾分类和 D 乡在实施乡村振兴战略中为发展乡村旅游业大力开展景观性农村基础设施建设，这些经验举措都对全国各地推进生态文明建设具有重要借鉴意义。

2020 年，习近平在浙江考察时要求浙江"生态文明建设要先行示范"。这表明，浙江省近年来全力打造生态文明建设高地的先行创新实践，不仅具有重要的实践经验借鉴价值，还具有很强的普遍理论指导意义。在实践层面，浙江生态文明建设首先一直坚持以人民为中心的立场。全省各地均以满足人民群众日益增长的优美生态环境需要为目标，以全面推进人与自然和谐共生为工作思路，对生态环境实施系统性、整体性治理。其次，努力构建党领共治的生态环境治理新格局。在生态文明建设过程中，各地均坚持党的全面领导、坚持多方共治、坚持市场导向、坚持依法治理，持续建立健全领导责任

---

① 周生贤. 走向生态文明新时代——学习习近平同志关于生态文明建设的重要论述 [J]. 求是，2013 (17)：17 - 19.

② 黄勤，曾元，江琴. 中国推进生态文明建设的研究进展 [J]. 中国人口·资源与环境，2015，25 (2)：111 - 120.

③ 习近平. 习近平关于社会主义生态文明建设论述摘编 [M]. 北京：中央文献出版社，2017.

体系、行政监管体系、企业责任体系、全民行动体系、信用体系、法律政策体系等，形成党委领导、政府负责、社会力量和市场力量协同参与的生态环境治理新格局。再次，重视打通"绿水青山就是金山银山"的"两山"转化通道。在持续推进城乡水环境综合治理的基础上，充分发掘、利用传统文化资源，完善全域景观性基础设施建设，打造全域旅游经济产业，实现"两山"资源的有效转化。最后，善用数字技术提升环境治理效能。借助城市大脑等数字新基建，赋能生活垃圾分类、城市餐饮行业油烟污染监管和智慧旅游等应用场景建设，大幅提升了生态环境治理效能。在理论价值层面，浙江生态文明建设的创新实践，很好地检视了西方有关协同治理、参与式治理、数字治理等前沿理论的解释力和适用性，并拓展出基于中国问题治理场景的"党领共治""人类命运共同体"建设等新的理论分析范式。

第一节　城市更新视角下的美丽城镇建设
——建德市梅城镇的实践

近年来，我国城市化进程迈入加速发展时期，并取得了较大的成绩，大小城市均发生了翻天覆地的变化。与此同时，我国的城市化建设也暴露出很多严峻的问题，需要顺应时代、持续不断地进行城市化。城市现代化建设不仅是人类社会不断发展的必经之路，也是我国城市更新的必然过程。目前，我国城市化进程已进入有机更新阶段，截至 2022 年城市化水平已达到 65.22%。[①] 若城市化水平每年增长一个百分点，那每年就有近 1000 万农业人口变为城市人口，这一发展进程速度极快，推动了我国的城市更新。党的十八大报告首次将"美丽中国"写入报告中，明确提出建设美丽中国的目标。建设美丽浙江、创造美好生活，是建设美丽中国在浙江的具体实践，也是对历届省委提出的建设绿色浙江、生态浙江的战略目标的继承和提升。建设美丽城镇，是浙江推动高质量发展、推进"两个高水平"建设、谋好城乡融合

---

① 国家统计局. 中华人民共和国 2022 年国民经济和社会发展统计公报 ［N］. 人民日报, 2023 – 03 – 01.

发展新篇章过程中的一个重要战略举措。古希腊哲学家亚里士多德曾言，人们为了活下去才聚集到城市，为了更美好的生活而留在城市。建设美丽城镇的初衷同样是为了让城镇居民生活更美好，提高人们的幸福感和满意度。

梅城历史悠久，为古睦州、严州的治所，自三国置县至今历史绵延近1800年，是南宋"京畿三辅"之一，宋太宗赵光义、宋高宗赵构、宋度宗赵祺等三代皇帝在登基前都曾在梅城任地方官。梅城人文荟萃，在此孕育了"睦州诗派"和"新安画派"，《三国演义》《水浒传》《聊斋志异》等著作出于此或在此编撰，杜牧、范仲淹、陆游等曾在此为官。梅城山清水秀，是钱塘江流域最大的三个江口（新安江、兰江、富春江）交汇之处，也是全国首个气候宜居城市核心区域。传统建筑是城市的基因，承载着一座城市的文脉，只有在尊重历史的理念下，城市才能在保护和传承中更新。梅城也像别的城市一样，在慢慢发展的过程中，由于城市结构不能满足现代人的物质文化需求，便需要改造更新，这是一个城市发展必然会有的结果。城市更新是一个持续的过程，贯穿于城市发展的整个阶段。任何事物都可能发生翻天覆地的变化，唯有城市的人文历史不会发生改变。严州古城历经千余年的沿革及变化、辉煌及浩劫，其部分历史文化建筑和标志建筑、局部街区已改变，甚至消失，但其基本的街区格局依然延续至今，同时许多历史人文建筑物、构筑物有的是可修复的，有的是可恢复的。著名古城保护专家阮仪三教授认为，梅城是全国为数不多的州府规制清晰、街巷肌理完整、历史文脉可循、历史遗存丰富的一座古府。作为千年古府，梅城同时也面临历史欠账较多、历史矛盾交织、历史情绪积压、历史期盼较高等现实问题。在这样一座集生态山水资源和历史人文禀赋于一体的千年古府建设新时代美丽城镇，具有典型性、代表性和复杂性。

一、梅城样本的个案实践

建设美丽城镇应兼顾外在和内在的功能。如果说小城镇建设指的是环境综合整治，包括建筑立面整治、道路拓宽及修缮、污水治理、绿化美化、城市小品等物质建设；那么美丽城镇建设就上升到了一个新的高度，它不仅要求对物质进行建设，同时更重要的是对城镇的深层内涵的建设，其内涵主要包括生态乐民环境美、设施便民功能美、共享惠民生活美、兴业富民产业美、魅力亲民人文美、善治为民治理美六个方面。

美丽城镇不仅仅是城镇形态的美丽，还应该是全区域美丽、全领域美丽、全产业美丽和全社会美丽。梅城镇坚持规划引领，紧紧围绕"建设新时代美丽城镇、再现千年古府新面貌"的总目标，明确了分年度的节点目标：一年推出一期新梅城、两年基本建成美丽城镇、五年再现"千年古府"新面貌，积极探索新时代美丽城镇建设的"梅城路径"。古时的梅城曾是三江口的繁华商埠，在新时代推进梅城美丽城镇建设也就是希望通过旧城更新提升城镇建设管理水平和发展环境，增强城镇的美誉度和认同感，从而吸引更多的人流来此居住、旅游、创业，有效拉动三次产业的发展，再现严州古城商贾云集的繁荣景象。

（一）坚持理念革新，把握美丽城镇建设内涵

一是坚持生态优先强保护。2003 年 4 月，习近平任浙江省委书记期间在建德、淳安调研时指出，从实际出发，充分利用山水资源优势，坚持生态立市、生态立县、坚定不移地走可持续发展之路。[1] 梅城美丽城镇建设必须践行"两山"理论，全面落实浙江省大湾区大花园大通道大都市区建设和杭州拥江发展战略，必须全力保护好钱塘江流域最大的三江口的生态本底，坚守生态环境这一核心竞争力。二是坚持文化传承微改造。2018 年，习近平考察广州市荔湾区西关历史文化街区时强调，城市规划与建设要高度重视历史文化保护，不急功近利、不大拆大建。要突出地方特色，注重人居环境改善，更多用微改造这种"绣花"功夫，注重文明传承、文化延续，让城市留下记忆，让人们记住乡愁。[2] 在梅城这个"一步一历史、一物一故事"的古府建设美丽城镇，要更加注重文化的传承，更多地采用微改造的方式，坚决杜绝新的破坏。三是坚持以城带乡惠民生。美丽城镇建设的最终目的是回应人民对美好生活的向往，让老百姓享受到更多的实惠和改革发展的成果。推进美

---

① 习近平. 干在实处　走在前列——推进浙江新发展的思考与实践［M］. 北京：中共中央党校出版社，2006：481.

② 习近平在广东考察时强调 高举新时代改革开放旗帜 把改革开放不断推向深入［N］. 人民日报，2018 – 10 – 26.

丽城镇建设，更加注重以城带乡、城乡互动，着力补齐民生短板、公共服务短板、美丽乡村短板，辐射带动周边区域，实现"各美其美、美美与共"。四是坚持旅游开发重保护。首先，应重视"旅游保护"，弱化"旅游开发"，以历史遗产保护为第一要义进行合理的开发。其次，应重视"文化效益"，弱化"经济效益"，重视历史文化城镇文化价值的传播。另外，要重视开发的质量而非数量，防止过度开发导致的破坏。在梅城镇古城开发过程中，注重历史文化保护，不急功近利、不大拆大建，突出梅城特色，注重人居环境的改善，让城镇留下记忆，让人们记住乡愁。

（二）坚持规划引领，绘就美好发展蓝图

从大处着眼、实处着手，坚持谋定而后动，全力推进美丽城镇建设规划。一是坚持高站位规划。围绕"建设新时代美丽城镇，再现千年古府新面貌"目标，着眼全局谋划梅城，着力将梅城打造成"杭州历史文化展示的新窗口、浙江美丽城镇建设的新样本、世界级滨水区域发展的新地标"。二是坚持宽区域规划。坚持"山水城区一体规划"理念，按照梅城古城、新城和高铁新城"三城拥三江"的发展格局，注重与新城规划、高铁新区规划"多规融合"。完成《严州（梅城）古城保护开发利用概念性规划与城市详细设计》《三江口片区概念规划》和《梅城 1.56 平方公里集镇控制性详细规划》编制及论证，同步推进全域美丽乡村规划。三是坚持深层次规划。坚持"产城人文融合发展"理念，重视产业对城镇发展的支撑，推进休闲产业、夜间景观、交通网络等专项规划，协调推进美丽乡村规划，努力打造城乡共美、功能复合、宜居宜游、亦商亦儒的美丽城镇。

（三）坚持四位一体，健全统筹联动工作机制

第一，强化政府主导力。采用"市市联手"模式，建立杭州市、建德市、梅城镇三级联动的立体化运作机制。杭州市成立了以副市长为组长的领导小组，建德市也成立主要领导牵头的现场指挥部，由 8 名市级领导领衔负责，全面推进美丽城镇的统筹谋划、规划建设、征迁保障等工作。同时，浙江省、杭州市相关部门主动服务，多次赴梅城进行现场指导。

第二，强化市场主体力。注重招商引资、招才引智，想方设法创造条件，

积极引进杭州运河集团参与美丽城镇建设，引进中联公司采用 EPC 模式推进项目建设，同时加大产业招商、地块招商力度，激活民间力量建设美丽城镇的热情，截至 2020 年，累计接待客商 400 余批次，达成合作意向项目 20 余个。

第三，强化群众参与力。通过召开"千人大会"、乡贤联谊会、"小手拉大手"、志愿者服务、街长制等方式，广泛发动乡贤能人、"两代表一委员"、党员和村民代表参与美丽城镇建设，提升群众的主人翁意识，构建共建共治共享的良好格局。

第四，强化专家支撑力。首创驻镇规划师机制，在省住建厅、杭州建委的指导下，聘请云南沙溪古镇建设专家黄印武担任首席规划师。同时，充分发挥"1 名首席规划师 + 1 名建设单位设计师 + N 名行业专家与土专家"的技术团队优势，组建古建保护、绿化景观、立面整治、文化旅游四类 33 名专家组，以专业素养的全方位、全过程、全周期服务美丽城镇建设。

（四）围绕"六美"共建，探索特色推进路径

根据全区域美丽、全领域美丽、全产业美丽和全社会美丽的标准，推进"六美"共建。

一是推进环境整治提升生态美。在梅城镇的建设过程中环境的提升是一个基础的过程，围绕"山水林田湖草"进行综合治理，做好污染防治与处理，推进"五水共治""三改一拆"，推进"环三江口美丽乡村集群"建设，创建国家卫生镇。开展小城镇"六乱"专项整治，全面完成集镇污水管网入户全覆盖和强弱电"上改下"工程，有效解决集镇"空中蜘蛛网"等问题。实施拥江发展行动，强化沿江岸线、水体、山体、厂区等重要节点的设计统筹和风貌管控。

二是深化古城综保提升形态美。根据"一轴一带一环六区"的古城保护利用功能布局，深化古城综合保护与利用。全长 2.27 公里的梅城大坝、400米的南大街、正大街、三星街和东门街，已形成集历史文化展示和生态景观休闲于一体的特色街区，特别是大坝中段的元末明初古城墙、沿江的严州文化公园成为外地游客的网红打卡点。古城核心区打造的重点"两口两路两湖一带"已全面完成，东西入城口改造、东西湖水域景观整治、中轴线沿街综合整治、玉带河水系联通等建设内容已基本完工，一座富含白墙黛瓦、石板

青苔、古宅庭院、小桥流水、舟楫往来等元素的千年古府已然呈现在大家面前。

三是传承严州文化提升神态美。严州文化作为南宋古都文化的重要内容，对其深入挖掘和传承弘扬具有重要意义。坚持"考古前置、价值传递、保护第一、以文化统筹业态"理念，全面开展古城府衙、县衙、总兵府、玉带河及古城墙遗址等 1.6 万平方米的历史文化遗产考古工作，共发掘古牌坊残件和其他各类石构件 3100 余件，复建三元坊等古牌坊 15 座，修缮历史建筑 70余幢。深入挖掘和研究严州地域文化，广泛征集故事、实物和史证，对各类文化资源整合提炼，编纂形成体系。先后建成清邮局、德文化实践中心、金源昌烟草博物馆、浙大西迁展示馆等文化场馆 15 个，并在内部植入业态和文化展陈。2018 年，中国州府文化论坛及严州古城诗词大会在梅城镇成功举办，同时成立了古城保护利用专家智库，创成"浙江省诗词之乡"，出版《严州文化全书》两辑。

四是促进产业转型提升业态美。没有产业支撑，美丽城镇就没有生命力。整治老城区"低散乱"企业 41 家，倒逼淘汰落后产能企业 126 家，建设特色小微园、产业园 4 个，入园集聚企业 79 家，培育上市企业 2 家。推进古城业态调整，引进休闲文化旅游度假产业，注重特色文化街区打造，积极导入文创艺术、酒吧文化、展陈展示、主题民宿等多元化业态，包括致中和、思味王等本土"老字号"和舒羽咖啡、茶颜观色、木里酒窝等时尚"新网红"，梅庄民宿、金源昌酒店等民宿，"严滋味"夜宵美食经济品牌。大力培育新型业态，建立特色农产品线上线下综合体，引进严州时代广场、严州之心、芳草园酒店、联众民宿等大型项目，2018 年元旦营业的开元芳草地乡村酒店成为"网红"打卡地，"研几"智慧精品民宿有颠覆传统民宿服务模式的"黑科技"。

五是强化为民惠民提升社态美。美丽城镇建设首先要让老百姓有幸福感、获得感。因此，坚持以人民为中心，以棚户区改造为切入口，加快推进老城区更新，彻底改变古城空间紧、人口密度高、居住条件差的窘迫状况。截至2020 年，已累计完成棚改征收近 3200 户，核心区内迁出人口超 1 万人，约占集镇原有常住人口的 1/4，"蜗居""倒马桶"现象成为历史。同时，全面落实"建新城、保老城"战略，推进基础设施建设，提升公共服务质量。建成"一站式"综合服务中心，466 项民生事项实现"就近办"；打造一板桥邻里中心，建设以商贸综合体为主体的家园中心；推进美好教育、美好医疗建设，促进资源下沉，新梅城初中投入使用，市二院迁建项目即将投入使用；桐溪大桥、五马洲大桥、临金高速梅城互通连接线等重大交通项目落地。与阿里云合作建设数字梅城项目，打造杭州城市大脑首个乡镇级平台。

六是构筑共建共享提升心态美。构筑共建共享把最大限度动员广大社会力量参与美丽城镇建设作为前置性、基础性工作，让美丽梅城建设过程成为全体居民共建共治共享的过程。以"最多反映一次""走访全覆盖、服务百分百""六员六美""最美梅城人"等为抓手，大力推进三治融合，形成民间劝导员制、"三老"（老党员、老干部、老梅城）志愿服务制、"专家 + 巧匠 + 乡贤 + 村民"建设管理制等有效机制，提高人民群众的主人翁意识。公司化运营古城景区，保留原居民生活空间，打造主客共享的开放型景区。

（五）注重城乡统筹，凝聚各方强大合力

梅城镇注重城乡统筹，坚持城乡协调发展，坚持城乡并重，把农业与旅游业、城市与乡村、城镇居民与农村居民作为一个有机整体统筹推进，促进城乡在发展理念、规划布局、要素配置、产业发展、公共服务、生态保护等方面相互融合、共同发展，在城市能品味到乡村的生活品质，在乡村能享受到城市的现代文明。

城乡协调发展，产业是关键。缺乏产业支撑，城乡发展一体化就会成为无源之水、无本之木。梅城镇注重空间统筹，以古城保护开发为支点，联动区域内生态、文化、运动、休闲度假等资源，推进文旅休闲度假大景区建设；注重镇域统筹，加快推进基础设施向农村延伸、公共服务向农村覆盖，全面补齐城镇功能建设的历史欠账；以精品示范村创建为重点全域推进美丽乡村建设，形成城乡融合、全域美丽格局。同时把城镇建设和基层治理有机结合起来，借力创建工作，顺势破解诸多历史遗留老大难问题，营造和谐有序的良好社会生态；注重打好"乡情牌""乡愁牌"，广泛争取群众支持，鼓励和引导居民参与创建，力求让创建过程成为居民共建共治共享的过程；建立多方筹资的投入机制，加强招才引智，想方设法引入社会资本，形成强大合力。

推进城乡发展一体化，必须夯实基础。基础设施、公共服务、社会治理，

是除去产业之外城乡之间的差距所在。城乡发展的一体化，必须在夯实乡村基础的前提下，才能有效推进。梅城镇坚持"城乡共建、城乡联网、城乡共享"的原则，推进城市的道路、供水、污水管网、垃圾处理、电力、电信、环保、信息化等基础设施向农村延伸覆盖，做到"无缝对接、互联互通"，让农民享受现代文明的生活。梅城镇坚持"城乡要协调，治理须协同"的观点，持续深入推进农村社区建设，把更多的城市郊区和城乡结合部的村庄规划建设为设施比较完善的农村社区，着力打造近距离的"社区服务圈"，让广大农村居民也能享受到优质高效的社区服务。

二、梅城样本的经验启示

梅城美丽城镇建设有其复杂性和特殊性，也具有典型性和代表性。在解决人、地、钱及文化和生态保护等突出问题中，梅城积极探索，敢于担当，在模式、机制、要素保障等方面提供了可复制的经验启示。

一是坚持考古前置，放大价值传递。委托北大考古文博学院等专业机构开展考古作业，对地面地下历史文化遗产进行科学记录和重要性分级，避免造成建设性破坏、保护性破坏。坚持用历史研究解读和印证考古发现，用考古成果支撑和弘扬严州文化，将考古和历史研究所凝练的价值不断传递放大。对考古发现的古城墙、西水门、迭代建筑太平桥等遗址进行抢救性保护，在复建古牌坊中尽可能多使用考古挖掘石构件，最大程度还原历史风貌。

二是深挖历史人文，传承千年文脉。按照"专业＋民间"双向发力，成立专业组织，如严州文化研究会和严州古城保护与利用智库。全面系统梳理严州十大文化，开展"巨人地图"活动，通过收集保留群众的记忆遗产，最大程度挖掘严州地域文化的文化价值。精心编撰1500余万字的《严州文化全书》两辑，对《严州图经》、严州方言、严州名画等历史性遗存进行抢救性整理留存。创造性利用文化研究成果，恢复玉带河、龙山书院等文化地标，举办诗词大会，打造钱塘江诗路IP。

三是注重文物保护，活态展示利用。增强文保意识，做好文物"活化"文章，让活着的文物讲好梅城故事，激发文旅经济。做好文保单位申报及升级工作，南北双塔已列入全国重点文保单位。抢救性保护和修复清邮局等历史建筑，恢复南宋格局的街巷肌理，原形制打造城门城墙、玉泉寺等地标性建筑。利用碑坊石刻、古宅旧居、城门城墙、书院会馆等文物地标制作旅游导览和文创产品，打造玉带河水上游船项目及邻水风情街区，吸引众多游客。

四是推进区域融合，强化辐射带动。成立三江口严州古城管委会和千鹤·三江口妇创大党委，以古城为核，统筹推进大三江口区域规划建设、招商引资、资源开发利用等工作，并通过整合提升教育、医疗、审批等资源，辐射带动杨村桥、三都、大洋等周边镇村协同发展，着力将三江口区域打造成建德经济发展新的增长极。"一站式"综合服务中心月均办件量在 1 万 7 千件左右，其中近 60% 为周边乡镇办理件。

五是弘扬千鹤精神，引领乡村善治。挖掘培育新时代"自强奋斗撑起半边天，创新创业敢为天下先，忠诚奉献共圆家国梦"的千鹤妇女精神，发挥新时代千鹤妇女服务区域发展、引领乡村善治的作用。建成千鹤妇女精神教育基地，打造千鹤妇女"她"平台，开办"千鹤女子学堂"，恢复千鹤女子民兵连，成立"她"服务志愿者队伍，发动广大妇女群众参与文明创建、美丽城镇建设等工作。打造"千鹤嫂"创业联盟，引导妇女群众在农旅融合中增收增效。

六是强化数字赋能，提升治理水平。实施数字梅城项目，已通过与阿里云合作，建成杭州城市大脑首个乡镇级综合平台，该平台作为全省数字政府建设的 6 个"浙江故事"之一，在 2050 大会及云栖大会上发布推广。目前，智慧排水、智慧消防、智慧停车、智能垃圾分类、智慧党建、智慧旅游等应用或平台已上线试运行并发挥重大作用。

七是坚守生态本底，打通转化通道。践行"两山"理论，保护生态本底，将生态环境这一核心竞争力融入全域发展理念。加速推进棚改征收，改变群众"蜗居"现象，有力开展历史建筑抢救性修复、古城天际线管控，并为古城复兴打开空间。恢复玉带河，实施古城水系综合治理，构建蓝绿交织、水城共融的生态肌底，着力打造海绵城镇。围绕"江上、岸上、晚上、船上"，策划开发三江口旅游经济产业，打通"两山"转化通道。

八是加快文旅融合，激发城镇活力。以美丽城镇建设赋能文旅产业高速发展，严州古城步行街成功打造杭州市历史文化街区，并在杭州品质步行街评审中名列前茅；积极引入老字号、非遗类（15 项，其中严州虾灯、漆画、五加皮为省级非遗）、手工类、文创类等文化商业体；成功引进严州之心、时代广场、芳草园、江南秘境等大型文旅项目；招引夜经济项目，推出美食夜市和"严州十二时辰"系列常态化活动，艺说严州、知府巡街、民俗表演等吸引了大量游客。

目前浙江省城镇化正处于快速发展阶段，新型城镇必须将生态文明理念融入城镇化进程，走以人为本、优化布局、生态文明、文化传承的特色道路，着力推动绿色发展、循环发展，节约资源，强化环境保护和生态洗浴，减少对自然、历史文物的破坏，推动小城镇绿色发展，争取成为美丽城镇示范省。

在乡村振兴战略背景下，梅城这座"千年古城"有着独特地位和重要作用，杭州将建设美丽城镇作为实施战略的重要支点，加快补齐城镇建设短板，结合梅城镇美丽城镇建设，通过以镇带村、镇村联动的模式不断推进城乡融合发展，打开乡村振兴新局面。

梅城镇结合小城镇环境综合整治，大力开展古城保护，实现古城振兴，是拥江发展的重要节点和建设美丽城镇的重要典范，也为杭州美丽城镇建设发展起到了带头作用。

第二节　乡村振兴中景观性农村基础设施运维研究
——以浙江省 D 乡为例

一、景观性农村基础设施运维研究背景

党的十九大报告中提出实施乡村振兴战略，2017 年中央农村工作会议首次提出走中国特色社会主义乡村振兴道路，推进乡村治理体系和治理能力现代化，解决城乡发展不平衡、农村发展不充分这一突出问题，推进体制机制创新，坚持农业和农村优先发展，按照产业兴旺、生态宜居、乡风文明、治理有效、生活富裕的总要求，明确实施乡村振兴战略的目标任务是，到 2020 年，乡村振兴取得重要进展，制度框架和政策体系基本形成；到 2035 年，乡村振兴取得决定性进展，农业农村现代化基本实现；到 2050 年，乡村全面振

兴，农业强、农村美、农民富全面实现。① 实现农村"强美富"，在公共财政投入上优先保障，在公共服务上优先安排，重塑城乡关系，变革和理顺目前农业农村中的各种复杂关系，实现"两个一百年"奋斗目标。

景观性农村基础设施是对大规模的农村基础设施建设中一些具有景观性特征的农村基础设施的总称，主要包括农业生态、水系生态、乡村植被、乡村道路、古民居、乡村居民生产生活设施等方面景观化的基础设施建设。经过"五水共治""三改一拆"和美丽乡村等建设，农村村容村貌发生了翻天覆地的改变，原来城市中独有的休闲公园、景观园林、生态湿地、地标性建筑、夜景灯光、绿道、观光平台等逐渐进入传统农村范围，大幅度提高了农村居民的生活水平。这些景观性农村基础设施既是人人可以享受的公共产品，又天然地具有一定的资源性，与传统概念中的农村基础设施有显著区别。在乡村振兴农业供给侧改革背景下，新型农业投产形成田园综合体、特色花海、乡村主题体验园等新型田园风光。

实施乡村振兴战略，高质量完成农业农村现代化，良好的基础设施必不可少，近年来特别是启动美丽乡村建设以来，浙江省城乡融合发展的趋势更为明显，政府投入大量的资金将农村打造成为"宜居宜业宜游"的胜地，破败的农村面貌迅速焕然一新，但是长期以来的"重建设、轻运维"的思想，使得一些农村基础设施正迅速折旧，景观性的基础设施更是成为易耗品，逐渐缩小的城乡差距又出现拉大的倾向。

景观性基础设施的建设明显改善了农民生产生活的质量，相比以前，给农村引来了更多的"人气"，得到了农民群众的一致认可，但农村居民也提出了希望在农村变美变靓后，能否进一步将美丽风光、美丽田园、美丽山水变成美丽经济，在富了眼睛的同时富裕口袋，让前期对农村的投资转换成实现乡村振兴的持久动力，转化成稳定的农民增长收入。浙江省 D 乡近几年对景观性基础设施建设投入巨大，项目众多，从没有水泥路的破败山区乡镇到人人称赞的美丽乡镇，正是浙江农村建设发展的缩影。

经过一段时期针对性的建设，原先的农村基础设施也可以成为具有景观

---

① 中共中央 国务院关于实施乡村振兴战略的意见 ［EB/OL］. （2018 - 02 - 04）. http：//www. xinhuanet. com/politics/2018 - 02/04/c_1122366449. htm.

性的基础设施，并同时发挥原有的作用。相比之下，景观性农村基础设施还具有三个方面的显著特征。

一是具有观赏性。农村基础设施建设成景观化之后自然具有了观赏性，如 MPT 村建成的樱花大道，把原有的田间机耕路进行了硬化，两侧种植了樱花，现在已成为一个新的景点，在花开的时候，游客众多。

二是具有资源性。进行景观化建设之后，原来仅具有使用功能的基础设施，额外增加了原本没有的新的资源属性，如 SH 村，原来的堰坝只用于灌溉，在景观化的建设之后，加高了堰坝高度，对河道进行了冲洗疏浚，用卵石铺装取水平台成为码头，开发成为水上游乐场，还给村集体带来了 5 万元的租金收入。

三是具有退化性。通常情况下，一般农村基础设施建设成为景观性农村基础设施，需要额外增加一笔景观化建设的"不可逆"费用，维护成本也更高，若在完成景观化之后，未进行合理维护的话，其景观化的价值会迅速退化为"零价值"。如 D 乡 PQ 村建设完成的"鲜花村居"，单项目投资了近 25 万元，后期的运维没有及时到位，短短 5 个月，使得项目建设最核心的景观——欧洲月季发生虫害和枯死，最后不得已又重新采购了一批新的鲜花进行补种更新，耗费近 5 万元，占了原总投资的近 20%。

二、浙江省 D 乡景观性农村基础设施运维现状

运维，即运行和维护，不同于管护，运维是指通过相关的技术、流程，将产品价值提升到极致，根据不同业务的需求特点，具体模式不尽相同，可以这么认为，运维是通过各种方式和手段，来保障组织目标的实现和高效低成本的运行。

从某种意义上说，运维与管理是相同的，管理是由计划、组织、领导、控制等不同阶段组成的活动过程，任何一种管理活动，都是由管理主体、管理客体、管理目的和管理环境四个方面组成。由于景观性农村基础设施运维所涉及的主体包括政府有关部门、企业、村集体、村民等，不同的主体有不同的运维职责，它不是单纯地属于企业管理或组织管理范畴，而是包含着政府部门的行政管理、相关企业的管理、村集体的管理及农村居民的自我管理

等内容。从管理主体和管理客体上来说，除政府之外，企业、村民组织、村民既是管理活动的主体和实施者，还有可能是政府管理的对象，即客体，因而是多元的范畴。"三分建，七分管"，基础设施建设完成后投入正常运行，良好运维的价值在于既要协调各个主体相互之间的关系，明确某项具体任务下不同主体的运维责任，也要保证达到基础设施使用的低成本、长期性和有效性的目的。

（一）浙江省 D 乡景观性农村基础设施建设基本情况

D 乡的基础设施建设过程与浙江省是同频同步开展的，经历了增量（2003～2010 年"千村示范、万村整治"）、提质（2010～2017 年美丽乡村建设行动）、转化（2017 年以来大花园建设）的过程。在乡村振兴战略的总体要求下，景观性农村基础设施将越来越成为改善农村人居环境的发力点、农业供给侧改革的着力点、农民收入提升的支撑点。

近年来，D 乡推进美丽乡村建设、打造景观性农村基础设施建设的主要做法包括：一是突出群众的主体地位。D 乡 17 个村在建设过程当中，每个村都会发动群众进行捐资捐款，捐资捐款的金额约占总投资的 1/3，建设完成双姑十景、花园村、小杭州、魅力村等特色景观，完成多彩平湖双姑线、公路沿线节点景观建设、滑草场、木栈道、生态堰坝建设等。二是突出本地特色。D 乡山水资源优势突出，在建设之初即确立了"山水"的主题，注重把山和水相结合，大量采用本地既有的植物、石材、木头、竹子等资源，就近取材，以小见大，全域创建美丽乡村星级村，成功申报"中国诗人小镇"国家 AAA 级景区。三是突出带动作用。以中国诗人小镇为核心带动区，在全域旅游的战略确立后，依次建设核心区块和优势重点区块，在此基础上进一步完成核心区块和优势重点区块的串联衔接。创建 AAA 级景区村庄 3 个，AA 级景区村庄 2 个，A 级景区村庄 3 个。四是突出文化挖掘。每一个进行美丽乡村建设的行政村，都挖掘了属于自己的一套文化内容，如 QX 村是廉政文化，PQ 村是尚书文化和酒文化，HH 村是茶文化等。

（二）浙江省 D 乡景观性农村基础设施主要类别

自 2012 年省委省政府提出县乡村户四级联创开展美丽乡村建设以来，D

乡从多个渠道筹集资金，发动党员群众筹资投劳，在开展基础设施建设时同步进行景观化设计，提升基础设施的附加值，极大幅度地提升了农村的基础设施水平。从政府农村基础设施建设支出的情况来看，2013～2017 年的投资数额都较大，总数达到 5412.7 万元（如表 6－1 所示）。

表 6－1　　　　　　　2013～2017 年 D 乡政府投入农村基础
设施建设资金汇总情况　　　　　　单位：万元

年度	农村基础设施建设投入资金
2013	578.78
2014	542.27
2015	344.90
2016	1291.56
2017	2655.19
合计	5412.70

资料来源：根据 D 乡历年政府财政年度决算报表整理。

从运维日常经费支出和技术难度的角度来讲，D 乡景观性农村基础设施主要可以分为日常消耗类、经常维护类、发包经营类、条件技术类和稳定低支类。

日常消耗类。为了发挥景观效果或者达到基础设施的使用效能，D 乡在重点区域、优质区块建设了 4 公里的绿道景观路灯、9 处提水小喷泉、20 个功耗千瓦的夜景灯光秀等基础设施，虽然这些设施总体数量不多，但其日常维护的费用却不低。

经常维护类。这类设施不经常性维护即会失去原本的景观价值，如 17 个村口景观、200 余个绿化小品、全部公路的两侧花漫和节点景观等，这类设施需要有一定农业技术的乡村人才进行维护保障。

发包经营类。这类设施是指那些基础条件好，建设完成之后即成为独有的景观资源或产出资源，可以直接用于发包经营的基础设施，如 D 乡的 3 个蓄水堰坝、2 个亲水平台、4 个人工湿地、1500 平方米的温室大棚等。

稳定低支类。这类设施是指那些建设完成之后，只要不发生自然灾害或者其他人为的损害，就不需要维护的基础设施，如 D 乡的 6000 平方米的铺装道路、遍布各村的水利景观、4 公里的绿道、5 公里的木栈道、68000 平方米的整治立面、5000 平方米的墙绘等，还包括由农户出资建设并维护的美丽庭院。

（三）浙江省 D 乡景观性农村基础设施运维模式

在项目建设完成之后，D 乡逐步将所有景观性农村基础设施项目全部移交给村集体。D 乡仅政府全额出资建设的景观性农村基础设施项目有 200 余个。随着移交项目数量的大量增加，景观性农村基础设施的运维问题日渐突出，而项目形式的多样性和各村人口、环境、生活水平的差异，使得景观性农村基础设施运维也复杂多样，有时候还会相互交叉。通常，更多的基础设施项目是需要村一级或者村民以出资或者酬劳的形式承担一部分的投资成本，而一般基础设施项目的受益范围又有一定的地域范围性，从某种意义上说就是"俱乐部产品"，这也使得运维模式更加复杂，目前 D 乡主要存在以下几种运维模式。

政府直接运维模式。一些乡内主要干道两边、景观公园，乡政府是直接的负责单位，各村出于资金的考虑，普遍不愿意接收，政府不得不直接进行运维，公开进行招投标，列出考核标准，指定相关科室负责考核，这种模式中政府是运维主体，实施者是中标人，二者之间是一种合约关系。

村集体负责模式。项目建设完成之后，项目的所有权全部移交给村集体，由村集体负责运行维护和经营。村集体主要采取两种方式进行运维，一种方式是临聘制，如村口景观和村内绿化小品，由村集体安排村民进行相应项目的绿化浇水、施肥、修剪和破损修复等，村集体负责所有材料支出，并支付一定的人工报酬。这种模式的运维主体是村集体，实施者也是村集体，村集体与具体进行运维的村民是临时雇佣关系，D 乡大部分的项目移交后采用的是这种模式。另一种方式是发包制，村集体或者相关项目运维整体包装后，确定运维时间期限、资格、要求、承包款、违约责任等，向社会公开发布招标公告，以最低价中标的形式，确定中标人。这个模式的运维主体是村集体，村集体只负责提供资金和进行成效考核两个方面，实施者是中标人，二者之间是一种市场化的合约关系。

景区委托模式。D 乡申报成功的国家 AAA 级景区，在保持所有权不变的情况下，村集体和相应成立的旅游开发公司作为景区业主，与招商引资吸引而来的投资人签订协议，将景区的所有硬件投资授权给投资方使用，固定收取一定租金和分享一定比例的经营收入，并要求将该景区范围的所有景观性基础设施运维全部交由投资方负责，相当于村集体出让景区的经营权，由投资人通过对资源的市场化经营，获得收益，再反哺一部分给村集体。这个模式运维的主体和实施者都是投资人，可以认为是利用优势资源的市场化来解决运维的问题。

经营权发包模式。部分经过建设、具有直接获得收益能力的单个景观性基础设施，采取经营权发包的形式向外招标，中标人为了尽快收回租金等投资成本，降低日均运行成本，并取得效益，必然要增加对该设施的运维投入，保障长时间的正常运行，以吸引消费者。这个模式的运维主体是中标人，实施者也是中标人，是通过市场的手段解决基础设施运维的问题。

党员负责模式。根据"党建＋"的工作方式，村级党组织将景观性基础设施运行维护划分成很多个区块，采取网格化的方式，将全村所有区块逐个安排给党员，提出运维的要求和标准，并设置一定的考核分值，每个党员均负责自己所管理区块的景观性基础设施的运行维护，运维情况同步计入党员量化积分考核。这个模式的主体和实施者是党员，是一种压力型的模式。

从 D 乡的五种模式可以看出，在运维主体上，既有政府作为主体，也有村集体作为主体，既有合约型也有临时型，既有社会组织，也有市场化提供，每一个项目都可能是不同的提供方式，也可能是不同的供给方法。同样的项目在不同的村庄里面，就可能是不同的供给措施，没有确定的牵头单位，同一任务也未形成统一的模式。以项目数量计算的话，采用村集体负责的模式最多，占据主导地位，但其处于农村群众和乡镇政府中间的地位，既缺乏统筹提供资金的能力，也缺乏实施运维所必需的技术和人员条件，实质上并没有形成适合农村、成熟可靠、效果良好的统一或者主导模式。各种模式在各个行政村的不同的项目中都有存在，有的村采用其中的一两种，有的村采用其中的三四种，基本上还是觉得哪个模式合适就用哪个模式的混乱状态，加上由于资金、人员等因素影响，运维效果并不理想。景区委托模式效果最理想，但仅在最具资源优势的 AAA 景区中运行，属于不可复制的特例；政府直接运维模式、经营权发包模式、个人承包模式、党员负责模式等多种模式达不到运维长期、及时、可靠的要求。

从运维资金来源上看，各村的日常运维中，除了卫生费按 25 元/人·年的标准收取之外，其他依靠上级各部门相应的运维补助，项目分散，且补助仍需要村集体配套一部分资金，而绝大多数行政村收入不足 5 万元，资金缺口较大，乡镇政府完全没有能力保障各个村的长效运维资金及时到位。在配套资金制度上，大部分农村基础设施维护项目需要乡镇、村集体配套一部分资金，虽然大约只是 20%，但如果村集体没有经营性收入，就难以满足项目申报的条件，造成富裕村的项目扎堆，薄弱村的项目屈指可数。就政府层面而言，现行体制要求各条块各自负责，投入农村基础设施建设的项目资金分散，条块利益形成项目壁垒。"资"出多门，事实上导致投入分散，项目难整合，合力难形成。通俗地说就是"打酱油的钱不能用于买醋"，譬如农村环境卫生保洁涉及水务、交通、农业、农办等众多部门；河道属于水务部门；通村道路有的属于交通局，有的属于乡镇；田野的农药包装物、废弃薄膜由农业局管辖；同样是在村内，环境卫生整治、垃圾分类由综合行政执法局管理；美丽乡村建设、小品建设等由农办负责；污水处理设施由住建局负责；旅游设施由旅游局负责，各条块间协调不够，变成多头指挥，管理困难。

从上文的分析可以看出，村集体承担着卫生保洁、污水设施维护、绿化养护、公厕、洗衣房、亮化设施等众多的项目运维。2017 年，村集体经济经营性收入还不到政府补助收入的 1/3，而且经营性收入集中在个别明星村，如果去除这一部分不算，D 乡其他村的经营性收入加起来也仅为补助收入的1/6 左右，近一半的村年经营性收入在 0.5 万元以下，有三个村没有经营性收入（如表 6 - 2 所示）。显然，除了个别村以外，其他村对景观性农村基础设施的运维并没有相对应的经费保障，更多的是自己筹资想办法，运维很显然是需要由政府提供经费保障的，但 D 乡是属于典型的吃饭财政，财政拨多少就用多少，17 个行政村当中近一半的村属于经济薄弱村，即便有心也难以提供有效的支持，这直接限制了较高的运维成效水平。

表 6 - 2　　　　　浙江省 D 乡 2017 年各村集体经济收入一览表　　　　单位：万元

序号	经营性收入	补助收入	其他收入
1	46.73	24.41	0.41
2	6.34	93.07	0.21

序号	经营性收入	补助收入	其他收入
3	5	20.14	0.09
4	5	10.81	0.08
5	5.22	3.02	0.28
6	3	26.73	0.47
7	2.34	7.08	0.67
8	3.05	4.23	0.05
9	0.50	5.58	0.90
10	0.30	0.64	3.89
11	0.31	2.81	0.05
12	0.20	2.70	0.06
13	0.10	2.08	0.20
14	0.98	0.78	0.06
15	0	1.09	0.08
16	0	0.84	0.08
17	0	0.38	0.07
合计	79.07	206.39	7.65

资料来源：D乡三资管理中心2017年各村财务公开表。

三、提升景观性农村基础设施运维的对策

景观性农村基础设施的建设、运维牵动着绝大多数村民的心弦，成为村民公共生活中的一桩大事，经常引来村民的讨论、关注。从农村居民生活品质的提升上来说，农村基础设施的建设只是一个开始，而运营和维护才是关键。"有头无尾""善始不善终"，必然引起村民对于这项工程的"非议"；从提升政府行政效能的角度来说，政府大量投资建设的美丽乡村、景观性农村基础设施，提升了农村居民的公共福利与公共利益，不应也不能成为"一锤子买卖"，建而荒废不仅浪费了有限的公共资金，还造成公众对政府治理能力的怀疑。

（一）构建运维多元主体供给机制

一是搭建多方参与平台。处理好政府与其他主体间的关系，让各方主体在共同的目标下密切合作，细化制定景观性农村基础设施中长期行动方案，合理区分基层政府、村一级、社会主体各自的运维责任。严格主体资格，建立项目主体积分制度，对参与基础设施项目建设的主体进行严格的资格审查，把从业经验、典型项目、资金保障、项目运维经验等纳入积分范围，设立综合积分合格线，提高建设主体的质量。确立制度保障，通过完善招投标制度、特许权与专营权制度，明确各方的风险分担原则、产权界定方式、争议解决途径等，为项目实施提供良好的政策支持与制度保障。二是构建多方合作共赢机制。建立政府、私人企业、村级组织和村民个人"合作运营、共同维护、共享收益"的模式与机制。统一运维技术规范，建立适合实际的景观性农村基础设施运维技术标准体系，包括时间、人员、频率、目标等内容鼓励私人企业进入，通过"整合优势、整体打包、委托经营、收益分享"的方式，将日常运维交由私人企业，提高运维效率。大力推行参与式管理方法，让村民直接参与管理，并取得一定报酬，把有积极维护、协助修缮、主动报修等降低运维成本行为的典型个人，通过广播、奖励、张榜公布等方式进行大力宣传，教育、促使农民形成良好的日常习惯。三是构建风险多方分担机制。放开引入市场，由政府主导、受益人出资，参照政策性农房保险，引入风险承保机构，建立景观性农村基础设施政策性保险体系，提高景观性农村基础设施抵御破损和自然灾害风险的能力。

（二）建设强有力的运维支持系统

一方面，统筹景观性农村基础设施运维基金，设立农村基础设施运维专项转移支付，保障农村基本的公益设施正常运转，实现"托底"保障。同时，将目前各个部门涉及的农村基础设施运维的资金统一到农村基础设施运维基金下，如卫生保洁、道路养护、甘泉工程维护、污水管网维护等经费按照人口、里程、长度等拨付到乡镇，由乡镇一级进行统筹安排，提高运维资金的使用效率。另一方面，成立乡镇级景观性农村基础设施运维中心，依托乡镇现有的便民服务平台，加快各种资源要素的下沉，吸引社会力量加盟，通过政府购买服务或平台派单等形式，提高预约式服务的响应能力，无差别地满足区域范围内群众的需求。同时，加快运维专业人才培养，按每万人配备1名工作人员的要求配备或聘用业务干部，实现由专业人做专业事，化解村一级无力组织人员和成本高昂的现状。

（三）加快推进村落景区化发展

一是加快新业态成型。把村落景区化作为经营美丽乡村、发展美丽经济的新抓手，解决好"吃、住、行、游、购、娱"等乡村旅游的限制短板，积极发展农家乐、民宿、体验式新农业等农村新业态，使景区化村庄成为乡村旅游的目的地。开发一日游、养生游、体验游等乡村旅游新产品，支持农户发展制作具有乡愁和民俗特色的传统手工艺品和传统美食，推动传统手工业以电商的方式"触网"扩面，以业态的兴旺来反哺景观性农村基础设施的运维资金缺口。二是推进闲置资源的市场化开发。解决好村级集体闲置资源与市场的有效对接，大力引导资金下乡、技术下乡、人才下乡，梳理村级集体所拥有的闲置资产、资源和开发价值高的资源，整合形成强强联合、长短互补的联合项，适当放宽村集体以资源换股权的限制，引入投资开发主体（社会组织），在保障村民利益不受损的情况下，完成村集体资源特别是景区化资源的盘活利用，提高村集体的自我造血能力，构建景区与景观性农村基础设施相辅相成的良好循环机制。

（四）持续优化设施运维绩效考核

一是把运维成效放到核心位置，从数量型转变成质量型，从面上的维护率考核转化为点上的完备率考核，从横向考核为主转化为横向和纵向考核并重，参照景区分级评价体系探索运维成效分级评价体系，同步实施农村基础设施建设资金效率评价，突出运维质量成效的决定性作用。二是强化运维成效结果运用，发挥考核的"指挥棒"作用，显著提高景观性农村基础设施长效运维的考核比重，迫使政府治理"终端"的重心继续向下延伸，同时把运维成效与项目申报、资金拨付等联系起来，奖优罚劣，有效激发乡、村两级积极性。三是增加满意度评价，各级运维绩效考核中，把使用者的满意度评价作为重要方面，采用电话抽样、网络抽样等方式，对所在地村民进行综合抽样调查，包括项目建设需求、维护的频率、修复的时间、总体的印象等，取得村民对项目建设和运维的直接数据，并通过满意度评价来调动村民、村内组织等各方面的积极性，进一步发挥农民自我服务、自我管理的主体作用。

第三节　农村生活垃圾分类处理产业化研究
——以浙江省湖州市为例

生活垃圾分类处理是贯彻绿色发展理念、提高人民生活品质、建设资源节约型和环境友好型社会的重要战略举措。2019 年 4 月，住建部联合 9 个部门共同印发《关于在全国地级及以上城市全面开展生活垃圾分类工作的通知》，要求全国地级及以上城市全面启动生活垃圾分类工作，到 2020 年 46 个重点城市基本建成生活垃圾分类处理系统。同年 7 月，上海正式启动国内规模最大且执行要求最严格的垃圾分类政策。由此，生活垃圾分类处理工作在全国各地引起了空前关注和热议，并在浙江、江苏、广东、北京等地先后开展起来。

从整个层面来说，受历史、机制的制约，农村生活垃圾分类处理才刚刚起步。农村和城市相比，从启动时间就晚了十多年，除了起步迟、处理率低，农村生活垃圾分类处理问题严峻性还表现在很多方面，在基础设施、分类意识、资金投入等方面存在很大缺陷和不足，各市场主体要进入农村生活垃圾处理领域也是困难重重。农村与城市生活垃圾分类处理的模式可以异曲同工，但要找出一个具有农村特点的垃圾就地分类和资源化利用统一模式极其不易。农村生活垃圾有其自身的特殊性，除了垃圾分散集中收运难度大，村情村况都各不相同，由于农村生活垃圾从源头分类、运输、处置并未形成产业链条，从而造成极大浪费。

随着城乡经济的统筹发展，乡村振兴战略的深入实施，农村生活垃圾问题成为美丽乡村建设中必须面对的话题，处理好农村生活垃圾问题迫在眉睫。这就要求改变以前政府主导的老模式向政府监督、村民参与、市场运营、多元化投资的产业化发展新模式转变，建立一条分类收集、中端运输、末端处置环环相扣的农村生活垃圾分类处理产业链，真正实现农村生活垃圾减量化、无害化、资源化。

作为"两山"理念诞生地，湖州以"走在前、作示范、当标杆"的精神，确立了建设全国生活垃圾分类示范市的目标。湖州市通过对市内三县两区不同地形不同发展情况的农村生活垃圾处理的各个环节进行对比分析，找出生活垃圾分类、运输、处理各环节产业化途径中存在的问题，结合各村的实际村情，打通农村生活垃圾分类处理产业链，找出最有效的生活垃圾分类处理产业化的优化措施，以期给全省乃至全国走农村生活垃圾处理产业化道路提供参考。

一、湖州市农村生活垃圾分类处理产业化总体趋势

（一）湖州市农村生活垃圾分类处理基本情况

湖州是一座滨湖城市，全市辖吴兴、南浔两区和德清、长兴、安吉三县，面积5820平方公里。作为"两山"理论的发源地，为建设现代化生态型滨湖城市，湖州特别注重全市生态环境的保护。2019年，湖州以"走在前、作示范、当标杆"的精神，确立了建设全国生活垃圾分类示范市的目标，创立了"4＋3＋N"的垃圾分类体系。在时间上，制定了2020~2022年三年行动计划，三年内实现农村生活垃圾分类处理标杆村全覆盖。近年来，湖州市把农村生活垃圾分类处理工作当成各地方政府的政治任务，列入年度考核指标中，建设全国领先的农村生活垃圾分类处理"湖州样板"。

（二）湖州市农村生活垃圾分类处理样本村分析

为了能更全面深入地分析湖州市农村生活垃圾分类处理的整体情况，本节选取的三个村位于不同的县区，且在地理位置、交通运输、人口数量、集体经济收入方面都有很大差异。农村生活垃圾分类处理的模式选择很大程度上由各村基本情况决定。调研村差异性如表6-3所示。

表6-3　　　　　　　　　　　　　　各村基本情况

村名	人口（人）	户数（户）	村民小组（个）	2019年村集体经济（万元）	2019年人均年收入（元）	距县区距离（千米）
银坑村	809	247	6	120	38000	20
石泉村	2618	1061	16	250	45000	11
勤劳村	1653	455	14	50	35000	50

将湖州市3个不同县区、不同村庄、不同分类处理情况进行比较分析，主要从处理主体、处理模式、处理成效三个维度对3个村庄的生活垃圾分类处理差异化进行分析，在此基础上能更准确地展示湖州农村地区生活垃圾分类处理的真实情况和整体状态。研究框架如图6-1所示。

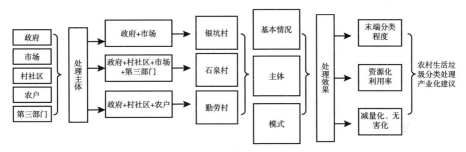

图6-1　农村生活垃圾处理研究框架

在农村生活垃圾分类处理中，供给主体的不同直接关系到农村生活垃圾分类处理的投入、模式、运行及处理效果。[①] 通过湖州市3个调研样本村现有的模式对比分析，从主体分类，可以分成三种不同的模式，分别是银坑村"政府+市场"、石泉村"政府+村社区+市场+第三部门"、勤劳村"政府+村社区+农户"的供给方式，具体内容如表6-4所示。

_____

① 贾亚娟，赵敏娟，等. 农村生活垃圾分类处理模式与建议［J］. 资源科学，2019（1）：38-41.

表6-4   调研村垃圾类处理主体对比

调研村	处理主体	各环节主体			
		基础设施	投入资金	运营方	监管考核
银坑村	政府+市场	政府	政府	市场	政府、村社区
石泉村	政府+村社区+市场+第三部门	政府	政府、市场、村社区、第三部门	市场、村社区	政府、村社区
勤劳村	政府+村社区+农户	政府	政府、村社区、农户	政府、社区	政府、村社区

　　一是安吉县银坑村生活垃圾分类处理模式：安吉县是垃圾分类处理样本县，也是最早把生活垃圾分类处理工作交给市场运营的县区，市场化程度高。银坑村作为试点村，市场完全参与到全村生活垃圾分类处理的整个过程，供给模式可以总结为"政府+市场"的模式。政府负责前期基础设施的建设，运营和处理的过程全部交给相关环保企业，并由政府制定统一的方案和服务标准等，主要情况如图6-2所示。

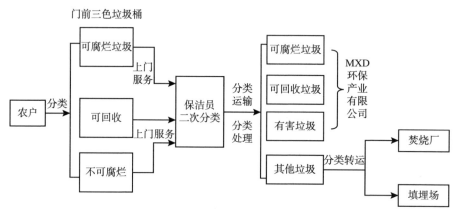

图6-2　银坑村生活垃圾分类处理模式

　　二是长兴县石泉村生活垃圾分类处理模式：石泉村农村生活垃圾分类处理工作于2017年起步，模式为"政府+村社区+市场+第三部门"共同供给。镇政府、石泉村社区与某环境工程公司签订合作协议，向其购买运输车辆和垃圾分类智慧系统、数据统计平台等设备共计 15 万元，并每年支付其平台维护费 2 万元。政府和村社区共同负责设备的采购和运营费投入，主要情况如图 6 – 3 所示。

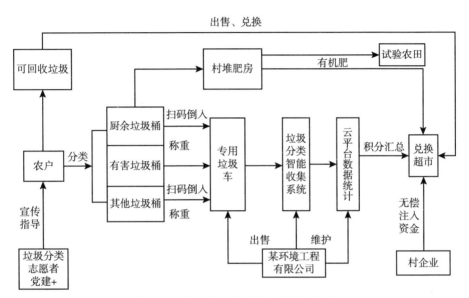

图 6 – 3 石泉村生活垃圾分类处理模式

三是南浔区勤劳村生活垃圾分类处理模式：2017 年，勤劳村实行农村生活垃圾分类处理，供给模式为"政府 + 村社区 + 农户"。镇政府、勤劳村社区及村民代表共同参与决策，确定了堆肥房的建设选址，制定了农户收费的标准等，主要情况如图 6 – 4 所示。

三个村庄生活垃圾分类处理的模式存在较大的差异，为了分析得出各村取得的成效，本节通过调查走访统计出 2019 年各村不同垃圾的产量和总量，经过实地勘察三个村生活垃圾末端分类程度、公式计算资源化利用率、衡量减量化及无害化效果、综合对比分析各样本村实际情况，得出差异结果（如表 6 – 5 所示）。

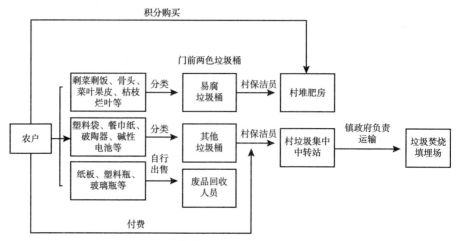

图6-4 勤劳村生活垃圾分类处理模式

表6-5　　　　　　　　　生活垃圾末端分类程度及资源化利用率对比情况

村名	年产垃圾量（吨）	易腐垃圾（吨）	可回收垃圾（吨）	其他垃圾（吨）	有害垃圾（吨）	末端分类程度（类）	资源化利用率（%）
银坑村	402	245	20	131	6	4	97.7
石泉村	821	369		452	4	3	75.2
勤劳村	422	111		311		2	66.8

　　注：目前湖州市没有标准化、全面的有害垃圾处理厂，无法获取有害垃圾资源化利用率数据。

　　一是生活垃圾末端分类程度。根据《湖州市美丽乡村建设条例》的有关规定，农村生活垃圾主要分为四类标准。银坑村按"二次四分法"标准化处理后，生活垃圾末端分类最为细化，按标准分成了4类。银坑村分类程度最高主要得益于把垃圾分类到分类清运的过程全部交给专业环卫公司，保证了垃圾分类从源头分类到分类运输再到末端处理都得到了有效实现。石泉村农户将垃圾分为厨余垃圾、其他垃圾以及可回收垃圾3类，在保洁员的二次分拣之后保证了垃圾的分类运输。勤劳村没有实行湖州市统一的四分类标准，专业化宣传和培训活动较少，保洁员和村民分类水平相对较低，其他垃圾里混有较多的可回收垃圾和有害垃圾，因此最终有效的末端分类只有2类。

　　二是生活垃圾资源化利用率。资源化利用率是指生活垃圾中经济价值的转换回收程度，可用资源化垃圾量占生活垃圾总量比重得出，计算公式为：R = Wr/Wt × 100%，式中：R 表示资源化利用率，Wr 表示资源化量，Wt 表示总量，R 的数值越大表示生活垃圾的资源化利用率越高。由于银坑村垃圾分类由专业人员负责，垃圾分类较为精准，生活垃圾资源化利用率高。石泉村和勤劳村分类程度是建立在农户的分类意识和水平的基础上，相比银坑村没有专业人员参与，其他垃圾中混装垃圾较多，因此分类程度偏低没有达到标杆村创建的标准。通过走访垃圾处理企业，结合技术专家给出的数据，其他垃圾通过回收利用，资源化利用率在 50% ~55% 之间，本节按照其他垃圾资源化利用率 55% 计算，可以得到银坑村生活垃圾资源化利用率达 97.7%，石泉村为 75.2%，勤劳村为 66.8%。

三是减量化及无害化效果。生活垃圾分类处理的最终目标是实现减量化，减少垃圾对环境的污染。减量化主要包括源头减量、中端减量和末端减量三个环节的全过程减量。[①] 源头减量是减少农户产生的垃圾量，主要靠农户自身的行动和分类意识的提高；中间减量是指运输环节，通过压缩、碾碎等物理手段，缩小垃圾体积，减少运输量达到减量效果；末端减量是通过技术手段，提高资源化利用，减少垃圾二次产生量。3 个样本村社区自从推行生活垃圾分类处理后，农户环保意识得到了普遍提高，生活垃圾在各个环节都在逐步减少，达到了减量化的初步效果，但和全过程多极化的减量目标还有差距，大部分村庄离标杆村创建减量化 20% 以上的要求还有距离。湖州市已在2020 年前实现垃圾零填埋，关闭所有垃圾填埋场。但湖州市尚未建立专业的、全面的有害垃圾处理厂，有害垃圾分类处理是目前湖州市的薄弱环节。

四是样本村综合对比分析。综上比较，3 个村生活垃圾分类处理中由于供给主体的不同影响了处理模式的选择，最终处理效果如末端分类程度及资源化利用率都有所不同。但三个村也有共同点：其一，在资金投入上都有一定的保障，基本实现各村生活垃圾分类处理的正常运行，所以资金投入是关键。其二，在生活垃圾分类的初期，湖州市主要以积分兑换和红黑榜的形式鼓励和制约村民的分类行为，在收费制度的执行上也没有形成统一标准，没有强制性要求，各村因地制宜。其三，政府主导的机制尚未改变，即使部分

---

① 贾亚娟，赵敏娟，等. 农村生活垃圾分类处理模式与建议 [J]. 资源科学，2019 (1)：38–41.

村庄在尝试改变，但是政府的作用还是不能忽视。

从农村生活垃圾分类处理的趋势看，湖州市农村生活垃圾分类处理已经不再是政府单方面的事情，农户、企业、社会组织等都在不同程度上参与供给。尤其是在专业设备的供给上，每个村都需要相关企业的参与，在不同的环节中相关市场主体已经参与进来并且起到了很好的作用，在垃圾分类设备、堆肥房设计及设备运行维护和垃圾运输二次分拣等方面都离不开各企业的融入参与。

二、湖州市农村生活垃圾分类处理产业化模式构建

（一）充分发掘农村生活垃圾分类处理的产业化潜能

有形的物质存在是形成产业化发展的基本条件。农村生活垃圾作为固体废弃物大范围且大量的存在并超出了环境的容量，生活垃圾的剩余价值没有得到充分利用，市场就有了要提供服务的对象。生活垃圾进行分类处理是一个动态发展的循环利益系统，各环节对垃圾进行服务并能产生利益空间是产业发展的市场基础。湖州农村地区已经具备生活垃圾分类处理产业化的基础。2019 年，全市生活垃圾清运量约 150 万吨，平均每天超 3500 吨。其中，农村生活垃圾清运量约 60 万吨，日均清运量约 1600 吨。全市农村易腐垃圾日产250 吨左右。

（二）大力推进农村生活垃圾分类处理的产业链建设

农村生活垃圾分类处理产业化涉及从产生源头前端分类系统、中端运输系统到末端处理系统全过程的农村生活垃圾处理产业链，这三个环节相互作用、密不可分。但由于处理机制的原因，三个系统的关联性不大，最重要的任务就是把互相独立的前端分类、中端运输和末端处置的生活垃圾分类处理过程有机整合。农村生活垃圾分类处理产业链的形成是其产业化发展的前提条件，只有各个链条环环相连、有序推进才能推动垃圾产业的有序前行。

农村生活垃圾产业链三个系统的关系如图 6 - 5 所示，其中垃圾分类系统是前提和保障基础，决定了其余系统的运行效率。终端运输系统搭建起了分

类系统与处理系统的桥梁，在整个产业链中起到了媒介作用。终端运输系统是联系每个环节的关键，它贯穿整条产业链。终端处理系统是垃圾产生效益、变废为宝的最后一环。在整条产业链中三者互相促进，缺一不可。

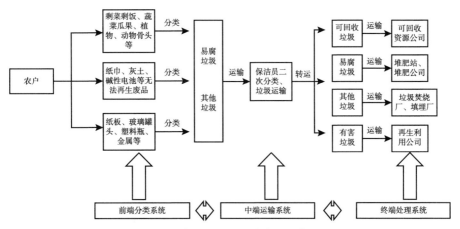

图6-5 农村生活垃圾分类处理产业链

（三）积极鼓励农村生活垃圾分类处理的市场化运营

垃圾分类处理涉及多个环节，每个环节都能形成不同的利益市场，可以有不同的市场主体入驻，前景广阔。市场化是实现资源优化配置的有效手段，推动体制混改，引入民营资本、优秀管理和先进技术，降低每个环节的成本，大力减轻政府的财政压力，促进大型垃圾分类处理基础设施的建设和高效运营，为农村生活垃圾分类处理产业化打下基础。

目前，湖州市农村生活垃圾分类处理的市场潜能未得到全部激发。垃圾的分类、清运、处理等工作主要由政府领导下的环卫部门处理，同时由村社组织负责宣传、雇人清运，在整个产业链中只有少数本地企业参与其中，参与的环节也是最基础、最简单的，难以形成有效的监督机制和竞争机制，未能将人力、物力、财力用到垃圾处理的关键地方。

在市场物质基础稳定和产业链初步畅通后，农村生活垃圾产业化发展的重点要放在创新产业化模式，模式的创新必须从每个环节的实际出发，产业模式的稳定性和可行性最为关键，各方协作参与不断提高生活垃圾的处理效率。本节结合我国地方农村的实际，考虑了模式构建的各方主体的利益，总结出适合垃圾处理产业化的创新模式，如图6-6所示。

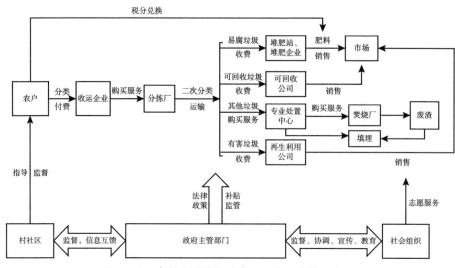

图6-6 农村生活垃圾分类处理产业化模式构建

从以上分析可以得出，在推动行业产业化的过程中政府起到的作用举足轻重。在前期，整个产业的布局、结构的调整、政策的配套、法律的保障都需要政府做出抉择。农村生活垃圾处理作为新兴的朝阳产业进入相关企业主体更需要政府的引导和监督，尤其在产业化变革的初期，更是离不开政府的作用。但在产业化发展的过程中，政府必须逐渐转变自身的职能，弱化自身的作用，担当起推动变革的责任，让其他市场主体参与进来发挥自身的优势。产业链的培育是农村生活垃圾分类走产业化发展的道路的前提，只有在这个前提落实好后才能逐步构建符合地方特色的产业化模式。

三、推动农村生活垃圾产业化分类处理的对策

（一）扩大政策宣传，逐步落实农村生活垃圾分类处理收费制度

农村村民作为垃圾分类的第一道关口，生活垃圾分类处理产业化是与村

民的生活习惯、分类意识息息相关的。① 把垃圾分类好是产业化发展的第一步，必须要形成全员积极参与的氛围。由于农村地区村民在文化程度上相对偏低，因此在宣传手段上必须多样化，在宣传力度上必须常态化，在宣传方式上必须通俗化，使垃圾分类深入人心。通过政府、社区、志愿者和社会组织多主体持续常态化的宣传工作能达到最终预期的效果，形成良好的分类环境，既能指导村民如何准确分类，也能使村民互相监督，让垃圾分类行为成为日常习惯并融入村民的生活中。

生活垃圾谁产生谁付费符合环境经济学原理，也是发达国家在垃圾分类探索中形成的且行之有效的管理手段，它在其中起到的作用是双效的，既能增强村民的责任意识又能成为资金的来源方式之一。企业积极进入农村生活垃圾处理产业领域，就是要寻求利益和利润，利润空间越大，竞争市场就越激烈，就能吸引更多企业来角逐农村生活垃圾市场领域。在这一产业领域中，企业的利润部分来源于政府财政补助，主要来源于垃圾收费②。

但收费制度执行不是一蹴而就的，尤其是在农村地区，把垃圾分类处理由政府的事转变成村民自己付费的事，形成农村村民的生活垃圾付费观念，还需要不断地实践：付费机制要合理转变，从积分奖励到奖罚并用再到统一收费的逐步过渡；收费方式要科学、标准要合理；监管机制要做到专款专用，符合农村实际情况。收费制度的建立将为农村生活垃圾分类处理产业化发展注入持久有效的原动力。

（二）转变政府职能，持续优化农村生活垃圾分类处理监管体制

从公共管理的角度，农村生活垃圾分类处理要从公益性事业向产业化转变，需要政府通过管理职能的彻底转变来推动。首先，政府是市场规则的制定者。政府应当在农村生活垃圾分类服务供应的每个市场领域制定准入和退出规则，并明确和细化这些规则，公开相应的市场监管法规、惠民扶持政策以及价格制定政策，使之完全透明化，极力去营造一个公平竞争的市场环境。其次，政府是市场服务和产品的购买者。在市场机制下，政府可以通过多种

---

① 孙慧楠. 农村生活垃圾治理问题研究——以承德县为例［D］. 保定：河北农业大学，2019.
② 蔡永刚. 基于循环经济的城市生活垃圾产业化研究［D］. 广州：暨南大学，2011.

方式去主导或直接向这些企业购买农村生活垃圾产品和服务，激活市场，为企业规模的壮大和技术能力的提升提供强有力的支撑。最后，政府是市场的监管者。对企业的行为进行多方监管，保证市场运作的规范性和持续性，是防止市场失控的重要手段。政府在产业化过程中实现自己职能身份的转变需要很大的变革决心，但最终要逐步将农村生活垃圾分类处理服务中具有经济价值的环节交由市场来供给，让市场在农村生活垃圾领域充分发挥其优势。

农村生活垃圾分类处理的各个环节都是相互联系、相互促进、缺一不可。当前在每个环节中的管理者还是政府，面对多环节的管理，政府有时会显得力不从心，某环节一旦失灵，可能会导致整个链条的断裂。因此改革现有的农村生活垃圾处理的管理体制，就要打破政府独大、政企不分、非市场化运作的局面。让不同的企业进入生活垃圾分类处理的各个环节，政府渐渐退出管理主体，把部分职能交给企业，行使好监督职能。让提供专业化服务的企业进入农村生活垃圾分类处理市场，并成为各环节的专业化管理主体，提高产业链中分类、运输、处理各环节的管理水平，为产业化的发展明确方向，使管理目标更加准确，投资机构更加科学。

（三）完善市场机制，努力提高农村生活垃圾分类处理市场化水平

政府要大力支持农村生活垃圾分类处理产业化的变革，要明确产业化的方向。推动混改，注入民营资本，坚定不移地对现有管理体制中存在的缺陷或不适应的地方进行完善和变革，积极排除产业化中的不利因素，转变思想观念。政府除了在补贴和政策上给予支持外，必须把生活垃圾分类处理环节中有利益的、价值大的、技术含量高的项目放手给企业，培育和扶持具有发展潜力和行业竞争力的企业，使其不断壮大，形成行业带动力和凝聚力。最终发挥龙头企业辐射影响作用吸引大型和小型企业参与到农村生活垃圾市场中来，不断提高行业竞争力和规模化发展，最终实现产业的集群化目标。

打开投融资的大门，鼓励社会资本进入分类处理行业中，充分调动社会资本投入农村生活垃圾分类处理设施建设、运营和管理的积极性，这些资本的投入将加快改善农村生活垃圾处理运行的管理模式，实现管理主体的多元

化。但在这一转变的过程中，政府要推动建立多元化的投融资体系，促进农村生活垃圾分类处理产业化道路持续发展。从长远来看，环卫产业园的建立是农村生活垃圾分类产业化发展的最终归宿。

（四）制定法律规范，不断健全农村生活垃圾分类处理法规标准

我国不管是在城市生活垃圾还是农村生活垃圾分类处理中都缺少从中央到地方的法律法规，即使已经出台的规定也停留在宏观整体性层面。因此从中央到各地方政府根据实际情况制定法律制度及地方性法规十分必要。

农村生活垃圾分类处理产业化的发展离不开法律法规的支持和引导，各地方政府要加强农村生活垃圾分类处理方面的法律法规建设。国外发达国家如德国、日本等国都在生活垃圾分类处理方面制定了严格且细致的法律法规，为其垃圾分类处理产业的发展提供了依据和准绳，也为各主体在各环节的行为活动提供了法律保障。在农村环境和生活垃圾分类处理立法体系建立中，必须要区别于其他法律的制定，要有相应的配套法规与实施细则，在内容上要详细且容易掌握，在操作上也要容易实施。在产业化发展的过程中涉及的相关主体和环节都较多，因此在制定过程中需要充分考虑各方的责任和义务，规范奖惩标准，明确各环节的流通规则，为产业化持续健康发展提供法律保障。

美丽中国建设离不开农村生活垃圾分类处理。农村生活垃圾分类处理是实现农村生活垃圾减量化、资源化、无害化处理，营造良好的村居和发展环境的大前提，是美丽乡村建设和农村生态文明建设的一项基础性工程，也是乡村振兴战略的重要内容。因此必须要高度重视农村生活垃圾分类处理工作，如何做好这项工作，如何使垃圾变废为宝，如何把农村生活垃圾产业做强做大是值得深思的问题。本节从探究农村生活垃圾分类处理走产业化道路的可行性出发，结合农村生活垃圾处理的实情，得出产业化是解决农村生活垃圾分类处理难题的最佳出路之一。农村生活垃圾分类处理走产业化的道路任重道远，需要在不断的探索和失败中前行，最终一定会为农村环境的改善和经济社会的可持续发展做出贡献。

第四节　城市餐饮行业油烟污染协同治理研究
——基于杭州市萧山区的实践分析

一、餐饮行业油烟污染治理的背景及意义

随着我国经济社会的发展和生活水平的不断提高，市民群众对优美生态环境的需求越来越高，对生态环境问题也越来越重视。2015 年"两会"期间，习近平在参加江西代表团审议时强调："要像保护眼睛一样保护生态环境，像对待生命一样对待生态环境。"① 在 2016 年的全国卫生与健康大会上，习近平又作了重要讲话，指出"没有全民健康，就没有全面小康""良好的生态环境是人类生存与健康的基础。要按照绿色发展理念，实行最严格的生态环境保护制度，建立健全环境与健康监测、调查、风险评估制度，重点抓好空气、土壤、水污染的防治"②。但是，长期粗放型的经济发展模式严重破坏了生态环境，各种污染问题亟待解决，其中大气污染问题尤为严重。2018年 6 月，国务院印发了《打赢蓝天保卫战三年行动计划》，提出了打赢蓝天保卫战，事关满足人民日益增长的美好生活需要，事关全面建成小康社会，事关经济高质量发展和美丽中国建设，要全面深入开展大气污染防治工作，共同推动环境质量持续改善。习近平在全国生态环境保护大会上，进一步强调良好生态环境是最普惠的民生福祉。环境就是民生，青山就是美丽，蓝天也是幸福。③

除了工业污染和汽车尾气，餐饮业排放的油烟造成的危害也不容忽视。2016 年，《人民日报》对人们关于河北文安县要求城区饭店、早点摊停业的

---

① 中共中央宣传部，中华人民共和国生态环境部编. 习近平生态文明思想学习纲要［M］. 北京：学习出版社，人民出版社，2022：14.
② 习近平在全国卫生与健康大会上强调　把人民健康放在优先发展战略地位　努力全方位全周期保障人民健康［N］. 人民日报，2016 – 08 – 21.
③ 习近平谈治国理政：第三卷［M］. 北京：外文出版社，2020：362.

消息争论时，刊文《平时多加力，应急少争议》，文章指出，根据相关研究表明，餐饮业油烟排放在北京市大气 PM2.5 中的比例约为 13%，在京津冀地区所占比例约为 6%；在广州，餐饮行业的排放比重能达到 14%。而且餐饮行业油烟中，可检测出的挥发性有机物有 300 多种。这说明，餐饮行业产生的油烟已经成为城市大气的重要污染源，确实不是人们想象中增加污染的"芝麻绿豆"了。

"人民对美好生活的向往就是我们奋斗的目标。"① 城市环境的日渐改善、社会文明的不断进步，人民群众的幸福安康都要求对餐饮行业油烟污染进行治理。以往政府"一家独揽"的模式已经与新时代治理能力现代化要求不符，实现市场、社会与政府协同的治理方式已在越来越多的实践中证明其可行性和必要性。浙江省杭州市萧山区作为杭州市的经济强区，其餐饮行业发展以及污染治理现状也在一定程度上代表了杭州市乃至华东地区大中城市治理水平。本节通过萧山区油烟污染治理的个案分析，以小见大，为挖掘我国在餐饮行业油烟污染治理中出现的问题和原因提供借鉴，为提出合理化实施解决对策奠定基础。

二、萧山区城市餐饮行业油烟污染治理现状分析

近年来，萧山区餐饮行业油烟污染问题日益凸显。根据萧山区餐饮行业污染问题专项整治工作领导小组办公室统计，从 2013 年到 2018 年，萧山区城市管理局共受理群众投诉 20614 件，按照"7＋X"项（市容环卫、城乡规划、城市绿化、市政公用、环境保护、工商行政、公安交通和其他）职责分类，环保类投诉件为 4068 件，占 22.7%，位列投诉总量第二位，而环保类投诉中餐饮行业油烟污染投诉达 1963 件，占 48.3%，油烟污染情况可见一斑。

2018 年 9 月以来，萧山区以中央环保督察反馈整改为契机，坚持"问题导向、结果评判，属地负责、块抓条保，严控新增、削减存量"的原则，按照"三个一批"、联合执法、倒逼管理的办法，建立了以政府为主导、部门

① 习近平. 人民对美好生活的向往就是我们的奋斗目标 [EB/OL]. (2012－11－15). http：//theory. people. com. cn/n1/2018/0122/c40531－29779412. html.

联动、社会协同、公众参与的治理模式，全面排查、持续治理萧山区餐饮行业污染的突出问题。

（一）萧山区城市餐饮行业油烟污染治理创新实践

为加强萧山区的餐饮行业油烟污染治理，萧山区成立了餐饮行业污染问题专项整治工作领导小组（以下简称领导小组），统筹协调指挥全区的污染治理工作。领导小组设组长1名，由分管副区长担任，区政府法制办、区信访局、区城管局、区市场监管局、区环保局等10家成员单位按各自职责分工开展油烟污染治理的具体工作。领导小组在区城管局下设办公室，并从区城管局、区市场监管局、区环保局、区信访局中抽调人员办公，对治理成果汇总实行每日通报，并根据治理成果进行排名，形成督促效应。

各镇、街道（场、平台）相应成立油烟污染治理工作组，依托综合治理"四个平台"，组织社区、网格员对各自责任网格内餐饮经营单位进行地毯式摸底排查，按照"一店一档"要求，形成全区餐饮行业油烟污染治理问题清单。在全面排查后，再由各镇、街道（场、平台）组织各职能部门对辖区内餐饮行业油烟污染开展治理工作。通过集中整治与宣传教育相结合，行政指导与技术服务保障相结合，规范提改与执法查处相结合等措施，对问题清单进行分类，扎实开展餐饮行业油烟污染处理工作。一是控新增减存量。禁止在居民住宅楼、未配套专用烟道的商住综合楼以及商住综合楼内与居住层相邻的商业楼层内，新、改、扩建产生餐饮油烟污染服务项目的审批，确保"零增长"目标。现有餐饮服务项目许可证到期后，不予以续批。新承租人仍从事相同经营项目的不得审批。二是规范一批。现有的餐饮经营单位，未完成环评影响登记表备案手续取得证照的，超范围经营的，油烟净化设施维护不规范的，经教育可以纠正，且经营主承诺按规定规范经营的，限期办理证照，规范经营目的和时间，规范设施运行和维护，减少对居民生活的影响。三是提改一批。未设置油烟净化设施、隔油池的，但有设置油烟净化设施和隔油池条件的，经属地镇街社区协调、市民认可的，经营单位有加装污染处理设施意愿的，对其设施进行提改，有效提升油烟净化设施运行质量。四是取缔一批。对没有按照中央环保督察期间信访承诺要求整改到位的；重复投诉没有硬件设施提升改造条件的，且不愿改变业态的；依法查处后仍整改不到位的，依据法律法规不适宜开设的情形，进行取缔。

社会公众也积极参与进来，担当志愿者，和社区工作人员一起，上门向经营单位发放《致全区餐饮经营业主的一封公开信》等宣传资料，给经营单位普及相关政策，吁请经营者积极配合政府部门的检查指导。电视、报纸、微信、微博等舆论媒体，也配合政府部门向经营单位和社会公众广泛宣传油烟污染治理工作，使治理工作家喻户晓，营造良好的舆论氛围，争取公众和经营单位的支持。

按照"边查、边改、边督"要求，各镇，街道（场、平台）建立健全油烟污染联动执法、行政约谈等管控机制，对每一个问题清单上的经营单位书面告知整改要求标准，并通过上门指导、整改跟进、联合执法等措施确保经营单位油烟净化设施安装、使用和维护等落实到位。

为确保油烟污染治理顺利推进，领导小组还建立了监督考核机制。对照负面问题清单，逐个进行验收，确保各主体按照预定的工作方案执行。对工作推诿不作为的进行通报，造成重大影响的给予问责。同时，还将油烟污染治理工作作为区生态文明建设工作和城市环境面貌提升工作的组成部分来监督考核，其结果纳入相应镇街和部门的绩效考核。

根据萧山区餐饮行业污染问题专项整治工作领导小组办公室的统计数据，截至2019年8月23日，问题清单涉及的1233家餐饮经营单位中的1069家完成整改，完成率为86.7%，群众满意度明显上升。然而，虽然经过不懈努力，油烟污染问题在一定程度上得到了缓解，但是餐饮行业油烟污染防治有着易反弹、难治根的特性，油烟污染治理工作越往后，"硬骨头"越难啃，治理难度越大。从表6-6可以看出，按照"规范一批、提改一批、取缔一批"的分类要求，涉访的1233家经营单位可以规范和提改的经营单位只占总数的51%，而需要取缔的经营单位将近半数，达到了49%。但取缔了就代表真的解决污染了吗？有些餐饮经营单位，从原投诉地址搬离后，又另选新址，重新开业经营，是否又将产生新的油烟污染？已规范、提改的经营者是否能保持不再产生污染？无论是还未完成整改的，还是已规范、提改、取缔的餐饮服务经营单位，如何巩固前期治理成果，进一步落实长效，还需要治理举措不松劲，久久为功。

表6-6 涉访餐饮服务经营单位整改情况 单位：家

规范		提改		取缔	
已规范	待规范	已提改	待提改	已取缔	待取缔
312	33	225	58	532	73

资料来源：萧山区餐饮行业污染问题专项整治工作领导小组办公室。

（二）萧山区油烟污染协同治理面临的挑战

党的十九大指出，要打造共建共享共治的社会治理格局，加强社会治理制度建设，完善党委领导、政府负责、社会协同、公众参与、法治保障的社会治理体制。虽然，萧山区在餐饮行业油烟污染治理方面取得了一定的成果，但是从协同治理的视角来看，不论是在参与主体的多元性还是协同治理的系统性方面，都存在着比较明显的不足，阻碍了治理水平的提升，直接影响污染治理效果。

一是法律法规有待完善。一方面立法滞后。萧山区油烟污染执法的主要法律依据是《中华人民共和国大气污染防治法》《杭州市大气污染防治规定》和《杭州市服务行业环境保护办法》，但上述法律法规里很多条款只做了原则性规定，表述笼统、概念模糊，在实践中难以操作。例如，三部法律法规里都规定了"禁止在居民住宅楼、未配套设立专用烟道的商住综合楼以及商住综合楼内与居住层相邻的商业楼层内新建、改建、扩建产生油烟、异味、废气的餐饮服务项目"，但在实际执法中对于禁止开设地点，新建、改建、扩建以及油烟、异味、废气的情形存在认定难的情况。与此同时，现行的《饮食业油烟排放标准》规定了餐饮行业单位油烟的最高允许排放浓度和油烟净化设施的最低去除效率，但该标准还是2001年制定的，一直未进行修订。与已出台的地方排放标准相比，国家的现行排放标准对一些污染物的排放限值偏高，净化效率要求偏低，已不能满足新形势下油烟污染防治的管理需求。另一方面，法律法规本身不配套。任何单项的法律、法规都是整个法律体系的一个子系统，只有当法律、法规相互配套、相互补充时，才能形成有力的法治保障体系。但是，目前有关餐饮行业油烟污染防治的部分法律、法规，尤其是地方性法规、规章与部门规章之间还没有完全理顺衔接，甚至还存在相互矛盾的地方，如地方性法规《杭州市服务行业环境保护管理办法》规定餐饮项目需要环评许可，但环保部审议通过的部门规章《建设项目环境影响登记表备案管理办法》规定，餐饮服务项目只需在网上进行环境影响评价登记备案即可。各法律法规之间不配套，就无法发挥出"1 + 1 > 2"的效果。同时，法律法规未得到有效执行。法律的生命力在于实施。如果有了法律不实施，或者实施不力，法律也就形同虚设。例如，市场监管部门未对餐饮服务项目是否符合《中华人民共和国大气污染防治法》第八十一条第二款规定的禁开情形进行审查，导致有大量的属于禁开情形的餐饮服务项目的项目申领出具了证照。违法成本低，守法成本高，既有失公平，也是一种不好的负面暗示，不利于形成良好的社会守法氛围。

二是政府角色尚未厘清。在共建共享过程中，城市政府应该从"划桨人"转变为"掌舵人"，同市场、企业、市民一起管理城市事务、承担社会责任。[①] 目前，政府虽然不再是油烟污染治理过程中的唯一主体，但仍然占有绝对的主导地位，不仅是"掌舵人"，还是"划桨人"。从宏观政策制定来说，政府掌握着主动权。《浙江省重大行政决策程序规定》规定了重大行政决策应当依法保障公民、法人和其他组织的决策知情权、参与权、表达权和监督权，对有关决策事项中直接涉及相关群体切身利益或者公众普遍关注的问题，决策工作应当组织公众参与。然而重大决策中"重大"如何界定，少有政府对此编制目录清单，即使进行了编制，公布的目录事项也只占了其中的一小部分，这直接影响了公众参与决策的范围。从微观监督管理来说，政府更多扮演着"垄断者"的角色，协同治理行动主要存在于横向的政府内部各部门之间，餐饮服务经营单位与社会公众之间的协同还有所欠缺。在这种情形下，餐饮服务经营单位与社会公众的角色更像是政府的"配合者"。

三是社会参与机制存在缺陷。"生态文明是人民群众共同参与共同建设共同享有的事业"。[②]《中华人民共和国环境保护法》第五条也规定了环境保护坚持公众参与的原则。但从现实情况可以看出，社会主体本身参与的机制

① 习近平：在中央城市工作会议上的讲话 ［EB/OL］．（2015 – 12 – 20）. http：//zgsc. china. com. cn/2018 –02/23/content_40230561. html.

② 习近平：推动我国生态文明建设迈上新台阶 ［EB/OL］．（2018 – 05 – 18）. http：//www. qs-theory. cn/dukan/qs/2019 – 01/31/c_1124054331. htm.

还存在着不足，这主要体现在三个方面：其一，社会公众关于治理信息获取渠道单一。社会公众有效参与油烟污染治理需要了解必要的信息，然而当前社会公众对信息的获取渠道主要通过政府及相关部门主动公开的文件和政策。但是政府部门未及时、完整地公开在管理过程中制作或获取的应主动公开的政府信息，如餐饮经营单位规模大小、油烟净化设施安装情况、油烟排放口设置位置等，一定程度上使社会公众对于环境信息的了解需要依赖自身感受。但当社会公众能切身体会到油烟污染损害自身切身利益的时候，污染情况已相当严重了。其二，社会组织的发展程度较低。在社会组织发展方面，与政府相关的社会组织（如妇联和工会）相比，餐饮业协会等非政府组织、非营利性组织的生存和发展能力相对较低。这些社会组织基础薄弱，不管是资金，还是人才、技术方面，都缺乏相应的资助和支持，自我发展的潜力还是不够的。其三，社会公众参与治理的末端化。因参与的渠道和本身能力的原因，社会公众无法有效参与到决策制定中，社会公众参与治理主要体现在当其自身利益受损后，通过投诉举报等方式维护权益，在利益得不到维护的时候，甚至会采取"群体上访""闹访"等形式来表达自己的利益诉求，这就使得公众参与太过被动和滞后，也会让治理效果大打折扣。

四是市场主体作用尚未发挥。各餐饮服务经营单位在促进社会经济发展的过程中扮演着重要的角色，但也是油烟污染物的直接制造者，是油烟污染协同治理过程中须主动承担责任的主体。然而，由于经营者的趋利性和环保法治观念淡薄，导致其治理污染缺乏主动性。同时，政府也未运用好市场这只"看不见的手"。在萧山区的油烟污染治理模式中，市场在资源配置中的决定性作用还没有得到足够的重视，导致市场调节机制不能有效发挥作用，萧山区仍然是基于行政手段，通过行政命令、专项行动、查处罚款、停业整顿、关停取缔等手段，对违法餐饮服务经营单位的污染情况进行治理。虽然各种行政手段在短时期内能快速有效地发挥作用，但不能从根本上刺激经营单位转变观念，在整治告一段落后，各种违法行为又会"死灰复燃"，油烟污染情况还将继续存在。

五是协同治理理念还未形成。长期以来，整个社会已经习惯了以政府为唯一主体的社会管理模式，依靠政府的强制手段来解决各种社会问题。在治理实践中因各政府部门往往有着不同的利益取向和价值追求，不可避免地会发生互相推诿，有选择性地接收对自己部门有利的工作，造成油烟污染治理达不到预期效果。

六是信息交流平台有待拓宽。多元主体之间协同治理关系的形成，以及协同治理效果的好坏在一定程度上依赖于各主体之间信息层面的交换与互动。但在治理过程中，各主体之间普遍存在着沟通不畅的问题，严重影响了治理的深度及成效。一方面，政府未履行好信息公开的职责。《中华人民共和国政府信息公开条例》规定了各级政府应当以公开为常态、不公开为例外，及时、准确地公开政府信息。但在实践中，政府作为信息的掌握者和提供方，会因各种主客观原因，有选择性地或延时公开信息。另一方面，在治理中缺乏统一的信息共享平台。各主体掌握的信息来源不一，范围不一，各自从不同的渠道掌握了相关的有价值的信息，但由于缺少一个统一的信息共享平台，各多元主体之间不能及时传输和分享自己掌握的信息，不利于科学治理决策的形成以及各主体协同行动的开展。

三、优化城市餐饮行业油烟污染协同治理的策略

餐饮行业油烟污染治理是一个长期的系统工程，只有政府、市场、社会等主体共同参与，有效协同，才能真正实现污染的根治。

（一）厘清政府市场社会的职责边界

一要坚持服务型政府的主导地位。在我国，很多事情如果离开政府，就不可能干成，坚持政府的主导是必然的选择。政府主导，就要求政府掌好舵，要转变传统的"官本位""大政府，小社会"的观念，变被动监管为主动监管；要做好油烟污染治理事前规划，建立全流程监管的长效机制；要构建部门间的协调机制，打破"各自为政"的局面；要提升治理的科技手段，推进油烟污染治理网格化和管理精细化。

二要发挥市场主体应有的作用。一方面，强化经营者的社会责任意识。经营者应以诚信、负责的态度，树立起自身是油烟污染第一责任人的意识，按照规范设置污染防治设施，减少油烟污染物的排放。另一方面，善用政府的激励机制。对保护和改善环境有显著成绩的餐饮经营者给予一定的经济激

励或精神激励，对存在超标排放污染物、造成大气污染的单位，建立餐饮行业黑名单制度，实行"一处失信，处处受限"的联动机制，促进经营者主动参与污染治理。同时，吸引第三方企业参与治理。通过第三方治理，方便政府对经营者进行监管，也降低政府部门的监督成本，且第三方更加专业的性质决定了其可以实现规模化治污，提高污染治理的速度。

三要构建多元主体协作互动的运作机制。餐饮行业油烟污染治理中，政府、市场和社会之间是否和谐互动，直接影响治理效果。要实现污染的有效治理，并确保治理的可持续性，各主体要树立起符合各主体长远利益的共同目标，通过共同目标的建立，以及过程中的谈判、协商、对话、合作，增强治理的合力。

（二）完善相关法律体系

一要推进污染防治立法工作。有法可依是依法治理的前提，无论是国家立法层面，还是地方立法层面，要加速餐饮行业环境标准的研究和制定，从严控制餐饮行业污染物的排放。二要加快法规规章的清理修订。对油烟污染防治相关法规规章进行梳理，对不同法律、法规、规章间有冲突的，要及时修订、清理，促进油烟污染防治法律体系的完善。三要增强油烟污染执法力度。严把许可准入关、环保准入关和执法查处关，从源头到末端，各部门协同配合、严格审批、执法必严、违法必究，有效防止法律法规变成"一纸空文"。

（三）健全社会参与机制

社会公众是餐饮行业油烟污染的直接承受者，对污染问题最具有发言权，他们是推进协同治理必不可少的主体。首先，要增强公众环保意识。作为油烟污染治理的直接利益主体，公民应转变思想认识，切实增强生态环保意识，自觉参与到污染治理工作中，提高主人翁意识和责任感，监督身边的餐饮服务经营单位油烟排放情况。

其次，加强社会组织的培育发展。社会组织是现代社会治理中不可或缺的重要载体。由于各种原因，我国的社会组织发展较为迟缓。为了改变这一现状，一要创新政策，为培育社会组织奠定制度基础。例如，进一步完善政府购买公共服务机制，为社会组织提供更广阔的成长和发展空间。二要落实措施，为培育社会组织创造现实条件，如建立孵化平台、给予财政支持。三要加强社会组织人才培养，采取各种措施吸引和培养社会组织优秀人才。

最后，拓宽社会参与渠道。在推动多主体参与油烟污染协同治理中，更重要的是要拓宽社会公众和社会组织参与污染治理的途径。要扩大公众和社会组织的污染治理权益，让公众切实参与法律法规的制定、实施以及立法效果评估等不同阶段，使法律法规成为公众参与大气污染协同治理的最基本保障。要推进环境信息的公开化，保障公众和社会组织环境知情权和监督权，满足公众和社会组织对环境知情权的需要。

（四）建立协同治理保障机制

一是优化信息共享机制。信息的交流共享是油烟污染治理协同机制的必要前提，这里的共享不仅仅是政府间的信息交流，更是与社会公众、社会组织、企业等之间的相互信息共享。不透明、不畅通将在参与主体之间筑起"高墙"，使得信息掌握不充分的主体难以参与到协同治理的网络中来。因为从某种程度上来说，协同机制本质上是一种信息交换的互动行为。良好的信息交换互动有利于各治理主体实现信息的共享，有利于加强参与主体间协同的积极性。

二是深化利益协调机制。治理主体的多元，也就意味着利益的多元，各参与主体都希望能实现利益的最大化，但现实是无法同时满足各主体的利益需求。厘清不同主体之间的利益关系，平衡多元主体间的利益需求是协同治理可以顺利实施的关键，只有实现利益的均衡，才能切实提高油烟污染的协同治理程度。

三是强化监督问责机制。《中华人民共和国大气污染防治法》等相关环境保护法律法规均规定了负有大气环境保护监管职责的部门及其工作人员玩忽职守、徇私舞弊等违法行为的法律后果，但上述规定更多是"写在纸上，挂在墙上"，没有真正落到实处。习近平强调，要"坚持有责必问、问责必严，把监督检查、目标考核、责任追究有机结合起来，形成法规制度执行强大推动力"①，通过责任倒查追究，倒逼政府部门、政府工作人员依法行政，绝不能让制度规定成为"没有牙齿的老虎"。

"民之所好好之，民之所恶恶之"。城市餐饮行业油烟污染是人民群众深恶痛绝的"身边污染"，只有不断对多元主体参与协同治理发挥的作用、存在的问题进行总结，才能真正实现城市餐饮行业油烟污染多元主体协同机制的不断完善，最大程度减少油烟污染，助力实现大气环境质量根本好转。

---

① 习近平. 加强反腐倡廉法规制度建设 让法规制度的力量充分释放［N］. 人民日报，2015 - 06 - 28.

第七章
创新社会治理机制，
打造社会治理新格局

　　2013 年，党的十八届三中全会通过的《中共中央关于全面深化改革若干重大问题的决定》指出：紧紧围绕更好保障和改善民生、促进社会公平正义深化社会体制改革，改革收入分配制度，促进共同富裕，推进社会领域制度创新，推进基本公共服务均等化，加快形成科学有效的社会治理体制，确保社会既充满活力又和谐有序。这是党的正式文件第一次使用"社会治理"这一概念，代替了之前的"社会管理"概念。从"社会管理"到"社会治理"虽只有一字之差，但体现了中国共产党执政理念上质的飞跃，其中最关键的是从原来强调政府自上而下的管理社会变为强调政府、非政府组织、社区、公民等在社会公共事务方面的合作共治。也就是说，社会治理的行动者是一个由政府、非政府组织和其他社会自治力量构成的多元化的行动者系统。①此后，党和政府的"社会治理"理念不断深化，党的十八届五中全会提出要"推进社会治理精细化，构建全民共建共享的社会治理格局"，党的十九大报告提出要"打造共建共治共享的社会治理格局"，党的十九届四中全会提出要"建设人人有责、人人尽责、人人享有的社会治理共同体"。总之，社会治理的目标是，通过发挥多元治理主体的作用，解决国家治理中的社会问题，完善社会福利，保障改善民生，化解社会矛盾，促进社会公平，实现和维护

---

① 张康之. 论主体多元化条件下的社会治理［J］. 中国人民大学学报，2014，28（2）：2 - 13.

广大人民群众的合法权益，推动社会有序和谐发展。①

　　浙江省作为经济比较发达的省份，其社会治理水平也走在全国前列，涌现出了基层网格化治理、新时代"枫桥经验""三治融合"等代表性的社会治理创新成果，并取得了良好的社会治理绩效。本章选取的五个案例中，慈溪市的基层网格化治理、建德市的"三治融合"侧重于基层社会治理方式的创新，而低收入农户精准帮扶、社会办医参与疫情防控、城市停车设施供给三个案例侧重于社会治理绩效展示，体现了提供社会公共产品和公共服务方面的治理水平。慈溪市的网格化社会治理坚持党建引领、体系推动、专职队伍、全科属性、多元参与，有力促进了治理方式由粗放机械向精细灵活转变，促进了基层社会治理资源由单一分散向多元整合转变，促进了基层治理从被动处置向主动发现转变。建德市的"三治融合"以德治为魂、自治为本、法治为纲，强化基层社会善治的柔性约束、内生约束、刚性约束，并在此基础上实现三者协同，也就是要将自治作为德治和法治的目标，将法治作为德治和自治的保障，同时德治是自治和法治的基础。这两个案例都是基层社会治理方式、方法或手段方面的创新，为更好地提供社会公共产品和公共服务创造了有利条件。低收入农户精准帮扶是浙江省建设共同富裕示范区过程中的一项重点工作，浙江省推出了"山海协作"等扶贫工程，创立了农村工作指导员等帮扶制度，并着重发挥数字技术在精准帮扶中的作用，构建了全国首个低收入农户精准帮促数字化系统。社会办医参与新冠肺炎疫情防控等公共卫生事件的应急处置，不仅有利于高效解决危机，保障人民群众的人身安全，也有利于加强政府部门与社会办医之间的沟通交流，完善对社会办医的执法监督，提升了机构的社会责任感和医疗质量。城市停车设施供给方面，通过完善停车设施管理体制、优化配建停车设施标准、加强停车设施规划引导、推动集约化停车设施建设以及强化停车设施智能化运营管理，可以有效缓解城市"停车难"问题。

　　上述浙江各地的社会治理实践探索既有重要的现实意义，也有重要的理论意义。现实意义方面，这些社会治理探索和创新可以更好地为广大人民群众提供安全、社会保障、医疗、停车等各种公共产品和公共服务，增强人民

---

① 姜晓萍. 国家治理现代化进程中的社会治理体制创新 [J]. 中国行政管理, 2014（2）：24-28.

群众的获得感、幸福感、安全感，从而在共同富裕的道路上阔步前进。理论意义方面，浙江的社会治理创新体现了多主体的参与以及政府、市场、社会三方的密切结合。这就提醒我们，在当今的社会治理中，仅靠政府一方是无法实现良好治理绩效的，党政部门必须与社区、社会组织、公民、企业开展多种形式的合作。至于政府是与社会还是与企业合作抑或是三方合作，以及在这种合作中政府、社会、企业各扮演何种角色，则要根据具体公共产品和公共服务的要求而定。

第一节　社会办医的参与障碍及其对策
——以杭州市 T 区防控新冠肺炎疫情为例

近年来，全球范围内的重大突发公共卫生事件频繁发生，如 2003 年的严重急性呼吸综合征（SARS）、2009 年的甲型 H1N1 流感、2018 年的埃博拉疫情等，不仅严重威胁人们的生命健康安全，更阻碍了各国的社会经济发展。特别是 2020 年新冠肺炎疫情的全球暴发，对全球经济造成了严重破坏，破坏程度甚至超过了 2008 年的国际金融危机。[①] 对此，国家应急管理治理体系及能力、现代医学体系及医疗保障能力等方面备受考验。因此寻找一种适应当前危机频发大环境的有效治理模式，成为国内研究人员及学者的使命。

一、杭州市 T 区社会办医中的参与障碍问题

在 2020 年新冠肺炎疫情防控中，医疗卫生机构是突发公共卫生事件应急处置的主体。但根据实际情况来看，此次新冠肺炎疫情防控几乎被各大公立医疗机构所包揽，如疫情防控期间仅允许具备相应条件的公立医院开设发热门诊，疫情前期核酸采样和检测定点于公立医疗机构、新冠患者在公立医院救治以及疫情后期新冠疫苗接种定点于各公立医疗卫生机构等。以支援湖北

---

① 中宏国研课题组．新冠疫情全球大流行对全球经济的影响［DB/OL］．（2020 – 12 – 07）．http：//www.china-cer.com.cn/news/2020120710216.html.

抗击疫情为例，抽调的大都是全国各地公立医院组建的医疗队，而社会办医参与较少，四万多名支援者中①，仅有三千多名来自社会办医②。而现如今，社会办医在国家不断推出政策的鼓励和支持下，日益蓬勃发展。2019 年 6 月 12 日上午举行的国务院例行吹风会上指出，"近年来社会办医取得了长足进展。截至 2018 年底，社会办医疗机构数量达到 45.9 万个，占比 46%；社会办医院数量达到 2.1 万个，占比 63.5%。社会办医的人员、床位、诊疗量占比均保持稳定增长"。③ 可见社会办医未能很好地参与疫情防控，并不是因为其数量不足、力量不够，而是在公共危机的应急处置实践中，没有充分地实现多元主体的协同。在杭州市 T 区疫情防控过程中，暴露出社会办医参与公共危机协同处置的五点障碍。

（一）医务人员缺乏主动性、医疗机构缺乏积极性

在工作性质上，大部分医疗岗位属专技岗，日常工作较繁忙，部分医务人员疲于学习与工作关系不密切的思想理论，尤其对于学者最新研究的前沿思想或政府部门新推出的治理理念更为陌生，一定程度上缺乏协同参与的意识。在思想上，部分医务人员认为公共危机的应急处置是政府部门的工作，离自身工作生活较远，且平时习惯了服从上级领导调配或进行指令性工作，本身就缺乏主动性，因此在配合协同处置上缺乏主动应对意识。虽然部分医务人员很难主动地参与到协同处置中去，但他们普遍拥有强烈的社会责任感和使命感，对于治病救人的本职工作会竭尽全力，因此在突发公共卫生事件时，只要动员得当，医务人员的主动性和参与率会显著提高。

医疗机构积极性方面，首先，社会办医的负责人多为金融或医疗专业人才，很少参与政治领域工作，对协同治理理念理解不深，对公共危机应急处置的认知较为局限。他们通常只关注机构自身运作，对危机应急处置的参与

---

① 国务院新闻办在湖北武汉举行发布会介绍疫情防控救治进展 ［EB/OL］. （2020 - 03 - 06）. http：//www. gov. cn/xinwen/2020 - 03/06/content_5488171. htm.

② 中国 600 多家民营医疗机构支援新冠肺炎疫情防控 ［EB/OL］. （2020 - 03 - 11）. https：//baijiahao. baidu. com/s？ id=1660868544428948527&wfr=spider&for=pc.

③ 社会办医是我国医疗服务体系的重要组成部分 ［EB/OL］. （2019 - 06 - 12）. http：//www. gov. cn/xinwen/2019 - 06/12/content_5399538. htm.

及进展情况关注较少。其次，社会办医的性质多为营利性，且规模普遍较小，在没有集团支持的情况下自负盈亏，生存面临诸多困难。尤其在公共危机爆发时，如 2020 年疫情期间，鉴于防控要求，口腔、体检等行业被要求暂停营业，机构接连亏损，甚至面临倒闭的风险。而在参与公共危机的协同处置时，社会办医往往获利不多，耗费人力、物力、财力却可能依旧面临亏损、倒闭，因此机构负责人往往不会表现出积极性。最后，由于社会办医在现实工作中很少有参与公共危机应急处置的机会，因此对于公共危机事件普遍缺乏处置应对意识。

（二）医务人员专业能力不足、医疗机构应急能力不足

根据调研结果，社会办医的医务人员偏年轻化，专职在职的高学历与具有高级职称的医务人员较为缺乏。同时，社会办医的规模普遍较小，学科建设不全面。在应对公共危机时，往往需要具备专科经验丰富的医务人员。如 2020 年新冠肺炎疫情，由于该疾病有咳嗽咳痰、发热、呼吸困难等临床表现，属于呼吸系统疾病，需要呼吸内科与重症医学科的专业医护人员，而社会办医中此类医务人员匮乏，导致参与应急处置的能力较弱。但社会办医的医务人员可以从事预检分诊、消毒灭菌、疫苗接种、核酸采样等专业性相对较弱的工作。也可通过专业培训来提高自身的专业能力，以便更好地参与到协同应急处置中。

医疗机构应急能力方面，社会办医的成本预算有限，医疗物资储备不足。公共危机爆发时，机构的应急物资储备量，如口罩、防护服等防护用品，无法匹配应急处置需求，基本应急能力不够。此外，由于社会办医很少有机会参与公共危机的应急处置，不具备应急处置经验。而且在日常工作中，社会办医往往忽视了公共危机应急预案、危机处置具体流程的制定，疏于组织员工培训及真实有效的应急演练，导致机构整体应急处置应对的能力不足。因此一旦爆发公共危机，社会办医自身很难做到快速响应，更难以配合政府相关部门的协同处置任务。

（三）协会渠道作用发挥不充分、政府部门开放渠道较单一

截至 2020 年 3 月 10 日，中国非公立医疗机构协会带领全国 260 个医疗

队，643 家民营医院，3991 名医务人员参与了抗击新冠肺炎疫情一线工作，发挥了重要的参与渠道作用。① 但全国范围内加入协会的机构仍是少数，截至 2021 年 9 月，全国 31 个省份中机构入会数量不足 50 个的省份就有 19 个。此外，中国非公立医疗机构协会虽有 30 家地方协会，但各个地方协会的管理层次不一，管理规范亦不统一，各协会之间的沟通不畅，因此全国各地方协会的参与渠道通畅程度也不同。除各地方协会外，尚存在很多自发组建的独立协会，与其他协会并无联系，如 T 区非公立医疗机构协会。由于该区百分之九十的非公立医疗机构已加入 T 区协会，而 T 区协会与中国非公立医疗机构协会没有联系，因此当公共危机事件爆发时，若 T 区协会没有接到当地政府部门的任务通知，那么该区的社会办医就很难再通过其他协会渠道参与到协同应急处置中。

在 2020 年 T 区疫情防控中，政府相关部门的防控指令是自上而下的指派模式。T 区公立医院的援鄂行动，是接到上级部门指派任务后展开的，而没有接到通知的医疗单位，则基本上没有获得参与支援的名额，因此社会办医的应急处置直接参与率较低。除此之外，社区街道开放了疫情防控志愿者招募渠道，但招募对象为社区居民，与社会办医并无对接，导致此渠道在机构医务人员中没有发挥有效作用。

（四）多主体间有效沟通不顺畅、应急指挥行政协调难度大

应急处置工作不仅需要政府相关部门之间的紧密配合与沟通，也需要与其他主体密切联系，形成公共危机"政府部门 + 协会组织 + 医疗机构 + 医务人员 + N"的协同应急处置体系。但实践过程中，多协同主体之间沟通并不顺畅。尤其是碎片化的社会办医，由于其位置较分散、普遍规模小、数量多，机构内对接人流动频繁，存在沟通障碍。此外，政府部门与社会办医之间很少通过合作的方式沟通，即使有合作也存在着流程不明确、关系待理顺等问题，影响社会办医的协同参与。各类型的医疗卫生机构之间也缺乏沟通交流，如疾控中心等专业公共卫生机构与其他医疗卫生机构之间缺乏明确指导规范

---

① 中国 600 多家民营医疗机构支援新冠肺炎疫情防控 [EB/OL]. (2020 - 03 - 11). https://baijiahao. baidu. com/s？id = 1660868544428948527&wfr = spider&for = pc.

或流程、公立办医与社会办医欠交流等。各主体之间沟通不畅的情况，严重影响了应急处置的准备能力和响应能力，不利于化解危机。

应急指挥行政协调难度大，一方面体现在政府部门应急协调能力减弱上。2018 年党和国家机构改革中，新组建了应急管理部，承担了应急管理职责。但在一定时间内，其内部的关系、职能仍处于理顺阶段。考虑到公共卫生事件应急管理的专业性，将其管理权交给了卫健部门，因此应急管理部无法充分协调已有救援资源参与应急处置，影响力与协调能力明显减弱。卫健部门多了此项工作的管理权，但卫健委同其他部委的配合度与协调的效果还有待加强。综合考量，政府部门对于公共危机的整体协调能力减弱。另一方面体现在卫健部门内部协调效果的局限上。目前，卫健部门中，与公共危机应急处置工作相关的部门至少有四个，卫生应急办公室、疾病预防控制局、医政医管局、综合监督局。在公共危机中，尽管处于核心位置的是卫生应急办公室，但疾病预防控制局的两项工作——拟定重大疾病防治规划、传染病疫情信息发布与应急处置紧密相关；医政医管局的公共卫生医疗管理处工作也与应急处置有紧密联系；作为监督部门的综合监督局，更是在公共卫生、医疗服务等许多方面与应急处置有着万缕千丝的联系。[1] 而以上四个部门属于平级部门，在处理相近业务时会产生交集和职责重叠，导致协调效果的局限。

（五）协同相关规章制度保障待健全、政府部门动员激励机制不完善

目前我国颁布的《突发公共卫生事件应急条例》中仅提到了在应急处理时，医疗卫生机构应当服从突发事件应急处理指挥部的统一指挥。其中，医疗卫生机构是模糊的参与主体，且服从统一指挥意味着服从上级的指令性任务，并没有调动参与者的主动性。此外，虽然我国已在很多相关法律的制度和应急预案中，强调了社会力量的参与，但非公组织参与应急的法治保障仍然存在一些问题。尤其在医疗领域中，以公立医院为代表的救援主体承担了艰难的任务和社会责任，而社会办医大多处于被忽视的状态。主要根源在于制度层面的相关保障尚不全面，建设滞后。一是协同治理相关法律制度较宏

---

① 陈安，陈樱花. 突发公共卫生事件协同治理研究 [J]. 广州大学学报（社会科学版），2020，19（4）：59－69.

观。由于协同治理理论尚处于发展实践阶段，专业明确的法律制度保障缺乏。而对社会办医这类缺乏主动性的机构，权威、精细的制度保障不仅有助于明确社会办医的参与依据，明晰各主体之间的权责，而且切实可行的标准流程可增强救援实效。二是制度性基础设施建设存在滞后性。以 2003 年的非典、2013 年的芦山地震为例，均是发生后才临时出台相应的法规制度。结合公共危机性质，将其从"末端治理"转化为"前端治理"难度大。三是公共危机的公共预算较少。以 2020 年为例，浙江省内重大公共卫生服务的预算 23172 万元，决算 33308 万元，涨幅 47.2%，公共危机应急处理 191 万元，决算 40241 万元，涨幅 18881.6%。[①] 从巨大的涨幅可以看出，省内过去对于公共危机应急处理的预算偏低，储备量不够。

在危机动员上，以 2020 年新冠肺炎疫情暴发期间为例，经调研，除 T 区非公立医疗机构协会收到了卫健部门隔离点支援的通知外，其余 T 区大部分社会办医并未直接收到抽调、派遣等正式通知动员文件，动员较局限。在激励机制上，T 区社会办医参与公共危机的主动性和积极性普遍不高，原因之一是缺少激励。社会办医没有政府拨款与财政补贴支持，在参与公共危机的协同应急处置中，不但需要耗费机构内的人力、物力、财力，还可能面临无法承担保障医务人员生命安全的责任。因此若没有得到明确的激励保障，社会办医是很难主动参与到公共危机的协同处置中的。

二、实现社会办医参与公共危机协同处置的对策建议

（一）增强协同治理意识

一方面，政府需转变对社会办医的异己观念。如今，社会办医已然成为我国医疗卫生服务体系的重要组成部分，虽然我国社会办医一直在批判与赞誉的夹缝中生存，至今也尚未完全摆脱根深蒂固的患者不信任、政府不放心的状态，但毋庸置疑，总体上社会办医一直都在努力向好的方向发展。政府

---

① 浙江省 2020 年一般公共预算收支决算 [EB/OL]. (2021 – 08 – 11). https：//czt. zj. gov. cn/art/2021/8/11/art_1416803_58923215. html.

不能因为个别虚假机构而否认整体行业，需要转变对社会办医的排斥感，将社会办医视为可以与政府进行平等合作的主体，从而建立起一种平等、互助、互信的稳定协作关系。

另一方面，社会办医需从利益为先走向社会责任为先。投资者为了企业生存和营利而以利益为先本是无可厚非的，但医疗行业与普通行业不同，医疗行业是资本、知识、劳动密集型的行业，发展较缓慢，需做好长远的战略规划并具备一定的社会责任感，若一味地唯利是图可能导致经营不善，遭到社会大众的质疑。因而，社会办医的创办者不能仅仅局限于眼前及自身的利益，更需要将视野拓宽放远，从服务社会大众中获取更多的信任，从协同参与社会治理中获取更多的资源，实现重塑形象、良性循环。

（二）提高协同处置能力

一方面，提升政府部门应急处置能力。公共危机应急处置是一个复杂多变、充满不确定性的高难度工作。从应急处置前的预警到处置中的作战指挥，再到恢复善后，均需要较强的能力和过硬的综合素质。政府部门作为协同应急处置中的核心，首先要理顺公共危机应急处置体系和责任体系，不断修改完善各相关规章标准，并按照计划定期牵头组织各主体协同开展应急演练和危机模拟训练，全面提高整体危机协同应急处置能力。

另一方面，培养社会办医协同响应能力。以 2020 年新冠肺炎疫情为契机，着力培养和提升社会办医的协同应急处置响应能力。在公共危机中，社会办医作为应急处置专业技术机构的一部分，应具备相应专业化的知识能力与快速响应能力，因此需要机构加强对员工的专业技术学习培训，狠抓员工的继续教育，鼓励员工进修深造。同时，应制定规范化的重大公共卫生事件应急预案，定期组织应急演练，并及时反馈沟通上级部门，请求专业指导；积极配合政府部门组织的联合演练，培养机构协同应急响应能力，不断积累处置能力，防患于未然。

（三）拓宽协同参与渠道

一方面，优化非公立医疗机构协会渠道。作为社会办医与政府部门的桥梁，中国非公立医疗机构协会应加强组织发展，严格按照统一管理标准和要求统筹协调各地方协会，建立科学严谨的组织构架，明确自身定位，实现有专人管理、组织专业化、信息公开透明的现代化管理目标，健康发展。

另一方面，建立志愿者平台一键参与模式。除应急处置专业技术机构外，志愿者团队亦是配合政府展开救援的最佳助手。但我国的志愿者服务模式尚未形成全民参与的热潮。丰富的志愿者资源可以形成有力的后方支援，以应对任何类型的灾难，满足援助需求。因此开通公共危机协同应急处置中的志愿者渠道十分必要。与一般志愿者不同的是，参与公共危机应急处置的志愿者需要具备更专业的医学背景，同时志愿者渠道可以整合碎片化的社会办医的医护资源，更好地发挥协同参与作用。同时，要充分利用网络和科技的力量，将碎片化的社会办医医疗机构力量整合到一起，搭建一个科学的、现代化的医疗志愿者网络信息共享平台。

（四）加强多元主体协同

一方面畅通纵向主体间的管理协同。在公共危机的协同应急处置中，政府部门、非公立医疗机构协会、社会办医、医务人员之间的纵向协同共治过程需整体协调一致，贯穿于制定总体方案、进行应急指挥、完善牵头管理、明确各主体权责分工、共享资源等应急处置全程，达到自上而下、自下而上的互联互动、畅通无阻的效果。在制定救援应急预案时，设立非公立医疗机构协会为参与应急处置协调的常设机构，做好社会办医与地方政府部门的有效衔接，根据政府需求与医疗机构储备，协调安排人员和物资，实现信息和资源共享，完善纵向管理协同。

另一方面，加强横向主体间的有效沟通。一是打破政府跨部门沟通壁垒，建立政府内部的无障碍沟通。建议出台有关跨部门协同的指导性规章制度，明确协调的定义与分类、协同方式与流程以保障协作制度的有效落实。二是串联协会跨区域联络孤岛，增强各协会之间有效沟通联系。可借助网络平台，以中国非公立医疗机构协会作为领导核心，统筹协调管理各地方协会，并通过在线指导、视频会议等方式，为其他协会提供帮助及经验交流。三是开辟各机构间的合作路径，参考公立医疗卫生机构"医共体""医联体""分级诊疗"等协作模式，社会办医之间、社会办医与公立医疗卫生机构之间也应加强沟通交流，实现优势互补，合作共赢。

（五）强化协同法律保障

一方面，完善相关制度性基础设施建设。将社会办医设法加入到公共危机的协同应急处置中，需寻求建立一种更加制度化的方式。切实可行的制度能够将明确和清晰的责任分派给社会办医，使其对自身的责任有稳定的预期，并督促其履责。再辅之以合理的激励动员方案，提升社会办医的积极主动性。在公共危机爆发时，可以大大减少服从上级指令性任务的等待时间，节省行政资源的同时避免延误救援。从长远来看，使社会办医负起责任的最可靠方法，是建立起社会办医与政府长期合作的机制。通过引入绩效评价和评估问责机制，配合以竞争性选举规则和流程，不断优化合作方案，督促社会办医自主开展工作，保障其可持续发展。例如，将社会办医参与危机协同应急处置的具体内容纳入服务目录并按需修订；提高公共预算中用于公共医疗卫生健康支出的比例等。

另一方面，加强对社会办医的执法与监管。建立对社会办医的专科审批和监管制度，提高机构的医疗质量是扭转信任危机、实现更快更好长足发展的关键。目前，集团化和专科化的发展模式已使社会办医站稳脚跟，但却没有与之相匹配的精准化专科执法依据，尤其是针对口腔、眼科、医美等专科行业的执法规范。因此，亟待健全专科化的精细执法依据，在精细制度保障下进行执法与监管，既有利于避免执法与执业漏洞，也能保障人民群众就医安全。

第二节 基层网格化社会治理的
实践困境及优化路径
——以慈溪市为例

一、网格化治理模式在我国的发展历程

从国内外相关资料看，网格化社会治理模式显然是颇具中国特色的社会

治理实践成果。在 21 世纪初，我国已经开始实践网格化管理模式。最早是公安系统开创的网格化巡逻，后来又在市场监管、城管等领域得到应用。2003年非典期间，不少地区就在社区开展了网格化管理和地毯式排查，有力地促进了疫情防控工作。但是，从影响力及实践成果理论转化效益来看，北京市东城区 2004 年开展的网格化管理实践被大多数研究者认为是我国基层社会网格化管理革命的开端。此后十余年间，网格化管理以其管理的精细化、科学化、效率化等特点，在全国各地得到迅速推开，并引起学术界的高度关注。

2013 年 11 月，中国共产党十八届三中全会提出，全面深化改革的总目标是完善和发展中国特色社会主义制度，推进国家治理体系和治理能力现代化。① 这标志着，从 1993 年十四届三中全会开始使用的"社会管理"概念正式被"社会治理"所替代。从此"网格化管理"概念也逐渐发展成为"网格化治理"概念，其演进过程基本上与我国社会治理话语体系构建的历程相一致。2017 年，《中共中央 国务院关于加强和完善城乡社区治理的意见》提出"拓展网格化服务管理，加强城乡社区治安防控网建设"；党的十九大报告要求"打造共建共治共享的社会治理格局""提高社会治理社会化、法治化、智能化、专业化水平"。这些政策文件对网格化治理的重视标志着网格化治理已经在国家宏观层面得到党和国家的认可，在今后很长一段时间内会成为我国基层社会治理的重要探索方向。

从这些年各地实践来看，网格化治理模式通过推进社会治理重心下沉、打破各职能部门间的壁垒、整合多元社会治理资源，有力推动了基层社会治理流程的细化与优化，完善了以村社区制为核心的城乡基层社会治理体制，并对满足公共服务需求、整合基层社会秩序以及重建基层政府的权威提供了有力支撑。但同时，在行政主导合作治理趋势下，基层网格化治理模式近年来普遍进入了"瓶颈""横盘"期，并没有能够如预期的完全成长为基层治理的最终答案，"内卷化"风险②反而有所彰显。网格自身的职能定位模糊，网格承接的社会治理任务和上级交办的各类任务日趋增多，基层网格日益行

---

① 中共中央关于全面深化改革若干重大问题的决定［N］. 人民日报，2013 – 11 – 16.

② "内卷化"是指一种社会或文化模式在某一发展阶段达到一种确定形式后，便停滞不前或无法转化为另一种高级模式，转而寻求内部无必要的精细化或竞争的现象。本节中意指网格化治理创新陷入瓶颈，难以出现突变式的发展。

政化发展，治理成本与日俱增等现象开始普遍化呈现。在这一过程中，各地各级网格管理部门都有所察觉，并分别出台了相应举措，但从实际效果看，原本期望通过基层网格推动治理资源整合联动、强化末端精细服务，进而提升基层治理效率的各种努力，往往都在某种程度上成为不断往网格叠加的"稻草"，使行政权力对基层自治空间的侵蚀进一步延伸到了网格，实质上使得基层责任范围持续扩大、治理边界日益模糊、治理流程越趋复杂，在基层社会治理领域形成了"黄宗羲定律"①式的悖论。这显然是有悖基层网格设置初衷的。基于此，有必要以批判性的思维对基层网格化社会治理模式做更全面深入的梳理分析，探索问题和矛盾的具体出处，为基层社会治理模式的创新提供切实可行的途径，为中国基层社会治理改革和治理能力的现代化提供有意义的思路和建议。

二、慈溪市网格化社会治理模式运行情况分析

（一）慈溪市网格化治理实践基本情况②

慈溪市网络化社会治理萌芽可追溯至十余年前的外来流动人口管理工作。2005 年前后，由于民营经济迅猛发展，大量流动人口涌入慈溪，有力促进了当地经济社会发展，也给社会管理带来了严峻挑战。为加强外来人口管理，促进新老市民融合，2006 年 10 月，慈溪市在前期试点后，正式发文在全市范围内推广村级和谐促进会建设。2009 年，宁波市在全市推行"网格化管理、组团式服务"工作，慈溪市随即在村级和谐促进会基础上推进网格化管理工作，在行政村框架内划分设定片区管理网格的方式，在村级和谐促进会基础上"联片包户"，实现组织网格化，至 2010 年基层网格体系初见雏形。

---

① 所谓"黄宗羲定律"是由秦晖先生依据黄宗羲的观点而总结出来的一种历史规律：历史上的税费改革不止一次，但每次税费改革后，由于当时社会政治环境的局限性，农民负担在下降一段时间后又涨到一个比改革前更高的水平。本节中指网格建设中每次为减轻网格工作负担的努力，事实上却都成为网格新增的工作内容和负担。

② 以下涉及慈溪市相关数据，如未特殊标注，均来源于 2020 年前慈溪市相关部门总结、汇报、通知等的文件资料。

当时的网格划分原则上以原行政村或自然村为一个片区，每个片区设片区长 1 名，片区长一般由村（社区）班子成员担任。片区之下设若干小组（网格），规模一般控制在 30～50 户之间，50 人以上企业也作为一个小组（网格），全市一度划分为 1600 个片区、7770 余个网格（组），每个网格内设置 1 个民情联系点，每个点邀请 2 名村民担任和谐促进员，参与网格范围内矛盾调处化解和社会管理事务。在 2014 年、2015 年又逐步展开深化建设，至 2016 年 10 月，慈溪市各镇街对基层党建、综治、消防、食安、安监、人社、计生等专业条线设置的网格进行全面整合，以村、社区为网格划分基础单元，原则上农村基层网格划分标准控制在 100～300 户之间，社区基层网格划分标准控制在 500～800 户之间。至 2018 年初，网格数量调整缩减至 1698 个，"市—镇街—村（社区）—网格"四级基层社会治理"一张网"体系至此相对稳定成型。2018 年开始，慈溪市以构建"红色网格、全科网格、专职网格、智慧网格、实战网格"为抓手，围绕完善"一中心＋四平台＋全科网格"工作体系、组建专职网格员队伍、条块服务管理力量统筹等展开深化创新工作。至 2020 年 8 月，慈溪市共有 1114 个网格，其中执行网格 1068 个，非执行网格 46 个（包括工业园区、农业园区、拆迁区域、滩涂、森林、高教、农田、环创、高新产业园区、滨海区、农垦场、水库、农场等）。

在指挥体制上，完善了集事件受理、分析研判、分流处理、督办反馈、绩效评估于一体，纵向贯通、横向联通、全方位多层次的市、镇街、村（社区、园区）三级综合指挥平台体系。在网格配置上，每个网格配备"1 名网格长＋1 名网格指导员＋1 名专职网格员＋若干名兼职网格员"。网格长由村（社区）班子成员担任；网格指导员，由镇（街道）联村（社区）干部担任；正式设立专职网格员，其来源是在不增加编外用工指标的原则下，以社区保安为主体（按辖区社区保安指标的 25％予以调拨），镇街其他编外用工人员为补充，不足部分通过政府购买服务或在现有编外用工指标内统一面向社会招聘。全市共选聘专职网格员 1104 名（其中 57 个民社情简单、人口相对较少的网格由网格长兼任专职网格员）。在运行机制上，以宁波市明确的党政、综合治理、公共安全、城市管理、经济发展、社会事务等 24 项基本事务清单为基础，明确网格工作职责。通过网格长与专职网格员持"E 宁波"手机终端在网格内巡查，加强落实巡查与处置分离机制，按照"网格—村（社区）—

镇（街）—市"四级处置权限对网格事件实施一至四级分类，建立健全了信息实时采集、事件流转处置、形势分析预警、条块联动处置、督查通报考核、教育培训管理六大工作运营机制。在绩效管理上，将基层社会治理体系建设作为对各镇街及党政一把手考核的重点内容，各镇街也分别组成考核小组，制定网格工作实绩考核办法，成立专门的督查考核队伍，加强对网格"一长三员"的考核激励。按照网格长负责制，网格长的成绩直接与专职网格员考核成绩挂钩，专职网格员的考核成绩也将影响网格指导员、村（社区）网格工作。考核方式上采取线上线下相结合的方式，线上依托信息系统自动生成工作数据和网格长、专职网格员工作轨迹；线下通过督查组，采用实地抽查、抽样调查等多种方式强化工作考核督查，提升考核的科学性、公平性。同时，通过着力推动治理资源整合下沉进网格，运用"一格多员""一员多格"等形式，将综合治理、综合执法、便民服务、市场监管4个平台所属的民警、城管、市监、安监、环保、司法等1207名专业力量派进驻辖区网格，并甄选出127名员额法官及法官助理进驻网格，有效加强了网格内执法和服务联动，实现资源整合、数据共享、业务协同、形成合力，进一步畅通"一中心四平台一网格"内部流转通道，基本实现"小事一网解决，大事一网联动"。

从近几年实践情况看，慈溪网格化社会治理工作有力促进了治理方式由粗放机械向精细灵活转变，促进了基层社会治理资源由单一分散向多元整合转变，促进了基层治理从被动处置向主动发现转变，密切了党群干群关系，强化了干部作风转变，建立完善了为民服务长效机制，特别是对于基层"看得见管不着"与职能部门"管得着看不见"的长期矛盾提出了有效解决方案。近几年来，慈溪刑事发案数持续下降，2020年第六次获得"中国最具幸福感城市（县级）"称号。

（二）慈溪市网格化治理模式面临的主要困境

慈溪市网格化社会治理虽已取得诸多效益，但总体仍处于从传统的管理控制模式向现代治理服务方式转变的磨合期和转型期，一些伴生问题不断产生，甚至对整体模式深化完善构成了明显阻碍。主要表现为以下几点。

一是基层网格日趋行政化。从现实情况看，慈溪市的网格化治理中的"管理网格化"现象比较明显。党政部门越来越娴熟地依托网格将大部分行政管理工作及考核任务向下分派（如平安建设、消防安全检查、安全生产检查、志愿者队伍建设、矛盾化解等），使网格承接了过多来自上级层层分解下压的任务。同时，慈溪市网格化治理的管理团队也以政府组织的行政力量为主，镇街、村（社区）领导干部占据着网格体系的管理岗位，网格工作经费全部来源于政府财政拨款。网格员也多自认是"公家人"，是在代表政府进行管理。

二是"选择性执行"行为相对明显。虽然慈溪反复强调提高准入门槛，基层网格承接的任务目标内容仍然几乎涵盖了城乡基层社会服务与治理的所有领域。在这种情况下，直接掌控调动网格运行的相关指挥平台和主管部门，很自然地按照组织行为学的逻辑开始实施选择化执行，即将网格资源尽量应用于考核最严格、最被重视的领域以应对层级压力。相较于上级党委政府高度关注的刚性任务，诸如公共服务供给之类的"软"指标或小指标，在各类考核中所占比重相对较小的事项，也就被列为网格化治理的低优先位次。

三是网格事务准入宽松与网格功能的泛化。据统计，至2020年5月，慈溪市级层面界定的网格事务清单共有"22＋2"大类78项任务，但到了镇一级增加到90多项，再到村一级则高达100多项。① 个私工商年检、污染防治、食品安全、交通环境治理、类金融排查、文明城市创建、垃圾分类、人口普查等，到处可见网格工作人员的身影。诸多未经准入的事项随意塞入网格，网格出现"任务过载溢出"，网格员变成了"万金油"，既混淆了网格功能认知，又牵扯了基层网格太多的时间和精力。

四是问责考核虚化与责权倒挂。一方面，"条""块"融合效果不彰。慈溪市虽然在镇（街）层面积极推进综合治理服务资源下沉整合，并明确赋予了镇（街）、党（工）委、政府对下沉的市级职能部门工作人员的考核权力，但在实际操作过程中，由于下级基层对上级部门天然的弱势与低阶感，仍然存在管理权威性不够、制约手段有效性缺乏以及考核管理虚化等问题，市级"条"上人员力量下沉形式化、断续化现象还大量存在。另一方面，网格工作人员权责失衡。镇街"块"上因网格设置，网格长和专职网格员承担了大

---

① 根据《关于征求〈关于进一步明确网格事务清单的若干规定（征求意见稿）〉意见的通知》整理。

量原本属于"条"上市级职能部门的巡查走访任务，但"条"上责任下放后，"职权留给自己，责任推给网格"的现象仍然存在，影响了基层网格工作人员的积极性、有效性。另外，由于身份不对等，专职网格员甚至被一些"机关化"思想严重的村社区干部当作代跑代办员。

五是网格员队伍建设困难与能力素质缺陷。首先，慈溪市专职网格员总体年龄普遍偏大（平均年龄 42.4 岁）、文化程度不高（大专及以上文化程度仅 232 名，占 20.6%），对网格化信息技术平台和终端的掌握使用能力较弱，对于社会治理服务相关工作的理解与组织能力总体也不高。其次，专职网格员身份定位缺乏制度性明确，导致该群体的自我认同以及社会认同都受到一定影响，同时也制约了专职网格员的工资待遇、劳保福利标准。通过问卷调查，网格员中约 74% 认为工资收入水平太低。在网格工作量和责任日益增加的情况下，部分相对素质较高的年轻专职网格员容易产生落差情绪，队伍稳定性受到一定影响。另外，由于公安、劳保等各条线上的基层网格设置仍未完全实现数据、职能并转，慈溪市专职网格员的"兼职"现象仍然比较突出，部分专职网格员还需要兼职承担转岗前的流动人口综合管理工作和劳动保障协理等事务，影响专职网格员本职工作效能的发挥。

六是社会组织多方联动效果不明显。群众主体更多的是被视为网格管理的对象，参与网格化社会治理的积极性与渠道都比较缺乏。各类社会组织与网格化治理的对接表面化形式化现象比较明显，现有社会组织本身能主动发挥持续性公共服务作用的数量也不大，类别比较单一，特别是专业化的社会组织较少、专业技能志愿者和社会工作者参与较少，形式也缺乏创新。另外，诸如小区物业、业主委员会等力量也尚未能有效纳入网格发挥应有的作用。

三、优化路径思考

分析慈溪市网格化社会治理实践面临的现实困境，虽有诸多的不同展现形式，但其实可以看到一切具体问题都可追溯到网格化治理模式本身是政府自上而下推动、倡导"技术化"管理的产物这一根源上，而其产生的直接负面后果一言以蔽之，就是强化了社会管控、降低了社会活力。从全国情况看，践行这一模式的城市相当部分都如慈溪市一般遭遇过实践困境，根本上仍是传统管理思维与现代治理模式需求之间矛盾的反映。要提出针对性的优化路径，仍然需要基于这一根本原因进行整体分析。

（一）切实发挥基层党政组织的核心领导作用

党组织必然是引导推进网格化社会治理的主导力量。但是党组织在网格中发挥作用，要注意避免陷入行政化科层化的窠臼，要对党组织在这一改革进程中的定位进行清醒界定，切实找准科学的切入点。一方面，党组织可以发挥其天然的广泛代表性，汇聚网格内群众利益诉求或者搜集社情民意，然后建立顺畅的表达渠道，帮助网格内群众向相关治理主体表达诉求，同时引领各治理主体整合网格内不同的利益及利益主体提供相应的服务，消除矛盾纠纷和不稳定因素。另一方面，可以充分发挥党组织一贯以来在总揽全局、组织保障、资源调配、权力监督、利益协调等方面的独特权威性和公信力基础，以主导者和中立者的双重身份，根据网格中具体合作项目的公共属性或市场属性，帮助确定多样化的权利义务关系和利益分配格局，对各主体的矛盾进行协调和仲裁，削减网格化合作治理的信任成本。

（二）优化联动治理与事项准入机制

需着重新理顺镇街与各职能部门条块关系，建立"权责清单"，对行政执法力量下沉机制进行持续完善，通过科学规划各执法部门和属地政府的权力和责任，细化明晰职责边界，推动市（县）镇（街道）之间职责重构、资源重配、体系重整，赋予镇街相应执法召集权，切实提升镇（街道）对下沉单位（人员）的约束管理和统筹协调能力，着力加快事项流转响应与联动处置，并对处置效果落实情况进行考核激励和责任追究。要采取措施进一步提升网格准入的严肃性和权威性，建立严格的审查机制和程序，确保符合条件的才能够进到网格中来，坚决制止相关职能部门将"权力下沉"异化为"责任下沉"，把"发现排查""联动处置"和"公共服务"作为网格化社会治理体系建设的重点，切实杜绝网格"过载""泛化"的现象。

（三）完善法治保障机制建设

要加强顶层设计，在权限范围内尽最大力度推进网格化基层社会治理的法治化进程，为网格化治理提供健全的配套法规政策支撑。网格化治理模式基本定型后，对于已经不适应当前基层治理模式的制度设计、表述和实践等应予以及时的纠正，对网格化治理中的治理行为和治理过程出台适用的法律保护文件；要通过法规完善对基层社会治理中政府、社会组织、村（居）民之间的责任权利予以准确界定，着重规范政府在网格化社会治理模式中的职能定位，为网格化治理在转向"多元共治"的过程中提供法律法规保障。

（四）加强网格员队伍建设

有必要建立一套既区别于乡镇（街道）公务人员，又区别于社区工作人员和村干部的专职网格员管理办法，对于专职网格员的身份予以制度上的明确和固定。同时，继续完善专职网格员队伍的激励机制，在现有绩效考核办法的基础上，进一步优化完善考核引导，根据工作量和难易程度设置系数，适当拉开差距，体现多劳多得，健全"以奖代补""重大事件一事一奖"等激励机制，以及探索建立技术等级薪酬制度、奖励制度和培训晋升制度，适当提高网格员的整体待遇，以提升网格员队伍吸引力。还可考虑在村（社）专职干部空缺的情况下，在网格员队伍中优先替补等，为网格员提供一个相对明确的职业发展预期；或是在行政事业编招考时，对在网格服务满一定工作年限且考核优秀的网格员，在同等条件下予以优先选取等，以吸引相对优秀人员加入，并促进专职网格员队伍的整体稳定。

（五）提升基于数字化的智治水平

要在推进数字化转型的大框架内，继续加大投入更新力度，建设网格化社会治理联动指挥平台和配套硬件基础设施，努力推进网格化社会治理与智慧社区、大数据中心建设的有机深度结合。继续打破信息孤岛数据壁垒，县级层面可依托"政务云"等方式进一步搭建域内网格化服务管理基础信息数据库，构建起信息收集、传递、处置、反馈的社会治理闭环系统和组织指挥调度体系，确保网格化社会治理指令传送、信息报送、问题处置顺畅无障碍。此外，还应出台具备法规效应的操作规范，既为网格化治理的信息获取、管理与使用行为提供依据，也为信息安全主体责任划定归属，促进网格治理信息监管与追责机制的建设落实。

（六）强化基层社会共治基础

要利用多种渠道和采用多种方式，加大对网格化社会治理工作的宣传报道，从营造外部环境和良好氛围入手，进一步提高社会响应支持和各级群众对网格化社会治理的认识，为深化新模式奠定坚实的社会和思想基础。要持续拓宽完善公众参与网格化社会治理的制度化渠道，发挥政府信息公开制度、民主监督制度等制度化渠道作用，着力推进基层直接民主制度化、规范化、程序化，推动完善群众自我管理、自我服务、自我教育、自我监督的自觉。同时，还应从强化社会协同的重要依托出发，将社会组织培育作为激发社会活力的着力点，通过健全社会组织相关法规体系，帮助更多的社区生活服务类和公益事业类、慈善互助类、专业调处类社会组织提升自我发展能力，有序地参与到社会服务与治理中来。

值得关注的是，自 2020 年以来，随着国家治理体系和治理能力现代化的深刻变革以及新冠肺炎疫情的客观影响，浙江省对于基层社会网格化治理模式的重视程度越来越高，在网格规范化设置、网格职能任务界定及网格员队伍建设等多方面，出台了更多的制度性指导性文件规定，有力地促进了网格化治理模式的持续发展完善，但管理主义倾向也有明显的增强趋势，因此对于网格化治理模式的未来发展仍应持续跟踪与研究。

第三节　共同富裕视角下的低收入农户精准帮促

在全面实施改革开放之后，经济发展水平从计划经济体制迅速转向市场经济体制，国民生产能力得到充分释放，国民的生活水平得到巨大提升。随着农民年收入水平大幅提升，农村生活环境得到巨大改变，城镇居民和农民精神风貌得到很大提升，教育、医疗、住房等社会保障更加完整。同时也要注意到，改革开放带来巨大发展的同时，城乡居民收入差距、城市与农村发展差距也在进一步变大。党的十九届五中全会提出到 2035 年全体人民共同富裕取得更为明显的实质性进展。

一、共同富裕与低收入农户精准帮促

在这种大背景下，浙江省开展共同富裕示范区建设的原因，一是浙江民富程度较高。2021 年浙江生产总值为 7.35 万亿元，人均生产总值超过 11 万元。全省居民人均可支配收入是全国平均可支配收入水平的 1.6 倍多。城镇居民收入连续 21 年居全国各省区第一，农村居民收入连续 37 年居全国各省区第一。① 二是城乡发展均比较均衡。2021 年，城乡居民收入倍差为 1.94，远低于全国平均水平，最高地市居民收入和最低地市居民收入倍差为 1.6 倍，全省各地区的居民收入都超过了全国的平均水平。② 三是改革创新氛围较为浓厚。浙江先行性地创造了"最多跑一次"等政务创新措施，创造并继续发展了"依靠群众、就地解决"的"枫桥经验"，浓厚的改革和创新氛围便于积极探索和经验总结共同富裕示范区建设的浙江样板和成功模式。

浙江人多地少，多丘陵，少平原，一直面临着较重的扶贫开发任务。改革开放以来，浙江率先消除贫困县、贫困乡村和家庭人均年收入 4600 元以下的绝对贫困现象，走出了一条具有自己特点的低收入农户帮扶路子。尤其在建设共同富裕示范区的大背景下，浙江省采取了新帮促手段、政策落实和发展模式等。同时，我们应该注意到浙江省仍然存在一些收入偏低的农户，主要分布在加快发展县，为了缩小城市和乡村收入比，实施精准帮促迫在眉睫。本节基于当前现状对低收入农户精准帮促的困境进行分析，梳理了存在的问题，即自主发展能力偏弱、资源的精准投放门槛较高、受帮促地区教育基础相对薄弱等。

2013 年，习近平首次提出了精准扶贫的概念，精准扶贫工作理念在扶贫工作中铺开。2014 年，中央办公厅通过提出精准扶贫的工作思路以及精准扶贫的模式来指导当时的扶贫工作。习近平在对贵州进行调研时提出要在"十三五"期间做好扶贫开发工作的规划，提出确保到 2020 年实现全国贫困人口脱贫，消除绝对贫困。③ 同时，精准扶贫的概念引发了较高的社会热度。一

---

①② 根据《2021 年浙江省国民经济和社会发展统计公报》整理。

③ 习近平：谋划好"十三五"时期扶贫开发工作 确保农村贫困人口到 2020 年如期脱贫［EB/OL］.（2015－06－19）. https：//www.gov.cn/xinwen/2015－06/19/content_2882043.htm.

些学者提出了精准帮促的理论，这是相对于之前一段时间的粗放型扶贫工作模式提出的，主要是指要对低收入农户的贫困情况进行详细的分析，通过具体的办法和高效的管理模式，提高贫困对象识别的精准度，实行低收入农户的分类帮促。笔者认为，在精准扶贫政策措施的实施中，有效地进行精准识别是第一个环节，接下去才是政府主导的政策帮助、资金资源的倾斜、针对性的多举措帮促。总的来说，就是做到因户因人施策，帮扶政策到人，帮扶项目到人，从而实现精准扶贫政策的全面铺开。

在浙江省开展共同富裕示范区建设背景下，低收入农户精准帮促工作就成了一项具有特殊意义的民生工程，是兜底困难群体生活需求的重要保障。国家要在人民创造的财富以及未来财富的走向中坚持共同富裕的原则，就必须做好低收入农户精准帮促工作，积极主动把"蛋糕"分给后富者。努力补齐农户增收中突出的短板，切实提高低收入农户的收入水平。经济发达省份的困难群体已经不再以块状分布，呈现出了一定的点线分布特征，针对这种分布需要采取精准帮扶措施。

基于这样的现实背景，面对在共同富裕背景下进一步实施低收入农户精准帮促遇到的一系列问题，本节提出了一些针对性的措施。构建全国首个低收入农户精准帮促数字化系统做到农户的准确识别，侧重提升低收入农户的自我发展能力来推进实施产业精准扶贫，同时注重打造数字系统建立风险预警机制，降低农户的致贫返贫的可能性。

二、低收入农户精准帮促的对策

识别低收入农户是开展帮促工作的第一步，这涉及帮促资源的后续分配和帮促措施。可以说后续农户帮促工作能够高效地开展，很大程度上取决于是否精准地识别到需要的对象。所以如何做到农户的精准识别就是非常重要的步骤。浙江省开发拓展低收入农户帮促数字化系统应用功能，并于2020年开始上线，成为全国第一个以低收入农户需求为切口的帮促系统。截至2021年3月，帮促系统已实现浙江省市县乡村五级互联互通，覆盖全部低收入农户49.6万户、75.9万人。[①]"十四五"期间，帮促系统将加快迭代升级，打通民政、教育、医疗等20个部门60项数据。[②]

（一）数字赋能持续推进"一户一策一干部"制度

将农村居民户均收入在当地农村居民中明显偏低、经县级以上人民政府认定的经济困难农户作为扶持对象，涵盖农村最低生活保障群体和其他经济困难户，实现扶贫与最低生活保障在对象上的有效衔接，清晰界定相对贫困群体。

持续推进"一户一策一干部"政策，有效构建联村第一书记、部门帮促干部、驻村乡镇干部、村级两委干部为主体的四级帮促网络。将"一户一策一干部"制度与大数据技术相结合，通过建立政策清单、汇总农户需求清单、结对干部走访等措施，保障低收入农户的政策知情权，提高低收入农户的帮促情况知晓率，实现对农户帮促的即时性、及时性、数据共享性。

针对扶贫过程中普遍反映的政策信息碎片化，帮促干部掌握信息不及时、帮促不精准，农户不清楚自身得到的补助情况、缺乏幸福感等难点问题，可以围绕低收入农户帮促这一小切口，以低收入农户同步基本实现现代化这一场景来重塑制度，以数字赋能推进数据共享、提高帮促及时性。一是建立政策清单。将涉及低收入农户的保险、医疗、低保、务工、教育等政策纳入平台，建立政策清单，保障低收入农户的政策知情权。二是汇总幸福清单。打通民政、扶贫、医保、教育、残联等多个部门的数据壁垒，动态汇总每个低收入农户享受的政府财政补助、项目支持、慰问金等收入信息，形成"一户一单"的低收入农户"幸福清单"，实现低收入农户帮促情况知晓率100%。三是坚持"一户一策一干部"制度。结对干部定期开展低收入农户帮促，通过系统及时掌握农户家庭基本情况、收入状况和帮促需求等信息，实现帮促干部知情率100%，识别精准性、有效性大大提高。

（二）创新贫困户识别机制

一是增加贫困测评指标的维度。大部分的低收入农户生活在农村，具体

---

① 一"码"知冷暖——看浙江如何数字化赋能低收入农户增收 [EB/OL]. (2021 - 03 - 08). https：//www. farmer. com. cn/2021/03/08/99866527. html.

② 根据《浙江省数字乡村建设"十四五"规划》整理。

年均收入较难清晰界定，之前用农户年均收入作为唯一的字段衡量农户的贫困状况存在一定误差，缺少客观性，较难对农户整体状况进行评估。所以按照新阶段低收入农户帮促工作要求，重新设计了61个扶贫信息字段，主要包含低收入农户基本信息、家庭成员信息、致贫原因、"两不愁三保障"情况、收支情况、结对干部、帮扶情况、帮扶措施等，能更好更准确地反映扶贫对象基本情况，对其精准画像。

二是创新贫困户的识别程序。依托省大数据平台，打通民政、扶贫、医保、教育、残联等部门数据壁垒，实现部门数据自动抓取，相比之前的手工录入，错误明显减少，效率大大提高。特别是在扶贫对象识别过程中，11个部门20项数据和73家商业银行存款信息比对可瞬间完成，同时保证数据源一致性、准确性，形成一条完善、一致、可追溯的数据流。依托浙江大救助信息平台，扶贫对象实行每月一更新、每月一维护、每月一统计。每月新增对象、退出对象形成清单可追溯。数据动态更新，已死亡在线标记，有效解决了死亡人口依然在库内等问题，对象识别管理更精准高效。

三是创新帮促资源分配方式。以真实调查反映情况为原始数据，以低收入农户帮促数字化系统为平台基础，以联村第一书记、部门帮促干部、驻村乡镇干部、村级两委干部为主体的四级帮促网络为帮促触手，对列入平台的低收入农户合理分配资源，实施精准帮促。

（三）提升农户获得感

围绕服务低收入农户的帮促需求，构建全国首个低收入农户帮促数字化系统，推动新阶段工作向精准靶向多维度帮扶、全社会帮促转变，提高帮促精准度，构建政府主导、企业参与、社会帮扶的新局面。一是农户少跑腿，一点就实现。构建全国首个低收入农户帮促数字化系统，对低收入农户基本情况实行每月一更新、每月一维护、每月一统计。低收入农户能便捷查询政策清单、幸福清单，提出产业、建设、保障保险、子女入学、就医等方面需求，使低收入农户需求充分表达、精准对接。例如，低收入农户达到低保政策申报条件时，不需要再跑部门进行办理，不需要重复填表单，打通各部门数字壁垒，同一时间推送数据给民政部门。二是农民享便捷，服务送上门。低收入农户在系统上提出需求，帮促干部便会"线上"或上门代办帮办，实现帮促需求"应办尽办""零跑腿"办事，做到"交办—跟踪—办结—反馈"工作闭环，精准性有效性大大提高。并开通"浙里办＋浙农富"办事模块，设置"系统＋"功能，实现与银行、人社、教育、就业、保险等部门对接，使低收入农户可以便捷享受贷款、培训、就业、保险等服务。例如，针对农民贷款申请难、审批流程长等问题，与商业银行建立数据交换通道，农户只要在"浙里办＋浙农富"模块上提交申请，就能快速获得银行贷款和便捷还款。三是汇聚全社会，农民感受温暖。充分发挥浙江民营企业多、群众生活富裕的经济优势和群团社团强、海外华侨多的网络优势，通过系统搭建爱心帮促平台，引导激励越来越多的行业、企业和爱心之士等社会力量投身低收入农户帮促事业。铺开"千企结千村，消灭薄弱村"活动，动员社会组织和人员参与农户帮促，对接扶助偏远山村，开展定点包销农田、果园等帮促行动。通过开设"爱心超市"，设立省农博会扶贫专馆，举办线上展销、直播带货、云订货等活动，展示推荐帮促县特色农产品，汇聚全社会参与帮促行动。四是政府一帮到底，农民体会仪式感。加强线下关爱服务，对年纪偏大、文化水平偏低的低收入农户，通过"浙农码"代提交功能，由结对帮扶干部、驻村干部代为发布、确认服务需求，评价服务结果。同时，建立线上随时查询、短信定期推送、线下纸质送达相结合的机制，将帮促收入情况整体呈现在低收入农户面前，使低收入农户有满足感、幸福感。

（四）加强系统监测

在巩固拓展脱贫攻坚成果同乡村振兴有效衔接的过程中，重点加强对易返贫致贫人口的监测预警，做到早发现、早干预、早帮促。一是实施即时预警。通过"农户自报"、干部"帮促研判"和系统"自动报警"三重保障，实现低收入农户动态管理，做到帮扶状况及时监测、闭环预警，保证农户脱贫后不再重新返贫。例如，在缙云县低收入农户帮促数字化系统中，一旦出现低收入农户医疗支出自费部分超过2000元的信息，就会触发系统的初级预警，帮促干部将第一时间上门核实情况，帮助低收入农户填报医疗救助申请，跟办落实帮扶措施。二是实行帮促干部"一户一策"。帮促干部定期组织相关职能部门开展现场巡查，集中调查产业、就业、教育、健康、危房改造、易地搬迁等政策落实情况，解决低收入农户提出的个性化帮促需求，防止低收入农户因病因灾因意外事故等返贫。三是明确各环节责任。将纪检监察工作融入数字化监管,通过系统可实时监督干部帮促次数、帮促时间、帮促内容等情况。平台形成返贫预警迅速提交、后台即时接收、对应工作部门给予回复、农户帮促成效反馈闭环。

(五) 提高低收入农户自主发展能力

突出人的现代化,以共同富裕为核心,以缩小发展差距、提高发展质量为导向,推动目标导向从聚焦减少贫困发生率、减少扶贫对象数量全面转向缩小相对差距、促进全面发展、解决发展不平衡不充分问题。

一是提高低收入农户发展目标。围绕人的全面发展和同步现代化,更加注重减少城市乡村居民收入比、各地农民群体以及农户内部收入比、低收入农户年均收入中位数与最低数差距、教育医疗等支出占比,提高城乡公共服务均等化等内容,充实帮扶内容,拓展发展路径,努力实现城乡居民、农民内部、区域之间的收入水平、保障水平、发展水平持续缩小。

二是明确重点帮扶村发展目标。围绕农业农村同步现代化,更加突出村级集体经济收支平衡、美丽乡村达标创建、基层治理创新等内容,进一步做好扶贫开发与乡村振兴的有机衔接工作,着力促进重点帮扶村快速提升。

三是确定加快发展县发展目标。对标发达县、全省平均增速,围绕高质量发展,明确城乡居民收入、民生保障、生态环境等指标高于全省平均增速,确保加快发展县与全省经济发展相同步。

(六) 实施农户产业帮促

精准扶贫提出前的产业帮促覆盖面较全而缺乏靶向性,帮促资源有覆盖但缺乏针对性。帮促产业的精准性应该包括:一是确保产业帮促有针对性,做到到村到户,使低收入户能够参与到产业帮促的利益分配链条中来。二是在支持特色种养业、来料加工业发展的同时,加大对农家乐、农村电商、乡村生产性服务等新业态的扶持。必须针对贫困户自身的资源、受教育水平、掌握技能水平,选择能落地、有操作性的帮促产业,确保低收入农户持续性获利。强调政府发挥主导作用,企业提供资源和平台,农户参与产业劳作,并要积极调动农户的土地山林、劳动资源、闲置农房、农村宅基地等参与其中，推动低收入农户进一步获利增收。引导有条件的企业或组织对低收入农户提供免费的岗前培训、订单培训和技能培训，确保有劳动能力的低收入农户家庭至少有一人实现就业，促进稳定增收。三是开展农户合作帮促。探索开展低收农户土地承包经营权、农房财产权、村经济合作社股权、林权基本确权四权抵押贷款和参股经营，助力低收入农户"产权"向"股权"转变。四是壮大村级产业经济。坚持做大总量和提升质量并举，转变发展方式、拓展增收渠道、创新经营机制。2023 年起，实施发展新型农村集体经济三年行动计划，年收入 30 万元以上且经营性收入 15 万元以上的行政村占比超过 90%。[①] 做强做优总量规模，以省级重点帮扶村为重点，加大资金、土地等要素帮扶力度，多措并举促进集体经济自身造血功能，切实加强财政兜底保障，推动村集体经济经营性收入快增长、总收入上台阶。持续推动长效构建，加快建立全省农村综合性产权流转交易体系，推进农村集体要素资源参与市场化、社会化配置。修订完善村经济合作社章程，建立与市场经济有机接轨的村经济合作社。积极探索转换经营机制，通过选聘职业经理人、建立薪酬激励机制和约束机制。持续抓结对，扶帮户、联乡带县，在各地党委、政府抓好村集体经济发展的基础上，以结对帮扶工作为台，以驻村工作组为抓手，以常驻干部为触角，精准推动结对村集体经济发展和农民增收。

（七）完善社会兜底保障

坚持开发式扶贫与保障式扶贫并重，全面推进基本公共服务均等化，建立以社会保险、社会救助、社会福利制度为主体的综合保障体系，切实加强对低收入农户的救助和兜底。一是最低生活保障制度兜好底。实行扶贫对象数据库和低保、低边对象数据库统一建设管理，将丧失劳动能力、部分丧失劳动能力且无法依靠产业就业帮扶脱贫、支出型贫困低收入农户全部纳入低保救助，真正做到"应保尽保"。按照当地最低工资标准的 40%～50% 确定低保标准，实行低保标准城乡同标，2019 年全省低保标准平均水平为 771 元/人·月，

---

① 根据《中共浙江省委 浙江省人民政府关于 2023 年高水平推进乡村全面振兴的实施意见》整理。

2022 年低保标准达到每人每年 9000 元以上，[①] 2022 年底全面消除家庭人均收入 900 元以下低收入农户。二是实行基本保障全覆盖。围绕老有所养，对低保户和符合条件的低收入农户，由地方政府代缴当地最低档次缴费标准的城乡居民养老保险费。按照看得上病、看得起病的要求，实现对低收入农户医疗保障、大病保险、医疗救助全覆盖，减免符合条件的低收入农户基本医疗保险参保费用，实行医疗政策性补充保险，将综合报销比例提高到 70% 以上。全面共享低收入农户数据库，实现低收入农户的自然灾害救助、教育救助、住房救助、就业救助和临时救助等全覆盖。三是加快改善住房条件。按照"政府指导、业主负责、属地管理、分类实施"原则，提高危旧房改造补助标准，全面推进危旧房治理改造。实行低收入农户住房即时救助保障，建立台账并实施精准管理，改造一户、销档一户。鼓励通过农房置换、租赁和廉租房、公益房建设等方式，兜底解决特别困难低收入农户基本住房安全问题。

（八）打造数字系统，建立风险预警机制

浙江开发拓展低收入农户帮促数字化系统应用功能，打造成为全国第一个以低收入农户需求为切口的帮促系统。帮扶工作有效性大幅提升，群众满意度大幅提高，为实施低收入农户基本实现现代化行动开好局、起好步。

一是帮扶对象全覆盖。开发系统 App 二维码赋码低收入农户应用，全省进入平台的农户一人一码，二维码覆盖 100%。将涉及低收入农户的保险、医疗、低保、务工、教育等 60 余项政策纳入平台，建立政策清单，低收入农户可以通过扫码对帮促情况即时知晓。

二是精准管理全领域。打破民政、住建、医疗等各个部门系统数据不共享的弊端，各部门所需低收入农户信息同步更新，按需抓取。在对低收入农户进行精准申报过程中，11 个部门 20 项数据和 73 家商业银行存款信息比对可瞬间完成，省、市、县三级扶贫相关部门对系统数据进行月维护更新，动态管理每个低收入农户帮促基础信息。

---

① 黄珍珍. 浙江低保人均月标准 771 元　位居全国省区第一〔N〕. 浙江日报，2019 – 01 – 24.

三是帮扶信息全集成。每月市、县相关工作人员入户走访，将每位结对干部的帮扶情况和结对农户的收入、支出、困难、诉求等情况及时录入系统。从省级层面重点解决民政、住建、医疗等各个部门系统数据不共享的弊端，实现农户信息即时分享、农户诉求即时上传、部门答复及时反馈。

四是纪检监督全过程。浙江省扶贫开发部门联合省纪委开发有监督功能的系统子模块，在全国率先实现农户帮促全过程监督，可即时显示结对干部入户次数、入户走访时间、提供帮促措施等情况。根据系统子模块显示的数据，2020 年半年度纪检监督子模块共计监察 9.3 万次、入户 82.6 万户、监察频率 2.4 万人/月，评定扶贫干部作风优秀率 99.5%。

五是场景应用全维度。在缙云开展扶贫数字化改革的系统数字化试点中，开拓实现帮促需求、帮促措施与农户识别管理的"网上一条龙"服务。2021 年，累计为低收入农户办理低保审批、政策咨询等各类问题 2 万余个，办结率达 100%。对低收入农户因灾受困、因病因学等临时性困难而引起的返贫问题实时动态监测和预报，做到全流程监管、全方位监测、全链条预警，有效防范返贫风险，解除预警 2112 次，风险事件化解率达 100%。①

三、浙江低收入农户精准帮促的经验启示

着眼帮扶对象结构、布局、状态等变化，坚持因地制宜、因人施策，不断优化开发性举措推进机制，加快健全保障性举措兜底网络，打造数字化信息系统，构建全方位、多维度的帮扶项目和工作载体体系。

（一）健全产业发展机制

着眼提高同步融入"四化"进程能力，避免在现代化进程中被边缘化，用系统的理念、全局的思维、统筹的方法，创新帮扶举措，加大帮扶力度，健全帮扶机制，积极推动帮扶对象平等参与发展进程、共享发展成果。浙江开展新一轮村级集体经济巩固提升活动，不断发展相对薄弱村集体经济。深

---

① 缙云县以"四大'提低'招数"帮促低收入农户增收共富［EB/OL］.（2022 - 07 - 25）.
https：//www.jinyun.gov.cn/art/2022/7/25/art_1229663074_59134938.html.

化"千万工程"和新时代新型乡村改造，健全新时代新型乡村改建经营机制，推动乡村数字化转型。为重点帮扶村发展倾斜帮促资源配置，深入推进宅基地制度确权改革，激活乡村闲置农房，激活各类生产资源要素。

浙江始终把扶贫开发工作放在重要的议事日程，把扶贫开发与基层组织建设有机结合起来，着力建强村级党组织，向重点帮扶村派驻农村工作指导员和第一书记，提高党组织带领群众增收致富的能力。例如，磐安乌石村是浙江省 26 个加快发展县的一个村落。近几年大力拓展低收入农户增收渠道，开发农家乐乡村旅游产业。带动低收入农户就业三百多人，农户平均增收十万元以上。在带动低收入农户增收过程中，让农户、村级单位参与产业创收，使他们成为利益产业链上的直接获益者，通过土地出租、劳动力付出、产业效益分红等给各地的低收入农户带来持续性的收益。

（二）加快发展欠发达县

深入挖掘山海优势，强化生态屏障功能，健全生态环境保护和建设体系，打造大花园核心区。建设绿色产业体系，增加生态产品附加值属性。全面接轨"四大建设"，加快全面融入"杭甬温 1 小时经济圈"，推动沿海发达地区产业、资金、技术向浙西南山区梯度转移。提出小县大城口号，规范有序实施易地扶贫搬迁，提升城乡经济水平，进一步加大倾斜帮扶力度。

山海协作工程是浙江做好扶贫开发工作的重大战略决策。2003 年以来，20 年间浙江省通过政府鼓励、引导和推动，促进区域之间开展优势互补的山海协作，累计实施"山海协作"产业合作项目 12438 个。[①] 接下去继续把山海协作工程作为为加快发展地区引入特色合作项目的好政策平台，作为带动农户增收的好措施。

（三）持续健全财政优先保障机制

把欠发达地区作为转移支付的重点地区，完善相关政策制度，完善转移支付地区分档体系，不断提升"两不愁三保障"基础设施建设水平。

---

① 邬焕庆等. 浙江"山海协作"20 年纪事：山与海的"双向奔赴"[EB/OL]. (2023 – 09 – 13). https：//baijiahao. baidu. com/s?id = 1776887171403241159&wfr = spider&for = pc.

根据县域经济社会发展水平、经济动员能力、财力状况等因素，完善转移支付地区分档体系，建立换挡激励奖补机制，加大对 26 个县民生支出等转移支付资金力度。在出台《低收入农户高水平全面小康计划》基础上，制定了扶贫结对帮扶、低收入农户动态管理、产业增收等 7 个子政策，各领导小组成员单位根据职责分工，出台相关配套政策，形成"3 + 7 + N"政策体系。

完善加快发展地区（欠发达地区）考核办法，细化年度实绩考核指标，将加快发展地区的农民收入、低收入农户收入增速和相关民生指标作为县级市级考核的重要指标，结果与市县党政领导班子考核和扶贫资金分配相挂钩。加强扶贫资金审计、检查和绩效评价，每年组织开展低收入农户扶贫绩效评价，深入开展扶贫领域腐败和作风问题专项治理，建好 12317 监督举报平台，构建全方位监督格局。

针对 26 县主导产业布局，加大科技惠民力度，实施绿色发展应用专项，加大产业技术创新、产学研合作、创新创业基地等建设力度。到 2025 年，26 个县生物科技产业的总产值将突破 500 亿元，[①] 为县域集聚创新人才、推进科技协同创新、弥补技术短板提供了有力支撑。在总结前两轮欠发达地区特别扶贫政策的基础上，完善"两山一类"专项奖励政策，通过竞争性分配，支持符合条件的欠发达地区深入推进生态文明建设，提升"两不愁三保障"兜底水平，促进区域经济发展水平的快速提升。

第四节　城市停车设施供给存在的问题及对策研究
——以杭州市萧山区为例

近年来，机动车已成为人们日常生活中的重要组成部分，城市机动车保有量逐年增加，然而由于长期以来对机动车增长的预估不足，在城市总体规划中缺少对静态交通的重视，目前城市停车配套建设已远远落后于机动车行

---

① 根据《浙江省山区 26 县生物科技产业发展行动计划（2021 – 2025 年）》整理。

业发展，现有的城市动静态交通体系已无法满足现代城市的高速运行，停车难问题也已成为影响居民日常生活的重大民生问题。

国外对停车发展与管理的研究较早，国外学者对停车难问题的研究主要有以下四个方向：停车需求、配建指标、停车管理、停车政策。基于停车管理的停车政策可分为多目标的停车政策和停车控制政策，多目标的停车政策核心目标是服务城市整体及交通目标，注重与交通政策及环境政策目标的一致性，停车控制政策的核心目标是交通需求管理。① 同时，停车政策的制定是为服务于政策施行的城市与地区，不同国家和地区会根据自身经济发展及城市治理情况制定不同的停车政策，使公共交通使用最大化的非汽车化规划设计是较合适的选择，这对我国停车政策的制定也具有较大借鉴意义。由于机动车产业进入我国发展的时间较迟，我国对停车相关问题的研究起步也较晚。但随着我国经济社会的快速发展，汽车也逐步成为百姓日常生活中的重要交通工具。由于前期对停车设施规划认识不足，导致城市停车问题逐步显现，国内一些专家和学者也逐步开始对停车问题予以关注，最初的研究重点主要是城市停车设施规划，随着科学技术的不断进步，目前国内关于停车方式创新、停车产业化发展的研究也逐渐增多。

国外对停车设施的建设管理及动静态交通的研究已经达到一定的深度，许多国家和城市的停车建设发展历程对我国的静态交通发展提供了有益的借鉴经验，但需要指出的是，发达国家在城市规划初期，大多已考虑到了停车问题，我们对其研究成果及相关理论需要有选择地借鉴吸收，不能简单加以利用。总体来看，目前国内外对于城市停车问题的研究集中在系统规划，缺乏从某一视角对城市停车问题的统筹把握和整体性研究，本节将从"停车设施供给"这一影响城市停车发展的根本性问题出发，结合国内外对于城市停车发展的研究成果，多角度深入分析我国在城市停车设施供给中存在的问题及原因，提出科学合理供给城市停车设施的建议与对策，为今后城市综合交通发展布局提供有益参考。

---

① 林佳妮. 停车政策国际经验及对我国大城市的启示 [A]//中国城市规划学会城市交通规划学术委员会. 2016 年中国城市交通规划年会论文集 [C]. 中国城市规划学会城市交通规划学术委员会：中国城市规划设计研究院城市交通专业研究院，2016：11.

一、萧山区停车问题及其治理难题

在城市发展初期，萧山区小汽车保有量处于较低水平，小汽车停车管理的重要性尚未凸显，老旧小区建设未考虑停车泊位的配建。伴随着国民经济发展水平的提高，机动车数量猛增，机动车停车位严重不足。自2001年起，杭州市开始试行停车配建标准，2003年开展停车场布局规划，2005年开始执行停车配建省标，并开始推行停车收费分区差异化。萧山区积极响应各项标准及规范，萧山的静态交通管理逐渐进入了配建主导的阶段，但主要新增停车位位于城市外围新区，老城区新增停车位依旧有限，存在历史欠账急需弥补。同时，由于建设规划不合理、价格调节机制作用发挥不显著、运营管理不到位等多方面原因，萧山区停车供需矛盾进一步加剧。

（一）相关政策不适应发展需要

长期以来，萧山区停车泊位配建的政策标准都明显滞后于区域机动化发展水平和城市交通发展进程，停车设施规划建设不能满足基本停车需求。

据调查，萧山城区的很多住宅小区都是2001年以前建设完工的，其中20世纪90年代以前的小区由于无政策要求基本未配置停车泊位，而20世纪90年代后建成的小区执行的是1988年公安部、建设部联合颁布的《停车场规划设计规则（试行）》，目前看来这一配建标准过低，按此标准建设的住宅小区的停车设施很快供不应求。随着经济社会的快速发展和机动化水平的快速提高，原有政策标准滞后的问题愈加明显，但并未受到相关部门的重视。直到2001年萧山撤市设区后，萧山区开始执行杭州市的停车配建标准，但由于杭州主城区的城市发展状况和交通设施情况与萧山区存在较大差别，因此按照市标执行仍存在一定缺陷，后来萧山区于2009年出台了《杭州市萧山区城市建筑工程机动车停车位配建标准（试行）》，2012年进行了修编。但在目前来看，这一配建标准也已不符合萧山实际发展需要，一些建筑物建成后即面临停车泊位不足问题。另外，在城市公共停车场建设方面，目前沿用的仍是1995年建设部颁发的《城市道路交通规划设计规范》有关标准，城市公共停车场按规划城市人口每人0.8~1.0平方米计算，这一标准显然已经不满足当前的实际停车需要。综上，由于萧山区总体停车设施建设政策标准一直落后于城市实际发展需要，停车泊位短缺问题不断累积，最终导致当前严重的停车难问题。

（二）停车设施规划建设不够合理

科学合理的规划建设停车设施对于停车资源的合理布局和有效利用十分重要，但萧山区由于公共停车场建设缺乏规划引领、道路停车泊位设置不合理、配建停车设施互补性不强等因素，城市停车设施在规模和布局等方面存在诸多不足之处。

公共停车场（库）的功能定位是弥补建筑物（如旧式住宅、小型建筑）配建停车泊位的不足，调节城市停车供应、缓解部分区域停车矛盾。但萧山区由于缺乏专项的停车资源规划，公共停车场（库）的建设选址调查研究不够深入，且未得到充分的规划论证，因此部分公共停车场（库）在点位布局上存在一定的不合理性。另外，一些公共停车场（库）的建设一味追求停车泊位数量增加，并未对其周边的停车需求及现有停车设施状况进行统筹考虑，导致部分停车场（库）建成后实际泊位供大于需，大量泊位长期处于闲置状态，造成了严重的资源浪费。由此可见，未经科学合理规划的公共停车场（库）不仅利用效率低，不仅不能起到调节城市停车供给的作用，而且还进一步加剧了城市停车设施供给的不平衡。

道路停车泊位的功能定位是对路外停车设施必要和适当的补充，因此路内停车泊位的设置应当在遵循道路交通有序、安全、畅通的原则下，主要设置在路外停车泊位供应不足的区域，且应在对其周边停车需求进行调查和预测基础上，合理确定泊位数量。然而萧山区的路内停车泊位设置现状在一定程度上已经背离了其功能定位，部分路内停车泊位就分布在路外停车设施附近，不仅未能达到与路外停车设施相协调以补充路外停车设施供给不足的作用，而且还降低了路外停车设施的利用率，对城市静态交通的健康发展造成了负面影响。

（三）价格调节机制作用发挥不显著

居民的停车行为与停车成本密切相关，调查结果显示，大多数情况下，停车收费价格是影响居民停车行为的最为关键的因素，会直接影响居民的出行方式和出行结构，人们普遍优先选择收费价格较低的停车泊位，因此，在其他条件基本相同的情况下，收费价格越低的停车场其利用率越高。而在收费价格和其他条件基本相同的情况下，人们则更倾向于选择较为便捷的路内停车位。

萧山区的停车泊位收费措施未能真正有效发挥价格杠杆的调节作用，不利于提高路外停车场（库）利用率和对停车需求的抑制。一方面，萧山区现行的停车收费价格标准偏低，用车成本相对较低，不仅不利于减少私家车使用、降低停车需求，而且不利于民间资本注入以促进停车产业化发展、有效增加停车供给。另一方面，萧山区目前实行的大类区域差别化收费政策也具有一定弊端，该政策将萧山城区分为一级区与二级区，在两个大类区域内实行不同的收费标准，但实际上这种大类区域的划分未能充分考虑一些特殊地点如城市商圈的实际情况，如一些商圈的路外停车泊位供给充足，而停车收费执行的是大区域的收费标准，可能引起收费价格的不合理，导致路内停车占用率高、路外停车设施闲置的现象，不利于提高路外停车设施的利用率。另外，在对萧山区停车收费情况的实际调查中发现，差别化停车收费政策未得到严格执行，在设置免费停车泊位时也未能对周边其他停车设施进行统筹考虑，如一些路内停车泊位收费标准低于周边路外停车泊位，导致路内停车泊位供不应求，路外停车泊位大量闲置；在一些收费路外停车设施周边设置免费停车泊位，导致收费停车设施利用率降低，免费泊位周转率低且周边车辆违停现象突出。

（四）运营管理和执法手段相对滞后

先进的停车设施管理方式和针对违章停车的执法手段对改善居民不良停车习惯、保障道路交通秩序、提高停车泊位有效供给具有重要意义。而目前虽然增加了人行道监控管理和道路违停系统提示等智慧化手段，但"温馨提示"的执法手段并不能改变居民随意停车的习惯，反而给出了"违法"宽限时间。此外，萧山区的停车运营方式导致城区路内停车泊位周转率低，地下停车场（库）利用效率不高，车辆路面违停严重影响交通秩序等一系列问题。

目前萧山区的路内停车泊位除城区和部分镇街由区国有公司纳管以外，

其他区域仍然存在大多处于无人管理或人工管理状态，管理方式较为落后，在实际运营中存在以下问题：一是路内停车泊位长期占用现象严重，如"僵尸车""沿街店铺微型仓库车"等，降低了停车泊位的周转率，不能满足临时停放车辆的刚性需求且不利于提高道路通行环境；二是缺乏有效的规范和制约手段，对不按规定缴费者没有一定的惩治措施，不利于停放者对路内停车泊位养成时间观念和缴费意识；三是容易产生管理漏洞，出现乱划位、乱收费现象，扰乱停车秩序。另外，许多路外停车场（库）缺少智能化停车引导系统，在停车高峰时期，容易增加车主寻找空位和找寻车辆时间，降低停车服务体验，使得车主更加不愿意停放到路外停车设施内（尤其是地下停车场库），使得路内、路面停车更加拥挤，违章停车加剧。

虽然萧山区为控制路内违法停车设置了道路监控抓拍系统，但由于抓拍系统的覆盖面十分有限，在城区许多区域仍需要交警开展人工巡查执法，而在人行道的违停管控方面，由于目前仅在人民路等少量核心路段设置了智能抓拍系统，大部分道路碰到的违法停车行为只能由城管队员人工进行查处。而由于执法人员时间和精力有限，无法对全区的违停行为进行及时、全面的执法查处，导致许多车主心存侥幸，形成不良停车习惯，将车辆违规停放在路面上，影响道路通行能力和交通环境秩序。综上，执法管理上的缺陷在某种程度上纵容了违章停车行为，不利于市民群众养成文明有序的停车习惯，也对路外公共停车设施的建设使用造成不利影响。

（五）停车设施供给信息不对称

停车设施供给信息的有效发布对引导车辆、疏导交通、合理配置停车资源、提高停车设施利用率具有重要意义。据有关调查表明，超过81%的被访者表示在寻找停车泊位时希望获取相关信息，而在希望获取的信息中最想要获得的信息是停车场中是否有空位及到达停车场的相关道路交通状况；超过80%的被访者表示会利用停车场相关信息。因此，我们可以认为停车设施诱导信息对出行者的停车行为具有重要影响。

由于萧山区目前在景区、火车站交通站点和部分商圈建立了道路指示牌的停车诱导系统，但部分医院、学校周边和居民办事中心周边仍未建立停车诱导，全区没有从"一张图"上建立整套停车诱导系统，市民群众无法及时掌握出行目的地周边停车设施供应情况，从而引发一系列影响交通良性循环的问题：一是由于无法事先掌握停车信息，市民群众在出行方式选择上受到影响，如有些车主可能会因为目的地停车不便而选择公共交通出行，而在无法掌握具体信息的情况下，车主就缺少了选择出行方式的可能性。二是车主在不了解目的地周边停车点及其实时停放信息的情况下，势必会因为寻找停车泊位而产生交通绕行流量，而这种不必要的交通流量在某种程度上进一步加剧了城市交通通行压力。三是容易引发车辆违停行为，在无法及时找到停车泊位的情况下，一些车主将会占用机动车道或人行道进行停车，影响了正常的动态交通秩序。四是不利于提高路外公共停车场（库）的利用率，由于车主无法及时准确找到周边停车场（库）点位并提前了解空余车位情况，容易导致路外公共停车场（库）的闲置。

二、改善城市停车设施供给的路径思考

若要有效改善城市停车设施供给现状，需要实行政府管制和政策引导相结合的解决方式，通过完善停车设施发展政策、落实停车设施规划布局、优化停车管理举措、强化智能信息技术应用，"建、管、疏、导"各项措施并举，来优化城市停车设施供给数量、质量及结构，合理引导停车需求，从而实现停车设施的有效供给，改变城市静态交通状况。

（一）优化停车设施建设发展规划和政策制定

一是完善停车设施管理体制。目前我国多数城市的停车设施处于"多头管理"状态，以萧山区为例，区内停车设施的建设管理尚未建立起统一的协调机制，部门之间没有形成有效的协同配合，各部门各司其职，无法使城市停车设施得到统筹规划、建设和运营管理，无法有效促进城市静态交通发展。因此，有必要进一步创新停车设施管理体制，明确停车设施管理机构，加强各有关部门的分工合作，规定各自的管理权限和职责，保证停车设施建设统筹分工、责任明确、协调紧密、管理有序。成立专门的且具有一定权威性的停车管理机构，综合协调规资、住建、公安交警、城管、房管、物价等相关职能部门工作，实现对停车设施的宏观调控和集约化管理。

二是优化配建停车设施标准。建筑物配建车位是城市停车设施的主体，合理制定配建停车设施标准对促进停车设施系统建设和有效供给具有重要意义。不同的城市其停车供需特点及停车行为特性不同，因此配建标准的制定也应有所不同，要突出配建停车设施的调控作用，根据不同建筑物类型在停车需求方面的差异合理配建车位。要注重与公交优先发展战略的协调，深入考虑公交优先发展战略对停车配建的特殊要求和对不同区域停车配建要求的区别。要充分考虑不同区域供需关系的差异性，针对不同区域在交通负荷度和交通流上的差异制定具有差异性的政策，从宏观上调控车位供给。

三是出台停车设施建设配套政策。鉴于城市停车设施的准公共产品属性，促进停车设施产业发展的最有效的途径是政府部门充分发挥其宏观调控作用，充分发挥社会资本在城市停车设施投资中的主导作用。为促进停车设施建设社会参与力度，政府部门应研究出台一系列的配套鼓励政策。要完善有关法律法规，完善土地供应政策，鼓励引导社会资本参与停车设施建设。要出台优惠扶持政策，对盈利能力较弱的停车项目给予适当的商业配套面积，并授权在一定范围内开展广告等业务，对公建配建停车设施对外开放免征停车收入营业税等。

（二）结合城市发展科学规划建设停车设施

一是合理规划布局停车设施。停车设施的合理规划布局对缓解停车泊位分布不平衡、提高停车泊位有效供给具有重要意义。应根据区域发展布局实际划分停车分区，结合不同区域交通特征和规划定位的差异采取不同的停车规划布局策略。针对老旧小区、商业中心区、交通枢纽、景区等重点区域应根据其停车特点制定不同的停车供给策略。以萧山区为例，结合对萧山区城市用地功能、城市公交系统、停车场规划、道路交通运行以及居民停车需求的调查研究，划定控制供应区、供需平衡区、充分供应区。根据停车分区的不同，对不同分区的建筑工程配建泊位、路外公共停车和路内停车可采用不同的建设指标，促进区域交通长远健康发展。

二是推动集约化停车设施建设。大多数城市的中心区、老城区的停车供需矛盾较为突出，且由于存在用地面积紧张、土地价格昂贵，发展基本成熟、原有建筑难以改扩建等因素，无法通过建设传统停车场（库）来满足急剧增长的停车需求。在这种城市空间有限的情况下，若想进一步增加停车泊位，就必须加大停车资源挖潜力度，同时高效利用各类停车资源，采取集约化停车设施建设模式。萧山区可结合城市地下空间开发，不断挖掘城市地下停车资源，有效利用学校、公园、公共绿地等地下空间开发建设停车设施，结合轨道交通、景区开发、人防工程等推进地下停车场（库）建设。加大立体停车设施建设力度，采用多层机械立体停车库将会大幅提高空间利用率，充分发挥有限的土地资源价值。

（三）推进智能化停车管理及需求引导

一是推广共享错时停车。为进一步提高萧山城区停车泊位利用效率，减少因停车供需时空不平衡造成的停车资源闲置，应深入研究推广共享错时停车机制，进一步盘活现有停车资源，缓解城市停车难题。可实施停车共享的建筑物使用类型组合有以下几种："住宅类＋办公类""宾馆饭店类＋办公类""住宅类＋办公类＋商场类"等。另外条件允许的道路夜间也可用于周边住宅小区错时停车。萧山区可通过实地调研针对不同的区域采取不同的共享停车组合方式。

二是优化收费管理和停车执法。优化城市停车收费管理可以有效改善市民出行结构、合理配置城市停车资源，严格停车执法可以进一步规范市民停车行为、提高城市停车设施利用率。萧山区应在科学论证城市停车收费税率标准的基础上，整体提高停车收费价格，提高停车成本，鼓励市民改变出行方式，减少停车需求。要进一步完善差别化停车收费机制，停车收费要体现出地域差别化、时间差别化和类型差别化。要加强停车执法管理，可通过确定严管停车区域的方式，本着"先重点后一般"的原则，"以点带面"引导促进提高整个城市的停车守法率。要进一步优化执法管理模式，合理安排执勤民警的执法范围和巡逻频率，加强科技设备的应用，加强停车非现场执法力度，及时发现查处违法停车行为。

三是推进停车诱导系统建设。停车诱导系统是用智慧手段解决城市停车难题，缓解道路通行压力的一种有效方式，它通过对城市各开放停车场车位信息进行采集、传输和处理，实现对各接入停车设施停车泊位的实时监控和发布，车主可通过手机 App 等渠道查询附近实时车位信息，并可通过平台进行不停车电子支付，有效缩短车主寻找车位所需时间，减少车主为寻找车位而产生的车辆绕行、巡游交通量，大幅提高车主停车方便程度，从而有效改善城区周边地区的交通状况。城市通过构建完善的停车诱导系统可使停车泊位供给和需求之间形成有效对接，可进一步提高现有停车场（库）的利用率，从而推动盘活城市停车资源。

停车问题可以说是一个综合性问题，与城市总体规划、产业政策措施、城市综合交通等均有着千丝万缕的联系，各方面的因素都将会直接影响对策的针对性、合理性和有效性。因此，对停车问题的研究不能只局限于问题本身，应就动静态交通协调发展、停车需求管理与机动车产业发展、停车管理系统与其他系统衔接等问题进一步综合开展研究。同时，鉴于停车设施的建设管理是服务于经济社会发展目标的，相关政策举措、产业目标、规划运营管理也应当与城市经济社会发展水平和目标相适应，与人民群众对于城市建设发展的意愿相协调。因此，今后应结合区域经济社会发展实际，探索研究停车设施供给对于区域经济社会发展作用和影响方面的问题，着重关注在"公交优先、需求管理"的理念下，如何规划建设和管理运营停车设施来促进提升区域经济活力，如何使静态交通发展与区域功能定位和发展目标相协调等课题。

第五节　协同治理视角下的基层"三治融合"
——以建德市三都镇为例

基层社会治理体系是国家治理体系的基础和重要一环，其中打造自治、法治与德治三者高度融合的基层社会治理体系是实现国家治理体系和治理能力现代化及社会有效治理的应有之义。当前，自治、法治与德治建设虽然初显成效，但不能忽视在具体实践中也面临着一些堵点和难点。找出阻碍三者更好融合的"病灶"，推进三者高质量融合，是新时代推进基层社会有效治理的必然要求。因此，有必要研究自治、法治与德治相结合建设实践中的困境及对策，更好地发挥三者的协同效应，形成协同治理的格局，实现基层社会善治的目标。

一、基层社会矛盾与社会治理

当前经济体制深刻变革、利益格局深刻调整、思想观念深刻变化，社会转型期各种不稳定因素使基层社会治理面临一系列的问题与矛盾，基层社会治理呈现出碎片化、分散化、矛盾化等特点，且不少矛盾纠纷难解决、成本高、用时长，加剧了基层社会治理的困境。如何突破基层社会治理困境、解决治理难题，一直是中央和地方政府关注的重大理论与实践命题。党中央高度重视基层社会治理，连续发文作出指导。2017 年，中共中央、国务院发布《关于加强和完善城乡社区治理的意见》，对改进基层社区治理作出规定，其中要求将自治、法治和德治三者进行有机融合。党的十九大报告也要求健全自治、法治和德治三者相结合的乡村治理体系。同样，2018 年的中央一号文件也要求基层要做好自治、法治和德治三者结合的文章。

各地在维护基层社会秩序的先期探索实践中，也逐渐衍生出自治、法治和德治的治理路径，并开始在理论和实践中思考三者融合的可能性。浙江省嘉兴市桐乡市于 2013 年开始创新运行自治、法治、德治三者相结合的做法，并把"三治融合"定位于"治未病"，即在矛盾爆发前，就进行沟通和疏导，不让矛盾爆发或蔓延。

2014 年，"三治融合"建设被列为浙江省创新社会治理六大机制之一。随后，基层社会治理"三治融合"模式在桐乡市其他乡镇和街道逐渐铺开，并在嘉兴全市推广。同时，四川、江西等省份也开始探索"三治融合"基层社会治理实践。从 2013 年开始，浙江省杭州市建德市三都镇从德治、法治、自治等角度思考和探索建立适合基层社会治理的模式，在有效推进自治、法治、德治"三治融合"上进行了有益探索，具有一定的可借鉴性。

二、三都镇"三治融合"探索和成效

（一）三都镇"三治融合"的有益探索

三都镇紧紧围绕问题导向和群众需求，坚持以乡村振兴为统揽，积极探索以镇村（社）党组织为核心，镇村（社）主导、社会组织参与的基层社会治理做法，从德治、法治、自治三者融合的角度思考和探索建立适合基层社会治理的模式，先后实施"走村不漏户，户户见干部"、党员家庭亮身份和党员"五亮考核"、"有事找我们"、"最多反映一次"、"德文化示范村"、"党建＋道德银行"、"三色五星"村干部履职量化考评、乡村善治专项考核等做法，深入推进"三治融合"，不断激发了群众自治活力，提升了群众法治信仰，涵养了道德风尚，进一步完善了当地社会治理体系。

一是德治为魂，强化基层社会善治的柔性约束。三都镇注重打造地标聚人气，围绕乡村振兴"文化综合体"定位，全面推进农村文化礼堂建设全覆盖工作，同时强化文化礼堂日常运营，创新"乡贤驻堂"机制，两个村获得浙江省五星级文化礼堂称号、三个村获评杭州市四星级文化礼堂称号。同时，三都镇注重组织活动聚人心，立足特有的本地非遗文化，以非遗文化为载体，在群众中弘扬团结协作精神。常态化开展"家风挂厅堂""讲讲村传统、说说好家风"等活动，让重家风、传家训成为群众共识。另外，三都镇注重健全机制促长效，探索建立新时代文明实践站，以党员、村民代表等为引领，带动村社志愿服务活动开展，形成全民讲文明、讲道德的社会新风尚。启动"道德银行"积分兑换制度，道德积分可兑换生活用品，也可申请信用贷款，让文明人既有面子，更得实惠。三都镇还积极组织村社开展"文明户""最美婆媳"等"最美"系列评选，以身边榜样带动群众素质整体提升。

二是自治为本，强化基层社会善治的内生约束。三都镇坚持将"五议两公开""六事一日工作法"作为村社小微权力运行的核心流程并贯穿始终，利用党务、村务、财务"三务"公开栏、村社微信群等平台晒工作、晒成绩、晒账目，全方位接受群众监督。同时，积极落实"最多反映一次"代办制工作，建立"两委班子＋网格员＋老娘舅"的民间调解队，确保问题矛盾化解不出村。另外，依托村民议事大厅"四方亭"，开展基层理论宣讲"堂前燕"工程并定期听取民情民意、征求重大事项建议，让党的理论飞入寻常百姓家，引导群众"当家长"换位思考做"算数题"，增强群众主人翁意识。

三是法治为纲，强化基层社会善治的刚性约束。三都镇坚持依法办事，树立"办事依法、遇事找法、解决问题用法、化解矛盾靠法"的基层社会治理基本取向，坚持运用法治思维谋划村社治理，完善两委班子等基层组织建设，积极配合有关部门开展扫黑除恶专项斗争。同时，坚持不断完善阵地，在农村文化礼堂、农家书屋设置法律图书角、法治宣传栏，定期更新法治读物、展板，定期举办培训、讲座，村内法制宣传氛围日益浓厚。另外，还坚持强化宣教，结合"村晚"等活动载体，编排法治节目，以群众能更接受的方式，以身边案教育身边人，推动法治文化入脑入心，并利用宣传栏、微信群开展线上线下法治宣传，不断增强群众法治意识。

（二）三都镇"三治融合"的初步成效

三都镇"三治融合"使得社会治理格局不断完善，自治活力得到释放，法治思维渐入人心，道德风尚逐步形成，镇村面貌明显改善，干部作风更加务实，干群关系更加融洽，社会风气明显好转，工作业绩大幅提升。2017年荣获浙江省文明村镇称号、2016年所辖的新和村荣获全国文明村称号、2016年实现全镇行政村文明村全覆盖。此外，2020年，所辖松口村通过"美好账本"巧写乡村善治大文章，荣获全国"一村一品"示范村。①

一是道德风尚逐步形成。三都镇积极响应建德市"德文化"地域品牌建设三年行动计划，选取镇头村、松口村、凤凰村等行政村着力打造富有地域文化特色的德文化示范村，同时大力推进农村文化礼堂建设，打造农村"文化地标"、农民"精神家园"，并广泛开展好媳妇、好儿女、好公婆和寻找最美乡村教师、最美村干部、最美家庭等评选表彰活动，发掘了一批村民身边平凡普通、默默奉献、感动人心的优秀典型。另外，三都镇还和建德农村信用联社合作，推出"好家风信用贷"，为德文化示范村、最美家庭提供免担保免抵押信用贷款，助推农村诚信体系建设，同时试点"道德银行"，提升了农村文明指数。

二是法治思维渐入人心。三都镇在实现村级公共法律服务点全覆盖的基础上，组织由司法行政工作人员、律师、法律服务工作者组成的法律志愿者队伍到村、居委会，围绕农村居民关心的热点问题，农村工作的难点问题，开展法治宣传专题讲座，并试点实践驻村法律顾问的做法，引导法律顾问等

---

① 钱媛. 浙江省建德市三都镇："八动路径"组织群众融入乡村治理 [J]. 党建，2021（10）：58 – 59.

司法工作人员参与基层依法治理。公共法律服务站（点）的覆盖、法律顾问进村、普法宣传阵地建设等手段的推行营造了全镇浓厚的学法守法用法的舆论氛围。同时，将法治教育纳入主题党日学习教育、每周夜学等活动的重要内容，常态化开展学习，使得广大党员干部学法、知法、懂法，在耳濡目染中养成了用法治思维推进依法行政的习惯。普法宣传活动，也让广大群众学会了用法律的武器保护自己，同时养成敬畏法律、遵纪守法的习惯。

三是自治活力得到释放。三都镇着力打造"阳光村务"，推进村务公开规范化，村务公开栏建设实现全覆盖，每年组织开展村务公开和民主管理评定工作，逐步实现村务公开规范化和透明化。在市有关部门指导下，三都镇积极培育志愿服务队、文体活动队、纠纷调解队等村级"草根组织"，为村级治理提供了有力的支撑。同时，在基层群众自治实践中，三都镇实行了村级小微权力清单、矛盾纠纷在一线处理的"最多反映一次"等治理创新思路。其中，村级小微权力清单实际是把村务、党务公开的关卡提前，实现了村级权力、责任事项的全景式公开化、可视化，让村民对村级权力事项的运行状态和结果有一个科学评判，真正实现对村级事务的参与、管理和监督。而"最多反映一次"，即各村开设服务专窗，群众来反映问题一次便进行受理，并坚持"专窗登记、专人梳理、专题研究、专责落实、专项反馈"的核心理念，涉及的事项各村能处理的村主职干部需要第一时间处理，村一级处理不了需要村社第一时间汇报至镇本级进行处理，逐步实现了"小事不出村、大事不出镇"的治理效果。这些社会治理的创新做法让干群关系更加密切，也激活了群众参与社会治理的动力。

"三治融合"基层社会治理实践虽然基础不断被夯实、建设氛围不断浓厚，但是在具体实践中，由于存在三者"融合度"不高、运行"规范化"不够、价值"一致性"不高以及治理主体间权责边界不清、协同合作理念不清、基层干部治理能力低等原因，自治、法治与德治三者还没有实现高度融合，这也影响了其作用的更好发挥。

三、基层"三治融合"协同治理的相关建议和启示

2013 年，嘉兴市桐乡市创新实施了"三治融合"基层社会治理的做法，

收获了一定的理论和实践成果，这一创新是浙江省新时代"枫桥经验"的最新成果，被称为新时代"枫桥经验"的精髓，并被写入了党的十九大报告。与此同时，全省各地也开展了"三治融合"探索实践，宁波、嘉兴等地制定并发布了"三治融合"村（社区）建设指导标准，嘉兴还总结提炼了12条"三治融合"基层社会治理经验，省司法厅确定了"三治融合"示范点11个，各地市先后开展了"三治融合"专题培训班。2022年，嘉兴市在"三治融合"先发优势的基础上，在全市推广迭代桐乡自治、法治、德治加智治数字化应用，进一步推进乡村治理能力和治理体系现代化，为乡村善治插上"数字翅膀"，实现治理数据"云管控"。

就当前"三治融合"具体实践来看，多元主体之间的关系对"三治融合"的有效性有着直接影响。"三治融合"协同治理的实现需要多元主体之间建立协同发展的关系，使自治、法治、德治等多元主体不断沟通和磨合最终形成各自利益相互平衡协调的状态。"三治融合"协同治理不仅在于对权力和资源的重新配置，更在于对基层群众、社会与国家关系的重塑。为了更好解决"三治融合"在具体实践中的薄弱环节、发展瓶颈和惯性障碍，实现基层社会善治的目标，既要实现自治、法治与德治不同治理主体间的协同，又要确立自治、法治、德治三者协同的机制，还要构建政府、社会、个体关系新格局，这样才能在基层社会治理工作中更好地协调好自治、法治、德治之间的关系，从而保证"三治融合"协同治理能在基层真正扎根，乃至进一步开花结果。

（一）健全"三治融合"协同治理的主体要素

社会治理的主体主要包括政府、市场与社会组织等。现如今社会治理中遇到的问题日趋复杂，不是仅靠政府或者社会组织单个治理主体或者简单的组织间合作就能解决的，而是需要社会各方面共同承担起公共事务的责任。基层社会治理则需要基层党组织、基层政府、社会组织、城乡社区群众自治组织和广大群众共同发挥作用，以期形成社会治理人人有责、人人尽责的局面。"三治融合"协同治理需要自治、法治与德治三种治理主体的协同发力，因此需要进一步健全壮大三种治理主体。针对自治主体，一方面要有效地激活社会力量，如充实志愿者群体力量并扩大基层志愿服务覆盖面；另一方面要有效激发村级民间力量治理热情。针对法治主体，不仅要加强基层干部依法行政能力培训，还需要提高社会民众知法、学法、守法的能力并使其养成遇事找法的法治思维，另外还要加强以民众容易接受的方式扩大法治宣传教育力度。针对德治主体，可以通过以下几个方面入手：一是要注重发挥乡贤作用。通过选树一批品德高尚、愿意参与基层社会治理的乡贤来主持乡贤参事会，更好地发挥他们在矛盾纠纷化解、乡风文明引领方面的积极作用。二是要注重榜样示范带动。通过持续开展"道德模范""最美家庭"等评选活动以及"立家训家规、传家风家教"等德育活动，推动社会形成尚德风气。三是要注重开展优秀传统文化传播。深入挖掘和阐发中华优秀传统文化讲仁爱、重民本、守诚信、崇正义、尚和合、求大同、守法纪的时代价值，革除陈规陋习，使邻里文化、勤廉文化、书香文化、法治文化在基层社会治理中生根发芽，形成"知荣辱、睦邻里、懂感恩、尚法治"新风正气。

（二）创新治理主体间相互嵌入式载体

目前各地在实践中创新建立了"一约两会三团"，即村规民约、百姓议事会和乡贤参事会以及百事服务团、法律服务团、道德评判团等社会治理新载体。当前中国基层社会治理各主体"缺位、越位、卡位"、村治组织的弱化以及治理规则的断层等导致各治理主体间相互嵌入机制缺失，影响着"三治融合"对改善基层社会治理的效果。良善治理需要将各主体嵌套到一个配置合理、相互依赖且良性互动的治理结构中，使之成为系统性的社会生态。基层社会治理现代化体系需要构建各主体间相互嵌入的共同治理机制，以形成"三治融合"改善基层社会治理体系的基本载体。在推进"三治融合"过程中要防止仅仅将自治、法治和德治三者简单地求和，而是要充分考虑三者能"合"的内在逻辑性和能"融"的有效性，追求自治、法治、德治之间的良性互动，自治载体要符合法治和德治的要求，法治载体要符合自治和德治的要求，德治载体要符合自治和法治的要求，也就是说要实现你中有我、我中有你的效果。

（三）完善协同治理机制

全方位推动"三治融合"协同治理除了要建立自治、法治、德治三者之间的协同关系外，还需要完善相应的协同治理机制以保障其持续长效发展。首先要制定地方性标准。在深入推进"三治融合"协同治理具体实践中，基层要坚持以习近平新时代中国特色社会主义思想为指导，总结好实践中的经验和教训，开展多方面和深层次的理论性研究，同时要根据当地实际情况制定更加具有操作性和针对性的"三治融合"协同治理地方性标准。其次还要进一步完善考评机制，更好地发挥好考核"指挥棒"的作用，从而使"三治融合"内涵更加丰富、更具时代价值。另外还要创新工作机制。在具体实践中，基层可以将"三治融合"协同治理建设同民主法治村（社区）创建、人民调解参与信访矛盾化解专项活动有机结合，同时可以借鉴嘉兴市"一约两会三团"、杭州市下城区"三和＋"城市社区治理、湖州市德清县"乡贤参事"、金华市武义县新时代"后陈经验"等创新机制，从而完善提升"三治融合"协同治理制度化水平。

（四）坚持"整体论"，优化职能分工

"三治融合"协同治理涉及面广、相关的责任部门多，涵盖了组织、宣传、文化、民政、政法等多个部门，其中责任问题是协同治理的重要障碍之一，需要对各个部门的职能划分进行明确。在厘清不同部门职责的同时，还要注意要防范将自治、法治、德治三者割裂开来，要坚持用整体的视角去进行职能分工优化。科学界定部门职责。职能部门在职能划分中存有一定模糊性，部分工作内容相互交叉存有重叠，这也是"三治融合"协同治理实践中主要出现的问题。为解决以上问题，需要以源头为切入点，对各部门职责权限作出合理界定和描述，如对于存在交叉重叠的内容落实流程再造，对于盲区内容明确负责单位。同时要完善责任清单，进一步精细化指导"三治融合"协同治理开展，同步加强部门、岗位职责划分工作。责任清单式管理可以促使部门权责范围进行梳理和划分，避免出现权力交叉、责任盲区等现象。具体实践中，基层政府可以学习参照国家机构改革中"大部制改革"的做法，整合民政部门基层政权与社区建设科的"指导城乡村社自治和民主管理"职能、司法部门派驻镇街司法所的"城乡社区司法矫正、普法宣传"职能、组织部门组织科的"指导基层党建"、文明办的"指导和开展文明创建"职能和政法委、教育局、财政局、乡镇（街道）这些职能部门中关于社会治

理的职能全部划入一个综合协调办公室，让其发挥统筹协调"三治融合"协同治理建设的作用。

总的说来，"三治融合"协同治理是实现基层社会治理体系和治理能力现代化的重要手段。自治、法治、德治三者在基层社会治理中分别发挥着"消除矛盾""定分止争""春风化雨"的功能，同时三者又相互作用着并影响着基层社会运转。"三治融合"协同治理借鉴了人民当家作主的群众自治实践经验，如何处理好自治、法治与德治三者之间的关系并实现协同治理，是实现基层社会善治、打造共建共治共享治理格局中必须回答好的时代命题。

在实践中，"三治融合"犹如一把金钥匙，打开了基层社会治理的许多"死结"，从政府部门到普通村民都迸发出了前所未有的创造力，但是仍然存在"融合度"有待提升、"规范化"有待深化等短板亟须破解。解决"三治融合"基层社会治理实践中存在的种种现实问题，从而实现自治、法治与德治三者高度融合，是目前基层社会治理现代化的重要命题，而构建自治、法治与德治三者之间的协同关系是其中较为有效的途径。三者协同的关系也就是要将自治作为德治和法治的目标，将法治作为德治和自治的保障，同时德治是自治和法治的基础，最终将三者都统一于"人"这个核心，激发各个治理主体参与基层社会治理的热情。总之，构建基层社会"三治融合"协同治理体系，符合新时代基层社会治理创新的发展方向，有利于推动创新城乡基层社会治理新模式，也将为助力乡村振兴战略的实施，推动平安建设、法治建设发挥积极作用。

第八章
全面深化文化建设，
打造群众精神家园

党的十八大以来，我国从顶层设计提出了"文化自信"发展目标和参与国际文化竞争，争夺世界文化话语权的文化战略，自此全面加快了我国文化制度改革与建设，带动了我国国家与社会治理的深刻变化，出现了互联网文化、中国特色协商文化和中国传统文化发展的实践热点，也引发了学界对文化建设研究的新态势。学者们普遍认为，文化创新是推进国家治理体系和治理能力现代化的重要力量，对建成社会主义文化强国具有重要意义。通过文化创新可以提升国家治理水平，新时代应推动国家治理和文化创新的双向互动，实现国家治理体系和治理能力现代化目标。学者们有关中国文化建设实践与研究集中于三方面：互联网文化对现代治理的影响，如对政府治理、基层社区治理和市场治理的改造；传统文化与现代管理、社会治理的关系；中国特色协商文化与政府和社会民主治理的关系。中国当前的文化建设实践深刻表明，一国文化建设受到历史传统约束，也受到一国现实治理实践约束，但是文化发展具有能动性和导向性，文化建设反映一国的国家与社会治理的现状与水平，更对国家与社会治理的现代化、优质化具有支持与促进作用，文化建设会丰富国家与社会治理的内涵从而提升治理形象。文化创新变化往往意味着治理实践的新发展、新高度，促进文化建设是政府与社会治理实践发展的必然要求。

浙江文化建设实践是中国文化建设热潮中的佼佼者，一直走在全国文化建设前列。浙江文化建设实践集中在互联网文化、浙江乡贤文化和政协协商文化，可以说，均呈现为全国文化建设实践的经典创新。浙江互联网文化建设是全国翘楚，每年都在浙江乌镇召开全球互联网大会。依托互联网文化建设，浙江出现中国政府与社会治理深刻变革的重大实践创新，包括简政放权和"最多跑一次"公共服务革新。而浙江乡贤文化开启了中国传统文化与现代治理融合之旅，涌现了桐乡乡贤文化等典型。浙江地方人民政协协商文化可谓是中国特色协商文化实践的典型创新，时时出现震动全国的新探索，诸如委员会客厅、"请你来协商"、"民生议事堂"均是中国协商文化实践中的重要创新。委员会客厅和"请你来协商"是浙江协商文化实践的两个品牌，而"民生议事堂"创新则得到全国政协主要领导干部的现场考察与肯定。浙江文化建设是中国文化自信和争夺国际文化竞争话语权的重要实践，对国内外具有突出影响。本章第一节提出了文化体制改革中政府、市场与社会三方需要形成互动关系的新认知，突出讨论了文化制度创新有助于政府与社会治理实践的快速革新，如互联网文化与简政放权意识快速推动了浙江简政放权与"最多跑一次"公共服务实践革新的兴起。第二节和第三节探讨了差异较大的两类传统文化对现代政府与社会治理的作用，前者提出民间信仰具有丰富群众精神生活、加强思想阵地建设，化解各类问题隐患、促进社会和谐发展，构建多元治理格局的正能量价值，并认为政府和社会可以在民间信仰上实现合作治理，扩宽了传统文化的存量视域；后者则为发掘传统乡贤文化古为今用，增进现代乡村基层公共治理提供了丰富素材和具体路径。两个案例融合在一起，对中国传统文化的知识维度和认知有拓宽和加深，提示了传统文化改变现代治理更广阔的前景。第四节讨论了城市社区文化建设对增进社区居民参与和社区认同的重要价值，认为推进社区文化建设是提升居民参与感和社区认同感的重要路径，提供了一种利用邻里文化、传统茶馆文化和地域历史资源提升现代社区文化内涵以变革社会治理的思考。

总体来看，近年来浙江探索的重要理论与实践意义体现为以下几个方面。

一是助益于政府与社会治理现代化。浙江文化建设探索发掘了中国文化的现代化新形式，这包括协商合作文化、社区文化与互联网文化，体现了文化建设的新增量和现代治理支持能力，为政府公共治理现代化和社会治理时代化提供了文化基础与文化动力。

二是文化创新快速促进政府和社会治理的发展。浙江文化建设实践表明，文化模式与制度的变迁的关键是文化创新，文化创新对加快现代政府和社会治理有重大价值，每一次重要的文化创新都意味着政府与社会治理的重大进步，会快速促进一国治理的现代化。浙江互联网文化建设快速推动政府简政放权和"最多跑一次"公共服务革新的兴起。而对传统文化注入民间信仰、传统历史地域文化资源等的古为今用和创新，快速加快了地方治理的时代性发展。

三是丰富、提升中国治理形象的文化内涵。浙江文化建设实践丰富了中国治理形象，注入和扩展了中国治理形象的文化内涵，使得中国治理形象不仅表现出现代意蕴，也展现出历史文化厚度和现代科技的精度与深度，展现出现代观念、现代科技与传统文化融合的更多魅力，造就不一样的中国治理形象。

四是有助于以中国之制展现中国之治，促进文化自信。浙江文化建设探索表明，中国传统文化、现代互联网文化和中国特色协商文化能够在现有体制与制度下实现政府与社会治理的变革优化，提升治理现代化，表现出中国制度优势。浙江文化建设实践确切表明中国文化对现代化治理的支持能力，提高了国民的文化自信。

第一节　文化体制改革中政府、市场与社会互动关系研究
——以浙江省改革为例

一、文化体制改革的背景与意义

自人类文明伊始，纵观整个人类社会的发展历程，文化始终以一种无形的力量推动着社会的进步与发展。文化是一种软实力，始终嵌入于政治、经济和社会之中，成为推动经济发展、导航政治文明、促进社会和谐的力量。

当前，我国的改革呈现出稳健、全面推进的态势。经过四十多年的探索与实践，我国综合实力大幅上升，成为世界第二大经济体，显著的动力机制

之一即来自市场经济体制改革所释放的巨大活力。然而，与经济体制改革所取得的成果相比，文化体制改革虽然一直伴随着改革的每一个阶段，但是我国在文化管理或者说是文化治理方面上发力滞后。我国传统文化管理体制成立于新中国建立初期，带有计划经济体制的特性，随着社会主义市场经济体制的确立，传统文化管理体制的低效产生了种种问题，迫切需要我们进行体制机制的创新。同时，随着改革开放后我国综合实力的提升，人民的物质生活水平大大提高，人民对于精神文化的需求也逐步上升，但由于传统文化管理体制下我国文化工作者进行文化创造的积极性受到抑制，我国文化机构的文化产品与服务的生产动力明显不足。因此，人民日益增长的文化需求也成为解放文化生产力、促进文化体制改革的动力之一。此外，随着2001年我国加入世贸组织，我国的文化面临全球化的竞争，外国文化势力的渗透对我国的文化安全造成了严峻的挑战，同时也对我国文化机构造成竞争压力。2002年随着党的十六大的召开，我国文化体制改革开始全面提速。从党的十六大至今，我国的文化体制改革经历了起步、试点、攻坚、深化等多个阶段的实践与探索。2013年，习近平发起"一带一路"倡议，我国的文化服务业更加积极主动地融入全球化时期的国际文化竞争。

作为全面深化改革链条中的重要一环，文化体制改革的成败关系到是否能破除文化在体制机制上所遇到的阻碍，是否能激发全社会进行文化创造的热情与活力，亦是推动中国从文化大国迈向文化强国的重要途径。从更广泛的意义上而言，文化体制更是涉及国家文化治理及推动中国社会转型，其本质是对国家、社会和公民之间关系的重构。[①] 随着改革的推进与深化，政府、市场、社会三股力量逐渐从"国家全能主义"中分化、独立、壮大，不断在国家高层碰撞、融合，进而使得国家在政策制定时更趋科学，在资源配置上更趋高效，在权利保障上更趋公正。

事实上，尽管当前我国文化体制改革工作取得了阶段性成果，但在改革的过程中却是充满了艰辛，尤其是当前新形势下随着互联网技术在文化领域的融合程度加快，产生了许多新型文化业态，这就需要我们以新的适应社会发展的改革智慧，来进行制度的合理设计。笔者认为，文化体制变革的关键

---

① 李媛媛. 深化文化体制改革问题研究［M］. 北京：人民出版社，2017：5.

是摆正政府、市场与社会的互动关系。以下将通过分析改革开放四十多年来我国文化体制改革的演化逻辑，并以地方政府改革的典型案例即浙江省文化体制改革作为研究对象，分析当前改革中遇到的问题，进而针对性地提出政府、市场与社会之间良性互动、彼此协调的对策建议。

二、浙江省文化体制改革的创新实践

自改革开放以来，浙江省文化体制从最初的萌芽到现阶段的全面深化改革，已四十余年。基于全国文化体制改革的演化逻辑，浙江省文化体制改革的推进呈现政府、市场与社会三股力量共同推动的特征，体现出其独特的创新实践。

（一）文化大省：确定改革目标

浙江省文化体制改革中一个具有特色的创新实践，就是文化体制改革的目标始终与文化大省建设、经济社会发展这一战略目标紧密结合。

这一目标是在 1999 年通过提炼和与时俱进地弘扬浙江精神，为满足人民日益增长的文化需求，为浙江省提前实现现代化提供精神动力而设定的。之后，浙江省在这一目标之下进行文化体制改革的顶层设计，根据 2003 年 7 月的《浙江省文化体制改革综合试点总体方案》，在宏观改革层面，浙江省充分发挥了国有文化机构市场亲和力较强、民营文化企业发展势头较好的优势，逐渐形成"党委领导、政府管理、行业自律、企事业单位依法运营"的宏观管理体制；在微观改革层面，着重落实"实施分类改革、打造新型市场主体"的微观体制改革要求，实施了国有文化单位改制、文艺院团改革、引导民营文化产业等五项内容，逐渐形成导向正确、经营有活力的微观运行机制。2014 年，随着中央《深化文化体制改革实施方案》的出台，文化改革发展在全局工作中的地位更加凸显出来。浙江省委省政府把文化改革发展纳入"八八战略"和"两富""两美"现代化浙江建设，作为实现"两个高水平"和文化浙江建设的重要内容。由此可见，无论是在试点阶段还是在全面深化阶段，文化体制改革的目标始终融入文化大省建设、经济社会发展的战略目标，并与整个浙江省的现代化建设紧密相连。

（二）简政放权：提升政府效率

浙江省文化体制改革的另一个具有特色的创新实践，就是简政放权。这表现在最初的"政事分开、管办分离"到"文化市场综合执法"，再到以"最多跑一次"撬动文化体制改革。当意识到文化也是一种生产力之后，浙江省试图通过简政放权，在文化管理上更多地以服务型政府的姿态出现。

在"政事分开、管办分离"方面，2004 年初，浙江省广电系统局党组通过关于"什么是政府该管的，什么是政府不该管的"的讨论，提出了"进足退够"的方针政策，并推进文化、广播电视、新闻出版三局合一的试点工作。2004 年 10 月中下旬，省委宣传部等部门出台《关于在文化体制改革综合试点地区建立文化市场综合执法机构的意见》，要求全省所有市县建立集中统一的文化市场综合执法机构，通过重新组建省文化市场管理工作领导小组及办公室，推动文化市场综合执法队伍和基层执法能力建设，政府职能的转变得以有效推进。① 在行政审批方面，2013 年，浙江省在全国率先启动、推行政府权力清单制度。2016 年，浙江省提出以"最多跑一次"继续深化"四张清单一张网"，实现"让数据跑代替老百姓跑"，打破信息孤岛、数据壁垒，提升政府文化系统的办事效率。近年来，浙江省委省政府出台了一系列深化文化市场综合执法改革的实施意见，健全综合执法运行机制，加强执法队伍建设，建立黑名单管理制度。截至 2014 年 9 月，浙江省文化厅保留的行政权力事项从 109 项减少至 25 项，精简比例达 77%。② 截至 2020 年底，涉及浙江省文旅厅的 16 项审批事项实现"一次也不用跑"。率先完成"游艺娱乐场所设立审批"等 4 个审批事项全面实施告知承诺、其他营业性演出"一件事"改革。完成涉外涉港澳台营业性驻场演出受理窗口下放工作。③ 这些措施均体现了浙江省在简政放权方面进一步深化文化体制改革的坚定决心。

---

① 陈立旭. 解放和发展文化生产力：浙江的文化体制改革［J］. 资料通讯，2007（1）：17 - 24.

② 浙江省文化厅推出系列举措强化事中事后监管［EB/OL］.（2014 - 09 - 05）. https：//www. mct. gov. cn/whzx/qgwhxxlb/zj/201409/t20140905_785814. htm.

③ 浙江省文化和旅游厅 2020 年工作总结和 2021 年工作思路［EB/OL］.（2021 - 02 - 03）. https：//ct. zj. gov. cn/art/2021/2/3/art_1229678764_4984208. html.

（三）四个一批：培育市场主体

浙江省文化体制改革第三个具有特色的创新实践，就是将所有的文化机构都视为市场主体，在科学界定不同文化机构性质、功能的基础上，按照"转出一批、改出一批、放出一批、扶出一批"（即"四个一批"）思路，逐步培育出充满活力、竞争力的公有和民营文化主体，有力地促进了浙江文化产业的大繁荣与大发展。

具体而言，"转出一批"即国有文化事业单位通过转换机制，建立企业化的管理模式，通过在人事、分配制度等方面的改革，增强文化机构活力。比如，2003～2007年，浙江出版联合集团逐步实行"事转企"改制，实现了单位从事业性质转变为企业性质，人员从事业干部身份转变为合同制企业员工，运行机制从国有事业单位的管理模式转变为现代企业制度，集团也成为以图书、期刊、音像和电子出版物的出版、印刷、发行为主业，兼营出版产业相关的物资贸易等业务的出版企业集团。"改出一批"即通过产权改造，对一部分国有文化单位实行"事改企"，有条件的改制为规范的现代企业。比如，2004年，浙江日报报业集团通过改制，设立钱江晚报有限公司、浙江日报新闻发展有限公司、今日早报有限公司等多家系列媒体经营公司，将经营业务从事业体制中剥离出来，实行宣传经营"两分开"，走上了一条做强单个媒体从而做大整个集团的路径。"放出一批"即在政策许可的范围内，放宽条件限制，允许符合条件的民营资本进入文化领域，形成一批民营文化企业。比如，利用民营资本充裕的优势，浙江省放宽市场准入，有效地引导浙江广厦文化传媒集团、横店集团、宋城集团等一批龙头民营文化企业在影视、休闲、旅游等不同领域做出亮眼成绩。"扶出一批"即扶持重点大型文化集团和公益性文化事业单位。比如，浙江广播电视集团在2001年实现了与省广电局政事分开、管办分离的体制改革，注册成立企业法人浙江广播电视传媒集团，并于2006年入股杭州数字电视有限公司，对进一步做大做强浙江省数字电视产业具有积极意义。

通过"四个一批"的总体布局，大量国有文化机构和民营文化企业在市场中成长起来，有力地促进了文化产业的发展。[①]

（四）国办民助：凝聚社会力量

浙江省文化体制改革第四个具有特色的创新实践，就是在确保国家财政投入的同时，鼓励个人、企业、单位等社会力量经营文化事业和产业，即所谓的"国办民助"，这在公共文化服务体系建设中表现得尤为突出。在民营经济发达的浙江省，从文化体制改革试点开始之时，政府就有意识地尝试引入市场机制和社会力量，政府合理引导，文化企业提供产品与服务，社会力量积极参与，逐步确立以公众需求为导向、优质高效、普遍均等的新型城乡公共文化服务机制。[②] 在该体系中，政府只需发挥杠杆的作用，如制定一系列税收、土地、人才等优惠政策，把所有经营管理交由专业机构经营，从而更好地发挥社会力量，提高社会参与文化产品与服务生产的热情。

以宁海的"十里红妆博物馆"和"钱江浪花"艺术团为例。"十里红妆"博物馆是一家专门展示古代女子生活的民俗博物馆，由于地处偏远乡镇加之陈旧的行政管理模式，发展动力不足，经营效益不佳。2003 年，宁海县政府认为"十里红妆博物馆"资源独特，应引用新机制将其激活，故联合民俗研究与收藏专家何晓道和宁海旅游开发公司共同成立公司。宁海县政府无偿提供 1000 万新馆建设费，公司则负责具体的管理业务。"十里红妆"博物馆年参观人数 9 万余人，并无偿为政府组织的活动提供服务，不但推动了文化产业的发展，还有效推动了当地的公共文化服务建设。"钱江浪花"艺术团于2005 年由政府支持成立，该艺术团以浙江省属的 7 个文艺院团为主，联合省内外 50 多个文艺团体，利用"文化直通车"下农村基层巡回演出，开展常年深入农村基层的免费演出，截至 2016 年 10 月，已踏遍浙江 11 个地区 90个县市，演出场次近 3000 场，观众超过 600 万人次，[③] 形成了服务农民的文化品牌，受到农村基层群众的广泛欢迎。此外，宁波鄞州区"天天演"、嘉兴的"文化有约"和"村企联动"创建村级流动图书站等均是政府借助社会

---

① 陈立旭. 解放和发展文化生产力：浙江的文化体制改革 [J]. 资料通讯，2007 (1)：17 – 24.

② 陈立旭. 习近平发展公益性文化事业和文化产业的战略构想 [J]. 观察与思考，2016 (4)：90 – 99.

③ 周洁. 钱江浪花艺术团商业模式研究 [D]. 杭州：浙江工业大学，2016.

力量提供公共文化服务的有益探索。

如前文所述，文化体制改革的本质是政府、市场与社会之间关系的重构，浙江省文化体制改革的四个创新实践均体现了三者之间关系的此消彼长，即在"文化自觉"下，政府通过"简政放权"，松动体制空隙；"四个一批"等措施则重塑市场主体、释放市场活力；"国助民办"则引入社会力量，形成文化多元供给机制。

三、浙江省文化体制改革的结构特征

浙江省文化体制改革的结构特征主要体现在政府、市场与社会三者彼此之间的张力上。当前，浙江省文化体制改革基本已经形成政府、市场与社会良好互动格局，政府、市场与社会三者界限清晰，同时也体现出浙江省的本土特色。

（一）基于文化自觉的政府驱动

纵观浙江文化体制改革的历程可以发现，当政府打破计划经济的僵化模式，并尝到市场经济的甜头后，浙江省政府就已经先于全国产生了"文化自觉"，这表现在政府对"文化也是一种生产力"的深刻认识。在这种文化自觉的背景下，政府自然而然地产生一种内在的文化驱动力，促使其结合浙江本省的文化资源禀赋，去进行文化体制改革的顶层设计。因此，浙江省赋予文化体制改革三重使命：一是将政府本身在社会核心价值方面的诉求转化为汇聚人民心声的"浙江精神"，通过剖析浙江发展市场经济的文化基因和原动力，将之作为浙江省加快实现现代化的精神动力；二是将来自市场的诉求转化为发展文化产业的动力，并将之作为新的经济增长点予以培育、扶持，创造出丰富的文化产品与服务；三是将来自社会的诉求转化为公共文化服务，关注城乡、区域的文化不均现象，关注弱势群体的文化需求，维护社会主义精神文明的公平正义。由于政府始终是文化体制改革的主导者，虽然改革的推进与深入要求政府从"大包大揽"中解放出来，但基于市场经济体制"刺激"而产生的"文化自觉"，让浙江省政府仍然在新的时代背景下找到改革推进的内在驱动力，这些为浙江省的文化体制改革打下了坚实的思想基础。[①] 在试点阶段，政府较为注重文化的经济属性，以大力发展文化产业为主；在全面深化改革阶段，面对某些文化单位过度追求市场效益的情况，政府开始重视文化的社会属性，出台《省属文化企业国有资产监督管理实施办法》《绩效考核暂行办法》等文件，将社会效益和经济效益权重比例调整为60∶40，用于公共文化财政支出也逐年上升。可以说，随着改革的不断深化，浙江省政府内在的驱动力，其结构层次以及与市场、社会的互动深度随着改革环境的变化而不断调整，在高度的文化自觉下不断接近符合文化体制改革本身的规律。

（二）民营经济为主体的文化市场资源配置

浙江文化体制改革的一大有力基础是充满活力的民营经济，这为充分发挥市场在文化资源配置中的积极作用提供了绝佳的条件。相比于全国其他省份，浙江省市场经济环境较为成熟，国有文化部门的体制内"存量"不高，以民营文化企业为主的"增量"则较为活跃，因此在政府推行文化体制改革时改革成本相对较低。[②] 发达的民营经济与国有文化天然的市场亲和力，使得在文化体制改革过程中，市场机制的资源配置作用得以最大程度发挥，文化市场竞争充分，各类文化主体得以充分发展，并衍生出各类文化新业态。值得指出的是，浙江省发达的民营文化经济，从一定程度上影响了国有文化企业，无论是倒逼机制还是主动选择，国有文化企业的"存量"改革推进所遭遇的阻力并不算太大。这是促成浙江文化体制改革先行一步、后劲充足的重要原因。从全国范围来看，文化体制改革中的制度变迁基本遵循"放开增量—改革存量—拓展增量兼及存量"，但浙江省很早就开始进入"增量与存量共同发展"阶段，通过"四个一批"对文化机构进行分类改革，激发市场的内生动力，通过市场竞争促使文化市场分工更为细化，产业布局更加合理，从而使政府与市场的有效互动得以形成。

（三）社会力量的多元合作

如果说文化自觉让政府产生内生驱动力，基于活跃的民营经济，政府与

---

①② 中国社会科学院浙江经验与中国发展研究课题组. 浙江文化体制改革的基本经验 [N]. 浙江日报，2007 – 05 – 14.

市场得以紧密结合，从而形成政府与市场紧密互动的良好态势。那么，面对市场失灵的情况，则需要政府借助社会力量，弥补市场丛林法则带来的负面情况，进而形成政府、市场与社会的多元合作机制。与快速发展的现代文化产业相对应，国家关于公共文化服务建设的提出，为政府主导的多元合作机制的确立提供了可供发挥的空间。上文提到的"十里红妆博物馆"和"钱江浪花"艺术团就是这种多元合作机制的代表。简单而言，在为社会提供公共文化服务过程中，政府主导为群众"点菜"，文化企业或社会组织"上菜"，最后由政府来"埋单"。一是政府运用市场机制供给公共产品。通过招标采购、合约出租、特许经营等形式，将原由政府承担的部分公共职能交由市场主体行使。二是政府与社会组织合作提供公共服务。政府通过财政拨款、专项资助、授权委托、购买等方式，依法赋予社会组织提供社会公共服务的职能。浙江省这种政府采购公益性文化项目的措施，产生了基层群众、文化团体、有关企业多赢的可喜局面，不但确保了公共文化服务较高的思想性、艺术性和观赏性，更是把政府从"大包大揽"中解脱出来，能够集中更多的财力、物力用于图书馆、文化馆、博物馆等公益性文化单位。

（四）政府、市场与社会的螺旋互动

浙江的实践表明，政府、市场与社会可以是相互作用、彼此促进的。政府注重文化的政治属性，关注文化的精神层面，通过凝练"浙江精神"，为文化产业和公共文化服务的展开打下基础。面对市场诉求而建立的文化产业，为社会提供了丰富的文化产品和文化服务，满足了广大人民的文化需求，也提高了浙江公共文化服务的水平。而反映社会诉求的公共文化服务其实包括了很多文化基础设施建设，这也恰恰是政府需要承担的公共职能。同时，公共文化服务这个基础工程的发展和完善，反过来也能为文化产业培育市场，为其发展提供方向和动力。

总体而言，浙江省政府的文化自觉促使政府放弃"大包大揽"，分化出市场与社会主体。在随后的繁荣文化市场与促进文化产业发展的改革实践中，发挥市场在文化资源配置中的积极作用，政府与市场构建紧密互动关系。而在公共文化服务领域，随着社会力量的加入，政府、市场与社会可以得以汇合。当前，浙江省公共文化服务已经在促进文化产业和推进体制改革进一步

深化中发挥了重要作用。总之，在当前市场经济与全球化背景下，随着市场与社会作为继政府之后的两股重要力量，以及三者之间的互动，构建了浙江省文化体制改革中良好的政府、市场与社会螺旋互动机制。

四、深化我国文化体制改革的若干建议

文化体制改革的目标是构建满足人民美好生活需要的文化供给体制机制。随着文化体制改革的推进，政府逐渐退出全能主义的管理模式，在全面深化改革阶段，政府、市场与社会的边界将逐渐清晰，文化的政治性、经济性与社会性三性逐渐统一，政府、市场与社会互动的良性循环将形成合力，将逐步走向适应文化体制改革本身逻辑与规律的改革道路。

（一）深化简政放权，构建文化体制改革中的有效政府

有效政府指的是政府应加快自身改革，简政放权，转变政府职能，把文化管理的权力下放给市场与社会，而把重点放在完善文化市场体系的宏观管理和推进公共文化服务的基础性建设上。以有效引导代替行政命令，通过制定激励性的文化产业政策，从而对市场行为进行调控，发挥市场在文化资源配置中的积极作用。同时，加大财政投入保障机制，提供公共文化服务，尽可能地减少政府对企业与非营利组织的行政干预，构建文化体制改革中的有效政府。文化工作的社会环境和体制空间都在发生巨大的变化，2014 年 1 月 28 日，国务院颁布《关于取消和下放一批行政审批项目的决定》，同年 2 月 13 日，文化部也出台了《关于公开文化部目前保留的行政审批事项的通知》，表明在文化领域中政府直接管企业、办产业的做法正在逐渐受到摒弃，在未来也应逐步取消过多的行政审批。此外，当前新形势下可以充分利用互联网技术，推进政府"最多跑一次"改革，让数据代替老百姓跑腿，构建全方位的以提高人民群众体验感为目标且行政运作高效率的有效政府。

（二）打破条块分割，构建文化体制改革中的协同政府

文化体制改革中的协同政府主要是指政府在文化政策实施过程中注重政

策彼此之间的科学性、系统性与协同性。长期以来，我国的文化资源分散在文化、广电、出版、报业、文物、旅游、教育、科技、体育等各个部门，文化管理职能也分别属于文化部、新闻出版总署、广电总局、文物局、旅游局、体育总局等多个部门，而且具体执法时还会牵涉到工商管理部门，这就很容易造成政府部门的多重领导，多头管理，有学者称这种现象为"群龙治水"。由于职责边界不清，各部门之间缺乏沟通，出台的政策法规有时候就容易出现矛盾和冲突，一旦当问题出现，部门间就会彼此推诿责任、互相扯皮。当前，在我国文化体制改革推进的过程中，随着各行业的成长，行业边界慢慢形成，文化管理的基本架构也在逐步调整。纵观近年来国家机构改革，2013年3月，新闻出版总署与广电总局合并，成立国家新闻出版广电总局，这是从国家层面推动文化大部制改革迈出的重要一步。2018年3月，文化部与国家旅游局合并，成立文化和旅游部作为国务院的组成部门，同时，在国家新闻出版广电总局广播电视管理职责的基础上组建中华人民共和国国家广播电视总局，不再保留国家新闻出版广电总局。这凸显了文化和旅游事业融合发展的趋势，亦体现了大部制改革的思路。打破条块分割，需要国家从宏观层面把条块文化管理职能进行整合，以大区域、大部制的文化管理形式破除部门和行政壁垒，使市场和社会能够顺畅地发展起来。

（三）依法治理，构建文化体制改革中的法治政府

法治政府依法对文化活动进行治理，从原来的行政管理向综合运用法律、经济等手段管理转变，为文化发展提供公平竞争的市场环境，同时降低行政成本、提高行政效率。自1999年我国出台《文化立法纲要》以来，虽然在文化领域的立法方面取得了一些成果，一些地方也制定了地方文化发展的相关条例。然而，我国文化领域的立法仍然滞后，目前只有《中华人民共和国文物保护法》《中华人民共和国著作权法》《中华人民共和国非物质文化遗产法》《中华人民共和国电影产业促进法》《中华人民共和国公共文化服务保障法》《中华人民共和国网络安全法》《中华人民共和国公共图书馆法》七部法，存在着大量的法律盲区。应尽快推动新闻出版、博物馆、文化社团组织等立法工作较为缓慢的领域的立法工作，让文化管理活动做到有法可依。同时，应进一步完善、修订已有的文化法律法规，让其在具体操作时具有可执

行性。目前颁布的法律条文如《非物质文化遗产法》曾出现"悬置"现象，实施细则不够清晰，针对性不强，在实际操作层面让执法工作者往往无从下手，应根据实际运行情况及时补充、调整、修订，补充实施细则，形成约束机制，使得法律能够真正落实。

（四）完善文化市场，构建文化体制改革中的服务型政府

服务型政府是指政府的角色从原来计划经济时代的管制型转变为现代体现"新公共服务"精神的服务型。服务型政府建立在有限政府、协同政府、法治政府的基础之上，在文化体制改革的语境中，主要是指政府通过重塑文化市场主体，创造公平竞争的市场环境，健全市场中介机构，完善文化市场监管机制，进而形成成熟的现代文化市场体系。为此，应进一步深化国有文化企业公司制股份制改造，推动已实现公司制股份制改造的文化企业依法设立股东会、董事会、监事会和经理层。推进文化事业单位法人治理结构改革的实践与探索，形成理事会、监事会和管理层相互配合、彼此制衡的运行机制。逐步放开民营文化机构经营领域，打破某些文化部门的垄断现象，允许非公资本进入文化领域，创造公平透明的市场竞争环境，让文化资源和生产要素得到优化配置，形成良好的文化生态。积极培育文化中介组织，可借鉴欧美等运作成熟的各种文化产品的版权代理以及文化经纪制度，发展评估鉴定等各类文化市场中介服务机构[1]，为行业发展提供优质公共服务和指导。着力探索多层次的文化市场监管体系，鉴于当前文化市场上新技术、新业态的出现，应尽快针对其特点建立信用监管制度，完善内容监管体系和监管方式，形成预先防范的效果。

（五）加强社会力量，构建文化体制改革中的合作型政府

合作型政府主要是指政府在公共文化服务领域的多元合作。现代公共文化服务体系的供给主体，除了传统的政府公共文化部门，还有公益性的文化事业单位、经营性的文化企业单位，以及社会组织、公民个人等。政府、文化企事业单位、非营利组织以及公民个人之间形成了复杂的文化供给模式。

---

① 惠鸣，张晓明. 寻求现代文化市场体系建设的突破口 [N]. 中国社会科学报，2017－02－16.

在国家转型过程中，公共文化服务不再是政府单方面提供，而逐渐变成政府、市场与社会之间的积极互动，更加关注社会个体，强调自下而上的公民文化权益的保障与实现。因此，应充分引入市场机制和社会力量，促进政府、市场与社会有效合作、良性互动。针对我国文化管理体制中"两头大，中间小"的情况，即一头是政府掌握大量的文化资源，另一头是企业效益主导的市场运作，处于政府与市场之间的社会力量显得分外薄弱，政府应通过政策、法治等各种方式推动非营利组织的发展壮大，比如，明确政府界限实行"政社分离"，推动官办组织的自治性和自主性；又如，提供必要的体制空间和政策环境，推动民间型组织的合法化运作等，以提高文化行业的自我管理和自我发展的能力。

第二节　合作治理视角下民间信仰事务管理创新机制研究
——以浙江省嘉兴市为例

一、民间信仰事务管理创新的背景和意义

民间信仰是指以多种神祇为崇拜对象，以祈福禳灾为主要目的，与民俗活动紧密结合，在民间自发流传的非制度化信仰现象，在我国有着悠久的历史渊源和深厚的社会基础，折射出广泛的群众需求和浓郁的生活气息。作为一种独特的历史文化现象，民间信仰影响着广大人民群众的社会生活，是中国传统文化的有机组成部分和重要载体。

民间信仰事务是指民间信仰与国家、社会、基层政权、基层群众性自治组织、公民之间存在的涉及国家利益及社会公共利益分配、共享等行为、关系的事务总和，是社会公共事务管理的重要组成部分。民间信仰事务不仅仅是指人民群众参加神灵崇拜、满足精神需求的单一活动，还包括由参加神灵崇拜活动而衍生的与政府、社会以及其他行为责任主体所产生的各种潜在联系及利益关系。具体到实际而言，民间信仰事务主要包括民间信仰活动场所

的建设与管理、民间信仰活动的开展、民间信仰组织的建设、民间信仰的参与主体和管理主体及其相互关系等内容。

党的十九大以来，随着国民经济的不断发展，我国社会治理逐渐进入深水区，党和国家、人民群众对于加强和创新政府公共管理和社会治理提出了更高、更具体的要求。新时代加强和完善民间信仰事务管理工作，是顺应国家发展趋势、满足民众生活向往的实际举措，是在以习近平新时代中国特色社会主义思想指导下对社会治理的有效探索与实践创新，同时也是对"打造共建共治共享的社会治理格局"的主动参与和积极推进，对于丰富群众精神生活、加强思想阵地建设，化解各类问题隐患、促进社会和谐发展、顺应时代发展要求、构建多元治理格局等意义重大。

进入新时代，社会治理工作是在党的领导下，政府、社会组织、市场、公民以及各方主体有序互动，共同推动社会和谐发展的合作治理全过程。在这样的背景下，以合作治理视角创新民间信仰事务管理机制，积极探索多元主体民主协商合作共治民间信仰事务，共同推动民间信仰事务规范化管理提质增效，已成为构建社会治理共同体、推进国家治理体系和治理能力现代化的必然要求。

合作治理是指围绕共同关心的公共热点和问题，在共同利益的驱动下，政府机构、社会组织、群众团体、市场和公民等治理主体通过平等沟通、友好协商、有序参与等方式达成目标共识，并以多种途径开展互动合作，实现权利、责任、资源、利益的共享，共同推动社会公共问题稳妥、高效地解决，具有主体多元性、过程民主性、权责共享性、方式多样性等主要特征。本节选取地处长三角腹地，耕地、水运资源丰富，历史上素有"鱼米之乡""丝绸之府"美誉的嘉兴市，其独特的江南水乡文化孕育出独特的民间信仰，对人民群众的思想观念、生产生活、文化习俗产生了深远的影响。通过对嘉兴市民间信仰活动场所开展实地走访调研，以嘉兴市级地方标准规范《民间信仰活动场所管理规范》为蓝本，结合与嘉兴市委统战部（民宗局）领导、嘉兴市委统战部（民宗局）业务处室干部、县（市、区）委统战部（民宗局）干部、镇（街道）统战干部、村（社区）联系工作干部、民间信仰活动场所民主管理组织成员、场所信教群众、场所周边社会大众八类群体共计115人进行深度访谈，力求在合作治理视角下的民间信仰事务管理创新机制研究落地落细。

用合作治理理论分析研究当前嘉兴市在民间信仰事务管理中的成效及不足，结合文献研究、实证研究、案例分析等方法，分析整理出当前民间信仰事务管理中存在的主要问题，并以合作治理的视角针对性地提出科学有效的对策建议及创新机制，有利于进一步提升民间信仰事务规范化管理水平，同时对于团结广大群众、融洽社会关系，抵御境外渗透、化解风险隐患，弘扬优秀文化、促进社会和谐，推动经济发展、维护国家统一等方面均具有重要的现实意义。通过研究，探索提出符合实际、行之有效的新时代民间信仰事务管理对策建议及创新机制，从而扎实提升地方政府科学、高效管理社会公共事务的能力和水平，为各地切实做好民间信仰事务治理工作提供有益尝试及参考，用实际行动推动国家治理体系和治理能力现代化建设进程。

二、嘉兴市民间信仰事务管理的主要做法与成效

近年来，嘉兴市多样化探究民间信仰事务管理的模式和机制，结合各地实际形成了镇（街道）直接管理、村（社区）主导管理、村（社区）参与管理、民主组织自主治理、宗教所代管托管等多元管理模式，积极推进拆除一批、改用一批、合并一批、提升一批"四个一批"综合整治，严格落实将未纳入登记编号管理的民间信仰活动场所以"清单交办"形式列入属地综合治理范畴，用"分类管理"的思路做出了积极的探索，取得了良好的社会治理成效，嘉兴市也因此成为浙江省乃至全国民间信仰生态和谐稳定的典型地区之一。截至 2021 年 12 月 31 日，全市共有民间信仰活动场所 511 处，其中纳入登记编号管理场所 352 处，以"清单交办"形式列入镇（街道）属地综合治理场所 159 处，场所综合纳管率为 68.88%。

（一）坚持"分众思维"，大力推进分类治理

一是扎实登记编号。民间信仰事务正式纳入政府管理后，嘉兴市第一时间组织干部学习了浙江省人民政府办公厅发布的《关于加强民间信仰事务管理的意见》和浙江省民宗委发布的《浙江省民间信仰活动场所登记编号管理

办法》，吃透文件精神、研究部署落实，2015 年以来，先后制定了《关于实行民间信仰活动场所登记编号管理的实施意见》《关于开展民间信仰活动场所登记编号工作的通知》和《关于继续推进民间信仰活动场所登记编号管理工作的通知》，坚持把"综合整治"工作要求贯穿始终，登记编号工作通过"场所自主申请、所在村（社区）汇总提名、镇（街道）核实公示、县（市、区）统战（民宗）部门统计审核、市统战（民宗）部门确认备案"的流程开展，严格"调查摸底、受理审核、材料报送、组织核实、信息录入、发放证书、反馈情况"等登记编号管理工作程序，有步骤、分批次顺利推进共计352 处民间信仰活动场所的登记编号工作。

二是实施分类处置。按照中央、浙江省关于"民间信仰工作实行属地管理责任制"的要求，嘉兴市制定了《关于对未纳入登记编号管理的民间信仰活动点进行分类处置的实施意见》，明确将未纳入登记编号管理的民间信仰活动场所以"清单交办"形式列入镇（街道）属地综合治理范围，各县（市、区）统战（民宗）部门负责具体指导，镇（街道）履行管理职能，村（社区）明确一名干部实施有效监管，确保场所各项活动稳定有序。与此同时，对纳入镇（街道）属地综合治理的场所开展全面综合整治，通过拆除、改用、合并等方式，推进场所合理化、规范化布局。按照"成熟一处、纳管一处"的原则，对综合整治后、相关条件具备的场所，严格对照登记编号管理要求，指导场所建立民主管理组织，协助场所改善设施功能，切实消除场所安全隐患，争取纳入登记编号管理。通过分类处置等举措，嘉兴市各县（市、区）统战（民宗）部门、镇（街道）、村（社区）紧扣重点、各司其职，民间信仰活动场所秩序井然、活动平稳，为民间信仰事务规范化管理打下了坚实的基础。

（二）坚持"整体思维"，以点带面规范管理

一是推进规范管理。由于民间信仰具有自发性、民间性等突出特点，民间信仰活动场所往往在不同程度上存在着制度不规范、管理不到位、安全保障缺失等问题。为了破解这些难题，嘉兴市精心谋划、超前布局，积极探索编制浙江省首部《民间信仰活动场所管理规范》（以下简称《规范》）市级地方标准规范。2016 年 4 ~ 6 月，由嘉兴市委统战部（民宗局）牵头，联合嘉

兴市质量技术监督局①，成立《规范》编制工作小组，深入县（市、区）民间信仰活动场所开展调查研究，听取工作情况，收集一手数据，形成《规范》初稿；同时，邀请浙江省民宗委业务处室干部、省属高校民间信仰领域专家学者、嘉兴市部分县（市、区）统战（民宗）部门干部、镇（街道）统战委员、民间信仰活动场所民主管理组织成员及信教群众代表，共同参与研讨及评审，逐条听取意见和建议，最后形成报批终审稿。2016 年 7 月 20 日，嘉兴市级地方标准规范《民间信仰活动场所管理规范》公示结束，正式发布。《规范》由范围、规范性引用文件、术语和定义、基本要求、管理要求、活动管理、附录及参考文献八部分组成，明确了民间信仰活动应遵循的基本原则，规定了民间信仰活动及场所的民主管理、财务管理、安全管理、活动管理等要求，对增强嘉兴市民间信仰活动场所自我管理、自我服务能力，提升民间信仰事务管理工作水平，促进民间信仰与社会主义社会相适应，推动社会关系和谐融洽，起到了制度约束及规范保障的作用。

二是树立典型引领。在浙江省民宗委的指导下，嘉兴市制定下发了《关于开展民间信仰场所文明创建活动的实施意见》，明确了爱国守法等 8 个方面 37 项具体内容及 4 项 "一票否决" 事项的创建标准，通过召开各级动员会，举办各级统战（民宗）干部、场所相关人员培训班等形式，将文明创建活动的指导思想、方法措施、原则要求等宣传到每一处民间信仰活动场所中。积极研究出台《重点民间信仰活动场所培育指导意见》，组织秀洲区刘王庙等 26 处重点民间信仰活动场所民主管理组织负责人、所在镇（街道）统战委员、村（社区）联系工作干部培训班，以 "重点培育促共同进步" 的思路，增强重点民间信仰活动场所自我管理、自我服务能力，发挥其样板示范带动功能，提升各级干部有效认识、高效管理民间信仰事务的能力和水平。围绕文明创建，在全市纳入登记编号管理的民间信仰活动场所中评选产生 10 处 "文明创建先进单位"，树立典型、表彰先进、激励共进，及时推广看得见、摸得着，具有针对性、说服力的经验，引导嘉兴市民间信仰事务进入高标杆、严标准、实举措的管理路径。

---

① 2018 年国家机构改革后，嘉兴市质量技术监督局与嘉兴市市场监督管理局合并，组建成嘉兴市市场监督管理局。

（三）坚持"嬗变思维"，创新载体升华内涵

一是挖掘文化内涵。近年来，嘉兴市坚持以社会主义核心价值观为引领，深入扎实做好民间信仰文化内涵挖掘工作。例如，指导秀洲区王江泾镇刘王庙以"刘王庙民间信仰"为基础，充分挖掘"庙会文化""渔俗文化""水资源文化""浙、苏边界地方文化"等资源，精准炼出爱国、生态、和谐、友善等民间信仰核心文化理念，将原本盲目的崇拜转化为有内涵的敬仰，使"刘王庙民间信仰"由本土特色"文化资源"转变成为优秀品质"文化资本"。又如，积极引导嘉善县西塘镇护国随粮王庙从金七散粮事迹中提炼"救苦救难、舍己为人"的无私奉献精神，通过展板、宣传折页的形式向来往群众展示，丰富了敬拜的内涵意义。此外，嘉兴市积极开展民间信仰优秀传统文化故事征集活动，通过深入场所开展调研挖掘，组织史志编纂人员梳理口述实录、庙史、诗词牌匾、典故和传记故事等文化要素，精准提炼出嘉兴市民间信仰中弃恶扬善、扶贫济困、诚实守信等与社会主义核心价值观相契合的故事100个，编撰出版了《嘉兴市民间信仰故事集》，提振社会主义核心价值观，弘扬社会正能量，促进民俗文化"去芜存菁"，充分展示了民间信仰"向上、向正、向好"的文化新形象，极大地丰富和促进了基层思想文化阵地建设。

二是创新活动形式。民间信仰活动是民间信仰的外在表现和形象载体。嘉兴市着力为民间信仰活动赋能增效，通过创新编排大型越剧《刘猛将传奇》、舞台剧《威风锣鼓》，编写《金七爷施赈散粮》快板等文艺形式，"旧瓶装新酒"，将原本单调的祭祀活动升华为内容充实的文化盛宴，在丰富群众精神文化生活的同时，有力引导群众树立积极、健康、向善、向上的价值观，主动做好和谐社会的助推者和宣传者。此外，嘉兴市大力支持有条件的民间信仰活动场所举办有积极影响、有代表意义、有地方特色的传统民俗文化活动，如扎实指导秀洲区王江泾镇刘王庙以"网船会"为载体，开展社团巡游、扎肉提香、花鼓、踏白船等民俗表演；又如，积极引导海盐县澉浦镇吴越王庙结合钱王秋祭活动，推出庙会集市、民间花会、街头民艺、非遗手工等系列民俗活动；再如，鼓励平湖市新埭镇刘公祠组织"鱼圻塘庙会"，引入群众参与渔乡大戏等民间民俗表演。这些活动大都吸引了区域周边数万

民众的踊跃参与，其中不少项目被列入了各级非物质文化遗产名录，既弘扬了传统文化，又促进了民间交流，逐步实现了从文化资源到文化产业的"裂变"，推动了民间信仰和优秀传统文化的传承和发展。

（四）坚持"联动思维"，积极引导服务社会

一是协助社会管理。近年来，嘉兴市积极引导民间信仰与社会主义社会相适应，注重探索民间信仰融合新时代社会管理功能，将有条件的民间信仰活动场所与社区文化活动中心、农民公园、人民纠纷调解室、社区居家养老服务中心等有机融合，在场所中开展文艺汇演、文化礼堂活动、养老为老服务等，提升了民间信仰活动场所的功能价值，进一步增强了广大信教群众和社会大众的获得感、幸福感和满意度，凝聚了彼此的理解和共识。例如，海宁市许村镇祖三真庙，将场所与矛盾纠纷调解室相融合，专门邀请威望较高的退休村干部、乡贤能人担任调解员，近年来为周边居民有效调解矛盾纠纷近百起，调解工作受到了当地政府的肯定。又如，海宁市盐官镇丰士庙，与社区居家养老服务中心融为一体，将场所内空余的房间开辟出乒乓球、健身、阅览室等活动区，全天候对社区老年人开放，充分发挥养老为老服务功能。同时，场所内部建有一个标准戏台，每次有文艺活动都会吸引大量村民前往观看，甚至村里的村民大会、节庆表彰、文化走亲等活动也都在此举办，老少皆宜，成为群众茶余饭后休闲娱乐的好去处。

二是志愿公益服务。以发挥民间信仰正能量为主线，嘉兴市积极引导鼓励有条件的民间信仰活动场所主动参与社会志愿服务和公益事业，通过主动担当、爱心关怀、扶危济困等方式，进一步塑造民间信仰在经济社会发展新形势下积极、正面、良好的全新面貌和姿态。例如，海宁市黄湾镇崇安庙、黄山咀庙、马鸣殿等民间信仰活动场所每年都会在收入中支出一部分费用，用于救助当地贫困家庭，保障困难群众日常生活。南湖区、桐乡市等地部分偏向佛教信仰的民间信仰活动场所每年腊八节都会熬制腊八粥，在场所门前免费发放，并将腊八粥送到困难家庭家中。在2020年新冠肺炎疫情防控阻击战中，嘉兴市民间信仰活动场所积极响应政府号召，全面落实暂停场所对外开放、暂停集体信仰活动的"双暂停"措施，嘉善县、海盐县等地部分场所民主管理组织成员主动参与到属地镇（街道）、村（社区）疫情防控、安保

巡防志愿服务中，为打赢疫情防控阻击战发挥作用、贡献力量。

在合作治理视角下，嘉兴市民间信仰事务管理中包含的治理主体主要有：地市级政府、县级政府、基层政府、基层群众性自治组织、民间信仰活动场所民主管理组织、信教群众、社会大众等。近年来，嘉兴市民间信仰事务管理之所以总体平稳有序，就在于这些治理主体采取了不同的措施和方法对民间信仰事务展开合作治理，各治理主体也在合作的过程中不断交流互通、取长补短，共同推动了有效治理。值得一提的是，在民间信仰事务管理的现实实践中，部分社会组织、市场主体也有序参与到合作治理中，通过充分发挥各自优势及专业特长，同心协力做好民间信仰事务管理，在实现资源共享、互利共赢的同时，将民间信仰事务逐步推向"善治"，为人民群众生活安定和共同富裕，加快打造共建共治共享社会治理新格局贡献多方力量。

三、完善民间信仰事务管理机制的对策建议

（一）强化合作意识，构建民间信仰事务管理的思想引领机制

充分发挥党委核心领导作用，通过政府治理主体的"掌舵"管理，充分发挥社会组织、市场、公民等多元治理主体的力量和协同作用，支持引导民间信仰活动场所加强自我管理，借助体制机制的健全与创新，构建"党委领导、政府管理、社会协同、宗教自律"的宗教事务治理格局，推动嘉兴市民间信仰事务规范化管理工作提质增效，助力国家治理体系和治理能力现代化建设，全力打造新时代共建共治共享的社会治理格局，扎实走好中国特色社会主义社会治理之路。加强宣传注重合作意识培养，在思想上加强宣传引导，注重培养合作意识，一方面抓好网络、多媒体、自媒体等现代舆论宣传平台的"外部"宣传，解释宣传民间信仰事务管理的重要性和必要性；另一方面做好"内部"引导，积极引导提升信教群众参与民间信仰事务合作治理的思想意识和行为能力，引导场所周边社会大众树立参与民间信仰事务合作治理的主观认知，系统提升社会各界合作共治民间信仰事务的思想认同，让全社会充分认识到民间信仰事务社会治理的重要性和必要性，促成多方力量合作共治。

（二）推动多方参与，完善民间信仰事务管理的协同共治机制

明确政府、民间信仰活动场所民主管理组织、信教群众、社会大众、社会组织（社会力量）、市场等合作治理主体的职能配置和定位，进一步强化职能担当，发挥自身优势、优化资源配置，各司其职、主动作为，共同承担社会治理责任，全力以赴、齐心协力共同推进民间信仰事务协同共治、规范管理。补齐社会与市场参与短板，解绑传统单一治理的桎梏，吸纳包括社会组织、市场、公民等多方治理主体共同参与治理，通过建立友好合作关系，实现民主协商、资源共享，发挥各自优势、优化资源配置，共同治理民间信仰事务，实现公共利益的共享。构建以民间信仰事务为中心，多元治理主体分工合作、共同参与的纵向与横向有机结合的整体关系网络，促进各个治理主体在相对平等、友好的情况下互相信任，各司其职、各尽其责，互相依赖、互相支持，通过沟通、协商、谈判等方式互相促进、协同共治，共同寻求处理问题"最优解"，从而共享公共利益、实现合作共赢。

（三）加强探索创新，健全民间信仰事务管理运行与保障机制

加大法治保障力度，促进在民间信仰事务合作治理中多元治理主体间的有效互动和规范运行，积极研究出台专门的民间信仰事务管理方面的法律法规，进一步明确民间信仰事务管理的指导思想、基本原则、主要内容和法律责任，进一步理清各方治理主体的权利和义务，便于各级政府相关部门、民间信仰活动场所、社会组织（社会力量）、市场及公民等主体有法可依、照章办事。理清理顺管理体制，明确民间信仰事务实行属地管理的原则，积极凝聚公安、民政、自然资源和规划、住建、文化和旅游、消防等部门力量，各尽其责，精诚合作，形成部门合力，努力发挥村（社区）、社会组织（社会力量）、市场、公民等治理主体的能动性和创造力，共同建立良性、协调、互动的治理体制，切实推动民间信仰事务规范管理水平稳步提升。完善全过程保障机制，建立健全民主管理组织规范化运行机制，场所消防安全标准化管理机制，场所财务账户、票据、管理"三统一"机制，跨部门联动管理工作机制，场所惩处警示及动态退出机制等，确保场所安全、组织健全、活动有序、管理规范，实现民间信仰事务管理与社会发展的良性互动。

（四）坚持多措并举，优化民间信仰事务管理的能力提升机制

强化基层队伍专业能力，加大对民间信仰相关政策法规和工作方法的教育培训力度，通过在市委党校（社会主义学院）开设基层干部宗教工作相关培训课程、在各县（市、区）开设民间信仰工作能力提升班等方式，邀请统战（民宗）部门领导、专家学者针对性授课，让基层干部充分认识民间信仰、掌握民间信仰事务管理相关政策法规和方式方法，增强其依法行政的能力，提升其应对管理民间信仰事务的水平。同时，加强民间信仰活动场所民主管理组织队伍能力建设，进一步规范场所活动、财务、人员等方面制度，增强其遵规守法、照章办事的意识和能力。培育社会主体参与力，推动多元主体协同共治，积极创新培育有条件的社会力量参与合作治理，探索试点民间信仰社会组织参与治理，吸纳培养各路贤达参与共治，逐步达成共建共治共享的新时代社会治理愿景。提升民间信仰文化力，充分发挥属地镇（街道）作为民间信仰事务主管单位的优势，依托其资源丰富，统筹性、自主性强的特点，邀请文化、民俗领域专家学者对属地民间信仰活动场所的文化价值予以充分挖掘，有效保护古代建筑文化留存，进一步推进民间信仰活动场所典故文化、民俗活动等挖掘，积极引导民间信仰与社会主义社会相适应，努力提升民间信仰活动场所文化品质和内涵。

第三节　新乡贤参与乡村治理的优化路径研究
——以杭州市萧山区 L 镇为例

一、新乡贤产生背景及其含义

乡村振兴，人才至关重要。2018 年 3 月，习近平就曾指出，要"把人力资本开发放在首要位置，强化乡村振兴人才支撑"。① 改革开放 40 多年，我

---

① 习近平在山东代表团参加审议时强调 实施乡村振兴战略是一篇大文章 要统筹谋划科学推进 [EB/OL]. （2018－03－09）. http：//difang. gmw. cn/cq/2018－03/09/content_27935745. htm.

国已经从人才资源相对匮乏的国家发展成为第一人力资源大国。然而，工业化、城市化的"磁场效应""马太效应"不断吸引人才向城市和产业集聚区聚集，乡村"缺人"成为"老大难"问题，乡村有效治理也陷入了诸多困境。近年来，为破解难题、补足短板，各地鼓励引导新乡贤参与乡村振兴已渐成星火燎原之势。2016年以来，浙江省台州、丽水两个地级市，以及众多的县（区、市）、乡（镇、街道）以新乡贤统战或乡贤统战为名，积极引导新乡贤参与乡村振兴。① 新乡贤投身美丽乡村建设已成为社会热点，不少新乡贤助力乡村振兴的个案，受到了社会广泛关注。相关的学术研究也在不断兴起，在第三届中国县域治理高层论坛上，与会学者围绕"乡村振兴的理念、规则与技术"主题，就新乡贤的"回归与重塑"问题进行了深入研讨。

本节通过案例研究，采取随机抽样和个别访谈相结合的方式，开展新乡贤如何参与乡村治理的定性、定量分析。在开展问卷调查上，调查内容主要是关于新乡贤内涵界定、新乡贤及其组织作用发挥方向、制约新乡贤参与治理的具体因素、新乡贤文化建设评价等方面。关于新乡贤的定义，学术界尚未形成统一论调，笔者较为赞同钱念孙的观点，他认为"有德行、有才华，成长于乡土，奉献于乡里，在乡民邻里间威望高、口碑好的人，可谓之新乡贤……再宽泛一点说，只要有才能，有善念，有行动，愿意为农村建设出力的人，都可以称作新乡贤"。② 为了更清晰地界定新乡贤的具体内涵，笔者在问卷调查中设计了相应的问题，在"您认为怎样的人能称之为新乡贤"（多选）一项上，高达72.8%的被调查者认为当地道德模范、身边好人、劳动模范，以及在外各行各业中闯出一片天地的优秀人员是新乡贤；高达68%的被调查者认为其他愿意为家乡发展建设建言献策、出钱出力的先进典型应属于新乡贤；65.4%的被调查者认为当地致富带头人能够称之为新乡贤；56.6%的被调查者认为到本地投资、办企业等，助推当地经济社会发展的外地人士也属于新乡贤；50.9%的被调查者认为退休返乡的各类官员、学者、教师等属于新乡贤，另有41.2%的被调查者认为农村优秀基层干部被称为新乡贤（如表8-1所示）。

---

① 许军. 新乡贤统战：基层统战工作的整合拓展与全新模式——以浙江省县以下实践为案例 [J]. 统一战线学研究，2018（4）：76-85.

② 吴晓杰. 新农村呼唤新乡贤——代表委员畅谈新乡贤文化 [N]. 光明日报，2016-03-13（1）.

表 8-1   新乡贤概念的频率分析

新乡贤类型	响应		个案百分比 (%)
	N	百分比 (%)	
农村优秀基层干部	94	9.60	41.20
当地致富带头人	149	15.30	65.40
当地道德模范、身边好人、劳动模范	166	17.00	72.80
退休返乡的各类官员、学者、教师等	116	11.90	50.90
在外各行各业中闯出一片天地的优秀人员	166	17.00	72.80
到本地投资、办企业等，助推当地经济社会发展的外地人士	129	13.20	56.60
其他愿意为家乡发展建设建言献策、出钱出力的先进典型	155	15.90	68.00
总计	975	100.00	427.60

分项目来看，被调查者最重视的是三个要素，分别是品德高尚、热爱家乡、为家乡做出重要贡献，这反映出当前各个群体普遍希望新乡贤具有良好的思想道德品质，关心家乡发展，并且能够通过多种途径回报乡里，这也是被调查者评判新乡贤的重要标准。相对来说，被调查者在"经济实力很强""学识渊博""曾经担任或者正在担任有一定社会影响力的职务"这三个选项上的选择较低，反映出他们对新乡贤的财富、权力、声望、职业等因素的重视程度处于相对偏后的位置（如表 8-2 所示）。

表 8-2   评判新乡贤必要因素的频率分析

新乡贤必要因素	响应		个案百分比 (%)
	N	百分比 (%)	
经济实力很强	99	12.20	44.00
品德高尚	180	22.10	80.00
学识渊博	99	12.20	44.00
热爱家乡	184	22.60	81.80
为家乡做出重要贡献	181	22.30	80.40

新乡贤必要因素	响应		个案百分比
	N	百分比（％）	（％）
曾经担任或者正在担任有一定社会影响力的职务	70	8.60	31.10
总计	813	100.00	361.30

二、杭州市萧山区 L 镇新乡贤参与乡村治理的实践

L 镇新乡贤组织首先从村级层面起步，2018 年 11 月，在镇级层面建立了乡贤联谊会，镇村两级共吸纳了 189 名新乡贤成为会员。从实践结果看，L 镇新乡贤在参与乡村治理中能够发挥正面作用，但也有不少的制约因素。

（一）L 镇新乡贤参与乡村治理的方式

从政治参与的角度看，L 镇新乡贤参与乡村治理总体上可以分为参与民主决策、参与民主管理、参与民主监督三类。

一是参与民主决策。一方面，为乡村发展积极献计献策。发挥既熟悉本地乡情民意，又见多识广、思维活跃的优势，为乡村公共事务提供咨询和参谋。如 2017 年 L 镇为沿河环境提升发愁时，在该镇新乡贤、生态环保领域专家陈柏校等的技术指导下，实施梅林湾景观灯带、党山直湾亲水栈道等工程，打造出独特的沙地风情河道景观。另一方面，开展乡风文明促进会会议参事。出台《关于深化村级乡风文明促进会建设的意见》，建立乡风文明促进会会议参事制度，使村级重大事务应当征求促进会意见、村民代表会议应当邀请会员列席成为村级重大事项决策流程之一。

二是参与民主管理。其一，直接提供经济支持。L 镇籍在外创业的企业家超过 400 人，其中资产上亿的超过 50 人，是乡村振兴可以借力的重要资源。例如，2017 年 11 月，26 名 L 镇籍建筑企业家共同出资组建了中量建工股份有限公司，2018 年 6 月，总投资 4.5 亿元的中量大厦在 L 镇已开工建设，有力地推动了该镇建筑特色产业的规模化、产业化发展。其二，参与农村公共产品供给。L 镇按照"一事一议、一事一诺、一事一办"的原则，建

立了乡贤组织项目领办机制，组织乡贤会员对项目进行认领，并向村民代表大会作出服务承诺。通过项目领办的方式，新乡贤群体在助力解决农村公共基础设施不足方面正发挥越来越大的作用。例如，新前村乡风文明促进会2017年捐资50万元，实施了村级视频监控全覆盖工程；2018年捐资500万元，推进了村委会办公楼新建、村级品牌文化广场建设、党建公园建设等工程。其三，调处化解矛盾纠纷。例如，原乡镇司法助理员、沙地"老娘舅"钱关林，选择在老家L镇成立以其名字命名的调解工作室。自个人调解工作室成立以来，他以独特的调解方法，成功调处涉及拆迁安置、农村建房、人身损害等各类疑难纠纷三百余件，调解成功率和满意率均达100%，有力地促进了当地社会的和谐稳定。

三是参与民主监督。目前，L镇新乡贤主要是在三个方面参与村级民主监督：其一，参加监督小组。通过在村新乡贤参加村务公开监督小组、民主理财小组等，参与审查村务公开、村级财务管理的内容，反映村民相关方面的意见和建议，加强对村级事务的监督。其二，参加述职评议会。在每年年底召开的村级述职评议会上，新乡贤代表列席会议，对村级班子建设、村干部自身建设、村级年度实事完成情况等进行评议监督。其三，组建乡贤工作室。每月一天"乡贤工作日"，新乡贤在乡贤工作室"坐堂"倾听民声，收集民情民意，对村级事务、村干部作风进行实时监督。

（二）L镇新乡贤在乡村治理中的正向作用

从问卷调查结果看，高达91.2%的被调查者认为新乡贤对家乡建设起到了带动作用，带领家乡建设得越来越好。从实际情况来看，新乡贤参与乡村治理的正面功能主要有以下几点。

一是带动地方经济社会发展。L镇新乡贤群体中的经济型乡贤、技术型乡贤，能够以带回项目、资金、信息、技术等方式，提高农业农村经济发展的质量和效益，而官员型新乡贤，包括其他在重要岗位上的新乡贤，能够聚集到大量社会财富和资源，用于家乡经济社会的建设。

二是助力破解公共产品供给不足难题。长期以来，在农村公共产品供给上，L镇主要实行的是政府单一供给的方式，而新乡贤及其组织有效参与农村公共产品供给，丰富了农村公共产品供给主体，有助于建立以政府为主导、各种社会主体共同参与的供给格局。同时，新乡贤及其组织结合"村两委"、村民等的需求，较有针对性地提供村委办公楼、道路、天然气基础设施等"硬"公共产品，或者文化广场、文化礼堂等"软"公共产品，有助于公共产品供给"精准滴灌"。

三是深化基层民主协商。L镇乡风文明促进会会议参事制度的实践，一方面，推动了新乡贤有序政治参与，提高了新乡贤政治参与的组织化程度，使得新乡贤有机会以规范的方式参与到农村政治生活中去，表达自己的政治观念、利益诉求。另一方面，深化了村级事务民主管理，促进了"村两委"、村民代表与新乡贤之间在乡村治理中的良性互动，提升了村级公共事业的民主决策、村集体"三资"的民主管理水平，使得乡村治理更符合公共利益。

四是有助于社区整合和群体冲突的防范。新乡贤在乡村治理中往往具有血缘、地缘、亲缘等优势，因其能力、品格、经验等方面突出而享有一定的威望，拥有集体行动动员的社会资源，能够很好地拉近政府与群众、群众与群众之间的距离，从而能像传统乡贤那样发挥利益整合、社会协调的功能，帮助调处化解基层矛盾纠纷，维护乡村和谐稳定。

五是发挥道德文化示范作用。新乡贤身上往往有着义利并举、正直守信、乐善好施、吃苦耐劳等精神，其嘉言懿行、善行义举能够对村民起到强烈的示范带动效应，引领一地的道德风尚、涵育一地的文明乡风。笔者在L镇调查问卷中，设置了"您觉得是否应该大力推进新乡贤文化的建设？"这一题目，结果有92.1%的被调查者认为"应该"。在访谈过程中，村干部、村民都反映L镇新乡贤爱乡奉献、扶危济困、热心公益等行为，对乡风文明的提升有很大的帮助。

（三）L镇新乡贤参与乡村有效治理的制约因素

在目前"乡政村治"的基层治理模式下，乡村治理的主体包括了基层政府、"村两委"、普通村民等，他们在乡村治理中的地位、作用和角色各不相同。当新乡贤特别是外生型新乡贤被动引入或主动介入到乡村治理中，不可避免地会与这些治理主体产生交集与联系、矛盾与冲突。从L镇问卷调查结果来看，在"您觉得制约新乡贤作用发挥的具体因素有哪些？"（多选）一项上，70.6%的被调查者认为主要是"缺乏有效的制度引导和激励机制"，

53.1%的被调查者认为主要是"缺乏有力的综合保障措施",各有45.6%的被调查者认为主要是"新乡贤组织建设的滞后"和"农村道德文化氛围不浓"（如表8-3所示）。同时，在实地调研和个别访谈期间，笔者发现新乡贤参与乡村治理遇到的问题和挑战，要比问卷调查反映出的更为多样。

表8-3   制约新乡贤作用发挥因素的频率分析

制约因素	响应		个案百分比（%）
	N	百分比（%）	
缺乏有效的制度引导和激励机制	161	32.60	70.60
缺乏有力的综合保障措施	121	24.50	53.10
新乡贤组织建设的滞后	104	21.10	45.60
农村道德文化氛围不浓	104	21.10	45.60
其他	4	0.80	1.80
总计	494	100.00	216.70

一方面，从内部制约因素看，主要有以下几点。

一是参与意愿不足与动机不纯问题。大部分新乡贤工作圈、生活圈、社交圈通常都在城市，此类乡贤"很难在一个乡村中形成相对稳定的群体"[①]。从L镇问卷调查结果来看，高达41.8%的被调查者认为新乡贤在农村存在，但数量少，30.2%的被调查者认为存在但不清楚具体情况，如表8-4所示。

表8-4   新乡贤在农村数量情况的频率分析

新乡贤在农村的数量情况	频率	百分比（%）	有效百分比（%）	累积百分比（%）
存在，但数量少	94	41.2	41.8	41.8
存在，且数量多	54	23.7	24	65.8
存在，但不清楚具体情况	68	29.8	30.2	96
不存在	3	1.3	1.3	97.3

---

① 张英魁. 乡贤的外生性及其介入乡村机理分析 [J]. 社会建设, 2017 (3)：79-84.

续表

新乡贤在农村的数量情况	频率	百分比（%）	有效百分比（%）	累积百分比（%）
说不好	6	2.6	2.7	100
合计	225	98.7	100	

由于长期在外工作生活，乡村业已成为有一定距离感的"老家"，新乡贤"专注于本乡本土的意愿和能力明显降低"①，不少新乡贤即使叶落归根、退休返乡，也不愿意过多地参与乡村治理，特别是村政事务和矛盾纠纷的化解。哪怕是那些参与乡村治理的新乡贤，也混杂着工具型（从需要的满足到目标的实现）、表意型（追求情感上的满足）、伦理型（根据道德上的是非标准而表现出的行为）三种②。

二是参与能力不足问题。首先，基本知识储备不足。因受久离家乡、不再熟悉村情民情以及对村级组织运行机制、农村相关政策缺乏全面深刻理解等影响，新乡贤群体总体上缺乏农村政策理论知识、公共管理知识、农业农村知识，导致新乡贤提出的一些意见建议或不符合当地情况，或难以落实。其次，带动共富能力不足。L镇不少新乡贤把捐钱、给物作为帮扶村民的主要途径，在扶助乡村形成一批新产业新业态，推动先进生产要素向乡村扩散，助力实现乡村产业兴旺上做得还不够多。此外，沟通协调能力不足。新乡贤群体在做好相关政策的上传下达、收集倾听社情民意、协调化解矛盾纠纷方面不够自发、自觉，在妥善处理好与基层政府、村级自治组织、村民等各种关系，促进各方精诚合作上不具有主动性、积极性。

三是新乡贤组织浅层嵌入问题。从目前来看，L镇新乡贤组织在了解村民实际需要、多层次地深入参与乡村治理、相对独立地开展服务活动方面存在明显的不足，组织类型更多地体现为"公益服务类"而不是"政治参与类"，表现为一种乡村治理的浅层嵌入、依附性嵌入。这一方面是因为"今天的社会治理变革，不是在一个拥有良好自治传统的社会来推进，而是在一

---

① 陈忠海. 乡贤与乡村治理［J］. 中国发展观察，2018（8）：59-62.
② T. 帕森斯. 社会行动的结构［M］. 张明德，夏翼南，彭刚，译. 南京：译林出版社，2003：99.

个政府嵌入角色明显，自治资源相对不足的社会进行探索"①；另一方面也因为新乡贤组织作为外生型组织，其产生不是基于村民、乡村精英特别是外生型精英的强烈愿望而成立，而是基于外部力量推动而成立，组织内部体现为显著的弱联结关系，组织外部体现为明显的悬浮状态，在乡村治理中仍然处于边缘性角色。

另一方面，从外部制约因素看，主要有以下几点。

一是基层政府：行政吸纳和政策支持问题。从行政吸纳的感召力层面来看，由于存在信任困境，以及地方政府政策宣传不到位、政策扶持力度不足等问题，新乡贤们往往对行政吸纳心存疑虑，当政府人员上门拜访或电话联系，希望他们加入乡贤组织，通过多种途径支持家乡建设时，很多经济实力较好的乡贤本能地认为是去上门"讨钱"，产生一定的怀疑甚至抵触心理。从行政吸纳的选择性层面来看，从 L 镇认定新乡贤的实际操作层面来看，虽然存在有品行、有声望、有能力这"三个有"的标准，但新乡贤的主体主要体现在镇外创业的企业家、退休回乡的国家机关工作人员、心系家乡的热心人士三类群体上，对镇内已然存在的道德模范、身边好人等形成了实际性排斥，在"'贤'（知识、文化、道德为核心）与'利'（金钱和权力为核心）的比照中，乡村之'贤'的权威性被弱化了"②。从新乡贤的制度性保障层面来看，各地引导新乡贤参与乡村振兴工作仍然处在起步阶段，以基层探索实践为主，在制度性保障方面，尚缺乏国家层面法律法规、政策文件的详尽解析和国家部委办局的职能管辖，对新乡贤参与乡村治理的专项政策支持也有所不足，如 L 镇一名新乡贤向家乡捐赠资金用于建造 L 镇第三幼儿园，但该项目时隔多年才得以动工，挫伤了新乡贤参与乡村振兴的积极性。

二是村干部：经济理性人和自身威信问题。从 L 镇推进新乡贤参与乡村治理来看，村干部经济理性人的角色十分突出，对于"富乡贤"的渴望要远高于对"文乡贤"的期待。同时，那些在其位不谋其政、对百姓疾苦漠不关心的村干部，在获得新乡贤认可上常常会碰到实际障碍，并影响新乡贤参与

① 汪锦军. 嵌入与自治：社会治理中的政社关系再平衡 [J]. 中国行政管理, 2016（2）：70-76.

② 张英魁. 乡贤的外生性及其介入乡村机理分析 [J]. 社会建设, 2017（3）：79-84.

乡村治理的主动性和积极性。

三是村民：预期偏差和权威认可问题。L镇问卷调查的结果显示，在"您认为新乡贤最应该在乡村振兴中哪些方面发挥重要的作用？"（多选）一项上的排序为乡风文明（82.7%）＞产业兴旺（69.5%）＞生态宜居（61.1%）＞治理有效（54%）＞生活富裕（53.5%）。而在"根据您的了解，您觉得当前新乡贤的作用最主要体现在哪个方面？"一项上，52.1%的被调查者认为新乡贤主要是促进乡村经济建设的发展，28.4%的被调查者认为主要是推动乡村精神风貌的改变，在促进村民生活水平的提高、维系乡村社会秩序的稳定、促进乡村环境的改善上的比例依次分别为9.3%、5.7%、4.6%。可以说，群众期望的与新乡贤实际所发挥的作用大相径庭。同时，在如何看待新乡贤问题上，有的村民持鼓励、欢迎的态度，也有的村民认为新乡贤的奉献和付出理所应当，甚至存在一定的仇富、仇官心态。

三、优化新乡贤参与乡村治理的对策建议

从党委政府、新乡贤群体、新乡贤组织、"村两委"、村民等维度出发，结合调查问卷的结果，笔者认为进一步优化新乡贤参与乡村治理的具体路径，包括优化新乡贤引导激励机制、吸纳选拔机制、公共参与机制、队伍建设机制和权威认可机制。

（一）优化新乡贤引导激励机制

加强新乡贤工作的顶层设计。开展新乡贤工作的总体布局，从中央或省级层面制定新乡贤参与乡村振兴工作总体规划，明确新乡贤的内涵定位、总体目标、组织架构、工作重点和保障措施等内容。进行基层治理规则的重构，应加强基层协商民主建设，在基层治理中嵌入新乡贤参政的要素，建构起保障基层党委、政府，村级党组织、村民委员会，新乡贤与普通村民之间良性互动沟通的公共协商体系。完善新乡贤回归的制度供给。包括直接制度、间接制度两大类。所谓的直接制度是指与新乡贤参与乡村治理直接相关，以及为新乡贤参与乡村治理专门建立的制度，如江苏赣榆出台"礼遇乡贤

20 条"①。所谓间接制度是指制度设计初衷或主要方向并不是为了新乡贤群体，如推进城乡资产产权、养老、医疗保障、教育等各项制度的衔接和并轨，但实际上有助于破除新乡贤返乡的体制机制障碍，激活新乡贤回乡热情。

（二）优化新乡贤吸纳选拔机制

强化对新乡贤的行政吸纳。按照由浅到深，大致可以分为四个步骤：一是摸清当前新乡贤底数，充实新乡贤人才信息资料库。二是加强新乡贤联络联谊，加深彼此乡情、亲情、友情。三是引导新乡贤贡献自身力量，优化公共产品、公共服务供给。四是引导新乡贤积极参与基层选举并主政村庄，规范成员推荐选举。要注意把握三个方面：一是确立新乡贤全面评价标准。全面考察新乡贤作为吸纳对象的修养品德、社会责任、为家乡所做贡献等方面因素，杜绝只看慈善捐助，仅以个人财富、名望为实质标准的庸俗化功利化做法。二是注重把握好人员结构。在以外生型乡贤为主的基础上，吸纳原生型社会精英，包括优秀农村干部、美德标兵等，充实进乡贤组织，优化乡贤组织的人员结构。三是建立新乡贤动态考察机制。建立操作性强的准入、退出机制，激发团体内生动力和活力。

（三）优化新乡贤公共参与机制

完善新乡贤公共参与制度。建立健全新乡贤参与民主选举、民主决策、民主管理、民主监督的制度，把一些优秀新乡贤选进"村两委"班子，鼓励新乡贤进行参事议事，完善"新乡贤监督"与"地方政府监督"之间的良性配合机制。优化新乡贤公共参与方式。可从经济、政治、社会、文化等多个层面入手，通过开展新乡贤回归共促发展活动，组建新乡贤经济发展智库，建立新乡贤资政顾问团、新乡贤参事会等，建立"新乡贤慈善基金""新乡贤公益联盟""新乡贤志愿服务站""新乡贤行业志愿服务队""新乡贤河长制"等，推动新乡贤担任网格长、专兼职网格员，组建新乡贤讲师团，为新乡贤公共参与搭建平台。增强新乡贤公共参与有效性。加快基层政府职能转

---

① 郁静娴. 用好智囊团 树起活标杆——连云港市赣榆区探路新乡贤文化建设［N］. 人民日报，2018－06－24（11）.

变和角色重塑，"除了规则制定者、宏观调控者、公共服务供给者等角色之外，政府显然还必须扮演社会合作者、公共协商的组织者和主持者角色以及裁判者的角色"[①]。增强基层党组织的核心作用，加强统筹领导和具体指导，主动加强与新乡贤之间的联络联系，积极培育新乡贤组织，根据实际工作需要在新乡贤组织内成立党支部等，进一步提高新乡贤组织的凝聚力。提高新乡贤组织参与水平，健全民主选举、法定代表人述职等内部管理机制，保障新乡贤组织常态化运行。加强村干部队伍建设，增强其与新乡贤"智者"对话、"高手"过招的能力和水平，强化对村干部的管理和民主监督，提高村干部在新乡贤群体中的威望。

（四）优化新乡贤队伍建设机制

培育新乡贤公共精神。一方面，进行社会主义核心价值观的教育引导，将其作为内生性的价值观念，对提高新乡贤参与乡村振兴的主动性和积极性、提升新乡贤的主人翁意识都具有很好的指导作用。另一方面，要扩大新乡贤公共参与，引导新乡贤根据自身条件，积极投入到乡村公共活动中来，以适当的方式方法为乡村公共事务的治理贡献自身力量，提升公共精神的实践基础。另外，提升新乡贤参与治理的能力。新乡贤首先要躬身学习，了解掌握农村工作的"土知识""土经验"，广泛深入透彻地学习涉农方针政策。基层党委、政府还应加强对新乡贤参与治理方面相关技能的传授和培训，增强新乡贤参与乡村治理的有效性。

（五）优化新乡贤权威认可机制

弘扬乡贤文化。积极开展乡贤文化的课题研究，提炼乡贤文化的精髓，引领乡村道德文化建设。加强对新乡贤发挥作用的正面宣传和舆论引导，弘扬"最美新乡贤"，开辟乡贤长廊、乡贤榜，有条件的镇、村可创设乡贤馆，汇编乡村"微档案"，由新乡贤组织或新乡贤牵头制定家风家训、村民道德规范，引导广大村民形成积极向上的文明新风。培育健康的乡村社会心态。

---

① 顾金喜. 超越精英治理：农村能人队伍建设问题研究——基于浙江的实证分析 [M]. 北京：中国社会科学出版社，2015：224.

一方面，加强社会主流意识形态渗透，强化村民对新乡贤身上所蕴含的爱国守法、明礼诚信等主流价值观的情感认同。另一方面，注重农村人文关怀。有意识地引导新乡贤在物质关怀之外，开展农村人文关怀，增进新乡贤与村民之间的互信与理解，密切相互间的关系。

第四节　城市社区文化建设机制创新思考
——基于浙江省多案例比较研究

一、城市社区文化的建设意义及其含义

城市社区文化：我国的社会主义市场经济体制持续发展完善，城市化的进程也在不断加快，为此城市社区在社会发展、经济提速的过程中扮演着越来越重要的角色。社区文化的建设对于城市文化建设而言的重要性不言而喻，很大程度上来看是城市文化建设的灵魂和核心，已成为提高社区居民参与度和认同感的良好途径。通过社区文化建设来提高社区居民的身份认同感和地域感更为现实。然而，社区文化的建设在中国很大程度上仍然是一件新鲜事，主客观条件不容乐观，亟待解决的问题不少，发展现状参差不齐，如何更好地为城市社区文化建设提供良好的建设思路是现阶段需要面对的问题。

党的十九大报告指出：坚定文化自信，推动社会主义文化繁荣兴盛。文化是一个国家、一个民族的灵魂。文化兴国运兴，文化强民族强。没有高度的文化自信，没有文化的繁荣兴盛，就没有中华民族伟大复兴。要坚持中国特色社会主义文化发展道路，激发全民族文化创新创造活力，建设社会主义文化强国。由此可见，党的十九大报告对文化建设的重视，对"文化大发展、大繁荣"的号召，为文化工作提供了一个大好机遇，为开展基层文化工作包括社区文化的建设指明了方向。社区文化建设的作用不言而喻，它是社区建设的核心内容之一，对创建文明城市、构建和谐社会、培养健康生活方式、提高广大人民群众的审美情操和精神素养，大力推进社会主义现代化社会，高水平全面建成小康社会有着重要的意义和作用。因此，在新时期城市

社区文化建设如何适应时代发展的要求，更好地为和谐社会服务，值得我们探讨、研究。

关于社区的概念，学术界目前可查的有关社区内涵的定义一共有 140 种左右。在德国学者腾尼斯看来，社区被定义为一个由多种亲属关系联合起来的社会联盟。在 G. 邓肯·米切尔看来，社区被定义为一些人参与或实施类似政治和经济行为的共同地理边界和区域。它几乎形成了一个自我管理的社会单位，具有部分统一价值取向的从属态度。① 王康将社区定义为一个区域生活社区，具有统一的人口统计特征，基于相对固定的社会制度和特定区域范围内的社会关系。② 方明将社区定义为将特定地理范畴内的社会群体和社会组织与相关的行为规范和监管机制相结合的一个社会实体。③

总之，虽然国内外研究人员没有形成统一的社区内涵和定义概念，但大体上几乎相同。社区内容的定义包括以下六个方面：一是某个地理区间；二是相对固定的人口；三是习惯行为准则；四是具有特色的文化内容；五是类似的组织结构；六是基础设施的稳定数量。本节将社区定义为在某个边界区域内具有相似文化特征和内容并按照既定规范生活在一起的区域。

关于社区文化的内涵，根据国外学者桑德斯的想法，社区文化更多的是指规则和惯例。显而易见，在城市社区建设中，城市社区的文化建设是重中之重。由于当前针对城市社会文化建设并没有明确的统一的定义，笔者在对其含义进行描述时，充分参考了社区建设的概念。根据学者奚从清的观点，可以充分利用社区资源来推动社区事业的发展，充分提高社会和社区经济的协调性。④ 根据唐忠新的观点，解决社区存在的种种问题，就需要充分利用社区提供的资源、力量和功能，进而提升社区成员的整体生活质量，从而督促社区的文化、环境、经济和政治的发展，结合近期对浙江省城市文化建设的研究和重视，笔者认为社区文化不是自然形成的，也没有统一的设计标准，但它是由内部人员或组织约定俗成，并得到该地区人民的认可，有意识地观

① 邓肯·米切尔. 新社会学词典 [M]. 蔡振扬，谈谷铮，雪原，译. 上海：上海译文出版社，1987.
② 王康. 社会学词典 [M]. 济南：山东人民出版社，1988.
③ 方明，王颖. 观察社会的视角——社区新论 [M]. 北京：知识出版社，1991.
④ 奚从清. 社区研究——社区建设与社区发展 [M]. 北京：华夏出版社，1996.

察和维持的某些文化现象，如某些生活方式、精神同感、行为规范、组织系统、习俗和习惯的总和。

二、浙江省社区文化建设的典型案例

根据城市社区文化建设的定位、功能和机制设计理论的视角，在走访、考察浙江省城市社区文化建设之时选择了三个具有代表性的社区作为主要研究对象。这三个社区在文化建设方面有着不少可借鉴之处，都是当地政府着力打造，社区自身积极配合，社区文化建设总体规模较大，成效显著，方式方法较为新颖，社会口碑良好的社区。三个社区结合自身区位优势特点，在城市社区文化建设之时充分考虑到当地居民们的需求和喜好，所推进的社区文化建设内容在当地都得到了老百姓们的认可。在实地走访的过程中，通过发放问卷、现场采访、查找文字资料等方式进行信息搜集，集中整理三个社区的文化建设内容，从机制设计理论的视角出发对三个典型案例进行研究比较，分析浙江省目前城市社区文化建设的现状和存在的不足，进一步提出相应政策。

（一）绍兴市上虞区"社区邻里月"

上虞区自 2009 年开始每年组织一个月的"社区邻里月"活动，协调地方宣传、文化、工青妇等部门，精心设计推出一系列形式新颖、内容丰富的邻里文化、宣传、生活、生产及交流活动。截至 2018 年 9 月，上虞区已连续十年举办"社区邻里月"活动，已累计投入 1000 余万元，开展活动 3000 余场次，居民走亲 66 万户次。[①] 以邻里为空间、文化为媒，拉近距离、增进友爱、引领风尚。

一是邻里亲，居民心贴心。第一，开展的活动内容围绕"社区邻里月"，结合各自社区不同的特点，制定方案。活动开展之初，以倡议书的形式倡导社区居民随时随地争做和谐家园的构建者、幸福家庭的组成者和文明城市的争创者。第二，加大宣传力度，使"社区邻里月"的活动在开展之前就已经

---

① 朱银燕，阮佳波. 十年上虞邻里月　千家居民庆中秋［N］. 浙江日报，2018 – 09 – 23.

家喻户晓，构建良好的舆论氛围，为每一个居民的参与打下良好的基础，报纸、月刊、宣传栏、电梯广告栏、电子大屏等都是宣传的角落，只有这样，才能高效高质量地达到宣传目的。第三，丰富活动内容，使活动的主题紧紧围绕一个"亲"字。比如，为了让原本陌生的邻居了解彼此、关心关爱老年群体，恒利社区为社区内结婚年限超过 50 周年的老夫妻们提供免费拍婚纱照、送上金婚蛋糕的服务，这一活动得到了社区内老人们的欢迎，一共有 73 对老夫妻报名参加，让社区的老人们感受到了家园的温馨。

二是邻里帮，人间至美是亲情。互帮互助是一直以来的传统美德，在日常生活中居民们总会遇到各种各样的困难，在人们需要帮助之时上虞市的各个社区以其便捷高效的方式伸出援助之手，这种方式是组建志愿者队伍，为社区居民提供力所能及的帮助，如家电维修、义务就诊、照看儿童、修鞋磨剪刀等。另外，志愿者同样活跃在宣传法律法规、科普生活常识、讲授卫生知识等方面，帮助社区居民更好地融入当下生活。活动开展以来，近万名居民受到了志愿者的服务和帮助。另外，不少社区还想出了"睦邻卡"的结对方式，参与报名的居民们把自己的基本信息制作成卡片的形式进行交换，记录着居民们联系方式、职业特长和具体住址的卡片在社区之中传递，当个人需要帮助之时可以及时寻找到合适的居民前来帮忙，大家相互照应、彼此互帮互助，社区内孤寡老人、贫困家庭、残疾人士等都得到了贴心的帮助，整个社区互帮互助的氛围日益浓厚。

三是邻里乐，文体活动寓教于乐。在邻里月活动期间，各社区还组织了丰富多彩的文体节目，展示邻里健康向上的风采。银河社区在社区公园开展"银河社区邻里茶话会"和"百家花卉展"活动；恒利社区开展了"同在社区住，欢乐一家人"邻里大家乐活动；绿城、高丰等社区则开展了以家园、楼群、单元为单位的拔河、贴脸谱、地滚球、掷沙包、乒乓球、夹弹子、跳绳等趣味盎然的趣味运动会。不少社区的邻里乐活动还邀请邻近社区的居民、文艺团队参加，如西横河社区的太平锣鼓队、银河社区的秧歌队、德济苑社区的铜管乐队、金桂苑社区的木兰拳队等，他们走到哪里，就把欢乐带到哪里。

（二）桐乡市"文化茶馆"

桐乡市的文化茶馆由当地文化宣传部门主管，文化站组织实施并落实建设，结合当地人民群众的喜好和生活习惯，通过丰富的图书、现代化的阅览室、休闲的环境、多彩的文化活动吸引周边的群众广泛参与。茶馆里整合了当地群众喜闻乐见的文化活动形式，进行着农技讲座、方言读报、文艺演出、信息反馈等多种活动，成为各部门上情下达、宣传教育、信息交流、文化共享的一座桥梁，不仅极大地丰富了群众文化生活，也为文化宣传部门构建和谐新农村贡献了自己的力量。虽然这些文化茶馆更多的是活跃在新农村建设的舞台上，但如果把这种文化组织形式移植到城市社区，将对社区文化资源的开发和整合以及整个社区文化的建设起到更大的作用。

文化茶馆作为社区文化建设的载体，它的作用更像是一个整合器，把社区内的文化设施、文艺人才、文化场地等文化资源更好地整合在一起。在操作模式上，社区的文化茶馆以原有的社区文化中心为基础，制定相关规则，保持原有的活动场地，改变原本文化中心闲置的状态，增加了桌椅和几套茶具，利用茶馆这一民间的形式，聚集社区内的文化参与者、文化人才与团队，交流、策划和开展文化活动，使文化建设更亲近社区百姓的日常生活。

社区文化茶馆的建立，给了广大社区居民一个更宽松参与社区文化的平台。利用这个平台，社区可以把原属于文化活动中心的图书室、信息共享中心、文化活动室等场地资源以及社区里优秀的文化艺术人才、社区所辖的文化单位等人力资源整合起来，配备专门的服务人员，汇集社区的文化信息，添加设施，吸引人气，分时段分类别分层次开设各种文化活动，建立扶持文化茶馆长效运行的政策制度，使文化茶馆在社区文化建设中发挥出更大的作用，成为社区文化建设的亮点和品牌形象。

（三）瑞安市社区文化建设

2000 年，瑞安市被浙江省人民政府授予"省级历史文化名城"称号。早在东汉末年就设置县治的瑞安，素有"东南小邹鲁"的美誉，遗产资源非常丰富。据不完全统计，共有各类文物点近 500 处，其中国家级重点文保单位 4 处，省级重点文保单位 7 处，市级重点文保单位 47 处。除了影响深远的玉海楼、利济医学堂、"中国千年木活字印刷文化村"等文化遗产，还有历代名人辈出，如东汉的名臣蔡敬则、宋代的著名学者叶适和陈傅良、元代的南戏鼻祖高则诚、开温州机器制造之先河的实业家李毓蒙、清代经学大师孙诒让、现代历史学家周予同、水生物学家伍献文、报坛泰斗赵超构、当代文艺界明星黄宗江、黄宗英、黄宗洛等，举不胜举。这些历史遗存、名人名家如同璀璨的明珠，镶嵌在瑞安大地，分布在各个社区，让瑞安人民引以为豪。

然而，在瑞安的社区文化建设中，这些令瑞安人民骄傲和自豪的文化亮点却成了一个个被遗忘的角落。据调查，在 2012 年开展的社区文化活动中，利用地域文化资源策划开展的活动几乎为零，绝大部分社区的文化活动，不是健身类的，就是时令类的，诸如元宵吃汤圆、二月二吃芥菜饭、五月五包粽子等，存在着严重的单一化、同质化现象，社区文化个性荡然无存。比如，县前社区，辖区内的公园路是瑞安市目前规模最大的历史街区，不仅有国保单位玉海楼和利济医学堂，还有我国近代最早的公共图书馆心兰书社、叶茂钱收藏馆、李维樾故居、林庆云故居等，文化遗存集中，堪称是一座"没有围墙的博物馆"。但在该社区的文化活动中，这些资源却形同虚设，被闲置被遗忘。

三、促进城市社区文化建设机制创新的若干思考

经过本节对于浙江省三个不同社区文化建设的对比分析，可以发现浙江省对于城市社区文化建设较为重视，不乏好的地区实践与先进的经验，但是放眼全省不少社区的文化建设仍然存在不少问题。结合浙江省城市社区工作的实际情况，从机制设计理论的视角出发，城市社区文化建设需从以下几个方面加强。

（一）协调利益机制，正确处理城市社区文化建设的关系

"维护大多数人的根本利益，满足大多数人的利益需求，才能提高群众的参与热情，发挥社会大众的创造力，促进国家发展和社会进步"。[1] 我国社会经济发展过程中存在各种各样的问题，想要实现国家经济的可持续发展，必须协调不同利益主体的利益关系，建立科学完善的利益分配制度，国家要

---

[1] 江泽民. 全面建设小康社会 开创中国特色社会主义事业新局面——在中国共产党第十六次全国代表大会上的报告 [M]. 北京：人民出版社，2002：14.

重视协调和处理不同的利益关系，社区文化建设工作也是如此。不同利益主体在城市社区文化建设项目中都起到重要的作用，协调不同利益主体的利益关系，才能提高他们的参与热情；制定科学完善的社区文化建设决策方案，建立利益协调机制，才能协调和处理利益关系。

（二）激励相容约束之于城市社区文化建设

在实际问题中显示，决策并没有出现较大的偏差，反而是社区建设并没有完全执行决策造成了较大的问题。法律对于社会秩序和行为的规范是有一定强制性的，法律的制定完全可以造就一个较为完美的世界，但是事实却并非如此，是否能够坚决地执行，是社会是否能够更加规范的根本原因。所以，制度执行也是一样的，上级政府制定了良好的方针策略，但是下级部门并没有积极地实施，导致了问题长久无法解决的案例比比皆是。

实际上，建制和制度不完善仅仅是一种造成社区建设出现问题的直接原因，其根本原因是制度执行得不到位。机制设计理论的引进可以有效弥补这种情况的缺陷。所谓的机制设计理论，其意义是：假设某一机制可以约束一种行为，又可以鼓励另一种行为，两者相互影响，就可以兼容并济，使机制的可行性大大增加。在实际情况中，上级政府在规划执行相关方针政策时，由于各种原因往往没有充分考虑对下级政府的约束程度，下级政府由于本身的定位，较少质疑上级政府的方针政策，更多地将精力放在对上级政府决策的执行，有时会存在理论脱离实际的情况，下级政府的真正诉求在政策制定和实操层面的重视程度还有待提高。所以，必须建立一套鼓励和惩罚规则，使上级政府的决策能够被积极执行，同时也能够在执行的过程中予以下级政府一定的利益。

（三）整合各个有利资源，协调城市社区文化建设

城市社区文化建设是需要有实际载体来实现的，所以有充足的资金支持建设是重中之重。社区文化建设的过程是多元化的，所以在不同的社区要适应不同的建设标准和方向，要改变传统，积极创新，尤其是可以利用互联网信息的帮助，对社区文化建设的必要性进行大力宣传，鼓励社会企业和单位积极投入其中，贡献集体和个人的力量。通过研究国外发达国家的社区文化

建设历史，可以发现想要在社区文化建设的前期获取更多的帮助和推动力量，就必须分出一部分利益让给开发商和投资者，从而不断充盈建设基金，保证社区文化建设能够持续进行。另外，要注意的是，必须对社区文化建设的资金使用成立资金管理委员会，通过节省开支，扩大收益，来节约前期建设预算，并加强资金用度监督，落实社区文化建设的决策。

（四）科学经营，提高社会力量参与度和热情

要提高文化资源的利用率。改变传统思维，打破形式僵局，一改以往政府全权负责的模式，增加社会单位和集体的参与。传统模式下，政府投入的资金要超过社区建设所需资金的90％，这样的模式使得下级政府往往过于依赖政府拨款进行建设，进程缓慢而且缺乏动力，也会造成大量资金的浪费。所以，基层社区的建设者要不断总结和创新，从多个角度和层面吸收新的思想，改变传统模式。社区领导要对社区内所有的单位和集体进行统筹规划，对现有资源进行优化分配，并积极鼓励社会资源参与建设，利用政策将所有有生力量动员起来，共同出力建设社区服务，提高社区文化建设效率。要调动多方参与的积极性，基层社区领导要实事求是，在清晰了解社区内已有资源的情况下，提高社区文化资源的平均利用程度。另外，在建设过程中，要理清关系，不断优化建设系统，扩宽建设思路，增加建设人才，使各个单位和集体与个人能够形成一个有机结合体，将有限的资金利用最大化，将有限资源发挥最大的作用，真正实现高效率的社区文化建设。要共享周边社区文化资源，城市中的多个社区的建设是不可能同步进行的，可以通过使不同的社区分批有序建设来达到资源的有效配比，从而形成一个社区周边具有不同建设阶段的社区。因为社区文化建设的区域需求不同，所以该种模式可以有效避免文化设施建设的重复和浪费现象。从而，可以将大量的资金用于社区最急需的文化设施建设项目当中，提高文化设施的利用率。

（五）改变资金投入方式，降低成果转化风险

社区文化建设的目的是通过文化设施和产品来支持居民和集体的文化活动，从而获得较高的社会效益。但是这种社会效益的实现是非常缓慢的，很难短时间内实现。所以，在普遍要求政绩和社会效益的政府绩效考核制度下，

社区官员的政绩和升迁挂钩，社区建设的社会效益是否能够快速实现，是官员最为关心的重点，但是这却与社会文化建设的主旨相悖。所以，不乏一些社区为了政绩去大量建设一些面子工程，脱离了社区文化建设的本质。因为社区文化建设的社会效益很难被量化统计，而且建设周期长，需要协调事项多，沟通与建设困难，无法被纳入政府实际的政治绩效当中，所以，地方政府人员都不倾向于将有限的资源投入地方社区文化建设当中，地方政府不愿意甚至根本不去建设社区文化设施是有一定的客观原因的。上级政府要究其所以，探其根本，找到下级政府对于政策执行不彻底的根本原因，对症下药。将考察经济效益转变为增加财政投资，考察产出效益而非产生效益。即使下级政府拥有充足的建设资源，也有充足的建设动力，普遍意义上仍要增加下级政府人员的建设主动性，使其在自身利益的驱动下，积极配合上级政府进行社区文化建设，将更多的资源真正地落实到地方文化建设当中去。

想要实现社区文化建设的效益快速转化，基层社区工作人员必须改变传统的社区建设资金利用方式，将社会资金的资助模式转变为市场化的风险投资的形式。应当在有条件和有需求的小区专门成立关于文化建设成果转化风险投资基金的相关组织和机构，从而提高成果成功转化的概率，帮助未完全转化的成果完成转化，也继续推进已经完成转化的成果进行有效的应用。为此，要大力支持和号召该类机构的建立和运行，对专门的转化基金进行资助，从而保证该类机构的正常运转。该行为相当于国家对社区团队活动进行了一定的投资，当该项目完成后，可以和国家的有关机构一起分享项目成果。具体操作可以是：首先要对项目成果进行细致的划分，对中标的推广人员提供经济支持，以保证推广团队可以走得更远更高；对于已完成的成果转化，如果缺少帮助成果转化的资金，可向国家提出经济资助要求，完成成果转化后的收益可按已经签订的合同书进行分割；对于有可能进一步产业化的成果，建设团队和推广团队可以倒逼社区所在辖区内的政府设立文化成果产业化风险基金，通过这样的方式可以让国家以资集股，成为该团队中的一部分；如果是目前市场前景好，又或者是在未来有可能有较好发展的项目，不仅可以在产业化有一定成效时进行投资，还可以在以后的发展中继续合作。将以上项目进行筛选，选出其中的精品项目，根据实际的效益进行抽成，以演出费的形式下发给参与演出的居民和单位，使参与者在参与文化建设的同时可以获取一定的收益，既丰富了居民的业余生活，也提高了居民的收入，还鼓励了居民参加社区文化建设的积极性，为社区文化建设实现品牌化、商业化打下了基础。

（六）搭建转化平台，开拓成果转化渠道

当社区文化建设初具规模，政策落实基本完成，此时基层社区管理者必须要加强管理，要通过建立有效的运营关系，加强文化产出和需求双方的关系，提高供需双方的沟通和交流，实现文化输出团队化、流程化，并进行有效的管理和引导，充分体现政策的执行效力。而基层社区管理者首先需要做的是将建设结果的效益实现快速转化，可以通过对已有的文化产出进行整理和分类，并进行专业的划分和评估，将具有价值的文化产品通过政府的绿色通道进行推广和宣传，让有文化需求的单位和集体能够得到文化建设的支持，满足文化供给和需求双方的利益，避免信息滞后产生的价值浪费，降低双方的成本。不过，在对文化建设成果进行分类和转化的过程中，必须要根据实际的需求进行科学引导。但是政府平台仅仅能够提供最基础的宣传优势，以及管理上的保证，不具有完善的定位管理和转化的商业性能力，所以，必须要扩充转化渠道，增加平台，前置文化宣传的普及性，提高资源的利用效率。

参 考 文 献

[1] 阿尔文·托夫勒. 第三次浪潮 [M]. 北京：中信出版社，2006.

[2] 安宇宏. 帕累托改进与帕累托最优 [J]. 宏观经济管理，2013 (3)：76.

[3] 包心鉴. 国家治理现代化语境中的社会主义协商民主——党的十八大以来社会主义协商民主的新创造新发展 [J]. 学习与探索，2017 (3)：1-11.

[4] 包心鉴. 中国制度的内在逻辑和独特优势 [J]. 社会科学研究，2019 (5)：1-11.

[5] 蔡景庆. 建党百年中国特色社会主义制度优势研究 [J]. 前沿，2021 (3)：5-11.

[6] 蔡永刚. 基于循环经济的城市生活垃圾产业化研究 [D]. 广州：暨南大学，2011.

[7] 陈安，陈樱花. 突发公共卫生事件协同治理研究 [J]. 广州大学学报（社会科学版），2020，19 (4)：59-69.

[8] 陈宏彩. "最多跑一次" 改革：新时代的政府效能革命 [J]. 治理研究，2018 (3)：39-44.

[9] 陈建兵，郝一博. 民主集中制：制度优势转化为国家治理效能的中国逻辑 [J]. 科学社会主义，2021 (4)：105-112.

[10] 陈金龙，魏银立. 论我国制度优势的多维功能 [J]. 马克思主义理论学科研究，2020，6 (1)：67-76.

[11] 陈立旭. 解放和发展文化生产力：浙江的文化体制改革 [J]. 资料通讯，2007 (1)：17-24.

[12] 陈立旭. 习近平发展公益性文化事业和文化产业的战略构想 [J]. 观察与思考，2016 (4)：90-99.

［13］陈水生．中国限制性政策的运作逻辑：基于政策能力的解释框架
［J］．社会科学，2019（11）：3－13.

［14］陈文丰，张越．国家高新区管理体制创新——记第十期"创新双
谈"［J］．中关村，2018（5）：39－45.

［15］陈文泽．治理的中国语境："党的领导"是中国特色社会主义制度
的最大优势［J］．河南社会科学，2020，28（12）：10－20.

［16］陈忠海．乡贤与乡村治理［J］．中国发展观察，2018（8）：59－62.

［17］代玉启，刘妍．党建＋治理：党建引领基层社会治理的浙江探索
［J］．中共宁波市委党校学报，2017（5）.

［18］戴维·米勒，韦农·波格丹诺．布莱克维尔政治学百科全书［M］.
邓正来，等译．北京：中国政法大学出版社，2002.

［19］道格拉斯·C. 诺思．制度、制度变迁与经济绩效［M］．杭行，
译，韦森，译审．上海：格致出版社，上海人民出版社，2016.

［20］丁志刚，李天云．制度优势转化为治理效能：深层逻辑与核心机
制［J］．中共福建省委党校（福建行政学院）学报，2021（2）：59－70.

［21］董明．新时代赋能基层治理的地方政协探索——基于浙江"请你
来协商"实践的分析［J］．治理研究，2021，37（4）：71－81.

［22］杜晓燕．应用大数据提升腐败治理的能力与成效［N］．检察日报，
2020－07－07.

［23］高静，高献波．突发公共卫生危机多元主体协同治理困境及对策
［J］．经济师，2021（4）：23－25.

［24］格里·斯托克．作为理论的治理：五个论点［J］．国际社会科学杂
志（中文版），1999（1）：19－30.

［25］谷树忠，胡咏君，周洪．生态文明建设的科学内涵与基本路径
［J］．资源科学，2013，35（1）：2－13.

［26］顾金喜．超越精英治理：农村能人队伍建设问题研究——基于浙
江的实证分析［M］．北京：中国社会科学出版社，2015.

［27］韩福国，萧莹敏．协商民主的基层实践程序与效能检验——浙江
温岭参与式公共预算的制度分析［J］．西安交通大学学报（社会科学版），
2017，37（5）：59－70.

［28］何祖坤．论国家制度优势与国家治理效能［J］．云南社会科学，2020（1）：2-9.

［29］亨廷顿．变化社会中的政治秩序［M］．王冠华，等译．上海：上海人民出版社，2008.

［30］胡鞍钢，杨竺松．中国特色社会主义政治制度的比较优势［J］．红旗文稿，2017（21）：15-19.

［31］胡洪彬．制度优势转化为国家治理效能的政治系统分析［J］．政治学研究，2021（3）：42-53.

［32］胡锦涛．高举中国特色社会主义伟大旗帜 为夺取全面建设小康社会新胜利而奋斗——中国共产党第十七次全国代表大会上的报告［M］．北京：人民出版社，2007.

［33］黄承伟．脱贫攻坚伟大成就彰显我国制度优势［J］．红旗文稿，2020（8）：29-32.

［34］黄勤，曾元，江琴．中国推进生态文明建设的研究进展［J］．中国人口·资源与环境，2015，25（2）：111-120.

［35］黄涛．探索管检分离有效机制 推动检验检疫事业发展［J］．中国检验检疫，2008（2）：8-10.

［36］惠鸣，张晓明．寻求现代文化市场体系建设的突破口［N］．中国社会科学报，2017-02-16.

［37］贾亚娟，赵敏娟，等．农村生活垃圾分类处理模式与建议［J］．资源科学，2019（1）：38-41.

［38］江必新，马世媛．将制度优势转化为治理效能的若干思考［J］．科学社会主义，2021（2）：129-138.

［39］姜晓萍．地方政府流程再造［M］．北京：中国人民大学出版社，2012.

［40］李民圣．为什么说中国特色社会主义制度具有明显制度优势［J］．红旗文稿，2019（4）：14-18.

［41］李强．特色小镇是浙江创新发展的战略选择［J］．今日浙江，2015（24）：22-23.

［42］李斯特．超越"自由市场"与"监管国家"——从三鹿事件看改

革中的国家与市场 ［J］. 交大法学，2013（2）：90 - 102.

［43］李晓鸿. 隐性行政垄断及其法律规制研究 ［D］. 武汉：武汉大学，2015.

［44］李兴开，李宇辉，卢东宁. 国家高新区管理政策创新研究综述 ［J］. 经济研究导刊，2019（36）：174 - 179.

［45］李媛媛. 深化文化体制改革问题研究 ［M］. 北京：人民出版社，2017.

［46］林佳妮. 停车政策国际经验及对我国大城市的启示 ［A］// 中国城市规划学会城市交通规划学术委员会. 2016 年中国城市交通规划年会论文集 ［C］. 中国城市规划学会城市交通规划学术委员会：中国城市规划设计研究院城市交通专业研究院，2016：11.

［47］刘晨光. 社会主义制度在中国的成功实践——关于中国特色社会主义制度优势的几点认识 ［J］. 毛泽东邓小平理论研究，2021（6）：80 - 90.

［48］刘红凛. 制度优势与治理效能何以实现？——论中国特色社会主义制度优势背后的政治保障、实现机制与价值归依 ［J］. 教学与研究，2021（5）：65 - 74.

［49］刘强强，包国宪. 制度优势如何提升治理效能：我国政府绩效管理逻辑探析 ［J］. 学习与实践，2021（11）：47 - 58.

［50］刘思彤，刘莉. 营改增对中小企业的影响及对策研究——以吉林零担物流公司为例 ［J］. 企业改革与管理，2018（3）：47 - 48.

［51］吕普生. 我国制度优势转化为国家治理效能的理论逻辑与有效路径分析 ［J］. 新疆师范大学学报（哲学社会科学版），2020，41（3）：18 - 33.

［52］吕普生. 制度优势转化为减贫效能——中国解决绝对贫困问题的制度逻辑 ［J］. 政治学研究，2021（3）：54 - 64.

［53］欧阳康，曾异. 国家治理语境中的社会主义协商民主：认识历程、制度优势及其治理效能转换 ［J］. 西安交通大学学报（社会科学版），2020，40（2）：1 - 7.

［54］浦兴祖. 人大制度优势与国家治理效能 ［J］. 探索与争鸣，2019（12）：11 - 13.

［55］邱诊. 大数据驱动下精准扶贫监督的实践路径分析：以湖北省为个案 ［J］. 湖北文理学院学报，2019（1）：30.

[56] 沈鹏飞. 城市轨道交通和其他公共交通工具合理化衔接研究——以苏州市为例 [J]. 黑龙江交通科技, 2014 (5): 150 - 151.

[57] 沈清基. 论基于生态文明的新型城镇化 [J]. 城市规划学刊, 2013 (1): 29 - 36.

[58] 孙慧楠. 农村生活垃圾治理问题研究——以承德县为例 [D]. 保定: 河北农业大学, 2019.

[59] 孙熙国, 陈绍辉. 以人民为中心: 中国国家制度和国家治理体系显著优势的内在逻辑 [J]. 理论探讨, 2021 (3): 51 - 58.

[60] 佟德志. 人民政协的制度优势与治理效能 [J]. 人民论坛·学术前沿, 2020 (1): 60 - 64.

[61] T. 帕森斯. 社会行动的结构 [M]. 张明德, 夏翼南, 彭刚, 译. 南京: 译林出版社, 2003.

[62] 汪锦军. "最多跑一次" 改革与地方治理现代化的新发展 [J]. 中共浙江省委党校学报, 2017 (6): 62 - 69.

[63] 汪锦军. 嵌入与自治: 社会治理中的政社关系再平衡 [J]. 中国行政管理, 2016 (2): 70 - 76.

[64] 王炳权, 岳林琳. 基层协商民主的制度优势转化为治理效能的现实路径 [J]. 理论与改革, 2020 (1): 77 - 87.

[65] 王传斌. 正确区分检验检疫行政行为与民事行为 [J]. 中国检验检疫, 2001 (9): 18.

[66] 王胜光, 朱常海. 中国国家高新区的 30 年建设与新时代发展——纪念国家高新区建设 30 周年 [J]. 中国科学院院刊, 2018 (7): 39 - 52.

[67] 王树义. 论生态文明建设与环境司法改革 [J]. 中国法学, 2014 (3): 54 - 71.

[68] 王卫星. 美丽乡村建设: 现状与对策 [J]. 华中师范大学学报 (人文社会科学版), 2014, 53 (1): 1 - 6.

[69] 王有为. 适于中国城市的 TOD 规划理论研究 [J]. 城市交通, 2016, 14 (6): 40 - 48.

[70] 吴理财, 吴孔凡. 美丽乡村建设四种模式及比较 [J]. 华中农业大学学报 (社会科学版), 2014 (1): 15 - 22.

［71］吴晓杰．新农村呼唤新乡贤——代表委员畅谈新乡贤文化［N］．光明日报，2016－03－13（1）．

［72］吴兴智．从选举民主到协商民主：近年来乡村民主建设的新发展——以浙江为个案的思考［J］．社会科学战线，2008（4）：198－201．

［73］武市红，丁开杰，徐向梅，等．深刻认识我国国家制度和国家治理体系的显著优势，持续推动我国制度优势转化为国家治理效能［J］．经济社会体制比较，2020（3）：1－6．

［74］习近平．干在实处、走在前列——推进浙江新发展的思考与实践［M］．北京：中共中央党校出版社，2018．

［75］习近平．坚持、完善和发展中国特色社会主义国家制度与法律制度［J］．求是，2019（23）：1－3．

［76］习近平．习近平关于社会主义生态文明建设论述摘编［M］．北京：中央文献出版社，2017．

［77］习近平．在庆祝中国人民政治协商会议成立65周年大会上的讲话［N］．人民日报，2014－09－22．

［78］习近平．之江新语［M］．杭州：浙江人民出版社，2007．

［79］习近平．中国共产党领导是中国特色社会主义最本质的特征［J］．求是，2020（14）：1－4．

［80］习近平谈治国理政：第一卷［M］．北京：外文出版社，2018．

［81］习近平谈治国理政：第二卷［M］．北京：外文出版社，2017．

［82］习近平谈治国理政：第三卷［M］．北京：外文出版社，2020．

［83］习近平谈治国理政：第四卷［M］．北京：外文出版社，2022．

［84］辛向阳．中国特色社会主义制度的基本优势［J］．长白学刊，2015（1）：1－6．

［85］许军．新乡贤统战：基层统战工作的整合拓展与全新模式——以浙江省县以下实践为案例［J］．统一战线学研究，2018（4）：76－85．

［86］燕继荣．制度、政策与效能：国家治理探源——兼论中国制度优势及效能转化［J］．政治学研究，2020（2）：2－13．

［87］杨福星．中国质量技术监督管理体制改革研究［D］．哈尔滨：东北林业大学，2004．

[88] 俞可平. 科学发展观与生态文明 [J]. 马克思主义与现实, 2005 (4): 4-5.

[89] 俞可平. 治理和善治: 一种新的政治分析框架 [J]. 南京社会科学, 2001 (9): 40-44.

[90] 虞崇胜. 将制度优势转化为治理效能——国家治理现代化的关键环节 [J]. 理论探讨, 2020 (1): 5-11.

[91] 虞崇胜. 提升中国特色社会主义制度秉赋: 超越制度优势的国家治理现代化目标 [J]. 探索, 2020 (2): 56-70.

[92] 郁建兴, 等. 从制度优势到治理效能转化之路如何走 [N]. 光明日报, 2019-11-12 (07).

[93] 郁建兴, 黄飚. "整体智治": 公共治理创新与信息技术革命互动融合 [N]. 光明日报, 2020-06-22.

[94] 郁静娴. 用好智囊团 树起活标杆——连云港市赣榆区探路新乡贤文化建设 [N]. 人民日报, 2018-06-24 (11).

[95] 袁家军在省委党校秋季学期开学典礼上的讲话摘要 [EB/OL]. (2020-09-10). http://old.zjsjw.gov.cn/ch112/system/2020/09/10/032717906.shtml.

[96] 岳树民, 肖春明. 完善增值税制度 推动经济持续全面发展 [J]. 税务研究, 2016 (11): 13-17.

[97] 詹姆斯·E. 安德森. 公共决策 [M]. 北京: 华夏出版社, 1990.

[98] 詹姆斯·马奇, 约翰·奥尔森. 重新发现制度——政治的组织基础 [M]. 张伟, 译. 北京: 生活·读书·新知三联书店, 2011.

[99] 张惠良. 我国检验认证组织发展中的问题与对策研究 [D]. 昆明: 云南大学, 2010.

[100] 张君. 全过程人民民主: 新时代人民民主的新形态 [J]. 政治学研究, 2021 (4): 11-17.

[101] 张硕, 高九江. 大数据技术在腐败防治机制中的应用 [J]. 成都行政学院学报, 2015 (6): 5.

[102] 张小劲, 古明明. 隐性膨胀: 政府机构改革灰色地带 [J]. 人民论坛, 2014 (12): 46-51.

［103］张艳娥. 中国制度"最大优势"的发生逻辑与转化机理 ［J］. 社会主义研究，2021（3）：64 - 71.

［104］张英魁. 乡贤的外生性及其介入乡村机理分析 ［J］. 社会建设，2017（3）：79 - 84.

［105］章国标. 对比与借鉴——国内外特色小镇发展路径及影响因素 ［M］. 杭州：浙江大学出版社，2021.

［106］郑健壮. 从产业集群、开发区到特色小镇 ［J］. 浙江树人大学学报，2019（1）：43 - 49.

［107］郑永年. 检视中国的制度进步 ［N］. 联合早报，2017 - 02 - 14.

［108］中共浙江省委党校，浙江行政学院. "最多跑一次"改革 ［M］. 杭州：浙江人民出版社，2018.

［109］中共中央关于全面深化改革若干重大问题的决定 ［N］. 人民日报，2013 - 11 - 16.

［110］中共中央宣传部理论局. 新时代面对面 ［M］. 北京：学习出版社，2018.

［111］中国社会科学院浙江经验与中国发展研究课题组. 浙江文化体制改革的基本经验 ［N］. 浙江日报，2007 - 05 - 14.

［112］周生贤. 走向生态文明新时代——学习习近平同志关于生态文明建设的重要论述 ［J］. 求是，2013（17）：17 - 19.

［113］Agranoff Robert. Managing within Networks：Adding Value to Public Organizations ［M］. Washington，D. C. ：Georgetown University Press，2007.

［114］Hanson，E. C. ，Rothwell，R. ，Zegveld，W. Industrial Innovation and Public Policy：Preparing for the 1980s and the 1990s ［J］. American Political Science Review，1981，76（3）：699.

［115］Kennedy Kimanthi. Quality Verification Firms Suspended in War on Fakes ［EB/OL］. （2018 - 10 - 03）. https：//www. nation. co. ke/news/Quality-verification-firms-suspended/1950946 - 4790306 - fwutbgz/index. html.

［116］Paul T. Decter. Presidential Address：False Choices Policy Framing and the Promise of Big Data ［J］. Journal of Policy Analysis and Management，2014（33）：252 - 262.

后　　记

当前，世情、国情、党情正在发生深刻变化，新冠肺炎疫情对世界经济政治格局的影响仍在持续，我国发展面临着复杂严峻的国内外形势和诸多风险挑战。如何把握机遇、应对挑战，解决好前进道路上所面临的诸多问题，使中国特色社会主义制度优越性在实践中更加充分地展示出来，仍然是我国在未来相当长的历史时期内必须回答和解决的时代课题。

在新的历史征程中，要顺利完成各种新的历史任务和有效应对各种新的问题与挑战，广大党员干部特别是中青年干部无疑是其中最关键的决定性因素。对此，在2022年春季学期中央党校（国家行政学院）中青年干部培训班开班式上，习近平发表重要讲话强调指出，年轻干部是党和国家事业发展的希望，必须筑牢理想信念根基，守住拒腐防变防线，树立和践行正确政绩观，练就过硬本领，发扬担当和斗争精神，贯彻党的群众路线，锤炼对党忠诚的政治品格，树立不负人民的家国情怀，追求高尚纯粹的思想境界，为党和人民事业拼搏奉献，在新时代新征程上留下无悔的奋斗足迹。①

经国务院学位委员会批准，中共浙江省委党校于2014年获得公共管理硕士（MPA）专业学位授权，成为全国第六批MPA培养单位。结合党校特色和浙江省对高层次公共管理人才的需求，自2015年首次招生以来，我校始终坚持"国家标准，党校特色"的办学理念，立足于为国家培养新时代优秀中青年干部人才的责任与使命，充分利用好浙江作为改革开放先行地的实践优势、习近平新时代中国特色社会主义思想的重要萌发地和红船起航地的"红

---

① 习近平在中央党校（国家行政学院）中青年干部培训班开班式上发表重要讲话强调 筑牢理想信念根基树立践行正确政绩观 在新时代新征程上留下无悔的奋斗足迹［EB/OL］.（2022 - 03 - 01）http：//www. news. cn/politics/leaders/2022 - 03/01/c_1128427317. htm.

色根脉", 在积极引导学员掌握党的理论方针政策和相关公共管理专业知识的同时, 围绕丰富的改革创新实践案例开展相关学习和研究。本书即是中共浙江省委党校历届 MPA 研究生学习研究成果的展示, 其中第二章案例部分由朱银燕、黄程、陆思冰完成, 第三章案例部分由郑熠炯、蒋宏波、陈祺、赵学良、叶剑俊、程欣完成, 第四章案例部分由叶晨静、钟睿、喻烨、卢顺平、沈静华、钟山李郎完成, 第五章案例部分由周之林、庄琛、张雯、洪飞完成, 第六章案例部分由汤赟、黄铿、费丽雅、童冠琴完成, 第七章案例部分由郭乔、韦林、梅元佳、徐瑞、蔡昊洋完成, 第八章案例部分由陈佩钰、沈越扬、张杨杰、沈蓁完成, 全书其他章节写作和统稿工作由吴兴智和吴畅完成。由于大多案例完成的时间较早, 相关实践做法与经验似乎已有点"过时", 各位年轻的 MPA 研究生的研究与思考也不够深入, 但作为各位 MPA 研究生成长路上值得珍惜和记录的片段, 唯其真实而可贵, 对于大家了解丰富多彩的浙江改革实践历程应有助益。借此机会, 也对长期以来关心支持我校 MPA 教育工作的所有校外实践导师表示衷心的感谢。本书的最终完成, 学校研究生部给予了大力支持, 经济科学出版社也为本书的出版付出了大量辛苦工作, 在此一并表示感谢。

实践探索永远在路上! 特别是 2020 年以来浙江在"努力成为新时代全面展示中国特色社会主义制度优越性的重要窗口"和"高质量发展建设共同富裕示范区"的新的历史征程中, 全省上下广大干部群众秉持浙江精神, 干在实处、走在前列、勇立潮头, 不断推动浙江各项改革全面深化, 各种新的实践探索异彩纷呈。限于时间和研究水平, 本书对浙江的改革实践的跟踪和分析肯定还有很多不足和遗漏之处, 恳请大家批评指正。

吴兴智　吴　畅
2023 年 8 月于杭州